北大社·"十四五"普通高等教育本科规划教材
高等院校汽车专业"互联网+"创新规划教材

汽车服务工程

（第 4 版）

主　编　鲁植雄
副主编　严　斯
参　编　张　蓉　张继元
　　　　唐徐平　鲁　杨
主　审　贝绍轶

北京大学出版社
PEKING UNIVERSITY PRESS

内 容 简 介

本书从工程和运用角度出发,系统地论述了汽车服务的基本内容。全书共分 12 章,分别为绪论,汽车营销服务,汽车物流服务,汽车售后服务,汽车维修服务,汽车美容、装饰和改装服务,汽车配件与用品服务,汽车金融服务,事故车定损理赔服务,二手车服务,汽车回收再生服务,其他汽车服务。本书内容丰富全面,图文并茂,实用性强。

本书可作为高等院校汽车服务工程、车辆工程、交通运输、机械工程及相关专业的教材,也可作为汽车行业从业人员和汽车爱好者的参考用书。

图书在版编目(CIP)数据

汽车服务工程/鲁植雄主编. — 4 版. —北京:北京大学出版社,2021.10
高等院校汽车专业 "互联网+" 创新规划教材
ISBN 978-7-301-32366-3

Ⅰ. ①汽… Ⅱ. ①鲁… Ⅲ. ①汽车工业—销售管理—商业服务—高等学校— 教材 Ⅳ. ①F407.471.5

中国版本图书馆 CIP 数据核字(2021)第 154680 号

书　　　名	汽车服务工程 (第 4 版) QICHE FUWU GONGCHENG (DI-SI BAN)
著作责任者	鲁植雄　主　编
策 划 编 辑	童君鑫
责 任 编 辑	孙　丹　童君鑫
数 字 编 辑	蒙俞材
标 准 书 号	ISBN 978-7-301-32366-3
出 版 发 行	北京大学出版社
地　　　址	北京市海淀区成府路 205 号　100871
网　　　址	http://www.pup.cn　新浪微博:@北京大学出版社
电 子 信 箱	pup_6@163.com
电　　　话	邮购部 010-62752015　发行部 010-62750672　编辑部 010-62750667
印 刷 者	天津中印联印务有限公司
经 销 者	新华书店
	787 毫米×1092 毫米　16 开本　19.25 印张　462 千字 2010 年 7 月第 1 版　2014 年 6 月第 2 版　2017 年 7 月第 3 版 2021 年 10 月第 4 版　2021 年 10 月第 1 次印刷
定　　　价	56.00 元

未经许可,不得以任何方式复制或抄袭本书之部分或全部内容。
版权所有,侵权必究
举报电话: 010-62752024　电子信箱: fd@pup.pku.edu.cn
图书如有印装质量问题,请与出版部联系,电话: 010-62756370

第4版前言

汽车服务工程是指新车出厂后进入流通、销售、购买、使用直至报废回收各环节的各类服务工作组成的有机服务体系。汽车服务工程主要涉及服务性工作，以服务产品为基本特征，属于第三产业范畴。

随着汽车制造业的迅猛发展，我国汽车保有量迅速上升。截至2021年年底，我国机动车保有量为3.95亿辆。其中，汽车保有量已达3.02亿辆，给汽车服务业带来了前所未有的活力。汽车服务业年均增长率达20%左右，市场容量已达到几万亿元人民币。汽车服务业已经成为第三产业中极富活力的产业之一。据统计，60%～70%的汽车利润是从服务中产生的，服务已成为汽车价值链上一块最大的"奶酪"。

《汽车服务工程》自2010年第1版出版以来，先后收到了许多院校的反馈意见，他们对书中的内容提出了一些修改建议。为了适应汽车服务业的发展和人才培养要求，满足高等院校对"汽车服务工程"课程改革的要求，编者推出了第4版，其修订内容主要如下。

(1) 修改了第3版中遗留的文字和图形错误。

(2) 对原有结构进行了调整。

(3) 增加或更新了汽车服务业涉及的一些法规、标准、技术。

(4) 配套了课程电子教案。

本书从工程和运用角度出发，采用理论与实践相结合的方法，系统地论述了汽车服务的基本内容，主要涉及汽车营销服务、汽车物流服务、汽车售后服务、汽车维修服务、汽车美容装饰与改装服务、汽车配件与用品服务、汽车金融服务、事故车定损理赔服务、二手车服务、汽车回收再生服务及其他汽车服务，基本概括了汽车服务业的所有领域。本书内容丰富全面、信息量大、内容翔实、通俗易懂、技术先进、实用性强。本书对我国的汽车服务业的经营和管理具有一定的指导意义与参考价值。

本书由南京农业大学鲁植雄教授任主编并统稿，南京工业大学浦江学院严斯任副主编。参加本书修订工作的还有张蓉、张继元、唐徐平、鲁杨。本书编写分工如下：鲁植雄编写第1、6、7、9、10、11章，严斯编写第2、8章，张蓉编写第5章，张继元编写第3章，唐徐平编写第4章，鲁杨编写第12章。本书由江苏理工学院贝绍轶教授主审。

在本书的编写过程中，编者得到了全国普通高等院校汽车服务工程专业教学指导分委员会、南京工业大学浦江学院、江苏省汽车工程学会等单位的支持，并参阅了大量相关图书和文献资料，在此向这些部门和有关文章的作者表示衷心的感谢。

为了方便教师授课，编者提供本书的多媒体课件、习题集、教学大纲等教学资料，有需要的读者可扫描封面二维码联系客服。

由于编者水平有限，书中难免存在疏漏之处，恳请广大读者批评斧正，并请致信编者邮箱，编者将认真对待，加以完善。

编　者

2021年6月

本书课程思政元素

　　本书课程思政元素从"格物、致知、诚意、正心、修身、齐家、治国、平天下"中国传统文化角度着眼,结合社会主义核心价值观"富强、民主、文明、和谐、自由、平等、公正、法治、爱国、敬业、诚信、友善"设计出课程思政的主题,紧紧围绕"价值塑造、能力培养、知识传授"三位一体的课程建设目标,在课程内容中寻找相关落脚点,通过案例、知识点等教学素材的设计运用,以润物细无声的方式将正确的价值追求有效地传递给读者,以期培养大学生的理想信念、价值取向、政治信仰、社会责任,全面提高学生缘事析理、明辨是非的能力,将其培养成为德才兼备、全面发展的人才。

　　每个思政元素的教学活动过程都包括内容导引、展开研讨、总结分析等环节。在课程思政教学过程中,教师和学生共同参与其中,教师可结合下表中的内容导引,针对相关的知识点或案例,引导学生进行思考或展开讨论。

页码	内容导引	问题与思考	课程思政元素
7	网约车服务	1. 简述网约车服务的发展。 2. 网约车服务主要存在哪些问题? 3. 针对网约车的相关法规有哪些?	辩证思维 规范与道德 法律意识
9	我国汽车服务业的发展历程	1. 我国汽车服务业主要存在哪些问题? 2. 谈谈我国汽车服务业的发展趋势	求真务实 规范与道德 法律意识
47	汽车六方位介绍	1. 说出汽车六方位介绍的具体位置。 2. 汽车六方位介绍的话术有哪些? 3. 简述汽车六方位介绍中运用的FAB法则	逻辑思维 实战能力 诚信友善
50	汽车营销策划	1. 汽车营销策划的概念是什么? 2. 汽车营销策划有哪些方法? 3. 汽车营销策划的内容是什么?	适应发展 专业能力 创新意识 团队合作
59	第三方物流模式	1. 第三方物流的运作模型是什么? 2. 汽车物流与第三方物流的区别与联系分别是什么?	科学素养 科技发展 行业发展
72	"四位一体"模式	1. "四位一体"模式的特点是什么? 2. "四位一体"模式与其他汽车售后模式有哪些不同? 3. 中西方"四位一体"模式有哪些不同?	适应发展 适者生存 行业发展 中国国情
91	缺陷汽车产品召回	1. 我国缺陷汽车产品召回有哪些制度? 2. 缺陷汽车产品召回的流程是什么?	行业发展 中国国情 专业与社会

续表

页码	内容导引	问题与思考	课程思政元素
93	汽车三包	1. 简述《家用汽车产品修理、更换、退货责任规定》的发展历程。 2. 汽车三包有哪些政策？	行业发展 中国国情 专业与社会
102	汽车计算机自诊断法	1. 汽车故障自诊断有哪些作用？ 2. 汽车故障自诊断的原理是什么？ 3. 汽车故障自诊断的发展现状如何？	科技发展 行业发展 中国国情
103	汽车检测	1. 汽车年检的目的和意义分别是什么？ 2. 汽车检测的主要内容是什么？ 3. 汽车尾气排放污染物的限值是多少？ 4. 汽车尾气排放污染物有哪些检测方法？	行业发展 科技发展 专业与社会
113	汽车涂装	1. 汽车涂装材料有哪些？ 2. 汽车涂装工艺有哪些？ 3. 汽车涂装装备有哪些？	科学素养 科技发展 行业发展 环保意识
124	汽车清洗	1. 汽车清洗的目的是什么？ 2. 车身表面清洗的工艺流程是什么？ 3. 汽车内室清洗的工艺流程是什么？ 4. 汽车清洗有哪些主要装备？ 5. 汽车清洗有哪些常用用品？	科技发展 行业发展 环保意识
133	汽车改装	1. 汽车改装有哪些类型？ 2. 发动机改装项目有哪些？ 3. 底盘改装项目有哪些？ 4. 车身改装项目有哪些？	职业精神 专业与社会 法律意识
152	汽车用品	1. 汽车用品有哪些类型？ 2. 汽车用品市场存在哪些问题？ 3. 汽车用品市场的发展趋势是什么？	科学素养 职业精神 个人成长
162	汽车消费信贷	1. 汽车消费信贷的特点和模式分别是什么？ 2. 汽车消费信贷不同模式的基本流程是什么？ 3. 不同模式的汽车消费信贷有哪些风险？	适应发展 规范与道德 价值观
166	汽车保险	1. 汽车保险有哪些种类？ 2. 汽车承保流程是什么？ 3. 汽车保险有哪几种方案？	科学素养 规范与道德 法律意识
174	汽车租赁	1. 汽车租赁有哪些经营模式？ 2. 汽车分时租赁的产生原因是什么？ 3. 汽车分时租赁有哪些风险？	行业发展 规范与道德 法律意识

续表

页码	内容导引	问题与思考	课程思政元素
184	事故现场勘查	1. 事故现场有哪些类型？ 2. 事故现场勘查的工作内容是什么？ 3. 事故现场勘查有哪些技能？	科学素养 全面发展 法律意识
196	汽车损伤鉴定	1. 汽车损伤鉴定的程序是什么？ 2. 汽车损伤鉴定有哪些方法？	科学素养 全面发展 规范与道德
204	水灾事故车的损伤鉴定	1. 汽车水灾损伤如何划分等级？ 2. 鉴定水淹车损伤有哪些方法？	科学素养 全面发展 规范与道德
206	火灾事故车的损伤鉴定	1. 汽车火灾有哪些类型？ 2. 汽车火灾损伤鉴定的程序是什么？	逻辑思维 科学素养 专业能力 全面发展 规范与道德
221	二手车市场	1. 国外二手车市场有何特点？ 2. 国内二手车市场有何特点？ 3. 二手车市场的发展趋势是什么？	辩证思想 专业能力 全面发展
224	二手车鉴定评估	1. 二手车鉴定评估流程是什么？ 2. 二手车鉴定评估有哪些方法？	科学素养 实战能力
243	二手车拍卖	1. 采用清算价格法进行二手车评估的基本原理是什么？ 2. 二手车拍卖现状如何？	科学素养 实战能力 法律意识
258	汽车报废	1. 汽车报废的目的和意义分别是什么？ 2. 汽车报废有哪些规定？ 3. 汽车报废的流程是什么？	科学素养 实战能力 法律意识 环保意识
259	汽车回收	1. 汽车回收的目的和意义分别是什么？ 2. 汽车回收有哪些规定？ 3. 汽车回收的流程是什么？	科学素养 实战能力 法律意识 可持续发展
287	中国大学生方程式汽车大赛	1. 中国大学生方程式汽车大赛的目的和意义分别是什么？ 2. 中国大学生方程式汽车大赛的比赛规则是什么？ 3. 中国大学生方程式汽车大赛有哪些测评项目？	科学素养 终身学习 科技发展

注：教师版课程思政内容可以联系北京大学出版社索取。

目 录

第1章 绪论 ·········· 1
1.1 汽车服务工程的分类与基本内容 ·········· 3
1.2 国内外汽车服务业的形成与发展趋势 ·········· 7
1.3 职业资格证书 ·········· 12
1.4 职业技能等级证书 ·········· 15
本章小结 ·········· 18
综合练习 ·········· 19

第2章 汽车营销服务 ·········· 21
2.1 汽车营销的工作内容与汽车营销人员的基本要求 ·········· 22
2.2 汽车营销部门的组织结构与职能分工 ·········· 26
2.3 汽车市场调查 ·········· 31
2.4 汽车市场分析 ·········· 37
2.5 汽车销售技巧 ·········· 44
2.6 汽车营销策划与客户关系管理 ·········· 50
本章小结 ·········· 52
综合练习 ·········· 53

第3章 汽车物流服务 ·········· 55
3.1 汽车物流的概念、类型、特点、模式及发展趋势 ·········· 57
3.2 汽车物流实务 ·········· 60
本章小结 ·········· 68
综合练习 ·········· 68

第4章 汽车售后服务 ·········· 70
4.1 概述 ·········· 71
4.2 汽车生产企业的售后服务 ·········· 76
4.3 汽车经销商和维修企业的售后服务 ·········· 87
4.4 缺陷汽车产品召回 ·········· 91
本章小结 ·········· 96
综合练习 ·········· 97

第5章 汽车维修服务 ·········· 99
5.1 汽车修理 ·········· 100
5.2 汽车检测 ·········· 103
5.3 汽车钣金 ·········· 107
5.4 汽车涂装 ·········· 113
本章小结 ·········· 119
综合练习 ·········· 120

第6章 汽车美容、装饰和改装服务 ·········· 122
6.1 汽车美容 ·········· 123
6.2 汽车装饰 ·········· 128
6.3 汽车改装 ·········· 133
本章小结 ·········· 139
综合练习 ·········· 139

第7章 汽车配件与用品服务 ·········· 141
7.1 汽车配件 ·········· 142
7.2 汽车用品 ·········· 152
本章小结 ·········· 155
综合练习 ·········· 156

第8章 汽车金融服务 ·········· 158
8.1 汽车金融服务的发展 ·········· 159
8.2 汽车消费信贷 ·········· 162
8.3 汽车保险 ·········· 166
8.4 汽车租赁 ·········· 174

本章小结 …………………… 179
综合练习 …………………… 180

第9章 事故车定损理赔服务 …… 182

9.1 事故现场勘查 …………… 184
9.2 汽车损伤鉴定 …………… 196
9.3 汽车估损 ………………… 208
9.4 事故车定损 ……………… 213
本章小结 …………………… 216
综合练习 …………………… 217

第10章 二手车服务 …………… 219

10.1 概述 …………………… 220
10.2 二手车鉴定评估 ……… 224
10.3 二手车置换 …………… 241
10.4 二手车拍卖 …………… 243
10.5 二手车交易 …………… 245
本章小结 …………………… 250
综合练习 …………………… 251

第11章 汽车回收再生服务 …… 253

11.1 汽车回收再生服务的现状与
发展趋势 ………………… 254
11.2 汽车报废 ……………… 258
11.3 汽车回收 ……………… 259
11.4 汽车拆解 ……………… 263
11.5 报废汽车资源化 ……… 266
本章小结 …………………… 268
综合练习 …………………… 269

第12章 其他汽车服务 ………… 270

12.1 汽车法律服务 ………… 272
12.2 汽车驾驶培训服务 …… 276
12.3 汽车停车服务 ………… 280
12.4 汽车运动 ……………… 283
12.5 汽车展览服务 ………… 289
12.6 网约车服务 …………… 291
本章小结 …………………… 292
综合练习 …………………… 293

参考文献 ………………………… 295

第1章 绪论

 教学目标

通过本章的学习，掌握汽车服务与汽车服务工程的概念；掌握汽车服务工程的分类方法；理解汽车服务工程的内涵与工作内容；了解国外汽车服务业的形成过程和现状；了解国内汽车服务业的形成过程、现状、存在的问题和发展趋势；了解与汽车服务工程相关的国家职业资格证书的种类、职业定义、职业要求。

 教学要求

知识要点	能力要求	相关知识
汽车服务工程的分类与基本内容	理解汽车服务工程的分类方法； 理解汽车服务工程的基本内容	汽车服务工程的定义； 汽车服务工程涉及的领域
国内外汽车服务业的形成与发展趋势	理解国内汽车服务业的形成与发展趋势，以及存在的问题； 理解主要发达国家汽车服务业的形成与发展趋势	汽车服务业的形成过程； 汽车服务业的发展趋势； 汽车服务业存在的问题
国家职业资格证书	理解国家职业资格证书与专项职业技能证书的区别	国家职业资格等级制度； 专项职业技能制度； 汽车修理工的职业要求； 汽车驾驶人的职业要求； 二手车鉴定评估师的职业要求； 物流师的职业要求； 汽车营销师的职业要求； 汽车维修工的职业要求； 汽车玻璃修理工的职业要求； 汽车配件销售员的职业要求

汽车服务工程

汽车服务是指将与汽车相关的要素同客户进行交互或由客户对其占有活动的集合，有狭义和广义之分（图1.1）。

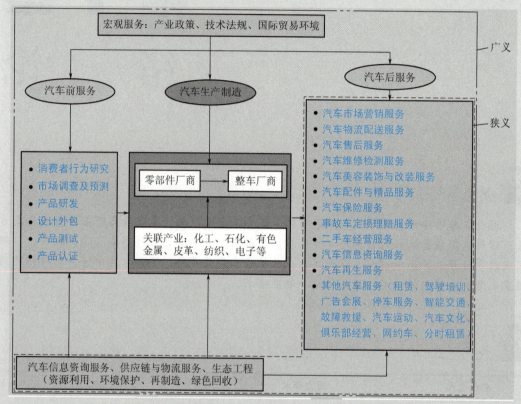

图1.1 狭义的汽车服务与广义的汽车服务

狭义的汽车服务是指从新车出厂进入销售流通领域，直至使用后回收报废各环节涉及的各类服务（包括销售咨询、广告宣传、贷款与保险资讯等的营销服务），以及整车出售及其后与汽车使用相关的服务［包括维修保养、美容装饰（或改装）、金融保险服务、事故定损理赔、租赁、二手车转让、废车回收、事故救援和汽车文化等］。

广义的汽车服务是指自新车出厂进入销售流通领域，直至使用后回收报废各环节涉及的全部技术的和非技术服务，甚至延伸至汽车生产领域和使用环节的其他服务，如原材料供应、工厂清洁、产品外包设计、新产品测试、产品质量认证、新产品研发前的市场调研、汽车运输服务、出租汽车运输服务等。

汽车服务工程是指新车出厂后进入流通、销售、购买、使用直至报废回收各环节的各类服务工作组成的有机服务体系。汽车服务工程主要涉及服务性工作，以服务产品为基本特征，属于第三产业。

本书主要论述狭义的汽车服务，不讨论广义的汽车服务。

1.1 汽车服务工程的分类与基本内容

1.1.1 汽车服务工程的分类

汽车服务工程的分类方式有很多，常见的有以下几种。

1. 按照服务的技术密集程度分类

按照服务的技术密集程度，汽车服务工程可以分为技术型服务和非技术型服务。技术型服务包括汽车厂商的售后服务、汽车维修检测服务、智能交通服务、汽车故障救援服务等。非技术型服务包括汽车市场营销服务、二手车经营服务、汽车保险服务等。

2. 按照服务的资金密集程度分类

按照服务的资金密集程度，汽车服务工程可以分为金融类服务和非金融类服务。金融类服务包括汽车消费信贷服务、汽车租赁服务和汽车保险服务等。其他服务为非金融类服务。

3. 按照服务的知识密集程度分类

按照服务的知识密集程度，汽车服务工程可以分为知识密集型服务和劳务密集型服务。知识密集型服务包括汽车售后服务、汽车维修检测服务、智能交通服务、汽车信息咨询服务、汽车广告服务和汽车文化服务等。劳务密集型服务包括汽车物流服务、废旧汽车的回收与拆解服务、汽车驾驶培训服务、汽车会展服务、场地使用服务和代办各种服务手续的代理服务等。

4. 按照服务的作业特性分类

按照服务的作业特性，汽车服务工程可以分为生产作业型服务、交易经营型服务和实体经营型服务。生产作业型服务包括汽车物流服务、汽车售后服务、汽车维修检测服务、汽车美容装饰与改装服务、废旧汽车的回收与拆解服务、汽车故障救援服务等。交易经营型服务包括汽车厂商及经销商的新车销售服务、二手车交易服务、汽车配件营销与精品销售服务等。其他服务为实体经营型服务。

5. 按照服务的载体特性分类

按照服务的载体特性，汽车服务工程可以分为物质载体型服务和非物质载体型服务。物质载体型服务是通过一定的物质载体（实物商品或设备设施）实现的服务，如上述技术型服务、生产作业型服务、交易经营型服务和汽车租赁服务、汽车广告服务、汽车文化服务、汽车会展服务、场地使用服务等。非物质载体型服务没有明确的服务物质载体，如汽车信贷服务、汽车保险服务、汽车信息咨询服务、汽车俱乐部等。

6. 按照服务内容的特征分类

按照服务内容的特征，汽车服务工程可分为汽车销售服务、汽车维修检测服务、汽车使用服务和汽车延伸服务。汽车销售服务包括新车销售、二手车销售、汽车交易服务等。汽车维修检测服务包括汽车配件供应服务、汽车修理服务、汽车检测服务、汽车故障救援服务等。汽车使用服务包括汽车美容装饰与改装服务、汽车驾驶培训服务、智能交通服务、汽车保险咨询服务、汽车信息咨询服务、汽车租赁服务、废旧汽车的回收与拆解服务等。汽车延伸服务包括汽车信贷服务、汽车法律服务、汽车文化服务等。

1.1.2　汽车服务工程的基本内容

汽车服务工程涉及面广，其基本内容见表 1-1。

表 1-1　汽车服务工程的基本内容

序号	服务类别	服务含义	服务主体	服务内容
1	汽车销售服务	客户在购买汽车的过程中，由销售部门的营销人员为客户提供的各种服务性工作	汽车 4S 店、连锁专卖店、汽车超市、汽车交易市场	汽车产品介绍，代办各种购买手续、提车手续、保险手续及行车手续
2	汽车物流服务	汽车厂商为了分销自己的产品而建立的区域性、全国性乃至全球性的产品销售网络及物流配送网络	以汽车厂商的销售管理部门为龙头的销售渠道体系，加入渠道体系的分销商、经销商、代理商和服务商（或者统称中间商），以及提供运输、仓储、保管、产品配送和养护服务的物流服务者	汽车及其配件的包装、装卸、搬运、配送，汽车原材料的配送，以及物流信息管理
3	汽车售后服务	汽车厂商为了让客户使用好自己的产品而提供的以产品质量保修为核心的服务	以汽车厂商的售后服务管理部门为龙头的服务体系，加入该体系的各类特约维修站或服务代理商等	产品的质量保修、技术培训、技术咨询、产品保养、故障维修、配件（备件）供应、产品选装、客户关系管理、信息反馈与加工、服务网络或网点建设与管理
4	汽车维修检测服务	汽车厂商售后服务以外的社会上独立提供的汽车维修、检测、养护等服务	社会上独立存在的以上述服务为主要经营内容的汽车服务机构或个人，提供单一服务或者综合服务	汽车养护、汽车故障诊断、汽车维修、汽车检测
5	汽车美容装饰与改装服务	汽车厂商售后服务以外的社会上独立提供的汽车美容、装饰、装潢等服务	汽车美容机构、汽车装饰机构、汽车改装机构	汽车清洗、打蜡、漆面护理，汽车内部、外部装饰装潢，以及汽车部件的改装或增设

续表

序号	服务类别	服务含义	服务主体	服务内容
6	汽车配件与用品服务	汽车厂商售后服务配件供应体系以外的汽车配件，汽车相关产品（如润滑油、润滑脂及有关化工产品等）与汽车用品（如汽车养护用品、装饰装潢用品等）的销售服务	社会上独立存在的、不属于汽车厂商服务体系的、以上述产品为经营内容的服务机构或个人	汽车配件销售与安装，汽车用品销售与安装
7	汽车金融服务	向客户提供金融支持的服务	向客户提供金融服务的机构，包括银行机构和非银行机构（如提供购车消费贷款的保险公司、信托投资公司等）	提供客户的资信调查与评估、提出贷款担保的方式和方案、拟订贷款合同和还款计划、适时发放消费贷款、帮助客户选择合适的金融服务产品、承担一定范围内的合理金融风险等
8	汽车保险服务	合理设计并向客户销售汽车保险产品，为客户提供金融保险服务	提供与汽车使用环节有关的各种保险产品的金融服务机构（保险公司）	设计合适的保险品种、推销保险产品、拟订保险合同、收取保险费用等
9	汽车定损理赔服务	对汽车事故提供现场勘查、定损、理赔服务	保险公司、公估行、汽车事故鉴定机构	事故现场勘查、事故损失和责任鉴定、办理理赔手续
10	二手车经营服务	向汽车车主及二手车需求者提供交易，以二手车交易为服务内容的各种服务	提供汽车交易服务的服务机构或个人	货源收购、二手车售卖、买卖代理、信息服务、交易中介、撮合交易、拟订合同、汽车评估、价值确定、办理手续收缴税费，乃至车况检测和必要的维修服务
11	汽车信息咨询服务	向各类汽车服务商提供行业咨询的服务和向个人消费者提供汽车导购的信息服务	提供各类汽车咨询服务的服务机构或个人	市场调查、市场分析、行业动态跟踪、统计分析、信息加工、汽车导购、竞争力评价、政策法规宣传与咨询
12	汽车再生服务	依据国家有关报废汽车管理的规定，从客户手中收回达到报废规定的废旧汽车，对其进行拆解，并将拆卸下来的旧件分门别类，属于绿色环保服务	从事上述工作的服务机构或个人	废旧汽车回收；兑现国家政策（按规定的回收标准向客户支付回收费用）；废旧汽车拆卸；废旧零件分类；旧件（尚有使用价值的旧件）重复利用；废弃物资移送（对不能重复利用的废弃零部件及相关产品，分类送交炼钢厂或橡胶化工企业）及相关保管物流服务等

续表

序号	服务类别	服务含义	服务主体	服务内容
13	汽车租赁服务	向短期或临时客户提供租赁汽车,并以计时或计程方式收取相应资金的服务	提供汽车租赁的各类服务机构	审查客户提供的资信凭证、拟订租赁合同、提供技术状况完好的租赁汽车和汽车上路需要的有关证照、提供客户需要的其他合理服务
14	汽车驾驶培训服务	向广大汽车爱好者提供汽车驾驶教学,帮助他们提高汽车驾驶技术和通过考试领取机动车驾驶证的服务	各类汽车驾驶学校或培训中心	提供驾驶培训汽车、驾驶教练和必要的驾驶场地,训练驾驶技术,教授上路行车经验,培训交通管理法规和必要的汽车机械常识,代办机动车驾驶证及年审手续等
15	汽车广告会展服务	以产品和服务的市场推广为核心,培养忠诚的客户,向汽车生产经营者提供广告类服务和产品展示服务	提供上述服务及相关服务的服务机构和个人,包括各种企业策划机构、广告代理商、广告创造人、广告制作人、大众传媒、会展服务商、展览馆等	企业咨询与策划、产品(服务)与企业形象包装、广告设计与创作、广告代理与制作、大众信息传媒/信息传播、展会组织与服务、产品(服务)市场推介和汽车知识服务等
16	汽车停车服务	以场地、场所及建筑物的有偿使用为核心经营内容的,向汽车厂商、汽车服务商和汽车用户提供使用场地或场所的服务	提供有偿使用场地、场所的服务机构	贯彻国家和地方的有关政策法规,审查商户入场资格,必要的辅助交易,市场的物业管理,代收代缴停车费,提车服务,汽车看管,疏导场内交通
17	汽车智能交通服务	向广大汽车驾驶人提供以交通导航为核心,旨在提高客户(尤其是城市客户)出行效率的服务	提供交通导航的服务机构	介绍天气状况,提供地面交通信息及寻址服务,自动生成从客户出发地至目的地的路线选择方案,诱导交通流量,提供紧急事故救援等,最终实现交通导航的目的
18	汽车救援服务	向汽车驾驶人提供由突发的汽车事故导致汽车不能正常行驶,从而需要紧急救助的服务	提供汽车救援服务的服务机构或个人,如汽车俱乐部或其他汽车服务商	汽车因燃油耗尽而不能行驶的临时加油服务、由技术故障导致停车的现场故障诊断和抢修服务(针对易排故障和常见小故障)、拖车服务(针对不能现场排除的故障)、交通事故报案和协助公安机关交通管理部门处理交通事故(针对交通肇事)等服务

续表

序号	服务类别	服务含义	服务主体	服务内容
19	汽车文化服务	向广大汽车爱好者提供与汽车相关、以文化消费为主题的各类服务	提供汽车文化产品的服务机构或个人,包括汽车俱乐部、汽车传媒、各种专业和非专业的汽车文化产品制作人、汽车文化产品及服务的经营者	汽车博物馆、汽车展览、汽车影院、汽车期刊、汽车书籍、汽车服饰、汽车模特、汽车旅游、汽车运动等
20	汽车俱乐部服务	以会员制形式,向加盟会员提供能够满足会员要求的、与汽车相关的各类服务	提供会员服务的各类汽车俱乐部,通常是汽车厂商、汽车经营商、社会团体、汽车爱好者组织的,一般属于社团型组织	汽车救援服务、汽车代驾、汽车文化娱乐、汽车美容等
21	网约车服务	网络预约出租汽车经营服务,是指以互联网技术为依托构建服务平台,接入符合条件的汽车和驾驶人,通过整合供需信息,提供非巡游的预约出租汽车服务的经营活动	提供网约车服务的各种公司,如滴滴出行、首汽约车、曹操出行等	出租车、专车、快车、顺风车、豪华车、公交、小巴、代驾、租车等全面出行服务

1.2 国内外汽车服务业的形成与发展趋势

汽车服务业是指各类汽车服务彼此关联形成的有机统一体,是所有汽车服务提供者组成的产业。其兴起和发展是由广大汽车用户对汽车服务的需求决定的,早期起源于汽车售后服务和汽车维修服务体系,发展壮大于其他汽车服务项目的开展和从业者的快速增加。

从全球来看,汽车服务业已经成为第三产业中最富活力的产业之一。据统计,全球汽车中60%~70%的利润是从服务中产生的,服务已成为汽车价值链上的最大"奶酪"。

1.2.1 国外汽车服务业的形成与发展趋势

1. 国外汽车服务业的形成

汽车工业在全世界获得了迅速发展,成为很多国家的支柱产业,带动了汽车服务业的形成和发展。汽车服务业市场非常大,包括所有与汽车使用相关的业务。发达国家早已进入汽车服务时代,汽车租赁、二手车交易、汽车维修和汽车金融等业务称为"黄金产业"。

据资料统计，近几年，美国、英国、德国等的二手车交易量都已达到新车销售量的两倍以上，二手车交易的利润也超过了新车销售的利润。

美国的汽车服务概念形成于20世纪初期。20世纪20年代开始出现专业的汽车服务商，从事汽车维修、配件用品销售、清洁养护等工作，著名的Pep Boys、AutoZone、NAPA等连锁服务商都是在该时期发展起来的。时至今日，它们已经成为美国汽车服务市场的中坚力量。Pep Boys已经拥有800多家大型汽车服务超市，每家面积近2000m^2，称为汽车服务行业的沃尔玛；AutoZone发展了3600多家700～800m^2的汽车服务中心；NAPA的终端达到10000多家。

20世纪70年代，世界性的石油危机和国外汽车大量涌入美国，不仅对美国的汽车工业带来了巨大冲击，而且引起了美国汽车售后服务市场巨变，经营内容大大扩展，服务理念也大大改变。汽车服务开始向低成本经营转变，注重发展连锁店和专卖店的服务形式。充分应用连锁技术是美国汽车服务业的特点之一。在美国几乎不存在单个的汽车服务店，无论是全业务的Pep Boys汽车服务超市还是单一功能的洗车店，都以连锁形式经营。这种模式不但能满足汽车服务行业发展与扩张的需要，而且能保证服务的专业化、简单化、标准化和统一化，得到了从业者和消费者的普遍欢迎。

美国不但有Pep Boys大型汽车服务超市，而且有AutoZone等一站式汽车服务中心；有星罗棋布、分布于大街小巷的便利型连锁店，还有各种各样的专业店，比如专业贴膜、专业喷漆、专业装音响等。多种业态各有优势、相互补充，满足不同层次消费者的不同需要，各具生存空间与发展空间。例如在美国，一家Pep Boys大型汽车服务超市周围一般都会聚集很多小店，每间小店面积为100～200m^2，有修换轮胎的、改装底盘的、贴太阳膜的等。每家小店都把自己的优势发挥到极致，还与其他商家联合，成行成市，以满足消费者的要求，分工已经从生产领域扩展到了服务领域。

资料表明，美国的汽车服务业已经在汽车产业链中占据重要位置，其规模达到近2000亿美元，而且是整个汽车产业链中利润最丰厚的部分。汽车维修服务业已经成为美国仅次于餐饮业的第二大服务产业，并连续30年保持高速增长，是美国服务行业的标杆。

2. 国外汽车服务业的发展趋势

（1）品牌化经营

一辆汽车的交易是一次性的，但是优秀的品牌会赢得客户一生的信赖，这就是品牌的价值所在。品牌可以使商品卖更好的价钱，为企业创造更大的市场；品牌比产品的生命持久，好的品牌可以与客户维持牢固的关系，形成稳定的市场。

品牌经营是一种艺术。品牌经营要求企业告别平庸，打动客户。有人认为汽车工业是重工业中唯一涉及时尚的行业，因为汽车代表着汽车厂商的形象，也代表着客户的形象。

品牌经营对经营者来说是一种考验。品牌如同一个精美的瓷花瓶，烧制不易，价值连城，但是很容易失手打破。一家汽车厂商或经销商每天有成千上万个接触客户的机会，每个机会都可能产生重大影响。

在国外，著名汽车厂商的产品商标也是服务商标。特别是在汽车修理方面，如果挂出某家公司的商标，就意味着提供的服务是经过该公司确认的，使用商标是经过该公司许可的。近年来，德尔福宣称在我国树立汽车品牌服务形象，标志着国外品牌服务开始向我国进军。美国的快修业到我国推行连锁加盟计划，实际上就是以品牌带动服务网络建设。

（2）从以修理为主转向以维护为主

汽车坏了就修理并不是真正的服务。真正的服务是保证客户正常使用汽车，通过服务给客户增加价值。汽车厂商在产品制造上提出了"零修理"概念，售后服务的重点转向了维护。

（3）电子化和信息化

随着汽车技术的发展，汽车的电子化水平越来越高，一些汽车产品已经实现全车几乎所有功能（如动力、制动、悬架、空调、转向、座椅、灯光、音响等）的计算机控制。车载通信系统、车载上网系统、车载电子导航系统等也得到越来越多的应用。因此汽车的维修越来越复杂，维修人员凭经验判断故障所在的时代早已过去。现在汽车维修需要通过专业仪器进行检测，运用专业设备进行调整。汽车修理所需的产品数据也以计算机网络、数据光盘的形式提供，不再需要大量修理手册。汽车厂商和修理商还提供网上咨询服务，帮助客户及时解决问题。

（4）规模化经营和规范化经营

与汽车制造业不同，汽车维修行业的规模化经营不是建立大规模的汽车修理厂或汽车维修中心，而是通过连锁、分支机构实施经营。美国的快修业在美国本土就有很多加盟店，并在全世界扩展网络系统。

规模化经营与规范化经营密不可分。在同一个连锁系统内，采用相同的店面设计、人员培训、管理培训，统一服务标识、服务标准、服务价格、管理规则、技术支持，中心采用物流配送，减少物资储存和资金占用，降低运营成本。

汽车产品复杂化导致维修技术越来越复杂，维修难度越来越大，维修的设备价值越来越高，已经不能像原来那样每个维修服务点都购置一套维修设备。为此，国外汽车厂商开始实行销售服务与售后服务分离，即在一个城市开设多家规模较大的维修服务中心，备有全套修理器材，而一般销售点只进行简单修理和维护作业。

在汽车厂商提供越来越周到的售后服务的同时，汽车维修行业出现规范化的经营趋势，如专营玻璃、轮胎、润滑油、装饰品、音响、空调等。规范化经营具有专业技术水平高、产品规格全、价格较低等优势。与此同时，综合化（一站式）经营发展很快，如加油站同时提供洗车、小修、一般维护、配件供应等服务。

1.2.2 国内汽车服务业的形成与发展趋势

1. 国内汽车服务业的形成

根据政府职能部门对汽车服务业的影响程度，我国汽车服务业的发展大致可以分为以下 4 个阶段。

（1）萌芽阶段

萌芽阶段是指 1901—1949 年中华人民共和国成立，汽车开始进入我国的阶段。我国从 1901 年开始进口汽车，到 1936 年 1 月湖南长沙机械厂试制出 25 座"衡阳牌"汽车用于长途客运，初步具备了现代汽车服务的某些特征。

萌芽阶段并没有出现真正意义上的汽车服务业，汽车的主要社会功能是体现拥有者的尊严和地位。

（2）满足阶段

1949—1977 年是我国汽车服务业的满足阶段。1949 年中华人民共和国成立后，百废待兴，多年的战争使我国遭受了巨大损失，人们的物质生活受到极大破坏。长期在战乱中生活的人民，在中华人民共和国成立后终于迎来了和平的曙光。1956年，我国第一辆解放牌货车下线，标志着我国拥有自己的汽车工业。汽车客户对以汽车维修为基本内容的汽车服务产生了需要，我国汽车服务业的发展拉开了序幕。

在当时的经济环境下，汽车服务业是在高度的计划经济体制下运行的。汽车一直作为一种重要的战略物资，实行高度的计划分配，由国家物资部门统一调拨、销售和供应。另外，当时汽车生产品种单一，主要为货车，汽车配件的品种也很单一，汽车服务更多地集中在汽车维修上。交通部门下设的汽车维修企业是当时国内汽车维修的主要承担者。在这个阶段，我国汽车服务业实现了从无到有的历史性跨越，积累了一定的服务经验。特别是在汽车维修方面，形成了较大规模的汽车维修体系，为以后汽车服务业的发展奠定了基础。在汽车运输方面，形成了一批有一定规模的运输车队，为现代物流业的发展打下了良好的基础。

(3) 销售阶段

1978—1993年是我国汽车服务业的销售阶段，以1984年我国实施城市经济体制改革为分界点。1978—1983年称为观念转型阶段；1984—1993年称为销售观念阶段。

自改革开放以来，我国从过去严格的国家计划体制开始逐步过渡到以计划经济为主、以市场调节为辅的经济运行体制。与汽车服务相关的各类企业经济主体的利益开始得到承认，各类经济主体得到了一定程度的自主经营权，允许在计划范围以外生产和销售部分产品。在管理体制上，由过去的以中央管理为主的单层管理体制，演变为以中央管理为主、以地方管理为辅的双层管理体制。在汽车服务领域，由于国家指令性计划的比重有所下降，汽车产品的指令性计划由1980年的92.7%下降到1984年的58.3%，汽车厂商为了满足客户的需求，争取更大的市场份额，开始在一些中心城市建立自己的特约服务站，我国诞生了新的服务模式——售后服务。

1985—1993年，我国汽车服务业进入一个较快的发展时期。国家肯定了个人和私营企业拥有汽车及汽车服务业的合法性，汽车运输市场和汽车消费市场相继开放，汽车保有量迅速增大，一些新的服务项目相继出现。

在汽车流通领域，汽车产品流通市场机制的作用日益扩大。由政府和市场共同作用的双轨制过渡到以市场为主的单轨制，标志着市场机制成为汽车产品流通的主要运行机制。1988年国家指令性计划只占当年国产汽车产销量的20%；1993年进一步下降到不足10%。汽车流通体制也开始呈现多元化的态势，出现了以汽车厂商的销售公司及联合销售机构为代表的企业自销系统等形式的汽车销售模式。企业自销系统的出现，对后来我国汽车流通体制的演变产生了重要影响。

在汽车配件流通领域，我国对汽车配件经营放权更大，配件市场呈现出一片繁荣的景象。根据地理优势，各地兴建了一批区域性和全国性的汽车配件交易市场，极大地方便了汽车配件客户，有效地降低了订货的成本，受到汽车配件客户的欢迎。

在售后服务领域，由于国家改革城市经济体制，因此国内汽车厂商广泛建立了自己的售后服务系统，与社会上的汽车维修企业联合，建立自己的特约服务站。特约服务站也增加了汽车维修企业的商机。由于可以得到汽车厂商的直接技术支持和正品配件供应，因此汽车维修企业在市场上的竞争力提高，吸引了更多维修企业纷纷加入汽车厂商的售后服务系统。

在这个阶段，汽车厂商虽然强调了产品的销售环节，但仍然没有逾越"以产定销"的界线。汽车厂商虽然有效拓宽了销售渠道，但没有能力对分销体系进行统一规划和管理。这个阶段的汽车销售商只提供单一的销售服务，基本上不提供其他服务。特别是一些国有汽车公司，将销售和营销混为一谈，缺乏有效组织市场的方法和技巧。

(4) 营销阶段

1994年我国政府颁布并实施了第一个《汽车工业产业政策》，标志着我国汽车服务业发展驶入快车道。为了抑制"泡沫经济"对我国经济发展的影响，我国实行了一系列经济"软着陆"政策，使汽车市场彻底由卖方市场转为买方市场。在汽车厂商的生产能力得到大幅度提高的同时，受宏观调控政策的影响，汽车市场的有效需求相对不足，市场竞争空前激烈，使得原有汽车服务体系的局限性开始显现出来。在市场价值规律的作用下，经营观念和经营手段落后的汽车服务企业，不得不进行有效的经营策略改革或直接退出历史舞台。而一些与国外企业合作的汽车厂商推出了先进的服务理念，通过对原有代理商的改造，以及提供整车销售(Sale)、零配件(Spare Part)、售后服务(Service)、信息咨询(Survey)的4S服务模式，推进了销售服务网与售后服务网统一的进程，提高了服务效率，降低了服务成本，在汽车服务领域的影响力和控制力不断提高，使汽车服务从"销售阶段"上升为"营销阶段"。汽车物流配送、二手车交易、汽车文化、汽车俱乐部等服务形式相继出现，服务由单一化向多样化发展，极大地丰富了我国汽车服务业的内涵。

我国汽车服务业的现状及发展策略研究

2. 国内汽车服务业存在的问题

我国汽车服务业主要存在以下问题。

(1) 环境层面。环境层面包括法律法规、竞争环境，有关汽车服务业的法律制度不够健全、竞争无序。

(2) 管理层面。管理层面包括管理理念、管理规范、管理制度等。管理理念落后，没有真正地认识服务的内涵；管理不够规范，较随意，既损害消费者的利益，又伤害自身的服务品牌；在维修、美容、配件企业中缺少必要及完善的管理制度。

(3) 体系层面。没有建立一个完善的服务体系和服务标准体系，各自为政，一拥而上，规模小、管理乱、社会效益差；需要政府参与和扶持，协调利益，创造环境，建立一个全方位、立体的汽车售后服务体系。

(4) 人才层面。对汽车服务人才的培养缺乏远见，侧重培养技能型人才，没有对培养专业的汽车服务人才引起足够的重视。

(5) 竞争层面。从参与国际竞争的角度来看，我国汽车服务业落后于汽车制造业，在很多方面处于不利的竞争位置。

(6) 消费者认可度层面。调查显示，国内汽车客户普遍认为汽车企业服务流程不规范、服务内容不透明、服务信息不对称、服务诚信度不高。20世纪90年代初，美国哈佛大学商学院的研究结果表明，服务型企业的市场份额对利润并没有什么影响；并发现，客户忠诚度较高的服务型企业更能盈利，企业不应追求市场份额最大化，而应尽力提高市场份额质量(主要是指忠诚客户的比率)，这就是著名的关系营销理论。因此，汽车服务企业应把提高服务质量、提升客户满意度并使客户忠诚作为重中之重。提高消费者的认可度，才能获得该市场的竞争优势。

3. 我国汽车服务业的发展趋势

（1）汽车服务业管理规范、法规将逐步完善

2003年以来，我国陆续出台了一些与汽车服务业相关的重要制度与政策措施，如《家用汽车产品修理、更换、退货责任规定》《汽车金融公司管理办法》及其实施细则，《缺陷汽车产品召回管理条例》《汽车贷款管理办法》《机动车维修管理规定》等。随着汽车服务市场的发展，我国还会不断地制定和完善关于汽车服务业的管理规范、法规，对我国汽车服务市场的发展产生积极影响。

（2）商家提供诚信和优质的服务将是汽车服务的重心

现在许多汽车服务业的从业人员已经充分认识到优质的服务对企业和行业发展的重要意义。"企业的一切经营活动，都要围绕客户的需求"的理念已经越来越被业内人士接受。许多商家自觉改正过去的服务欺诈行为，以树立诚信和优质服务的形象，带动汽车服务业整体形象提升。

经销商为摆脱伪劣商品对市场的冲击及营销无利可图的局面，变单纯的商品经营模式为品牌经营、网络经营、深度开发经营、团队经营等全方位经营模式。通过经营创新，开发新的利润空间和实现差别化竞争；通过注重投资和品牌建设，把连锁经营的稳定感、信任感和安全感带给客户。

（3）汽车服务业正向"连锁店"和"一站式服务店"两个方向发展

连锁经营在汽车服务业中是比较理想的模式，有助于提高整个行业的服务水平。我国汽车市场已经掀起了加盟连锁浪潮，并形成了一批有影响的汽车服务企业，有的企业服务连锁店已超过千家。据业内专家分析，连锁经营将是未来汽车服务业的主流运营模式。连锁经营不但能大大提高商业流通领域的效率，而且对制造业、服务业等产业带来深远的影响，更重要的是能使客户受益，提升其生活品质。

（4）市场竞争日趋激烈

我国加入WTO后，给予外商全面的贸易权和分销权，开放企业营销、批发和零售、售后服务、产品修理、产品维护、物流运输、金融服务等与服务贸易有关的市场。在国外和国内两个汽车服务市场上，我国汽车服务业与国外汽车服务业展开全面、充分的市场竞争。

1.3　职业资格证书

职业资格是对从事某个职业所必备的学识、技术和能力的基本要求。

职业资格是指由国务院劳动、人事行政部门通过学历认定、资格考试、专家评定、职业技能鉴定等方式进行评价，对合格者授予国家职业资格证书。

1.3.1　职业资格的类型

1. 按是否必须持证上岗分类

按是否必须持证上岗，职业资格可分为从业资格和执业资格。

(1)从业资格

从业资格是指从事某个专业（工种）学识、技术和能力的起点标准。从业资格通过学历认定或考试取得。从业资格属于水平评价类资格，水平评价类资格只代表从业者的水平和业务能力，供用人单位参考使用。因为水平类资格不强调必须持证上岗，所以俗称从业。

从业资格的确认及证书的颁发工作由各省、自治区、直辖市人事（职改）部门会同当地业务主管部门组织实施，通过学历认证或考试取得。一般来说，具备下列条件之一者，都可以确认其从业资格。

① 具备本专业中等专业学校毕业以上的学历、见习一年期满，经单位考核合格者。

② 已经担任本专业初级专业技术职务或通过考试取得初级专业技术职称资格，经单位考核合格者。

③ 在本专业岗位工作并取得国家或国家授权部门组织的从业资格考试合格者。

(2)执业资格

执业资格是指政府对某些责任较大、社会通用性强、关系公共利益的专业（工种）实行准入控制，是依法独立开业或从事某一特定专业（工种）学识、技术和能力的必备标准。执业资格通过考试取得。执业资格属于准入类资格，准入类资格就是必须持证上岗，所以俗称执业，没有证书就不能执业。

执业资格的确认及证书的颁发工作都由国务院劳动人事行政部门综合管理，只有经考试合格才能取得，报考条件、考试内容、考核标准因不同的专业而略有差异。

我国已经完全建立16个专业的执业资格制度，其中7个专业实行注册制度。注册是对专业技术人员执业管理的重要手段，未经注册者，不得使用相应名称和从事有关业务。实行注册制度的7个专业是注册律师、注册会计师、注册建筑师、注册拍卖师、注册监理工程师、注册资产评估师、注册房地产估价师。其他9个实行执业资格证书的专业是教师、医师、药师、护师、统计师、会计师、法律顾问、造价工程师、国际商务师。今后，随着职业资格的不断发展与完善，必然还会有更多专业建立起执业资格制度。

执业资格的注册管理机构为国务院有关业务主管部门。各省、自治区、直辖市业务主管部门负责审核、注册，并报国务院业务主管部门备案，各省、自治区、直辖市人事（职改）部门负责对注册工作的监督、检查。

申请执业资格注册必须同时具备下列条件：①已经取得《执业资格证书》；②遵纪守法，具备职业道德；③经所在单位考核合格者；④身体健康，能坚持工作。如果是再次注册者，则还应取得知识更新和参加业务培训的证明。

2. 按人力资源和社会保障部的文件分

2021年11月23日，人力资源和社会保障部公布《国家职业资格目录（2021年版）》，将职业资格重新分为专业技术人员职业资格和技能人员职业资格。

(1)专业技术人员职业资格

专业技术人员职业资格是对从事某个职业所必备的学识、技术和能力的基本要求。

部分专业技术人员评聘职称，需要先取得专业技术资格。职称分为初级职称（员级、助理级），中级职称，高级职称（副高级、正高级）。

专业技术资格由人力资源和社会保障部人事考试中心主管。

(2)技能人员职业资格

技能人员职业资格是指从事某个工种的技术和能力的起点标准。职业技能鉴定考试由人力资源和社会保障部职业技能鉴定中心主管。

为了进一步提高职业资格设置管理科学化、规范化水平，推动降低就业创业门槛，优化就业创业环境，持续激发市场主体活力和社会创造力，推动高质量发展具有重要意义。《国家职业资格目录（2021年版）》仅保留72项职业资格，其他专业技术人员职业资格均退出目录，不再由政府或其授权的单位认定发证。其中，专业技术人员职业资格59项，含准入类33项，水平评价类26项；技能人员职业资格13项，见表1-2。

表1-2 国家职业资格目录（部分）（2021年版）

职业资格类别	职业资格名称	与汽车服务相关的职业资格
专业技术人员职业资格（共计59项。其中准入类33项，水平评价类26项）	教师资格，法律职业资格，中国委托公证人资格（香港、澳门），注册会计师，注册城乡规划师，注册测绘师，注册核安全工程师，注册建筑师，监理工程师，房地产估价师，造价工程师，拍卖师，资产评估师，机动车检测维修专业技术人员职业资格等59项	机动车检测维修专业技术人员职业资格
技能人员职业资格（共计13项）	焊工、安全保护服务人员、消防和应急救援人员、消防设施操作员、健身和娱乐场所服务人员、航空运输服务人员、轨道交通运输服务人员、危险货物、化学品运输从业人员、道路运输从业人员、特种作业人员、建筑施工特种作业人员、特种设备安全管理和作业人员、家畜繁殖员	道路运输从业人员

1.3.2 与汽车服务工程相关的职业资格

在《国家职业资格目录（2021年版）》中，与汽车服务工程相关的职业资格有机动车检测维修专业技术人员职业资格、道路运输从业人员职业资格。

1. 机动车检测维修专业技术人员职业资格

机动车检测维修专业技术人员职业资格是从事机动车检测维修的专业技术人员必备的职业资格，属于水平评价类。参加机动车检测维修专业技术人员职业水平考试，成绩合格，取得《中华人民共和国机动车检测维修专业技术人员职业资格水平证书》。

(1)专业设置

机动车检测维修专业技术人员职业水平考试分为机动车机电维修技术、机动车整形技术和机动车检测评估与运用技术三个专业。

(2)级别

为规范机动车检测维修行业管理，提高机动车检测维修专业技术人员素质，确保机动车检测维修质量和车辆安全运行，国家对机动车检测维修专业技术人员实行职业水平评价制度，纳入全国专业技术人员职业资格证书制度统一规划，各类机动车检测维修专业技术人员职业水平评价分为机动车检测维修士、机动车检测维修工程师和机动车检测维修高级工程师三个级别，采用以考代评方式。

取得机动车检测维修士职业水平证书，可聘任技术员、助理工程师职务，俗称初级职称。

取得机动车检测维修工程师职业水平证书，可聘任工程师职务，俗称中级职称。

取得机动车检测维修高级工程师职业水平证书，可聘任高级工程师职务，俗称高级职称。

2．道路运输从业人员职业资格

道路运输从业人员是指经营性道路客货运输驾驶员、道路危险货物运输从业人员和其他道路运输从业人员。道路运输从业人员职业资格属于准入类职业资格。

道路运输从业人员设有的职业有经营性客运驾驶员、经营性货运驾驶员、出租汽车驾驶员、危险货物道路运输从业人员。

《道路运输从业资格证》是通过交通部门道路运输有关知识、技能考试合格后核发的一种证件，也是通过职业驾驶等活动获取报酬的一种资质。

1.4 职业技能等级证书

技能人员职业资格分为水平评价类和准入类两种，而国家正在分步取消水平评价类技能人员职业资格，即水平评价类技能人员职业资格将全部退出国家职业资格目录，不再由政府或其授权的单位认定发证。为此，我国全面推行职业技能等级制度，制定发布国家职业标准或评价规范，由相关社会组织或用人单位按标准依规范开展职业技能等级评价、颁发证书，推行社会化职业技能等级认定。所以职业技能等级证书将是证明从事岗位应具备的技术能力资格等级的主要证书。

1.4.1 职业技能等级证书的类型

职业技能等级证书是指由经人力资源和社会保障部门备案的用人单位及社会培训评价组织（以下统称评价机构）在备案职业（工种）范围内对劳动者实施职业技能考核评价所颁发的证书。

我国职业技能等级证书分为五个等级：初级（五级）、中级（四级）、高级（三级）、技师（二级）和高级技师（一级）。

职业技能等级证书由评价机构独立印制并发放，政府部门不参与监制。但为了规范职业技能等级证书样式，人力资源和社会保障部公布的《关于印发〈职业技能等级证书编码规则（试行）〉和〈职业技能等级证书参考样式〉的通知》（人社鉴发〔2019〕2号）中，规定了职业技能等级证书的样式，如图1.2所示。

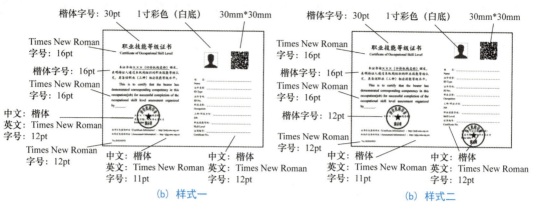

(b) 样式一 (b) 样式二

图 1.2 职业技能等级证书的样式

1.4.2 与汽车服务工程相关的职业或工种

《中华人民共和国职业分类大典》（2015版）将我国职业归为8个大类、75个中类、434个小类、1481个职业。与汽车服务工程相关的职业或工种主要有汽车维修工、汽车装调工、机动车检测工、机动车驾驶教练员、道路客运汽车驾驶员、道路货运汽车驾驶员、汽车救援员、汽车生产线操作工、汽车饰件制造工、汽车零部件再制造工、汽车回收拆解工、二手车经纪人、鉴定估价师、摩托车修理工、摩托车装调工等，见表1-3。

表1-3 与汽车服务工程相关的职业或工种

职业名称	职业定义	工种类型
汽车维修工	使用工、夹、量具和仪器仪表、检修设备，维护、修理和调试汽车及特种车辆的人员	本职业设有8个工种：汽车检测工、汽车机械维修工、汽车电器维修工、汽车玻璃维修工、汽车美容装潢工、汽车车身整形修复工、汽车车身涂装修复工、二手车整备工 本职业共设5个等级：五级/初级工、四级/中级工、三级/高级工、二级/技师、一级/高级技师
汽车装调工	使用专用工装、设备和装配线，装配、调试汽车部件、总成或整车的人员	本职业设有13个工种：汽车发动机装调工、汽车变速器装调工、汽车传动装调工、汽车车桥装调工、汽车车架装调工、汽车车轮装调工、汽车悬架装调工、汽车转向装调工、汽车制动装调工、汽车电气装调工、汽车牵引及车厢装调工、汽车离合器装调工、汽车整车装调工 本职业共设5个等级：五级/初级工、四级/中级工、三级/高级工、二级/技师、一级/高级技师
机动车检测工	使用专业检验设备或仪器，进行汽车整车、系统、总成、零部件的功能、性能、质量检测、检验和试验等工作的人员	本职业没有设置工种。 本职业共设4个等级：四级/中级工、三级/高级工、二级/技师、一级/高级技师

续表

职业名称	职业定义	工种类型
机动车驾驶教练员	使用机动车辆及辅助教学设备，为培训对象传授道路交通安全知识和安全驾驶技能的人员	本职业没有设置工种。 本职业共设5个等级：五级/初级工、四级/中级工、三级/高级工、二级/技师、一级/高级技师
道路客运汽车驾驶员	驾驶客运机动车运送乘客并提供服务的人员	本职业设有4个工种：大中型客车司机、公交车司机、巡游出租车司机、网约出租车司机。 本职业国家职业技能标准未发布
道路货运汽车驾驶员	驾驶货运机动车运输货物并提供服务的人员	本职业设有4个工种：货运汽车司机、低速载货汽车司机、超重型汽车列车司机、超重型汽车列车挂车工。 本职业国家职业技能标准未发布
汽车救援员	使用专项作业车、专业设备工具及专业技能救助车辆脱离险境或困境的现场作业人员	本职业没有设置工种。 本职业国家职业技能标准未发布
汽车生产线操作工	操作、调整汽车涂装、焊装、冲压、机加、热处理、锻造、铸造等生产线设备、工装，加工汽车零部件的人员	设有7个工种：汽车涂装生产线操作工、汽车焊装生产线操作工、汽车冲压生产线操作工、汽车机加生产线操作工、汽车热处理生产线操作工、汽车锻造生产线操作工、汽车铸造生产线操作工
汽车饰件制造工	操作注塑机、搏塑机、发泡机、吸塑机、切割机、焊接机等专用设备，生产汽车饰件的人员	本职业没有设置工种。 本职业国家职业技能标准未发布
汽车零部件再制造工	使用设备或专用工装、手工工具，进行回收汽车零部件拆解、清洗、修复、加工、装调、检验的人员	本职业设有3个工种：汽车零部件再制造修复工、汽车零部件再制造装调工、汽车发动机再制造装调工。 本职业国家职业技能标准未发布
汽车回收拆解工	使用专用设备或工装、工具，回收报废汽车，评估残值，并进行报废车辆无害化处理和拆解的人员	本职业设有2个工种：汽车回收工、汽车拆解工。 本职业国家职业技能标准未发布
二手车经纪人	在二手车交易活动中，以收取佣金为目的，为促成交易而从事居间、行纪或者代理等经纪业务的人员	本职业没有设置工种。 本职业国家职业技能标准未发布

续表

职业名称	职业定义	工种类型
鉴定估价师	从事旧货、库存积压商品，罚没、抵押或收藏物品价值鉴定和评估工作的人员	本职业设有4个工种：珠宝首饰评估师、名贵钟表鉴定师、机动车鉴定评估师、二手工程机械评估师。 其中，机动车鉴定评估师共设4个等级：四级/中级工、三级/高级工、二级/技师、一级/高级技师。
摩托车修理工	使用工、夹、量具和仪器仪表、检修设备，修理摩托车电气及机械故障的人员	本职业没有设置工种。 本职业共设5个等级：五级/初级工、四级/中级工、三级/高级工、二级/技师、一级/高级技师。
摩托车装调工	使用工具、装配联动线、液压机等工装及整车检测线等仪器和设备，进行摩托车零部件组合、装配、故障排查、修理的人员	本职业设有2个工种：摩托车成车装调工、摩托车发动机装调工。 本职业国家职业技能标准未发布

本 章 小 结

本章主要介绍了汽车服务的概念、主要特征、分类、现状、发展，以及相关技能证书。通过本章学习，要求学生重点掌握汽车服务的内涵及主要特征。

按照服务的技术密集程度，汽车服务可以分为技术型服务和非技术型服务。

按照服务的资金密集程度，汽车服务可以分为金融类服务和非金融类服务。

按照服务的知识密集程度，汽车服务可以分为知识密集型服务和劳务密集型服务。

按照服务的作业特性，汽车服务可以分为生产作业型服务、交易经营型服务和实体经营型服务。

按照服务的载体特性，汽车服务可以分为物质载体型服务和非物质载体型服务。

按照服务内容的特征，汽车服务可以分为汽车销售服务、汽车维修服务、汽车使用服务和延伸服务。

汽车服务工程涉及面广，主要涉及汽车销售服务、汽车物流服务、汽车售后服务、汽车维修检测服务、汽车美容装饰与改装服务、汽车配件与用品服务、汽车金融服务、汽车保险服务、汽车定损理赔服务、二手车经营服务、汽车信息咨询服务、汽车再生服务、汽车租赁服务、汽车驾驶培训服务、汽车会展服务、汽车停车服务、汽车智能交通服务、汽车救援服务、汽车文化服务、汽车俱乐部服务等。

绪 论 第1章

汽车服务业已经成为第三产业中最富活力的产业之一，汽车服务已成为汽车价值链上的最大"奶酪"。

我国汽车服务行业的发展大致可以分为萌芽阶段、满足阶段、销售阶段和营销阶段。

与汽车服务相关的国家职业资格主要有机动车检测维修专业技术人员职业资格、道路运输从业人员职业资格。

与汽车服务相关的职业或工种主要有汽车维修工、汽车装调工、机动车检测工、机动车驾驶教练员、道路客运汽车驾驶员、道路货运汽车驾驶员、汽车救援员、汽车生产线操作工、汽车饰件制造工、汽车零部件再制造工、汽车回收拆解工、二手车经纪人、鉴定估价师、摩托车修理工、摩托车装调工等。

【关键术语】
汽车服务、汽车服务工程、汽车服务业、国家职业资格证书

综合练习

一、名词解释
1. 狭义的汽车服务
2. 广义的汽车服务
3. 汽车服务工程
4. 从业资格
5. 执业资格

二、填空题
1. 汽车服务工程是内容涵盖面较广的领域，且涉及_____服务和_____服务。
2. 汽车的维修、检测、养护、美容装饰与改装服务是指汽车厂商_____以外的社会上独立提供的汽车维修、检测、养护、美容装饰与改装等服务。
3. 废旧汽车的回收与拆解服务属于_____服务。
4. 按照服务的技术密集程度，汽车服务可以分为_____服务和_____服务。
5. 按照服务的资金密集程度，汽车服务可以分为_____服务和_____服务。
6. 按照服务的知识密集程度，汽车服务可以分为_____服务和_____服务。
7. 按照服务的作业特性，汽车服务可以分为_____服务、_____服务和_____服务。
8. 按照服务的载体特性，汽车服务可以分为_____服务和_____服务。
9. 我国汽车服务业或整体服务体系起源于_____时代的汽车维修服务，发展于销售流通体系和售后服务体系，形成于其他汽车服务的发展和壮大。
10. 按是否必须持证上岗，国家职业资格可分为_____和_____两大类。
11. 按人力资源和社会保障部的文件，国家职业资格重新分为_____和_____两大类。

19

三、简答题

1. 什么是广义的汽车服务？什么是狭义的汽车服务？它们有何区别？
2. 汽车服务工程是如何分类的？
3. 汽车服务工程包括哪些基本内容？
4. 简述我国汽车服务业的现状。
5. 简述我国汽车服务业的发展趋势。
6. 简述从业资格证书与执业资格证书的区别。
7. 简述专业技术人员职业资格与技能人员职业资格的区别。
8. 简述国家职业资格证书与职业技术等级证书的区别。

第 2 章 汽车营销服务

教学目标

通过本章的学习，初步了解汽车营销的基本概念；掌握汽车营销人员的基本要求；了解汽车营销部门的组织结构；了解各级汽车营销人员的工作职责；掌握汽车市场调查的内容、方法和程序；掌握汽车市场环境分析、汽车消费者购买行为分析、汽车行业竞争分析、汽车产品分析等；掌握汽车销售工作流程和技巧；了解客户服务和汽车营销策划的基本内涵。

教学要求

知识要点	能力要求	相关知识
汽车营销的工作内容与汽车营销人员的基本要求	了解汽车营销的定义； 理解汽车营销的工作内容； 理解汽车营销人员的基本要求	汽车营销的定义； 汽车营销的工作内容； 品德素质要求、外在形象要求、汽车专业知识要求、营销能力要求
汽车营销部门的组织结构与职能分工	了解汽车营销部门的组织结构； 了解各级汽车营销人员的工作职责	职能型、地区型、品牌型和市场管理型汽车销售部门的组织结构； 汽车销售员、展示厅接待员、区域主管、销售副总经理等的工作职责
汽车市场调查	理解汽车市场调查的内容； 理解汽车市场调查的方法； 理解汽车市场调查的程序	汽车市场环境、企业竞争对手、目标消费者情况、企业营销组合和售后服务水平、对未来市场发展的趋势预测； 访谈法、观察法和实验法3种直接调查法； 制订汽车市场调查方案
汽车市场分析	能进行汽车市场环境分析； 能进行汽车消费者购买行为分析； 能进行汽车行业竞争者分析	汽车宏观环境与微观环境分析； 汽车消费者的购买行为特征与决策过程； 汽车行业竞争者分析与竞争战略的选择
汽车销售技巧	理解汽车销售的工作流程； 六方位介绍汽车特征； 了解试乘/试驾工作流程； 正确处理客户异议； 能订立汽车销售合同	汽车销售的工作流程、六方位讲解、试乘/试驾工作流程、处理客户异议技巧、汽车销售合同订立方法
汽车营销策划与客户关系管理	理解汽车营销策划的内容与方法； 理解汽车客户关系管理的内容	SWOT分析法

导入案例

某营销经理想考考他的手下,就给他们出了一道题——把梳子卖给和尚。

第一个人出门就骂,什么经理,和尚都没有头发,还卖什么梳子!那人找了一家酒馆喝起了闷酒,睡了一觉,回去告诉经理,和尚没有头发,梳子无法卖!经理微微一笑,心想和尚没有头发还需要你告诉我?

第二个人来到了一座寺庙,找到了和尚,对和尚说,我想卖给你一把梳子。和尚说,我不用梳子。那人就把经理的作业说了一遍,说如果卖不出去,就会失业,大师您发发慈悲吧!和尚就买了一把。

第三个人也来到一座寺庙卖梳子。和尚说,我真的不需要梳子。那人在庙里转了转,对和尚说,拜佛是不是要心诚?和尚说,是的。那人说,心诚是不是需要心存敬意?和尚说,是的。那人说,你看,很多香客从很远的地方来到这里,他们十分虔诚,但是风尘仆仆,蓬头垢面,如何对佛尊敬?如果庙里卖些梳子,给这些香客把头发梳整齐了,把脸洗干净了,是不是对佛尊敬?和尚觉得有道理,就买了10把。

第四个人也来到一座寺庙卖梳子。和尚说,我真的不需要梳子。那人对和尚说,如果庙里准备些梳子作为礼物送给香客,又实惠、又有意义,香火会更旺的。和尚想了想,觉得有道理,就买了100把。

第五个人也来到一座寺庙卖梳子。和尚说,我真的不需要梳子。那人对和尚说,您是得道高僧,书法甚有造诣,如果把您的字刻在梳子上,刻些"平安梳""积善梳"送给香客,是不是既弘扬了佛法,又弘扬了书法?和尚微微一笑,善哉!就买了1000把梳子。

第六个人也来到一座寺庙卖梳子。和尚说,我真的不需要梳子。那人对和尚说了一番话,卖出了10000把梳子。那人说了些什么呢?他告诉和尚,梳子是善男信女的必备之物,经常被女香客带在身上。如果大师能为梳子开光,使其成为她们的护身符,既能积善行善,又能保佑平安,很多香客还能为自己的亲朋好友请上一把,保佑平安,弘扬佛法,扬我寺庙之名,岂不是善事一桩?和尚听完,双手合十对那人说:"施主有这番美意,老衲岂能不从!"就这样,和尚买了10000把梳子,取名"平安梳""积善梳",由他亲自为香客开光,竟十分兴隆。

如果是你,你会如何将这把梳子卖给和尚呢?采取第几种思路呢?也可以开发新的思路。

2.1 汽车营销的工作内容与汽车营销人员的基本要求

2.1.1 汽车营销的定义与主要内容

1. 汽车营销的定义

汽车营销是指汽车相关企业或个人通过调查和预测客户需求,把满足其需求的商品流和服务流从制造商引向客户,从而实现目标的过程。具体含义如下。

（1）汽车营销始于客户的需求。汽车营销首先调查和预测客户的需要，然后针对客户的需要采用适当产品和服务。

（2）汽车营销的目的在于通过销售和服务与目标客户建立关系。一次交易只是构建与客户长久交易的一部分，企业或个人通过售前服务、售中服务、售后服务为客户提供满意的体验，在完成销售的同时，建立较持久的客户关系，提高客户满意度。

（3）汽车产品包括实质产品和服务产品两部分，服务伴随着产品的始终。

2．汽车营销服务的主要内容

根据运作过程的不同，汽车营销服务主要包括以下5个方面内容。

（1）**汽车市场调查**：介绍市场调查的方法、程序和撰写市场调查报告的方法，进行市场预测。

（2）**汽车市场分析**：主要从环境、客户、竞争者、产品、产品定位、品牌和价格的角度对市场展开分析，提高营销人员的市场分析能力。

（3）**汽车销售技巧**：从汽车制造商到实现销售再到客户满意的过程中，研究营销人员的行为表现，提高营销人员的销售技能。

（4）**客户服务**：现代汽车市场的竞争逐步演变为服务的竞争，客户服务主要分析汽车售前、售中、售后各环节开展服务的方法，提高服务质量。

（5）**汽车营销策划**：介绍汽车企业营销策划、实施、控制的全过程。

2.1.2 汽车营销人员的基本要求

1．品德素质要求

汽车营销人员应具备如下品德素质。

（1）积极向上的心态

积极向上的心态是汽车营销人员应具备的最基本的素质。汽车营销行业是一个高度竞争的行业，充满了失败和挑战，在这里心态起着决定性作用。

积极的心态是可以通过学习学到的，无论他原来所处的处境如何，拥有怎样的气质与智力，只要心存感激，学会称赞他人，用美好的言行去影响他人，就会拥有积极的心态。

（2）谦卑的态度

谦卑的态度是汽车营销的基石。汽车营销行业是不断面对新问题、新面孔的行业。汽车行业快速发展，使得从业人员必须随时注意更新知识。保持谦卑的态度容易得到大家的认可，更有利于交流与学习，赢得发展的空间。

汽车互联网营销

（3）坚持不懈的决心

坚持不懈的决心是汽车营销工作的行动保证。客户提出疑问，说明在销售过程中与客户之间的沟通出现了问题，应该分析客户拒绝的原因，针对出现的问题进行调整，以取得良好的业绩。俗话说："行百里而半九十。"一百里的路程走到九十里也只能算是一半而已。因此，我们做事情要坚持到底，决不轻言放弃，这是营销人员的必备素质。

（4）学会不断总结

总结与分析是营销的习惯保证。有好的心态并不代表成功，在汽车营销活动中，每天都会面临各种各样的新情况、新问题,如果没有正确处理问题的方法,就会事倍功半。因此,要养成良好的工作习惯,善于总结,通过分析,从中吸取经验或教训;要对未来的事情有计划,有效地把握各种营销机会。

(5)团队合作的态度

团队合作的态度是汽车营销的组织保证。我们处在竞争激烈的社会中,仅凭个人能力已经无法处理各种各样的复杂问题,因此要有团队合作的态度,形成合力。团队合作是汽车营销中较难掌握的能力之一,包括如下要素:有共同的目标,以便形成统一的意见;有核心领导,能够发现团队的优缺点,形成正的合力;有公平、公正的原则,能够正确评价每个人的作用,使其付出与收获成正比;有灵活的态度,要根据各人的能力及面临的不同问题,随机调整团队组成。

2. 外在形象要求

营销工作主要是与人打交道,在营销过程中,营销人员与汽车产品同等重要。客户在选择汽车时,往往受到营销人员外在形象、言谈举止等多方面影响。一些客户决定购买汽车是出于对营销人员的喜欢、信任和尊重。因此,营销人员首先应该学会"推销"自己,使客户愿意与其接触,在接触的过程中为销售汽车创造机会。

由于良好的外在形象可以给客户留下较好的第一印象,因此营销人员要特别注意自己的服饰和言谈举止。

汽车营销人员应在自我介绍、介绍他人、名片交换、称呼礼仪、语言技巧等方面进行系统训练,做到谈吐得体、落落大方。

3. 汽车专业知识要求

为了更好地向客户推荐汽车产品,一名优秀的汽车营销人员要有扎实的专业基础,能基本掌握并向客户介绍所售汽车产品的内部配置和各项性能指标。营销人员的介绍越专业,越容易赢得客户的信任与好感,客户越乐于接受营销人员推荐的产品。

例如,对汽车配置的发动机而言,要了解其型号和主要技术参数,如发动机的排量、最大功率、最大转矩、缸数、每缸的气门数、达到的排放标准、是否带有涡轮增压功能等。随着汽车普及程度的提高,客户的专业水平不断提高,汽车消费越来越理性,因此要求营销人员的专业水平高于消费者。如果营销人员还能向客户介绍所售汽车发动机的首次装车时间(即研发后投入市场的时间),适用的车型(如同一款发动机可能同时安装在宝来、帕萨特和奥迪 A6 上)及在国外的使用情况等,则会赢得客户的信赖。

对于变速器,要了解是手动换挡、自动换挡还是无级变速,现在同一品牌的汽车在配置同型号发动机的情况下,往往同时有手动挡和自动挡(或无级变速)的车供客户选择,营销人员就要了解并能介绍其差价、利弊。

汽车专业知识包含的面很广,只有系统学习过相关的专业知识,具备一定的专业水平,才可以说基本具备了汽车营销人员的专业素质。

此外,很多汽车购买者并不熟悉汽车相关技术和知识,但他们会找具备这方面知识的朋友来当"参谋"。这些"参谋"的知识和建议往往会对购买行为起到重要作用。面对这种客户,汽车营销人员必须表现得更专业,运用专业知识和业内经验说服他。如果能做到这一点,则往往会起到事半功倍的作用。因此优秀的营销人员应该善于学习专业知识,不断提高自身素质。

4. 销售能力要求

销售能力不可能通过遗传获得，而需要经过后天训练得到。大量研究结果表明，很多学生通过系统的销售训练可以取得很好的销售业绩。专业的营销人员应具备以下能力。

(1) 善于观察市场

汽车市场不断推陈出新，竞争日趋激烈，"行商"的时代已经到来，如果坐等客户上门，则必然会失去很多销售机会。因此汽车营销人员首先要具备较强的观察能力，从各种信息中敏锐地发现销售机会，并进行合理、有序的开发；其次，要注意观察汽车在各行业的应用方式，以便更好地与客户交流；最后，要随时了解汽车行业的各种信息与动态，如价格、资源、车型等，以便更好地把握销售机会。

(2) 确定客户需求

现代市场营销倡导以客户为中心，要求重视客户的需求。许多产品都有独特卖点，强化这些卖点与客户利益之间的关系，让客户产生深刻的印象是营销的关键。典型的方法是利益陈述法。利益陈述法要求陈述出产品的特征及优点是如何满足客户表达出来的需求的。因此，首先需要确认营销人员所理解的客户对汽车的需求，然后有针对性地介绍汽车的各方面。如果客户有跑长途的需求，那么不仅要介绍发动机的省油特征，而且要介绍座位的舒适性、转向盘的可控性以及高速路上超车的感觉等。如果发现产品不能满足客户的要求，则如实告知客户，为其提供建议。

汽车营销人员确保客户购买的汽车可以为其带来所需的利益是一种销售技能，也是获得客户信任的一种有效方法。从获得客户好感入手，逐步建立客户的信任，直到建立一种可靠的关系才是营销的终极目标。

(3) 树立顾问形象

营销人员不仅要关注客户的行业，而且要理解客户的利益，从为客户提供建议的角度介绍汽车。营销人员的作用在于提供参考信息和建议，因此，要使客户采纳营销人员的建议，首先营销人员要充分了解产品及销售流程；其次，要具备各种知识，了解不同行业的客户在汽车使用过程中容易出现的问题；最后，要全方位了解产品，针对客户的需求提出客观的解决方法，从而树立良好的形象。

(4) 掌握沟通技能

沟通的目的在于有效地传递汽车产品知识。专业的营销沟通要注意以下几个问题。

① 良好的表达。能够准确地传递产品知识。

② 学会赞美客户。销售的目的在于为客户解决问题，赞美比争辩更有利于获得信任。

③ 销售的过程就是了解客户需求的过程，倾听和发问的技巧比良好的口才重要。

④ 要学会让客户讲话，在沟通过程中要掌握两个原则，一是要真诚；二是要有事实依据，不能在赞扬客户时言之无据。

(5) 建立良好的客户关系

以客户为中心的营销要求营销人员由管理产品转变为管理客户，主要从以下几个方面入手。

① 建立客户档案。企业的市场是忠诚客户群，老客户比新客户重要，建立客户档案为有效地维持长久的客户关系、提供优质的服务提供条件。

② 利用客户资源发现潜在客户，包括客户的朋友、亲属、同学等，通过良好的人脉

关系建立销售网络。

③ 经常有序地与客户沟通，从而维持长久且有效的客户关系。

汽车营销是竞争性、综合性和专业性很强的职业，在竞争不断深化的市场背景下，每笔业务、每位客户、每处市场环境都需要营销人员综合运用不同的手段争取。总之，营销没有固定的模式，很难找到通用的营销模式。因此，要树立以客户为中心的营销理念，不断学习，提高综合能力，从而适应市场的不断变化，成为社会进步的推动者。

2.2 汽车营销部门的组织结构与职能分工

2.2.1 汽车营销部门的组织结构

汽车4S店或经销企业的销售部门有许多组织结构形式，常见的有职能型、地区型、品牌管理型和市场管理型4种。无论采用哪种形式，都应体现以客户为中心的营销思想。

1. 职能型汽车营销部门的组织结构

职能型汽车营销部门的组织结构是在营销副总经理的领导下，由各种营销职能人员组成，包括展示厅经理、销售经理、营销行政经理、广告和促销经理、客户服务经理和汽车销售员，如图2.1所示。营销副总经理负责协调各营销职能经理之间的关系。除了这5种营销职能人员外，还可能包括营销调研经理、营销计划经理和汽车储运经理等。

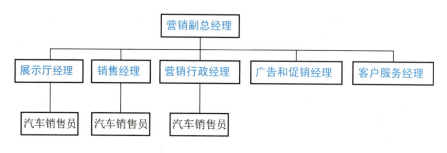

图 2.1 职能型汽车营销部门的组织结构

这种组织结构的优点是行政管理简单；缺点是随着车型的增加和市场的扩大会失去有效性。第一，由于没有一个人对一个品牌或一个市场负全部责任，因此没有按每个品牌汽车或每个市场制订的完整计划，有些车型或市场就很容易被忽略。第二，各职能部门为了获取更多预算和比其他部门高的地位而竞争，使营销副总经理面临调解纠纷的难题。

2. 地区型汽车营销部门的组织结构

销售范围较广的汽车营销企业，往往按地理区域组织营销人员。**营销部门由一个负责整体区域的销售经理、多个区域主管和众多汽车销售员组成**，如图2.2所示。从整体区域销售经理到区域主管，其管辖的下属人员（即"管理幅度"）逐级增加。

图 2.2 地区型汽车营销部门的组织结构

3. 品牌管理型汽车营销部门的组织结构

代理多个品牌汽车的企业,往往按汽车品牌建立管理型组织,即**在一名销售副总经理的领导下,按每个品牌分设一名品牌销售经理,再按具体品种设区域主管,分层管理**。品牌管理型汽车营销部门的组织结构如图 2.3 所示。

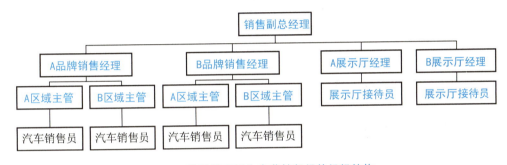

图 2.3 品牌管理型汽车营销部门的组织结构

如果一家企业经销的各种汽车之间差别很大,并且汽车的绝对数量太大,超过了职能组织的控制范围,则适合建立品牌管理型汽车营销部门的组织结构。

品牌经理的作用是制订本品牌汽车销售计划,监督销售计划实施,检查执行结果,并采取必要的调整措施。此外,还要制订竞争策略。

这种组织结构的优点如下:①品牌销售经理协调所负责汽车的营销组合策略;②品牌销售经理能及时反映汽车在市场上出现的问题;③由于品牌销售经理各自负责销售所管的汽车,因此即使不是著名的车型也不会被忽略;④品牌管理是培训年轻管理人员的最佳方式,因为品牌管理几乎涉及企业业务经营的所有方面。

这种组织结构的缺点如下:①对汽车管理造成的一些矛盾冲突,由于品牌销售经理权力有限,因此不得不与广告部门、促销部门合作,而各部门往往把品牌销售经理看作低层协调者而不予重视;②品牌销售经理比较容易成为所负责的汽车方面的专家,但不容易熟悉其他方面(如广告促销等)的业务;③销售管理系统的成本往往比预期的组织管理费用高,因为管理人员的增加会导致人工成本的增加,同时企业要继续增加促销、调研、信息系统和其他方面的职能人员,导致承担巨额间接管理费用。为了克服上述缺点,需要对品牌销售经理的职责及与职能人员之间的分工合作作出适当的安排。

4. 市场管理型汽车营销部门的组织结构

当可以细分客户特有的购车习惯和汽车偏好时,需要建立市场管理型汽车营销部门的组织结构。它与品牌管理型汽车营销部门的组织结构类似，由**一名销售副总经理管辖若干细分的市场经理**，各市场经理负责所管辖市场的年度销售利润计划和长期销售利润计划。

市场管理型汽车营销部门的组织结构如图2.4所示。

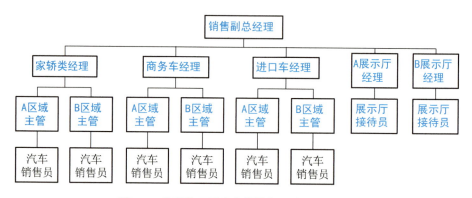

图2.4 市场管理型汽车营销部门的组织结构

这种组织结构的主要优点是企业可围绕特定客户群的需要，开展一体化的营销活动，而不是把重点放在彼此割裂开的汽车或地区上；缺点是价格放得太开，企业"以顾客为中心"让竞争者备受价格不确定的压力。

面向不同市场、代理多种品牌汽车的企业，在确定营销组织结构时面临着两难抉择——采用品牌管理型还是采用市场管理型？为了解决这个难题，企业可建立一种既有品牌销售经理又有市场经理的矩阵组织。然而，这种组织结构管理费用太高，而且极易产生内部冲突。矩阵组织结构面临新的两难抉择：如何组织销售人员？应该按每类汽车组织销售队伍还是按各市场组织销售队伍？或者销售队伍不实行专业化？

2.2.2 汽车营销人员的职能分工

汽车营销部门一般设置**汽车销售员**、**前台接待员**、**区域主管**、**销售副总经理**等职位。各级营销人员的工作职能不同，应履行各自职责。

1. 汽车销售员的岗位职责

（1）完成或超额完成销售定额。
（2）负责寻找新客户或主要客户。
（3）能熟练地传递公司汽车和服务的信息。
（4）懂得"推销术"——与客户接洽，向客户报价，回答客户的疑问并达成交易。
（5）为客户提供各种服务——对客户的问题提出咨询意见，给予技术帮助，安排资金融通，加速交车。
（6）进行市场调查和情报工作，并认真填写访问报告。
（7）分析销售数据，测定市场潜力，搜集市场情报。
（8）参与拟订营销战略和计划。
（9）货款回笼。

2. 前台接待员的岗位职责

（1）工作职责

① 接听电话并记录电话来访的客户档案。

② 为汽车销售员分配有需求的电话客户。

③ 收发传真。

④ 访客接待。

⑤ 监督统计汽车销售员打卡、考勤、日常行为规范。

⑥ 制作名片、胸卡。

⑦ 维护办公设备等。

⑧ 提出工作合理化建议。

⑨ 完成领导临时交办的工作。

（2）基本素质要求

① 具备一定的计算机软硬件知识。

② 具备全面的市场营销知识。

③ 具备较高的销售技巧与公关技巧。

④ 具备吃苦耐劳的品质、良好的职业道德与敬业精神。

⑤ 善于接受新知识，有较强的学习能力。

（3）个性特征要求

① 性格开朗、自信、热情。

② 有较强的沟通能力，口才好。

③ 心理承受能力强，敢于接受挑战和压力，有开拓创新精神。

④ 有合作精神，心胸开阔。

3. 区域主管的岗位职责

区域主管的岗位职责如下：全面负责区域市场的开发和经营、联络客户、销售汽车；完成销售及回款目标；向销售副总经理汇报工作并受其领导；在指导和管理区域内销售工作的同时，协助市场部做好市场的调研、宣传、促销活动。

（1）工作职能

① 分解落实本地区销售目标、费用预算和货款回笼计划。

② 负责完成区域内销售目标及货款回笼。

③ 公平制定和下达区域内汽车销售员的目标。

④ 定期拜访重要客户，并制订促销计划。

⑤ 负责区域内汽车销售员的招聘、培训及考核。

⑥ 指导区域内汽车销售员开展业务工作，并接受其工作汇报。

⑦ 定期、不定期地开展市场调查。

⑧ 向销售副总经理提供区域管理、发展的建议及区域市场信息。

⑨ 负责本区域信息的搜集或处理。

⑩ 负责管理并控制区域内各项预算及费用的使用，负责审查区域内汽车营销员的费用报销，并指导其以最经济的方式运作。

⑪ 制定各种规章制度。

⑫ 接受销售副总经理分配的其他工作。

（2）直接责任

① 传达上级指示。

② 制订本区域销售计划，经报批通过后执行，完成销售目标。

③ 向直接下级授权，布置工作任务。

④ 巡视、监督、检查下级汽车销售员的各项工作。

⑤ 搜集市场信息，及时上报销售副总经理。

⑥ 及时对下级工作中的争议作出裁决。

⑦ 参加本区域开展的促销活动。

⑧ 建立客户档案。

⑨ 制定汽车销售员的岗位描述，并界定好汽车销售员的工作范围。

⑩ 关心下属的思想、工作、生活，调动汽车销售员的工作积极性。

⑪ 定期听取汽车销售员的述职，并对其作出工作评定。

⑫ 填写过失单或奖励单，报销售副总经理审批。

⑬ 根据工作需要调配下级汽车销售员的工作岗位，报销售副总经理批准后实施。

⑭ 定期向直接上级述职。

（3）领导责任

① 对本区域工作计划的完成负责。

② 对完成下达的销售指标负责。

③ 对保持区域内的价格稳定负责。

④ 对客户档案的齐全负责。

⑤ 对所属汽车销售员的纪律行为及整体精神面貌负责。

⑥ 对本区域工作流程的正确执行负责。

⑦ 对本区域监督检查的规章制度的实施情况负责。

（4）主要权利

① 有对本区域所属汽车销售员和各项业务工作的指挥权。

② 有向上级报告的权利。

③ 有对下级岗位调配的建议权。

④ 对下级汽车销售员的工作有监督检查权。

⑤ 对下级汽车销售员的工作争议有裁决权。

⑥ 对下级汽车销售员有奖惩的建议权。

⑦ 对下级汽车销售员的水平有考核权。

⑧ 一定范围内的销售折让权。

⑨ 行使销售副总经理授予的其他权利。

4．销售副总经理的岗位职责

（1）工作职能

① 把握市场。

② 确定销售目标。

③ 决定销售战略。

④ 编制销售计划。
⑤ 制订销售战略。
⑥ 善用汽车销售员的能力。
⑦ 培养汽车销售员的奋斗精神。
⑧ 管理销售活动。
⑨ 制订利润计划并管理资金。

（2）工作责任

① 对销售部工作目标的完成负责。
② 对销售部指标制定和分解的合理性负责。
③ 对销售网络建设的合理性负责。
④ 对确保经销商信誉负责。
⑤ 对所属下级的纪律行为、工作秩序、整体精神面貌负责。
⑥ 对销售部给企业造成的影响负责。
⑦ 对销售部监督检查的规章制度的执行情况负责。
⑧ 对销售部工作流程的正确执行负责。
⑨ 对确保货款及时回笼负责。
⑩ 对销售部预算开支的合理支配负责。
⑪ 对销售部所掌管的企业信息的完整性及秘密性负责。

（3）工作权限

① 对销售部所属汽车销售员及各项业务工作有管理权。
② 对筛选客户有建议权。
③ 对重大促销活动有现场指挥权。
④ 对直接下级岗位的调配有建议权和提名权。
⑤ 对所属下级的工作有监督检查权。
⑥ 对所属下级的工作争议有裁决权。
⑦ 对限额资金有支配权。
⑧ 有一定范围内的客诉赔偿权。
⑨ 有代表企业与政府相关部门和有关社会团体的联络权。
⑩ 有一定范围内的经销商授信额度权。
⑪ 有向公司领导层报告权。
⑫ 对直接下级有奖惩的建议权。
⑬ 对所属下级的管理水平、业务水平和业绩有考核权。

2.3　汽车市场调查

在市场经济的环境下，市场竞争无处不在，要想发现市场、占有市场、开辟市场，制订有效的营销策略，使企业处于不败之地，企业必须准确了解和把握市场信息。因此，掌握汽车市场调查的方法以获得准确的信息，是汽车销售员不可或缺的基本技能。

2.3.1 汽车市场调查的内容

汽车市场调查通常涉及汽车市场环境调查、企业竞争对手调查、汽车目标消费者情况调查、汽车企业营销组合调查、汽车售后服务水平调查及对未来市场发展的趋势预测。

1. 汽车市场环境调查

汽车市场环境调查一般在汽车企业投资决策阶段展开。环境因素不会以企业的意志为转移，只有充分了解企业所处的环境和不可控制因素，才能避免在经营中出现与周围环境冲突的情况，并充分利用环境中有利于企业发展的因素，保证企业经营活动顺利进行。

2. 企业竞争对手调查

企业竞争对手调查是汽车企业的经常性调查活动，主要是针对企业竞争对手的调查研究。企业竞争对手可以分为现实竞争对手和潜在竞争对手。调查中要了解主要竞争对手及其对市场的控制能力，消费者对主要竞争产品的认可程度，汽车市场容量及竞争对手在目标人群中占有的市场份额，市场竞争程度，与企业是直接竞争还是间接竞争，竞争对手的销售能力和市场计划，竞争对手对经销渠道的控制程度和控制方法，竞争对手所售的车型及服务的优势和劣势，消费者还有哪些要求尚未在竞争产品中体现出来，市场竞争的焦点与机会，等等。

3. 汽车目标消费者情况调查

目标消费者是由众多复杂多变的消费者群体构成的。对消费者进行的调查是市场调查中最重要的部分。

(1) 汽车消费需求量调查

消费需求量直接决定市场规模，影响需求量的因素有货币收入及适应目标消费人群两个方面。估计市场需求量时，要结合人口数量和货币收入。

(2) 消费结构调查

消费结构是消费者将货币收入用于不同商品的比例，决定了消费者的消费取向。对消费结构的调查包括人口构成、家庭规模和构成、收入增长状况、商品供应状况及价格的变化。

(3) 消费者行为调查

调查了解消费者行为，使营销人员以积极主动的方法影响消费者的消费行为。

(4) 潜在市场的调查

调查潜在市场的主要目的是发现潜在目标市场。调查渠道有驾驶学校、已有客户、目标群体、汽车维修场所等。

4. 汽车企业营销组合调查

营销组合调查是汽车企业的周期性调查项目，由产品调查、定价调查、分销渠道调查和促销方式调查4方面组成。

(1) 产品调查

产品调查包括汽车销售服务能力调查、产品实体调查、产品生命周期调查。

① 汽车销售服务能力调查：主要分为销售能力调查和市场供应能力调查，包括供货

渠道、售后服务质量、维修设备的先进程度、技术水平、资金使用状况、人员素质等。

② 产品实体调查：是对产品本身各种性能的调查，包括产品规格、产品类型和产品外观认可程度等的调查。

③ 产品生命周期调查：在产品的不同生命周期调查的内容不同，如在投入期调查的主要内容是消费者购买该产品的动机、对价格的承受能力、需求程度和优势等。

（2）定价调查

在制定汽车价格时不仅要考虑产品的成本支出，而且要看市场的竞争情况。因此有必要了解市场中商品价格的情况，为企业定价提供依据。定价调查主要包括目标市场不同阶层客户对产品的承受能力，竞争车型的价格水平及销售量，提价和降价带来的反应，目标市场不同消费者对产品的价值定位，现有定价能否使企业盈利、盈利水平在同类企业中居于何种地位。

（3）分销渠道调查

分销渠道调查解决的主要问题是采用何种方式更有利于企业扩大销量，被更多消费者了解和认可。例如汽车销售过程中最常见的流通渠道或经销渠道的情况；现行经销渠道中最成功的方式；当地市场是否存在分销此类产品的权威性经销商，如果存在，他们在市场上所占的份额是多少？当地市场上经营此类产品的经销商是否愿意接受新的货源？经营产品的条件和要求是什么？经销商是否有承担除经销外的其他业务？他需要何种帮助？经销此类产品较成功的方式是什么？经销商的一般库存量与进出货渠道怎样？产品到达客户手中之前每环节的折扣如何？

（4）促销方式调查

促销方式调查的内容包括广告宣传、公关活动、现场演示、优惠活动。不同的生命周期或不同季节的更有利于销售的方式，需要由市场决定。

① 广告调查。广告对消费者购买动机的形成起着重要作用。在广告制作前后，都需针对广告活动进行调查，以便制作出适合目标客户的广告。

② 其他促销活动调查。其他促销活动调查的主要内容是试行促销后的销售量、市场占有率的变化等。

5. 汽车售后服务水平调查

汽车售后服务水平调查主要包括维修能力调查、服务质量调查、与客户维系方式的调查、客户评价的调查、企业管理水平与管理能力的调查等。

6. 对未来市场发展的趋势预测

预测未来市场的发展趋势，找出影响市场的主要因素，分析可能的市场机会及不利情况。

2.3.2 汽车市场调查的方法

市场调查的主要资料来源有两种：一是通过实际市场调查，对企业及客户进行询问调查得到的信息资料，称为第一手资料；二是通过搜集一些公开出版图书、报纸、杂志，电视及有关行业提供的统计资料，了解有关产品及市场信息的资料，称为第二手资料，这些资料有助于了解整个市场的宏观信息。汽车市场调查按照获取资料方式的不同，可分为直接调查和间接调查，如图 2.5 所示。

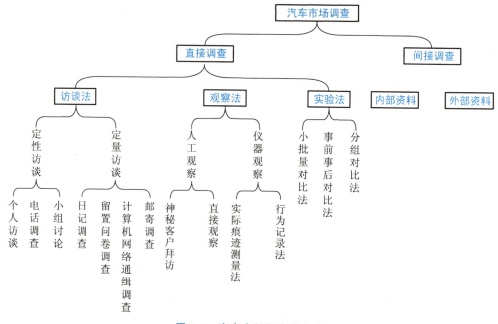

图 2.5 汽车市场调查的方式

1. 直接调查

直接调查又称实地调查。大多营销决策所需的重要资料都是通过直接调查得到的，主要以获得第一手资料为主。

直接调查通常采用**访谈法**、**观察法**和**实验法**。直接调查的分类、特点及应用见表 2-1。

表 2-1 直接调查的分类、特点及应用

方法	分类	内容	优缺点		备注
访谈法	定性访谈	个人访谈	调查人员与被调查人员面对面接触，通过有目的的谈话获得所需资料	优点	可直接听取被调查人员的意见；调查人员可及时、灵活地改变提问的角度和方法，引导被调查人员全面、真实地发表自己的意见；可以与任意形式的问卷结合使用	适用于搜集因果性资料，如客户满意程度调查
				缺点	成本高，调查人员对被调查人员的倾向性影响较大	
		电话调查	通过电话向被调查人员征求对所调查内容的意见	优点	能迅速得到所需的信息，灵活性强，回收率高	适用于较长期的连续性调查，如跟踪调查
				缺点	电话交谈时间短，很难全面提问；成本比邮寄调查高；被调查人员不愿意回答私人问题，调查的深度有限	
		小组讨论	调查人员组织与主题有关的针对所调查内容的讨论	优点	主题鲜明，针对性强，可以较深层次地了解客户的真实想法	适用于搜集探索性资料
				缺点	主观性强，样本少，不易形成数量化资料	

续表

方法	分类		内 容	优缺点		备 注
访谈法	定量访谈	日记调查	为进行连续调查的固定样本单位发登记簿,由被调查人员逐日逐项记录,并由调查人员定期整理汇总	优点	如实反映被调查单位的经济活动情况,搜集的资料比较系统、可靠,便于对不同时期不同单位的情况进行对比分析	适用于搜集事实类资料
				缺点	调查的持续时间长,样本代表性有限	
		留置问卷调查	调查人员将调查表或调查提纲通过邮件的形式或者当面交给被调查人员,并详细说明调查的目的、要求,由被调查人员自行填写答案,再由调查人员按约定日期收回	优点	调查人员可当面消除被调查人员的思想顾虑和填写调查表的某些疑问,被调查人员有充分的时间思考,并可避免调查人员倾向性意见的影响	适用于高端客户小范围的针对性调查
				缺点	样本面窄,成本高	
		计算机网络通缉调查	调查人员将所要询问的问题输入网络,请求网络作答,愿意回答问题的网络成员就是被调查人员	优点	调查可覆盖整个网络,花费的人力、经费较少,且调查的时效性强,成本低	适用于车型喜好、公司形象类的范围调查
				缺点	准确率低,针对性差	
		邮寄调查	将设计好的调查表寄给被调查人员,由被调查人员根据调查表的要求填好后寄回	优点	询问对象比较广泛;被调查人员有充分的时间思考,与电话调查和个人访谈相比,对某些私人问题能得到更真实的回答	适用于车型喜好、公司形象类的范围调查
				缺点	不够灵活,要求所有被调查人员按既定顺序回答问题,缺乏针对性;问卷回收率较低,需要的时间也较长	
观察法	人工观察	神秘客户拜访	调查人员聘请观察人员以客户的身份对被调查人员进行访问	优点	直接,概括性强,被调查人员处于自然状态,调查内容真实	适用于了解企业的实际业务流程等描述性资料
				缺点	与观察人员的能力有关,本身说服力有限,无法了解内在信息,样本代表性差	

续表

方法	分类		内 容	优 缺 点		备 注
观察法	人工观察	直接观察	调查人员或观察人员对工作或业务流程进行观察,并做好记录	优点	真实、直接	适用于搜集销售实务、操作程序、购买习惯、确定价格等问题的资料
				缺点	无法了解内在信息,受调查人员的综合素质影响	
	仪器观察	实际痕迹测量法	通过被调查人员某种行为留下的实际痕迹观察调查情况	优点	自然状态,真实直接	适用于搜集因果类资料
				缺点	对观察人员的综合素质要求较高	
		行为记录法	一般在现场设置录音机、录像机、照相机等仪器,如实记录被调查人员的行为	优点	处于自然状态,真实、直接	适用于搜集事实、意见类资料
				缺点	投入较多,灵活性差,无法确认被调查人员的真实感受	
实验法	小批量对比法		先小规模试验,成功后大规模投入	优点	投入少,见效快	适用于投入较多的情况
				缺点	代表性差	
	事前事后对比法		选定试验品,对选定前后的不同之处进行比较	优点	直接	适用于单一服务
				缺点	受时间影响较大	
	分组对比法		选定不同的方案分组进行试验	优点	直接、有效	适用于决策效果对比类调查
				缺点	投入多,涉及面广	

2. 间接调查

间接调查又称文案调查,是市场调查执行人员充分了解企业实行市场调查目的之后,搜集企业内部既有档案资料及企业外部各种相关资料,加以整理及融合之后,以归纳或演绎等方法分析,进而提供相关市场调查报告及市场行销建议。

间接调查的资料按来源渠道可以分为内部资料和外部资料。内部资料是指企业各部门所记录的各类资料。外部资料是指通过各种渠道搜集的外部企业资料。搜集整理资料的工作流程如下:阅读→做记号→剪贴→分类及装订(或建档)。

(1) 内部资料。获取内部资料的关键在于日常积累。内部资料主要包括以会计统计为主的报告系统资料、内部信息系统档案资料等。报告系统资料主要包括业务报表、财务分析、财务报表等。内部信息系统档案资料主要包括会议记录、回访记录、电话记录、合同、计划书、人事档案等。

(2) 外部资料。外部资料来源很多,主要有互联网、政府机构、相关报纸杂志、行业协会等。

2.3.3 汽车市场调查的工作流程

一般可以把汽车市场调查的工作流程分为3个阶段、12个步骤,如图2.6所示。

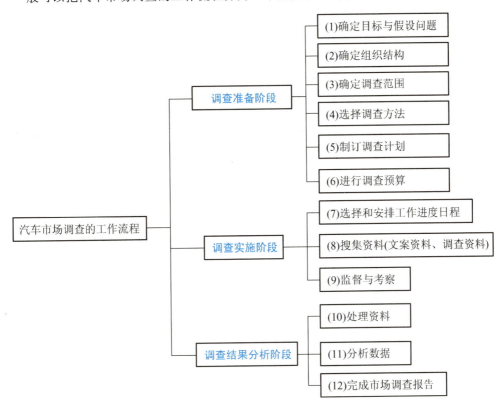

图 2.6　汽车市场调查的工作流程

2.4　汽车市场分析

营销不是单纯的商品交易,它受市场环境中各因素的影响。分析市场环境要素可以发现市场机会,洞悉消费者的购买动机,扬长避短,从而实现营销目标。

汽车市场分析包括汽车市场环境分析、汽车消费者购买行为分析、汽车行业竞争者分析、汽车产品分析等。

2.4.1　汽车市场环境分析

汽车是一种高技术性质的消费品,与经营环境的依存关系尤为紧密,很多因素都会对汽车产业的发展产生影响。作为汽车营销人员,对营销环境的认识主要有两个方面:一是汽车营销环境主要包含的内容;二是维护企业的经营生态环境、创建企业经营链条的方法。

社会环境中的许多因素都会对汽车营销活动产生影响,汽车营销时主要考虑宏观环境和微观环境两方面因素。宏观环境主要有经济环境、政治环境、自然环境、社会文化环境、人口环境和科技环境。微观环境主要有公众、渠道成员（生产供应者）、消费者和竞争对手。

1. 汽车宏观环境

（1）经济环境。经济环境是指企业市场营销活动所面临的社会经济条件及其运行状况和发展趋势，一般包括社会购买力水平、消费者收入状况、收入分配结构、消费者支出模式等。

（2）政治环境。政府的相关产业政策及法律法规也会对汽车产业产生影响，如推行欧Ⅱ标准导致化油器车型退出市场；禁止厢式微型车上户导致微型车日渐衰落。

（3）自然环境。汽车受自然环境的影响主要表现在两个方面：对燃油的需求导致石油资源枯竭和燃烧油料对环境造成的影响。

（4）社会文化环境。社会文化环境主要包括人们的价值观念、宗教信仰、消费习俗、审美观念等与汽车消费有关的文化环境。

（5）人口环境。人口环境是指一个国家或地区（企业目标市场）的人口数量、人口质量、家庭结构、人口年龄分布及地域分布等因素的现状及变化趋势。人口环境对企业的市场需求规模、产品的品种结构、档次及客户购买行为等市场特征有决定性影响。

（6）科技环境。科技环境是指一个国家或地区整体科技水平的现状及变化。科技带来了汽车市场营销策略（产品策略、分销策略、促销策略）的革新。

2. 汽车微观环境

（1）公众。公众会关注、监督、推进或制约企业的营销活动，对企业的生存和发展产生巨大影响。因此企业的市场营销活动不仅要针对目标市场的客户，而且要考虑有关公众的利益，采取适当措施与公众建立并保持良好关系。好的公众氛围有利于企业品牌的形成和长远发展。信誉和责任是维护公众环境的必要条件。

（2）渠道成员（生产供应者）。当今社会是高度竞争的社会，也是合作的社会。经济全球化拓宽了企业的选择范围，汽车是综合性很强的产品，在营销过程中合作精神尤为重要。

（3）消费者。随着市场化进程的不断深入，消费者消费心态日趋成熟，便宜、实惠不再是消费者关注的焦点，消费者开始注重服务与特色。因此企业研究市场的起点也应转移，由以产品为中心的销售模式向以客户为中心的销售模式转变，从客户需求出发考虑产品的发展方向。

（4）竞争对手。竞争是企业发展的动力之源，任何企业的营销活动都会受许多竞争对手的影响，因此每家企业都应该了解竞争对手的营销状况和发展趋势，从而制订相应策略，掌握竞争主动权。

2.4.2　汽车消费者购买行为分析

单凭个人天赋和经验判断目标客户的真实需求，会导致很多目标客户流失。在竞争环境下，营销人员通过熟悉消费者的购买决策过程，了解客户的欲望和喜好，分析客户的购买动机，从而与客户有效沟通，满足客户的需求；且具备对潜在客户真实需求的准确判断能力，大大提高成交率，同时业务能力得到有效提高。

消费者购买行为是指消费者为满足自身生活需要，在一定的购买动机驱使下进行的购买消费品或消费服务的活动过程。消费者的需求是所有营销活动的起点，要开展以客户为中心的销售，就要分析客户的购买动机，了解客户的欲望、喜好与购买行为，以便与客户有效沟通，满足客户的需求。

1. 汽车消费者的购买行为特征

(1) 汽车消费是一种复杂的购买行为，是一种非经常性的购买活动。汽车是一种价格高、品牌差异大且不常买的商品，消费者的参与水平较高，投入的时间较长，涉及广泛的内、外部信息搜寻，影响消费者决策的因素较多，而且消费者在购买汽车之后，很容易对购买决策的正确性产生怀疑。

(2) 购买行为的理智性。由于汽车消费购买过程准备充分，慎重选择，购买决策过程长，因此消费行为成熟、理智。

(3) 需求的派生性。汽车是一种技术含量较高的消费品，消费者购买汽车后，会派生出很多新的需求，如汽车美容装饰、维护保养等。

2. 影响汽车消费者购买行为的主要因素

影响消费者购买行为的因素很多，错综复杂，涉及社会影响、个人和心理因素、营销因素等方面，就汽车而言，一般主要考虑图2.7所示的因素。

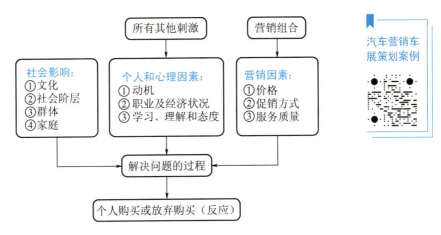

图 2.7 影响汽车消费者购买行为的主要因素

3. 汽车消费者购买行为的决策过程

消费者的购买行为源于由需要导致问题出现，当消费者面临的问题最大化时，就会把购买动机转化为购买行为，因此购买商品的过程也是解决问题的过程。购买汽车是一种复杂的购买行为，消费者在选购汽车之前，会花费很多精力了解汽车的品牌、价格及性能，并对各品牌及各购车场所进行比较。汽车消费者购买行为的决策过程可以分为以下 5 个阶段。

(1) 确立问题。消费者产生购买的需求主要是由自身需要导致问题出现的认知，购买的紧迫性取决于所面临问题的严重程度。

(2) 信息搜集选择。消费者为解决所面临的问题，会通过各种渠道了解能够解决问题的方法和途径，问题的重要程度不同，搜集信息所需的时间不同。

(3) 方案选择。消费者在产生购买行为前，会对所搜集的信息进行分析整理，综合评价，从而确定解决问题的方案。

(4) 购买决策。消费者根据评价得出的方案进行购买，完成交易。但在购买阶段存在很多变数，会影响消费者的购买决定。

(5) 购后评价。消费者购买后会根据使用情况评价产品，从而影响其以后的消费行为及其他相关的消费群体。

4. 汽车消费者购买决策的内容

在汽车消费者进行购买决策的整个过程中，主要考虑以下问题。

(1) 为什么买：即消费者购买汽车的动机是什么。消费者的购买动机是多种多样的，同样是购买一辆汽车，有的人是为了节约上下班的时间，有的人只是为了出行方便。

(2) 买什么：即确定购买对象。这是决策的核心和首要问题。决定购买目标不仅停留在一般类别上，而且要确定具体对象及具体内容，包括汽车的类型、生产厂家、品牌、款式、性能和价格等。

(3) 在哪里买：即确定购买地点。购买地点是由多种原因决定的，如距离、可挑选的品种数量、价格及服务态度等，与客户愿意付出的成本等有关。

(4) 何时买：即确定购买时间。这也是购买决策的重要内容，与主导购买动机的迫切性有关。在消费者的多种动机中，往往需要强度高的动机决定购买时间、缓急，同时购买时间与市场供应状况、营业时间、交通情况和消费者可供支配的空闲时间等有关。

(5) 如何买：即确定购买方式。汽车是一种大额商品，在很多情况下，消费者由于资金等问题，可选择多种付款方式，如考虑是支付现金还是分期付款等。

【应用案例2-1】

购买汽车可能有交通的动机、攀比的动机、炫耀的动机、改善生活方式的动机等。总之，目前我国汽车消费者购买汽车的动机比较简单、实际，往往在充分了解汽车符合本人的切实需要后购买。因此，作为汽车营销人员，只要记住潜在消费者需要你给予的仅是你实际提供的知识和信息就可以了。

营销人员："您怎么知道我们展厅的？"

消费者："我看了你们的电视广告。"

分析：是啊，如果没有购买汽车的动机，是不会留意汽车经销商的广告的。这个问题可以帮助你确定消费者的潜在购买时间。

消费者："我在报纸上看到你们的广告。"

分析：这个消费者肯定不只看到一家汽车经销商的广告，所以他肯定还在观望中，可能要看许多车行，也许我们不是他访问的第一家车行。

消费者："我从电话簿上找到你们的。"

分析：这个消费者在电话簿上寻找经销商，而且是按照名字寻找的，可能是一个很快就要购买的消费者。

消费者："我路过此处，看你们有这么多车，真漂亮。"

分析：应该尽量留下这个消费者的联系方式，虽然他肯定不是最近要买车，但肯定已经计划好，等过一段时间要买车。

消费者："朋友推荐我来的，说你们这里不错。"

分析：如果营销人员正确处理一切后续流程，则这是一个很容易成交的消费者。

消费者："我看见有人从你们这里买车，所以来看看。"

分析：肯定是到处比较的消费者。既然他开始留心其他人的车是在哪里购买的，那么说明他是一个认真的消费者。但是，肯定会比较多家车行。

消费者："我租过的一辆汽车就是这个款式，很不错，所以我来看看。"

分析：一个好的潜在消费者。他已经了解了自己对汽车的需求，而且有意识要自己拥有一辆。只要了解清楚他为什么租用汽车以及租用时间，就容易发现他是否是一个最近有购车需求的消费者。

消费者："我就住附近，想就近买一辆汽车。"

分析：这是一个很现实和理性的潜在消费者。因为他在乎的不完全是汽车的价格，很有可能还有售后服务。

营销人员："那么你为什么一定要购买一辆汽车呢？"

消费者："我只是看看。"

分析：这是非常常见的一种回答方式。如果要赢得这个消费者，营销人员必须进一步挖掘这个消费者的动机，否则不容易成交。

消费者："觉得应该有一辆汽车了。"

分析：这也是一个常见的回答，尤其是年轻人，他们不太了解汽车的采购过程，他们比较兴奋、激动，要改善自己的生活甚至自己在周围朋友心目中的地位。也许他们在与同事的汽车进行比较，他们不一定要便宜的汽车，可能更看重时尚、流行等。

消费者："我现在的汽车旧了，必须买一辆新的了。"

分析：他是一个潜在消费者，不需要营销人员讲解太多，只要展示新车与他过去的车相比有哪些优点就可以了。

消费者："我有车了，但还想买一辆给家人。"

分析：这个消费者还没有确定是否购买，而且不确定能否征得家人的同意。当然，如果有一个大幅降价的活动，他是不会错过的。营销人员应该主要向他介绍价值及价格之间的平衡，而不需要多介绍发动机、安全性等。

消费者："家庭成员多了，需要一辆商务车了。"

分析：这个消费者的需求明显，不然不会这么清楚自己想购买什么类型的汽车，因此营销人员的营销要点是强化省油及空间大等。

消费者："我的车在维修呢，麻烦太多了，你这里有更好的汽车吗？"

分析：这是一个非常好的消费者，意识到自己现有汽车有问题，并渴望解决问题。营销人员主要了解其现有车的情况，再进行对比就可以了。

消费者："要给女儿买一辆汽车。"

分析：在开始销售前必须确定谁是最后的决策人，谁是未来的驾驶人，谁是消费者。即使消费者也是希望驾驶人高兴的。在国外，一般这种情况直接将消费者看中的车开到其家中，向未来的驾驶人介绍和展示。

2.4.3 汽车行业竞争者分析

任何企业要赢得发展,首先要清楚自己在本行业竞争环境中所处的位置,然后结合企业的发展目标、资源优势和生存环境,制定出适合企业发展的竞争战略。

1. 汽车行业竞争者分析

汽车销售企业必须经常将自己的产品、价格、分销渠道、促销策略与竞争者进行比较,只有这样才能确定竞争者的优缺点,从而使企业发动更准确的"进攻",以及在受到竞争者"攻击"时能及时作出较好的"防守"。分析竞争者的具体内容如下。

(1) 识别企业的竞争者。
(2) 识别竞争者的战略。
(3) 判定竞争者的目标。
(4) 评估竞争者的优缺点。
(5) 评估竞争者的反应模式。
(6) 选择竞争者以便"进攻"和"回避"。

2. 竞争战略的选择

美国经济学家波特认为在竞争过程中可选择以下 3 种战略。

(1) 总成本领先战略。要求有较高的市场占有率,目标是将产品生产成本控制到最低,以取得更多的利润和更强的灵活性。

(2) 差异化战略。针对产品或公司提供差别化服务,树立起一些全产业范围中的独特事物,如新技术、客户服务、营销网络等。

(3) 专门化战略。专门化战略即主攻某特殊客户群、某产品线的一个细分区段或某地区市场专一化战略,整体却是围绕着很好地为某个特殊目标服务建立的。

3. 分析竞争者的方法

知己知彼,百战不殆。分析竞争者的目的,使企业在经营过程中处于有利的竞争态势。分析竞争者的流程如图 2.8 所示。

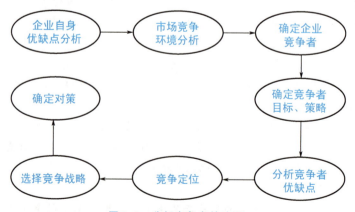

图 2.8 分析竞争者的流程

2.4.4 汽车产品分析

汽车产品营销与其他产品的最大不同就是消费者获得该产品的交换成本高，甚至是巨额投入。因此，除了需要给消费者提供可视的实物外，还必须给消费者提供无形的保障，即汽车产品使用期间的良好服务。此时，汽车营销过程中交易行为的目的物已经不再是单纯的汽车产品，而是构成消费者汽车消费行为的一系列有形与无形的价值再现。汽车营销人员只有正确理解汽车产品、品牌、服务、价格之间的关系，才能较好地将汽车产品的利益传达给消费者，实现汽车营销的目标。

汽车产品分析的要点如下。

(1) 汽车产品的特征。汽车产品具有无形性、紧密接触性、及时性、不可储存性、连续性、易模仿等特征。

(2) 汽车产品的生命周期。汽车产品的生命周期通常包括推出→成长→成熟→衰退→退出 5 个阶段。

(3) 汽车品牌。汽车品牌包括品牌名称、品牌标志和广告。品牌包含属性、利益、价值、文化、个性、客户 6 个层次。品牌还可以分为不同的等级，品牌等级是指一个品牌往往由企业品牌、家族品牌、单个品牌和型号品牌 4 个部分构成。通用汽车公司部分品牌及等级如图 2.9 所示。

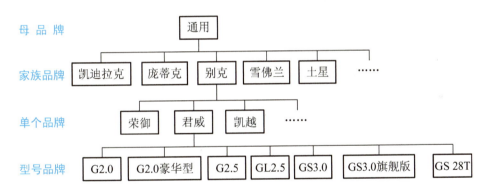

图 2.9 通用汽车公司部分品牌及等级

(4) 汽车价格的构成。汽车价格包括汽车成本、流通费用、利润和税金等。影响汽车价格的主要因素有汽车成本、汽车消费者需求、汽车特征、竞争者行为、政府干预、社会经济状况等。

(5) 汽车定价方法。汽车定价常采用汽车成本导向定价法、汽车需求导向定价法和汽车竞争导向定价法。

(6) 汽车定价策略。根据汽车消费者心理不同，汽车定价策略通常分为整数定价策略、层数定价策略、声望定价策略、招徕定价策略、分级定价策略 5 种。根据汽车产品组合不同，汽车定价策略通常分为同系列汽车产品组合定价策略和附带选装配置的汽车产品组合定价策略。除此之外，还有折扣定价策略和折让定价策略。

2.5 汽车销售技巧

2.5.1 汽车销售的工作流程

汽车销售通常采用**展厅销售**和**市场销售**两种方法。

展厅销售是被动销售，只有潜在消费者到展厅参观后，企业的销售行为才能开始。市场销售是主动销售，销售人员根据一定的市场规律去发现目标消费群，然后进行有针对性的销售工作。两者在很多时候是穿插进行的，既有不同之处，又可互为补充。展厅销售和市场销售的工作流程如图2.10所示。

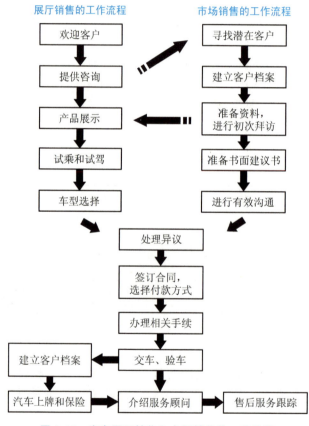

图 2.10 汽车展厅销售和市场销售的工作流程

以下具体介绍汽车展厅销售流程。

1. 欢迎客户

欢迎客户可以减少客户的疑虑。在销售阶段，客户一般会期望"销售人员在我走进展厅时至少会向我打招呼""我不希望在参观展厅时销售人员总是在我身旁走来走去，如果有问题我会问销售人员"等。客户通常预先对购车经历抱有负面的想法，因此殷勤有礼的销售人员的接待会消除客户的负面情绪，为购买经历设定一种愉快和满意的基调，给客户树立正面的第一印象。销售人员要在客户一到来就微笑迎接，即使正忙于帮助其他客户也应如此，避免客户因无人理睬而心情不畅。

在迎接客户后应问能提供什么帮助，了解客户来访的目的。通过热情有礼的迎接，缓解客户的疑虑情绪，使其在展厅停留较长时间，销售人员才有更多时间与其沟通和交流。

2．提供咨询

提供咨询的目的是使客户建立对销售人员及经销商的信心。在该阶段，客户的心理是"我希望销售人员是诚实可信的，能听取我的需求并给我提供所需要的信息""我希望销售人员能帮助我选择适合我的汽车，因为这是我的第一辆汽车"等。销售人员应仔细倾听客户的需求，让其随意发表意见，而不要试图去说服他买某辆车。如果销售人员采取压迫的方法，则将失去客户的信任。销售人员应了解客户的需求和愿望，并用自己的话重复一遍，以使客户相信他所说的话已被销售人员理解。对销售人员的信赖会使客户感到放松，并畅所欲言地说出他的需求，这使销售人员更容易确定要推荐的车型，客户也会更愿意听取销售人员的推荐。这是销售人员和经销商在咨询步骤通过建立客户信任所能获得的最重要的利益。

3．建立客户档案

客户一般不会在初次看车后就作出购买决定，他们会到很多展厅进行选择和比较，或者过很长一段时间才会作出购买决定。通过建立客户档案，销售人员可以与客户保持联系，展开销售活动，如针对不同的客户采用感情投资，或通知客户车型降价、服务酬宾、新款车型等，防止目标客户流失。

4．产品展示

产品展示即针对客户的关注点展示产品，以建立客户对所售车型的浓厚兴趣。销售人员必须通过传达直接针对客户需求和购买动机的相关产品特性，帮助客户了解所推荐的车型是如何符合其需求的，只有这样客户才会认识其价值。

5．试乘和试驾、车型选择

试乘和试驾是客户获得有关车型第一手材料的最好机会。在试乘和试驾过程中，销售人员应让客户集中精神体验，避免多交流。关于所售车型的特色部分，销售人员应根据客户的购车动机进行更直观的说明或车型性能展示，以培养客户对该车型的兴趣。

6．处理异议

为了避免在协商阶段引起客户的疑虑，对销售人员来说，重要的是使客户感到其已了解所有必要信息。当客户和销售人员对某个问题存在异议时，表明已到销售的最后环节。只要从客户的角度出发，解决好争议的焦点，就可使交易成功。

7．签订合同，选择付款方式

让客户采取主动，并允许客户有充分的时间作决定，同时增强客户的信心。销售人员应对客户的购买信号敏感。一个令双方均感到满意的协议将为交车铺平道路。双方均满意选择的车型后要签订合同。现代汽车销售有多种付款方式可供选择，如可以先付定金，提车时再付清全款；或一次性付清全款；有些企业和个人还可办理汽车消费贷款。

8．交车、验车，介绍服务顾问

客户有愉快的交车体验是建立长期关系的起点。销售人员要做的具体工作如下：保证按时交车,以避免引起客户的不快;进行汽车 PDI 检测(新车送交客户前的一种检查,是交车体系的一部分,包括一系列在新车交货前需要完成的工作,目的是在新车投入正常使用前及时发现问题,并按新车出厂标准进行修复。PDI 检测的大部分项目是由服务部门完成的),防止存在故障隐患;向客户介绍服务顾问,帮助客户了解售后服务的相关问题;为客户提供汽车售后咨询,介绍汽车上牌和保险等方面的相关知识;完善客户档案,为下一步销售服务工作的开展奠定基础。这些工作将有助于与客户建立长期的关系,拓展企业的销售服务链条,培养和壮大忠诚客户群。

汽车营销工作流程

9. 汽车上牌和保险

汽车上牌和保险是客户买车后的首要任务。很多汽贸企业代办汽车上牌和保险等事宜,但是应由客户决定上牌的方式和购买的险种,充分尊重客户,防止引起客户的不满,因小失大。

汽车营销比赛案例

10. 售后服务跟踪

对购车客户进行售后服务跟踪,体现销售人员对购车客户的关怀,是维持长期关系的重要手段。

总之,汽车销售是汽车经销企业的系统工程,它不仅与销售人员的服务规范有很大关系,而且与企业的售后服务水平直接相关。因此,汽车经销企业要在日常工作中经常与客户进行售前与售后的业务沟通,防止出现服务断档现象,培养稳定的忠诚客户群,维护企业持续长久地发展。

2.5.2 接待客户

接待客户是实现销售的首要环节。销售人员接待客户应专注在建立关系、缩短人与人之间的距离上,通过热情的接待,消除客户的戒备心理,以建立彼此互信的关系,引发客户对产品、对销售企业的兴趣,为继续商谈奠定良好的基础。

展厅接待客户通常包括客户欢迎、客户接近、了解来意、提供咨询服务、客户送别等环节,其工作流程如图 2.11 所示。

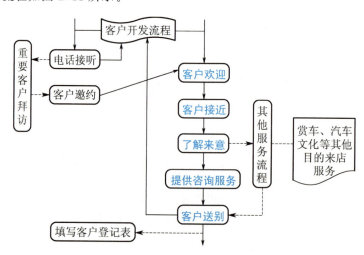

图 2.11 展厅接待客户的工作流程

2.5.3 讲解汽车产品

在接近客户以后，销售人员需要采用恰当的洽谈策略与客户进行有效沟通。在该过程中，销售人员必须遵循一定的原则和技巧，使其在整个沟通过程中占据主导地位，从而激发客户的购买欲望，说服客户购买公司所售车型。

要实现车型信息的准确传递，首先应该清楚是什么吸引了客户及客户为什么要买车等问题。每种车型都有陈述重点。销售人员向客户介绍汽车产品时，要有针对性地将汽车产品的各种特征概括为造型与外观、动力与操控、舒适实用性、安全性能及超值表现5个方面，而且要设法让客户接受这种观念，只有这样认识汽车产品才能有效降低他们的投资风险。

一般可以从 6 个方位介绍汽车产品，如图 2.12 所示。

汽车六方位介绍

图 2.12　汽车 6 方位介绍图

（1）当客户接受销售人员的建议，愿意观看销售人员推荐的车型时，一般从图中位置①开始。该位置主要介绍前车灯的特性、车身高度、车型颜色和流线型、汽车文化、保险杠的设计和车型的接近角等。

（2）到达位置②时，客户开始进入状态。销售人员根据已发掘的客户深层需求，有针对性地介绍这一侧面，如后视镜、侧面的安全性、品牌特征、转弯半径、汽车的外形尺寸、离地间隙、车门锁、汽车轮辋等。

（3）到达位置③时，要注意征求客户的意见，可以在这里介绍汽车的很多附加功能。在该位置主要介绍行李箱货门的开启、储物空间、后视窗刮水器、倒车雷达、离去角、备胎、尾灯的设计、后排座椅的特性等。

（4）到达位置④时，销售人员要争取客户参与介绍过程，邀请他们开门，触摸车窗玻璃、轮胎等。要引导客户到车中体验，如果客户本人是驾驶人，那么邀请他到驾驶人的位置上；如果不是驾驶人，那么邀请到其他位置体验汽车的舒适性等。此时可以回答客户的一些提问，并根据客户的需求状况，引导客户亲自体验。

（5）图中位置⑤是变化的，如果客户坐到车内乘客的位置，销售人员应该给予细致介绍，注意观察客户感兴趣的方面。如果客户要求坐到驾驶人的位置上，销售人员应该蹲下向客户介绍各种操作方法，包括刮水器、挂挡、仪表板、座椅的调控、转向盘的调控、视野、安全气囊及安全带、车门车窗的控制、制动系统等。

(6)位置⑥是销售人员介绍汽车动力系统的位置。在位置⑥将发动机舱盖示范性地打开，并注意根据客户的情况把握介绍内容，包括发动机的布局与型号、环保系统、悬架减振、节油方式、排气标准、散热设备等。

销售人员应该在不同展示位置阐述对应的汽车特征带给客户的利益，要展示出该车型的独到之处和领先之处，并通过展示来印证这些特性满足客户利益的方法与途径，从而让客户感受一次完美的乘/驾车体验。

2.5.4 安排试乘和试驾

试乘和试驾是销售汽车产品过程中的重要展示手段，通过体验除了能让客户对汽车有静态展示的认识外，还能体验动态的驾乘乐趣，进而提高客户对产品性能的全面认识，增强客户购买的意愿，增大成交的概率。试乘和试驾工作流程如图2.13所示。

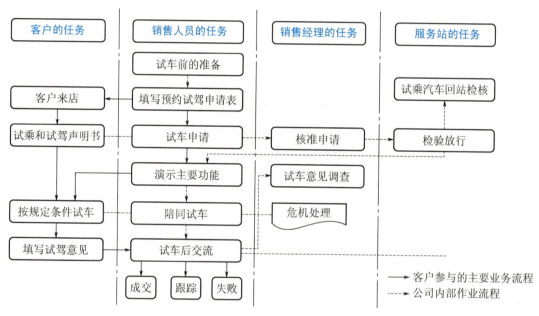

图2.13 试乘和试驾工作流程

在试乘和试驾之前，销售人员应首先查验客户的驾驶证件，了解客户的驾驶经验；其次，要选择良好的试车路线，防止可能出现的意外情况；再次，要确保汽车整洁、工作正常且燃油充足，并办好上路所需的执照和保险；然后，销售人员填写试乘和试驾申请表；最后，试驾者填写试乘和试驾声明书。

2.5.5 处理客户异议

在汽车展示过程中或是在向客户推荐车型时，由于种种原因，几乎所有客户都会表现出一定的抵触情绪，这种抵触情绪可归结为客户异议。处理客户异议的过程，实际上就是一个信息的传递、接收、加工、整理、反馈和再传递的连续过程。

并不是所有异议都代表客户对产品持反对意见，很多情况下客户异议的产生就是销售的开始。销售人员可以采取积极的方法，肯定他们意见的正确性，或者将客户的异议转变为他们购买的理由。

客户异议通常可分为货源异议、购买时间异议、财力异议、权力异议、价格异议等。处理客户异议时应遵循的原则有事前做好准备的原则、保持冷静避免争论的原则、留有余地的原则、以诚相待的原则、及时处理的原则等。

针对不同的问题，采用恰当的方法处理异议是实现销售的重要技巧，在汽车销售过程中，处理客户异议的方法有反驳处理法、回避处理法、利用处理法、同意和补偿处理法、询问处理法、忽视处理法等。应根据具体情况，采用不同的方法处理客户异议。

2.5.6 成交谈判

销售的最终目的是达成协议。很多销售人员在销售的各环节都做得很好，但由于多种原因，不知该如何引导客户达成双赢的销售承诺，而失去获得订单的机会。因此，如何及时把握销售缔结的机会，构建有利局面，同样是销售人员应该掌握的一项基本技能。

狭义的销售缔结是指获得订单，完成销售目标。广义的销售缔结是一种技巧性的沟通策略，目的在于得到由顾客作出的任何确认行为，推动销售流程向下一步进展。从该意义上说，缔结并不是一定要获得订单，只要是拜访的任务能够顺利完成，客户对传递的产品信息表示认可、原有的误解得到消除或实现与客户的有效沟通等，都可以称为达成缔结。

销售缔结以达成交易为目的，以处理双方的最后争议、达成共识为过程。缔结可以在销售过程的任何时段进行，这就要求销售人员随时把握机会，不断与客户就上一阶段达成的共识予以确认，增强客户对交易的信心和兴趣，加深客户对自己的印象。

汽车产品的特性决定了客户在很多情况下，当销售人员完整地介绍了汽车以后，一般不会立刻作出采购决策。只有很少一部分人会立即购买，多数情况下他们会找借口离开，然后去竞争对手那里了解其他车型，搜索更多有关你介绍的车型的信息，同时征求亲朋好友的建议，这种情况是客观存在的。通过对汽车经销商的调查，很多客户在买车之前会访问大约4个展厅，并最后作出采购决策。而采购决策一般需要一个月左右，有些客户可能会需要更长时间。它表明，不能第一次就给客户很大的压力，这是不现实的。销售人员应注重取得客户的充分信任，并给他们足够的时间和空间去比较、了解、搜集信息来验证你的介绍是可靠的，你是值得信赖的。只要客户再次上门或主动进行电话联系，你的机会就来了。

2.5.7 订立汽车销售合同

汽车销售合同是汽车销售企业与客户之间达成汽车产品买卖共识的重要体现形式。订立合同是每位销售人员必须掌握的一种基本技能。

汽车销售合同是汽车销售企业与客户双方为实现汽车产品买卖而明确相互权利义务关系的协议，主要包括以下条款。

(1) 买卖双方的名称或者姓名和住所。

(2) 标的：汽车的品牌、型号、颜色等。这是汽车销售合同有效成立的前提条件，没有标的或标的不明的合同既无法履行，又不能成立。

(3) 数量：主要是指买卖汽车的数量。

(4) 质量要求：合同中约定的汽车产品的质量及要达到的标准。

(5) 价格：买方（客户）应向汽车销售企业支付的代价（如汽车价格、购置税费、运输费用、办理有关报牌手续的费用等）。

（6）履行期限：合同的履行期限和有效期限。

（7）履行的地点和方式，主要包括以下3点。

① 交货方式：双方约定的交车形式。

② 运输形式：双方约定的运输工具。

③ 交货地点：双方约定的交车的具体地点。

（8）违约责任：在合同中明确约定的违约方应承担的具体责任。

（9）解决争议的方法：就所签订的合同发生纠纷，自行协商不成时，在合同中约定的解决纠纷的形式（是到仲裁机构仲裁还是去法院诉讼，选择其一，写于合同条款中）。

合同一经签订，即成为具有法律效力的文件。因此，合同撰写完毕之后签字之前，必须经过严格的审核，当确认合同内容与签字人都没有问题之后，方能签字。

2.5.8 交车

交车是成交的最后环节，要使客户满意，交车时是客户最开心、最期待的时刻。该环节既是一次交易的达成，又是销售人员与客户建立新的服务关系的开始。交车的工作流程如图2.14所示。

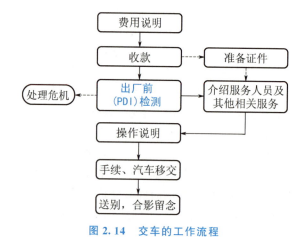

图2.14 交车的工作流程

2.6 汽车营销策划与客户关系管理

2.6.1 汽车营销策划

汽车营销策划作为市场营销学领域中新崛起的细分学科，具有鲜明的创新特点和具体的可操作性，是现代汽车市场逐步发育成长的产物。

在汽车营销活动中，为达到预定的市场营销目标，运用系统的、科学的、理论联系实际的方法，对企业生存和发展的宏观经济环境和微观市场环境进行分析，寻找企业与目标市场客户群的利益共性，以消费者满意为目标，重新组合和优化配置企业所拥有的和可开发利用的各种人、财、物资源及市场资源，对整体汽车营销活动或局部汽车营销活动进行分析、判断、推理、预测、构思、设计和制订汽车市场营销方案的行为，称为汽车营销策划。

汽车营销策划通常采用寻求第一、概念先行、借势造势、宁简勿繁、集中力量、软硬兼施、策略整合等方法。

汽车营销策划的基本内容包括汽车企业形象策划、汽车产品策划、汽车价格策划、汽车促销策划、汽车分销渠道策划等。

汽车企业形象策划是指汽车企业用于市场竞争的一切设计都采用一贯性的统一形象，运用视觉设计和行为展现将企业的理念及特性视觉化、规范化、系统化，通过各种传播媒介加以扩散，来塑造独特的、鲜明的企业形象，使公众对企业产生一致好评和认同，从而增强企业的整体竞争力。

汽车营销策划书（案例1）

汽车营销策划书（案例2）

汽车产品策划是汽车制造企业赢得市场必须做的一项经常性的工作，涉及产品组合策划、产品生命周期策划、产品品牌策划、产品包装策划、产品服务策划。

汽车价格策划是指汽车企业为了实现一定的营销目标，协调处理企业内部各种价格关系的活动。它是在一定的环境条件下，为了实现企业较长时期的营销目标，协调配合营销组合的其他各有关方面的构思、选择，并在实施过程中不断修正价格战略和策略，进行价格决策的全过程。

汽车促销策划主要有广告促销策划、人员推销策划、公共关系促销策划、销售促进促销策划等。

汽车分销渠道策划工作主要包括两个方面：一是要确定分销渠道的目标，分销渠道的目标是与汽车企业的目标市场密切相关的，目标市场就是分销渠道的最终目标；二是要设计分销渠道策略的具体内容，包括分销渠道的网络设计、分销渠道的管理、分销渠道的实体分配等。

汽车营销策划是一项烦冗而艰巨的工作，而策划成功的前提条件是客观认识自身能力与竞争对手能力，任何认识上的偏差和缺失均会造成竞争能力的不足甚至失去成长的机会。此时常运用SWOT分析法。

SWOT分析法是评价和分析汽车企业各产品竞争能力和内外营销环境的重要方法，其中 S 表示优势（Strengths），W 表示劣势（Weaknesses），O 表示机会（Opportunities），T 表示威胁（Threats）。SWOT分析法的作用可以概括为"扬长避短，趋利避害"，具体表现如下。

（1）能够揭示汽车企业的优势与劣势，在汽车营销活动中做到"扬长避短"，有助于汽车企业做到"以己之长，攻彼之短"，充分发挥企业的优势。

（2）能够明确面临的机会与威胁，使汽车企业在营销活动中"趋利避害"，及时抓住汽车市场营销环境中的机遇，避开对企业有威胁的因素。

（3）能够让汽车企业把握住重点推动的业务，充分认识到应放弃的业务，丢掉包袱，开展好"黄金业务"。对于既处于劣势又充满威胁的业务，企业应果断放弃，以免影响长远发展。

2.6.2　汽车客户服务

市场营销已由传统的生产导向、产品导向、销售导向过渡到以服务为导向的营销模式。市场营销的核心理念是以客户需求为中心，对客户进行全面服务和关怀，使客户完全满意，成为企业的忠诚客户。这种经营理念要求汽车营销人员把对客户及客户忠诚度管理提升到一个新的高度，不仅要重视客户的开发工作，而且要重视客户的管理工作，彻底改变过去"重开拓，轻管理"的工作方式。

当客户认为汽车产品和服务的提供商已经达到或超过他们预期时的感受称为客户满意。在当前汽车行业中，虽然有很多企业已经提出以客户为中心的销售，并尽力提高客户满意度，但离客户满意还有较大差距。着手客户满意度调研，找出企业当前在客户满意方面存在的问题，提升企业的客户满意水平，是每个汽车企业应该花时间解决的问题。

客户导向的市场营销管理就是要提供良好的客户服务，使客户满意，维系客户的忠诚度。在实际工作中，客户满意只是一种态度。客户满意在很多情况下只代表客户对产品和服务的一种认可态度，不一定会转化为购买行为。客户的忠诚度是指客户经过长期沉淀而形成的情感诉求，是客户在历次交易活动中状态的积累。

本 章 小 结

汽车营销服务是当前社会最具有挑战性的职业之一。汽车是一种技术含量高、价值高的商品，因此对汽车营销人员提出了更高的要求。本章重点讲解汽车营销人员从业素质要求、汽车营销部门的组织结构和各级营销人员的岗位职责，并参考典型的成功营销案例，着重介绍汽车市场调查、市场分析、营销技巧、客户服务、营销策划5个核心技能。

汽车营销是指汽车相关企业或个人通过调查和预测客户需求，把满足其需求的商品流和服务流从制造商引向客户，从而实现目标的过程。

汽车营销服务的主要工作内容包括汽车市场调查、汽车市场分析、汽车销售技巧、客户服务和汽车营销策划5个方面。

汽车营销人员的品德、素质要求是积极向上的心态、谦卑的态度、坚持不懈的决心、学会不断总结和合作的态度。

汽车营销人员的外在形象要求是仪容美、仪态美、仪表美、良好的谈吐修养。

汽车营销人员的汽车专业知识要求是掌握汽车构造、原理和运用。

汽车营销人员的销售能力要求是善于观察市场、确立客户利益、树立顾问形象、掌握营销沟通技能、建立良好的客户关系。

汽车4S店或经销企业的销售部门有许多组织结构形式，常见的有职能型、地区型、品牌管理型和市场管理型4种。无论采用哪种形式，都应体现以客户为中心的营销指导思想。

汽车销售部门一般设置了汽车销售员(销售顾问)、前台接待员、区域主管、销售副总经理等职位，各级营销人员的岗位职责不同，应履行各自的职责。

汽车市场调查通常涉及汽车市场环境调查、企业竞争者调查、汽车目标消费者情况调查、汽车营销企业营销组合调查和汽车售后服务水平调查5个方面。汽车市场调查主要有直接调查和间接调查两种方式，主要以直接调查为主。汽车市场调查的工作流程一般分为3个阶段、12个步骤。

汽车市场分析包括汽车市场环境分析、汽车消费者购买行为分析、汽车行业竞争者分析、汽车产品分析等。

汽车销售通常采用展厅销售和市场销售两种方法。

汽车营销策划的基本内容包括汽车企业形象策划、汽车产品策划、汽车价格策划、汽车促销策划、汽车分销渠道策划等。

【关键术语】
汽车营销、汽车销售员的岗位职责、汽车市场调查、汽车市场分析、汽车营销策划

一、名词解释
1. 汽车营销
2. 汽车市场营销策划
3. SWOT分析法

二、填空题
1. 汽车营销服务的主要工作内容包括_____、_____、汽车销售技巧、客户服务和汽车营销策划5个方面。
2. 汽车4S店或经销企业的销售部门有许多组织结构形式，常见的有_____、_____、品牌管理型和市场管理型4种。
3. 最常见的职能型汽车销售部门的组织结构是在营销副总经理的领导下由各种营销职能人员组成，包括展示厅经理、_____、_____、广告和促销经理、客户服务经理。
4. 汽车市场调查通常涉及_____、_____、汽车目标消费者情况调查、汽车营销企业营销组合调查和汽车售后服务水平调查5个方面。
5. 市场调查的资料来源主要有两种：一是通过实际市场调查，对企业及客户的询问调查得到的信息资料，称为_____；二是通过搜集一些公开出版图书、报纸、杂志、电视及有关行业提供的统计资料，了解有关产品及市场信息的资料，称为_____。
6. 汽车产品分析的主要要点是_____、_____、汽车品牌、汽车价格的构成、汽车定价的方法、汽车定价策略等。
7. 汽车销售通常采用_____和_____两种方法。

三、简答题
1. 何谓汽车营销？其工作内容有哪些？
2. 汽车营销人员应具备哪些基本素质和专业技能？
3. 比较职能型、地区型、品牌管理型和市场管理型4种汽车销售部门的组织结构，

分析其各自特点。
4. 调查当地的汽车 4S 店，绘制其汽车销售部门的组织结构框图。
5. 汽车销售员的岗位职责是什么？
6. 汽车销售前台接待员的岗位职责是什么？
7. 汽车销售区域主管的岗位职责是什么？
8. 汽车销售副总经理的岗位职责是什么？
9. 汽车市场调查涉及哪些内容？
10. 常见的访谈法有哪几种？哪种比较适合汽车市场调查？
11. 常见的观察法有哪几种？比较其特点。
12. 绘制汽车市场调查的工作流程框图。
13. 试设计一份某品牌汽车销售服务的市场调研方案。
14. 汽车市场环境分析应考虑哪些因素？
15. 试分析不同年龄汽车消费者的购车行为特征。
16. 汽车行业分析应考虑哪些因素？
17. 汽车产品分析应考虑哪些因素？
18. 调查当地的汽车 4S 店，绘制其汽车展厅销售的工作流程框图。
19. 何谓汽车产品介绍的 6 方位法？试分析每个方位应介绍的主要内容。
20. 如何正确处理购车时的客户异议？
21. 如何应用 SWOT 分析法评价汽车营销策划？

第 3 章 汽车物流服务

教学目标

通过本章的学习,理解汽车物流的特点、模式及发展趋势;掌握汽车物流的基本环节;理解汽车物流的管理模式;了解汽车物流的信息管理系统。

教学要求

知识要点	能力要求	相关知识
汽车物流的概念、类型、特点、模式及发展趋势	理解汽车物流的特点与模式; 理解我国汽车物流的发展趋势	汽车物流的概念、类型、特点; 自营物流模式、第三方物流模式、过渡型物流模式; 我国汽车物流的发展趋势
汽车物流实务	掌握汽车物流的基本环节; 掌握汽车零部件物流的基本流程; 掌握汽车销售物流的总体目标流程; 理解汽车物流的管理模式; 了解汽车物流的信息管理系统	汽车物流的基本环节、汽车零部件物流、采购流程,汽车销售物流的总体业务流程图; 汽车物流的运行模式; 汽车物流的信息管理系统的功能与组成

导入案例

长安马自达汽车有限公司——南京物流配送中心

长安马自达汽车有限公司由长安汽车股份有限公司、日本马自达汽车株式会社共同出资组建,双方持股比例为1∶1,地处我国著名城市——南京,位于江宁经济开发区内。公司拥有世界一流的生产制造工艺及质量体系,冲压、焊接、涂装、总装四大车间均采用柔性化生产线,能够支持8种车型共线生产,并将环保理念贯穿于整个生产过程。

南京物流配送中心于2007年正式成立,是零部件物流部的下辖部门,按照两大客户[长安马自达(CMA)和长安福特马自达发动机(CFME)]精益化生产标准建设,是为300余家供应商提供精益一体化的物流仓储、配送服务的现代化汽车零部件物流配送中心。

南京物流配送中心具备库存管理、装卸搬运、分装、换装、分拣、准时生产配送、空盛具管理、质检及包装设计、物流规划等综合一体化的物流服务能力。目前,南京物流配送中心汽车零部件准时生产配送能力超过20万台/年,发动机零部件准时生产配送能力超过40万台/年,配送的汽车零部件4600余种。

南京物流配送中心零部件物流网络遍布华东、华南、华北、华中、东北五大行政区域的100多个城市,为300余家供应商提供服务,涵盖了世界上著名的汽车零部件供应商。服务的主机厂包括长安汽车、长安马自达、长安福特、上汽大众等,是长安马自达和长安福特马自达发动机指定的专业物流供应商。

南京物流配送中心为主机厂及供应商提供零部件仓储管理服务,已达到主机厂精益化生产所需的配套要求。同时通过持续的库存优化、改善、供应链整合活动,实现最低的物流成本。其主要特点如下。

(1)库存管理:仓库管理系统对所有零件进行批次化和先进先出管理;货物的进出系统可自动分配库位。

(2)库存盘点:ABC管理,A类日盘,B类2次/周,C类1次/周;盲盘+交叉盘+抽盘。

(3)条码化:使用掌上电脑扫描条码,货物归位后,货物信息通过扫描条码直接进入仓库管理系统,实现对货物操作过程的监控,节约成本,同时保证交付的准确性。

(4)库存预警:每日对库存的异常(缺件/暴库)进行预警跟踪,确保生产线不停线。

(5)料架到货采取交叉转运模式,大大提高操作效率。

(6)具备详细的备货、归位计划。

(7)利用无线扫码技术实现对货物进度的实时控制。

(8)飞翼车装卸效率:每车10~15min,为普通厢式货车的2~3倍。

(9)利用全球定位系统实时监控零件交付的在途状况。

3.1 汽车物流的概念、类型、特点、模式及发展趋势

3.1.1 汽车物流的概念

汽车产业是国家工业化水平的代表性产业，也是典型的成熟产业和垄断竞争型产业，其产业关联度很大。汽车产业的振兴能带动诸多相关产业的发展，而相关产业的发展又支撑着汽车产业的振兴。我国是当今世界上为数不多的汽车潜在需求巨大的地区。正是基于汽车产业的特性和发展潜力，我国将汽车产业确定为国民经济发展的支柱产业。汽车产业的蓬勃发展必将给汽车物流业带来勃勃生机。

汽车物流是指汽车供应链上原材料、零部件、整车及售后配件在各环节之间的实体流动过程。广义的汽车物流还包括废旧汽车的回收环节，主要包括运输、储存、包装、装卸、配送、流通加工、信息处理等活动。

汽车物流主要包括生产计划的制订、采购订单下放及跟踪、供应商管理、运输管理、进出口管理、货物接收、仓储管理、发料及在制品的管理和生产线物料管理、整车发运等。

汽车物流术语

3.1.2 汽车物流的类型

按照汽车产业供应链的流程，汽车物流可以分为零部件物流、整车物流、逆向物流三大类，如图3.1所示。按照供应链的环节，汽车物流可以分为汽车生产供应物流、汽车生产物流、汽车销售物流、零部件供应物流、汽车回收物流。汽车生产供应物流是指汽车生产企业购入原材料、零部件的物流活动。汽车生产物流主要发生在企业内部，即从仓库入口到生产线消耗点，再到成品车库入口前的物流活动。汽车销售物流是指汽车生产企业为保证自身经营效益，伴随不断的销售活动，把产品所有权转移给客户的物流活动，即从汽车的生产者到消费者的物流。零部件供应物流是以汽车零部件供应商或者汽车生产企业为起点，以汽车零部件流通为主，如零部件的调配更换、返厂等，以客户（汽车修配企业）为终点的物流活动。汽车回收物流是指对生产及流通过程中的废旧汽车或零部件进行回收利用过程中产生的物流活动。其中，汽车整车及零部件的物流配送业是各环节必须衔接得十分平滑的高技术行业，是国际物流业公认的最复杂、最具专业性的领域，其复杂性和专业性特别体现在汽车零部件向汽车生产商的发送上。

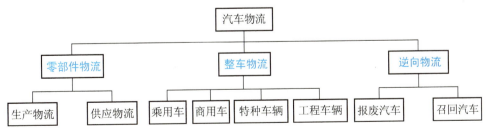

图3.1 汽车物流的分类（按照汽车产业供应链的流程）

汽车行业按照本身的生产与市场的发展规律，形成了从原材料供应、零部件加工、零部件配套、整车装配到汽车分销及售后服务的一整套供应→制造→销售→服务供应链体系结构，即汽车的供应链。图 3.2 所示为汽车物流系统。

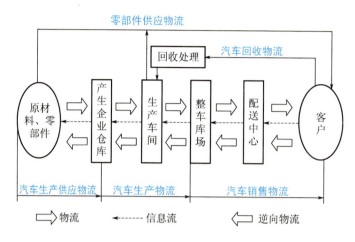

图 3.2　汽车物流系统

3.1.3　汽车物流的特点

汽车整车及零部件的物流配送要求整个物流链中各环节之间的衔接十分顺畅、平滑。汽车物流主要有以下特点。

1. 技术复杂

汽车整车及零部件的物流配送业是各环节必须衔接得十分平滑的高科技行业。将汽车生产所需零部件按时按量到达指定工位是一项十分复杂的系统工程，汽车的高度集中生产带来成品的远距离运输及大量售后配件物流，这些都使汽车物流技术复杂。

2. 服务专业

汽车生产的技术复杂性决定了为其提供保障的物流服务必须具有高度专业性。例如，供应物流需要专用的工位器具及运输工具，生产物流需要专业的零部件分类方法，销售物流和售后物流需要服务人员具备相应的汽车保管、维修专业知识。

3. 资本密集、技术密集和知识密集

汽车物流需要大量专用的运输设备和装卸设备，需要实现"即时生产""零库存"以及整车"零公里销售"，这些特殊需求决定了汽车物流业是一种高度资本密集、技术密集和知识密集的行业。

3.1.4　汽车物流的模式

1. 自营物流模式

自营物流模式又称第一方物流，是指汽车制造企业依靠自身力量，结合自身经营特点,建立适合自身的物流体系,从汽车产品原材料、零部件、辅助材料等的购进,到汽车产品的生产、储运、包装和销售等物流活动,全部由企业自己完成,是封闭性很强的企业内部物流。制造企业既是汽车生产活动的组织者、实施操作者,又是企业物流活动的组织者与实施者。在这种模式下,企业拥有完整的物流设施和人员配备。自营物流模式对企业的运作水平要求较高,只有企业有效地整合管理物流、商流和信息流,才能够充分发挥自营物流模式的优势。

2. 第三方物流模式

第三方物流模式是指生产经营企业为集中精力搞好主业,把原来自己处理的物流活动以合同方式委托给专业物流服务企业(第三方),同时通过信息系统与物流服务企业保持密切联系,以达到对物流全程管理和控制的物流活动。第三方物流模式如图3.3所示。

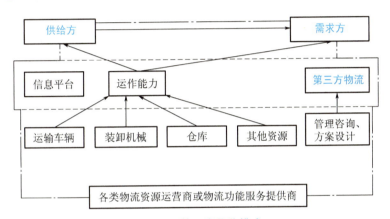

图3.3　第三方物流模式

具体地说,第三方物流模式的主要优点如下。

(1) 能大大降低物流成本。
(2) 能提升企业核心竞争力。
(3) 能提高企业客户服务水平和客户满意度。
(4) 市场反馈信息速度快。
(5) 能进行实时跟踪,信息服务快捷。
(6) 能分散企业风险,适应能力强。

3. 过渡型物流模式

过渡型物流模式是企业逐渐引入第三方物流模式的一种过渡模式,是指企业在原有物流职能或物流部门的基础上成立独立的物流公司,该物流公司具有独立企业法人资格和经营自主权,并且自负盈亏,业务上以满足原制造企业的服务需求为主,可以承接社会上其他企业的物流业务,并随着业务运作专业化程度的增大及业务范围的扩大,逐渐转变为完全社会化的第三方物流企业。由于国内大多物流公司是由传统的储运公司转变过来的,能真正满足制造企业汽车销售物流需求的很少,因此,国内许多大型汽车制造企业利用已有丰富资源自建物流公司,形成了过渡型物流模式。这种模式是自营物流模式向第三方物流模式的过渡,随着业务量的扩大,会逐渐发展为完全社会化的第三方物流模式。

3.1.5 我国汽车物流的发展趋势

汽车物流行业发展至今，已经覆盖汽车零部件、整车销售、售后服务备件、进出口、供应链管理规划与咨询等领域，贯穿了以汽车制造为核心的整个产业链，并不断地向产业两端拓展，行业队伍不断扩大。汽车物流企业的发展趋势如下。

(1) 企业利润将从主要依靠增量市场转变为依靠企业内部挖潜。尽管市场增长放缓，但 2021 年全国新注册登记汽车 2622 万辆，比 2020 年增长 8.16％，为物流行业带来稳定的庞大市场，企业内部挖潜空间巨大。挖潜有如下两个方向：一是完善现代企业制度，不断加强内部科学管理；二是持续优化业务，缩短流程，提高效率，降低成本。

(2) 企业将扩展既有物流要素，提高一体化服务能力。多数物流企业从运输业务发展而来，已经习惯靠运输获取效益。无论未来我国运输行业进行规范化管理还是参照国外物流发展情况，运输都已经成为物流发展的基础环节，是物流业务的载体，并非利润的主要来源。拓展仓储、配送、流通加工、信息服务等物流服务项目是汽车物流企业的新利润来源。

(3) 企业物流业务链条将不断延长，业务领域不断拓宽。从过去的发展也可看到未来，发展之初的汽车物流行业主要以整车服务为主，目前已经发展到包括零部件入厂、售后服务备件、进出口等环节，同时二手车、售后维修、报废车等市场的物流业务发展有巨大空间。链条越长，企业业务越稳定，利润点越多，链条上不同业务的呼应更会延伸出综合服务业务。同时拓宽同类（如与汽车相近的其他工业类产品）业务市场，成为我们的新市场。

(4) 新兴流通方式发展将对物流企业产生深远影响。改革开放以来，我国成功抓住了国际产业转移和信息化发展两大机遇，经济发展跻身世界前列，尽管未来的发展面临重重挑战，但前景光明。如火如荼的电商大战从侧面反映出我国在电子商务改变流通方式方面引领全球。物流作为经济生活中不可或缺的一环，在未来发展中必将有新的机遇，前瞻企业将获得领先的机会。

(5) 企业合作将增强，形成产业规模优势。尽管发展至今的汽车物流行业已经形成相对稳定的格局，但汽车和物流两大产业进一步整合的脚步不会停止。优势企业凝聚更多力量，弱势企业寻求更好平台，都会使企业焕发新的生命力，立足于强者之林。

3.2 汽车物流实务

3.2.1 汽车物流的基本环节

汽车整车物流多式联运设施设备配置要求

就构成物流链的基本环节而言，汽车物流与其他物流相同，主要如下。

(1) 运输。运输是物质资料或产品在空间的长距离位移。汽车物流中的运输就是将汽车零部件、配件、整车从供应地向需求地转移的过程，是物流活动的核心业务。在所有物流成本中，占比最高的是运输费用，通常运输成本占物流成本的 40％以上。运输是物流系统中最重要的功能要素之一，是通过运输手段使货物在不同地域范围内以改变"物"的空间位置为目的的活动。

（2）储存。储存是指汽车产品离开生产领域而尚未进入消费领域之前，在汽车销售渠道流通过程中的合理停留。它把采购、生产、销售等企业经营的各环节有效地连接起来，起到"润滑剂"的作用。

（3）装卸搬运。运输、配送、储存等过程在两端点的作业多离不开装卸，其内容包括物品的装上卸下、搬运、分类等。装卸搬运的机械化、电子化和自动化可以大大加快物流的中转速度和流动速度。

（4）包装。按照商品在流通中的作用，包装可以分为销售包装和运输包装。总体来讲，商品包装要满足消费者、运输商和销售商的要求，既要起到保护产品、方便使用、便于运输、促进销售的作用，又要降低包装成本。

（5）配送。配送是指面向区域内进行的多品种、短距离、高频率的计划性商品送达服务。其本质也是物品的转移，但与运输相比具有独特特点。配送中心到连锁店、客户等的物品搭配及相应空间位移均可称为配送。汽车物流的核心在于配送，配送的主要模式有市场配送模式、合作配送模式和自营配送模式。

（6）流通加工。流通加工是指汽车零部件、配件、整车从供应者到生产者或从生产者到消费者间移动的过程中，为保证产品质量、促进产品销售或实现物流高效化，对产品进行的有关加工作业。

（7）物流信息服务。物流信息服务主要是指通过建立物流信息网或利用公共信息网、企业内联网，有效地为客户提供有关物资的购、储、运、销一体化服务及其他有关信息的咨询服务，以沟通与协调各部门相关企业、各物流环节的物流作业。

3.2.2　汽车零部件物流

汽车物流包含零部件物流（采购、生产），整车物流（销售）及逆向物流（报废回收、召回）三大类。汽车生产采购包括零部件采购和原材料采购，在汽车物流中居于供应链的前端，具有重要地位。

1. 采购物流

采购物流是为了保障企业物资供应，对企业进货采购进行的计划、组织、指挥、协调和控制。

原材料是产品在未加工之前的最初状态，是产品的构成要素。原材料通过生产加工转化为汽车产品。汽车企业在采购原材料时应遵循以下原则。

（1）质量优先。只有优质的原材料才能生产加工出优质的产品，优质的产品才具有较高的价值，销量才会更好，盈利更多，企业才能长远发展。

（2）按需定量。根据企业生产进度和原材料库存消耗情况合理确定采购量，既不会因为原材料短缺造成生产中断，又不会由库存过多造成积压浪费。采购之前要进行关键变量（如库存量、日消耗量、采购周期等）分析，计算得出合理的采购量。

（3）价格低。在保证质量的情况下，以更低的价格获得原材料、选择距离更近的供应商都是有效降低成本的方法。

汽车零部件是指不再经历物理变化的成品通过该零部件与其他部件连接，被嵌入最终产品的内部，组成一套完整的系统。**一辆汽车需要使用约12000种零部件**，采购物流的复杂程度可想而知。汽车零部件的采购过程与其他物料的相同,包括需求分析、供应商的选择、价格协商、合同签订、运输方案选择、交货、供货等事项。

汽车零部件采购物流的流程如图3.4所示。

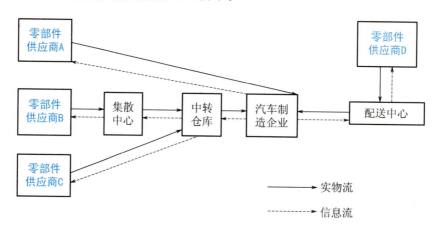

图3.4 汽车零部件采购物流的流程

2. 生产物流

生产物流是指生产过程中,从原材料、零部件采购到制造、加工半成品,组装、生产成品等各道生产工序的加工、制造,再到成品入库的全过程的物流活动。

生产物流最本质的特点是主要实现产品的加工附加价值。生产物流伴随着生产加工活动发生,时间、空间的变化不大(工厂内),因此生产物流的主要功能要素为搬运活动。通过不断搬运物料,完成分货、挑选、配货、换装等流程。

生产物流具有工艺过程的特征。一旦企业确定生产工艺、设备、流程,其生产物流就会形成稳定的形式。由于这种形式稳定,企业对生产物流的控制性、计划性很强,但选择性和可变性较差。因此,对生产物流的改进往往伴随着生产工艺流程的优化。

汽车企业主要生产流程有**冲压**、**焊接**、**涂装**、**总装**四大工序。冲压为第一道工序,承担车身板件冲压成型任务。焊接是第二道工序,通过烧焊、点焊等方式将冲压成型的车身部件焊接成车身。涂装是第三道工序,对车身进行喷漆。总装是第四道工序,在车身内组装汽车各类部件(如发动机、底盘、线束、内饰等),完成整车组装工作。

汽车总装车间生产物流的流程如图3.5所示。

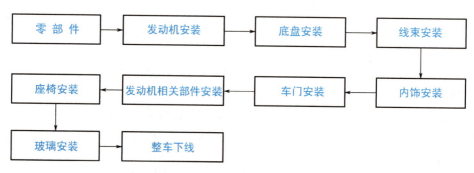

图3.5 汽车总装车间生产物流的流程

3.2.3 汽车销售物流的总体目标流程

整车下线后，销售储备部与生产车间进行交接，并负责售前业务。销售指令发出后，计划调度室调度车辆进行装车、发运，并负责途中监控和安排回程运输。装车及在途运输由运输配送部负责。

汽车销售物流的总体业务流程如图 3.6 所示。

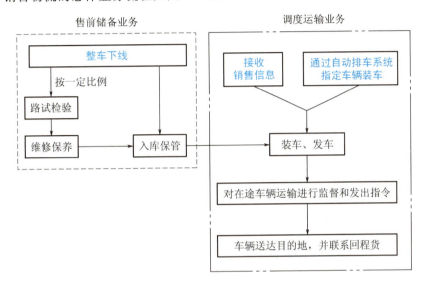

图 3.6　汽车销售物流的总体业务流程

汽车销售物流业务可大体分为**售前储备业务**和**调度运输业务**两大部分，具体流程如下。

汽车物流统计指标体系

1. 售前储备业务

售前储备是指从整车下线以后，一直到销售部门传达销售指令之前的物流活动，主要包括**整车交接、入库保管、路试检验、出库及有关质量信息反馈**工作。

（1）整车下线

整车下线后，由储备部门接车人员负责接收。接车人员认真检查汽车的总体外观是否洁净无瑕、内部设施是否完整无污。若发现车辆不合格，则立即返厂维修；若确认整车性能完好，则签字盖章接收车辆，并开回库场。

（2）入库保管

仓库保管员负责车辆的仓储管理。当车辆入库时，由试车员和仓库保管员办理好交接手续，并由信息中心扫描条码，将整车的底盘号、出厂日期、颜色、入库位置等信息录入计算机。在规范的库区，仓库保管员要保证库内车辆在固定位置分品种、分型号、分颜色存放，摆放整齐有序，保证车辆无磕碰、划伤，对车辆的完好率负责。

（3）路试检验

按相关规定，在库存中随机抽取入库车辆的 10% 进行路试检验，通过在指定路线上检验各种指定性能，合格的车辆返回库场，试车员将路试检验合格的车辆档案及时转交给计算机入库员。计算机入库员及时将档案输入计算机并打印入库通知单,将档案转交给档案管理员。档案管理员对档案管理负全部责任。路试检验不合格的车辆及时进行维修,若有大的机械故障,则及时返厂维修。

(4) 整车出库

整车出库时,系统自动按照先进先出的原则按入库先后顺序出库,配齐随车文件,并录入计算机。现场发车时,由仓库保管员和试车员做好车辆交接手续,提车时必须认真核对型号、出厂编号等。如果发现车辆有故障,则及时返厂维修。

汽车售前储备业务流程如图 3.7 所示。

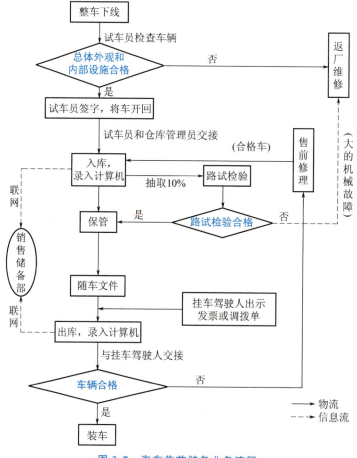

图 3.7　汽车售前储备业务流程

2. 调度运输业务

调度运输业务如下。

(1) 调度车辆

计划调度室可以通过信息中心及时收到销售储备部的销售信息,根据信息中列明的具体内容及系统中营运车辆的状态,通过自动排车系统指定车辆装车,并及时将装车信息录入计算机。试车员接到装车指令后,将车辆开到指定装车场地。若检查车辆无误,则开始装车;若发现车辆有问题,则及时返厂维修。

（2）在途运输

装车后，营运车辆驾驶人将车辆运到指定地点，计划调度室负责车辆的在途管理和监控。车辆抵达指定地点后，接车方在交接单上签字确认。

当市场需求量发生变化时，物流中心可以协同销售储备部在各分拨中心之间就近调拨，避免汽车生产企业统一发货的高额运输、仓储费用，大幅度降低企业的经营成本。

（3）回程运输

计划调度室通过区域配送中心与有关企业签订回程运输合同，以提高车辆回程满载率，提高车辆运行效率，降低运营成本。驾驶人将车辆运抵目的地后，接收计划调度室的回程运输指令后进行回程运输，需在指定日期前返回。

3.2.4 汽车物流的管理模式

汽车物流的管理模式是由供应链管理系统、第三方物流模式和电子商务模式整合而成的一套管理模式，如图3.8所示。

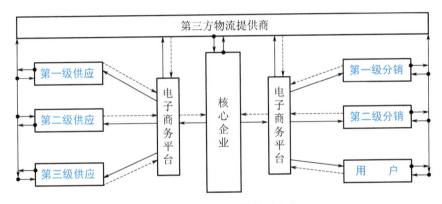

图3.8 汽车物流的管理模式

汽车整车生产企业对整个供应链流程进行整合，通过汽车物流的功能整合、过程整合和资源整合全面整合汽车供应链。以汽车整车生产企业为中心，通过与物流公司、供应商、经销商建立战略伙伴关系，汽车整车生产企业建立电子商务平台，公布企业的计划、订单、进度等信息，使信息快速、准确地到达信息适用者。汽车物流中的各生产企业专注于各自主业发展，发展自身核心竞争力，而将其他业务外包给第三方物流提供商，使核心企业、第三方物流提供商和生产企业、经销商成为合作伙伴，利益共享，共同发展。汽车整车生产企业、零部件制造商、经销商和第三方物流提供商共同建立一个电子商务平台，作为搜集和发布信息的平台。汽车整车生产企业、零部件制造商、零部件供应商、物流企业都受令于汽车整车生产企业总部的数据公共平台系统，各单位通过该系统接受总部的生产计划与配送订单，并及时反馈执行情况。基本运行路线如下：经销商将客户的需求、反馈意见等发布到电子商务平台；汽车整车生产企业形成生产计划、订单、改进措施等信息，发布到电子商务平台，作为供应链上各企业共享的信息，供应链上的各企业可以了解客户的需求变化，及时调整措施；零部件制造商根据经销商提供的客户需求及汽车整车生产企业的生产计划、订单等信息进行生产、改进，组织零部件的生产，及时将自身的生产信息反馈到电子商务平台；第三方物流提供商根据汽车整车生产企业的生产计划与配送订单,及时组织包装、运输、上线配送等物流活动,还需及时将零部件、整车的运输配送信息反馈到电子商务平台。供应链上的各企业可以通过电子商务平台获得各种信息,并将活动的执行情况及时反馈到电子商务平台。各生产企业可以专注于零部件的生产、质量的提高等增值活动,而将企业之间的物流、零件的仓储、包装等活动交予第三方物流提供商。

3.2.5 汽车物流信息管理系统

现代物流理论认为,物流服务的核心目标是在物流全过程中以最低综合成本满足客户的需求,物流服务具有及时化、信息化、自动化、智能化、服务化和网络化等特征。与传统的储运业务相比,物流服务最主要的优势体现在对物流信息科学运筹和管理,通过系列化的先进物流技术支撑,实现及时化、信息化与智能化的物流服务操作与管理,集储存保管、集散转运、流通加工、商品配送、信息传递、代购代销、连带服务等多功能于一体。因此,包括汽车企业在内的企业物流信息流程及信息系统必须与现代物流服务工作的要求相匹配。

1. 汽车物流信息管理系统的功能

为了适应汽车企业对物流信息管理的要求,实现对物流业务的及时化、信息化、智能化和网络化操作,汽车物流信息管理系统必须具有以下功能。

(1) 需求管理功能。需求管理系统也称客户管理系统,其职能是搜集客户需求信息、记录客户购买信息、进行销售分析和预测、管理销售价格、处理应收货款及退款等。

(2) 采购管理功能。采购管理系统主要面对供货商的作业,包括向汽车零配件厂商发出订购信息和进货验收、供货商管理、采购决策、存货控制、采购价格管理、应付账款管理等信息;同时与客户管理系统建立功能链接。

(3) 仓库管理功能。仓库管理系统主要处理储存管理、进出货管理、机械设备管理、分拣处理、流通加工、出货配送管理、货物追踪管理、运输调度计划和分配计划等内容信息,同时与客户管理系统建立链接。

(4) 财务管理和结算功能。财务管理和结算系统主要对销售管理系统和采购管理系统传送来的应付账款、应收账款进行会计操作,同时对配送中心的整个业务与资金进行平衡、测算和分析,编制各业务经营财务报表,与银行金融系统联网转账。

(5) 配送管理功能。配送管理系统以最大限度降低物流成本、提高运作效率为目的,按照实时配送原则,在多购买商并存的情况下,通过在购买商与供应商之间建立实时双向链接,构筑一条顺畅、高效的物流通道,为购买方和供应方提供高度集中、功能完善、不同模式的配送信息服务。

(6) 物流分析功能。物流分析系统通过应用地理信息系统与运筹决策模型,完善物流分析技术,通过建立各类物流运筹分析模型实现对物流业务的互动分析,提供物流一体化运作的合理解决方案,以实现与网络伙伴的协同资源规划。

(7) 决策支持功能。决策支持系统除了获取内部各系统的业务信息外,还可取得外部信息,并结合内部信息编制各种分析报告和建议报告,提供分析图表与仿真结果报表,作为配送中心的高层管理人员做决策的依据。

2. 汽车物流信息管理系统的组成

汽车物流信息管理系统由两大支撑分系统和四大功能分系统构成，如图 3.9 所示。其中，两大支撑分系统是指以 Internet/Intranet/Extranet 为内容的计算机网络分系统和以零部件管理数据库、整车管理数据库、物流计划管理数据库和运输管理数据库为内容的数据库分系统。前者为信息的传输和网络的计算提供通道和平台；后者负责对各功能系统运行所需的数据，并进行管理和存储，或者对分布于不同地点的、异构的数据库进行有效互联，使它们共同为一体化物流信息系统的各功能分系统的运行提供支撑环境。四大功能分系统是指计划管理分系统、零部件物流管理分系统、整车物流管理分系统和运输管理分系统。它们交换与共享信息，实现一体化物流管理的整体功能，满足一体化物流管理的信息需求。

汽车物流信息管理系统与汽车销售物流的关系（长安汽车集团物流系统）如图 3.10 所示。

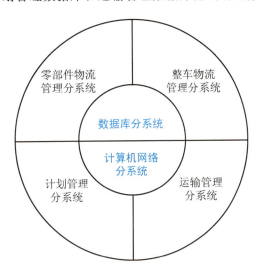

图 3.9　汽车物流信息管理系统的组成

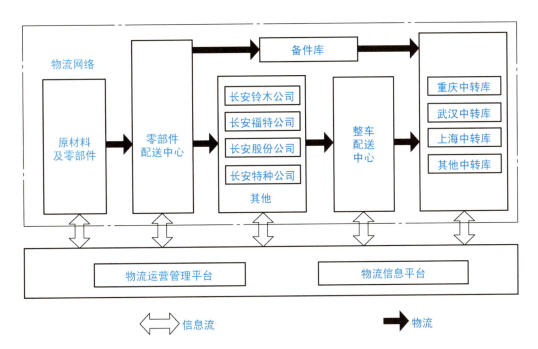

图 3.10　汽车物流信息系统与汽车销售物流的关系（长安汽车集团物流系统）

本 章 小 结

本章教学重点是汽车物流的现状、发展趋势、模式和流程。

汽车物流是指汽车供应链上原材料、零部件、整车及售后配件在采购、生产、销售、售后等各环节之间的实体流动过程,以最低成本,按照需求,在最合适的时间送到应送达的地方。汽车物流过程主要包括运输、储存、包装、装卸、配送、流通加工、信息处理等。

汽车物流分为零部件物流、整车物流、逆向物流三大类,按供应链环节可细分为采购物流、生产物流、汽车销售物流、零部件供应物流、汽车回收物流等。

汽车物流模式主要有自营物流模式、第三方物流模式和过渡型物流模式。

汽车销售物流业务可大体分为售前储备业务和调度运输业务。

汽车物流管理模式是由供应链管理系统、第三方物流模式和电子商务模式整合而成的一套管理模式。

汽车物流信息管理系统能对汽车物流及时化、信息化、自动化、智能化、服务化和网络化等进行操作。

【关键术语】

汽车物流、自营物流模式、第三方物流模式、过渡型物流模式、汽车物流管理模式、汽车物流信息管理系统

一、名词解释

1. 汽车物流
2. 零部件供应物流
3. 第三方物流
4. 采购物流
5. 生产物流

二、填空题

1. 汽车物流的主要特点有_____、_____及资本、技术和知识密集性。
2. 按照汽车产业供应链的流程分类,汽车物流分为_____、_____、汽车销售物流、零部件供应物流、汽车回收物流。
3. 汽车销售物流业务大体可分为_____业务和_____业务。
4. 汽车行业按照本身生产与市场的发展规律,形成了从原材料供应、汽车零部件加工、零部件配套、整车装配到汽车分销再到售后服务的一整套供应→_____→_____→服务供应链体系结构,即汽车的供应链。

三、简答题
1. 何谓汽车物流？其工作内容有哪些？
2. 汽车物流有什么特点？
3. 比较自营物流模式、第三方物流模式、过渡型物流模式的特点。
4. 分析我国汽车物流的发展趋势。
5. 汽车物流包括哪些基本环节？
6. 绘制并分析汽车销售物流的业务流程图。
7. 汽车物流的信息管理系统有什么功能？包括哪些内容？

第4章 汽车售后服务

 教学目标

通过本章的学习,了解国内外汽车售后服务的发展趋势;理解并掌握汽车售后服务的内涵与工作内容;理解汽车生产企业的售后服务体系;掌握汽车生产企业的技术培训、质量维修、配件供应等服务的工作内容;理解汽车经销商和维修企业售后服务的工作内容;理解我国缺陷汽车产品召回制度与召回程序。

 教学要求

知识要点	能力要求	相关知识
概述	了解国外汽车售后服务的模式与发展趋势; 理解国内汽车售后服务的模式与发展趋势	汽车售后服务的概念; 汽车售后服务的作用; 国外汽车售后服务的模式与发展趋势; 国内汽车售后服务的模式与发展趋势; 汽车售后服务的主要内容; 汽车售后服务的特点
汽车生产企业的售后服务	理解汽车培训的内涵; 理解汽车质量保修的工作内容; 理解配件供应的流程与管理; 掌握建立与管理售后服务网络的流程; 了解汽车生产企业售后服务机构的设置及职能	客户培训与服务网络的技术培训; 质量保修规范的制定与质量信息的分析处理; 售后服务网络的布局、建站依据、建站条件、建站程序、网点管理; 售后服务机构的设置、典型汽车售后服务机构分析
汽车经销商和维修企业的售后服务	了解我国汽车售后服务机构主体; 理解我国汽车维修企业的类别; 掌握汽车经销商和维修企业售后服务的工作内容	汽车经销商、特约服务站、汽车维修厂、汽车美容店等售后服务机构; 一类汽车维修企业、二类汽车维修企业和三类汽车维修企业的区别; 建立客户档案、与客户沟通、处理好与客户的关系、提高服务能力、组建汽车俱乐部、规范售后服务、提供资料等
缺陷汽车产品召回	了解缺陷汽车产品召回的目的与期限; 理解缺陷汽车产品召回的程序	缺陷汽车产品召回的目的、定义、期限; 缺陷汽车产品主动召回程序、缺陷汽车产品指令召回程序、汽车召回与"三包"的主要区别

导入案例

【导入案例1】

王先生在下午六点左右驾驶一辆乘用车去某4S店洗车,将车钥匙交给前台接待人员小李,然后出去吃饭。晚上八点王先生来取车,此时前台接待人员小李已经下班,值班人员没找到钥匙。听说小李将钥匙带回家了,给他打电话但关机。王先生很生气,说:"你们如果配了钥匙,我的车怎么办?你们店里怎么管理的?"于是王先生打领导电话投诉,最后好不容易拿到车钥匙。第二天他又来店里要求赔付,因为车内丢了一瓶名酒。

请评价该4s店内前台接待人员及值班人员的做法。如果你是店长,你会怎么处理?

【导入案例2】

李先生去某4S店洗车。下车后,前台接待人员小刘请他到客户休息室。李先生说:"不用了,我站一会儿就可以了。"洗完车后,李先生将洗车钱直接交给小刘,让他帮忙去取车钥匙。

根据售后服务流程,如果你是小刘你会怎么说、怎么做呢?

4.1 概　述

　　汽车售后服务是指汽车作为商品销售出去之后,由生产企业、经销商、维修企业、配件商等为客户及其拥有的汽车提供的全过程、全方位服务,包括汽车金融服务、汽车保险服务、汽车维修服务、汽车配件服务、汽车美容装饰服务、旧车交易服务,以及汽车租赁服务、汽车停车服务、汽车信息服务等。汽车售后服务的直接服务对象是客户,间接服务对象是汽车。

4.1.1 汽车售后服务的作用

　　随着我国汽车市场的蓬勃发展,汽车已成为人们生活中不可或缺的工具,也将成为继家庭、公司之后人们最重要的第三生活空间,即"流动的家"。汽车售后服务有如下作用。

1. 确保产品功能正常发挥

企业为客户提供及时、周到、可靠的服务,以保证汽车产品的正常使用、可靠运行,最大限度地发挥汽车的使用价值。

2. 为客户解除后顾之忧

当客户的汽车产品出现故障时,可以为客户恢复汽车的性能、提供赔偿或执行汽车召回制度,安抚客户,为客户解除后顾之忧。

3. 信息反馈

建设售后服务网络不仅可以使企业掌握客户的信息资料,而且可以广泛搜集客户意见和市场需求信息,准确、及时地反馈这些信息,为企业及时作出正确的决策提供依据。

4. 提高企业市场竞争能力

客户购买产品时,总希望能达到整体性的满足,不仅包括满意的实体物质产品,而且包括满意的服务。优质的售后服务可以增加客户对产品的好感,使客户对产品产生方便感、安全感及偏爱心理。同时,优质的售后服务可以让客户体验到被重视、被尊重的感觉,给他们心理上的优越感。因此售后服务也是协调消费者心理平衡的一个重要过程。如果没有做好售后服务工作,消费者损失的不仅是金钱,而且是时间和情感,但损失最多的将是企业的信誉。

5. 为企业树立良好的形象

售后服务是汽车企业伸向市场的触角,它直接面向消费者,因此做好售后服务工作,可以通过售后服务渠道准确而有力地为客户展现企业统一的形象设计,从而在客户心中树立良好的形象,为企业获得美名。

6. 企业增加收入的一个途径

除在一定的保证期限内为客户提供免费服务外,其他有关服务及为客户提供大量的零配件和总成件也可以增加企业收入。在整个汽车产业链中,汽车产品的主要利润并不是来自整车销售,而是来自售后服务。

4.1.2　国外汽车售后服务的模式与发展趋势

1. 国外汽车售后服务的模式

(1) 连锁经营模式

以美国为代表的汽车售后服务模式是连锁经营模式。汽车连锁经营在美国兴起的时间并不长,但在近20年迅速发展起来。汽车连锁经营的发起者不是汽车整车生产企业,而是定位于汽车售后市场的集汽配供应、汽车维修、快速养护为一体的综合性服务商。汽车连锁经营的优势是整合了各品牌汽车零部件的资源,打破了纵向的垄断,在价格服务透明化的基础上提供汽车维护、维修、快修、美容和零配件供应的一条龙服务,可以一站式解决车主的问题。

(2) "四位一体"模式

"**四位一体**"模式实际上就是目前我国普遍采用的 **4S** 模式,包括**整车销售**、**售后服务**、**零配件供应**、**信息反馈**。这种汽车服务模式起源于欧洲,欧洲城市密布,城市间距离短,交通便利,汽车工业发达,各种服务设施完备,在汽车保有结构方面具有车型集中、每种车型保有量都较大等特点。

2. 国外汽车售后服务的发展趋势

(1) 品牌化经营

品牌化经营主要分为汽车生产企业和专业汽配维修企业两大类。国外大汽车生产企业往往也是售后市场的主力。生产企业所属维修厂一般规模较大,生产设备精良,维修人员受过统一培训,在技术上具有权威性,服务地点相对固定,服务对象主要是品牌车。而专业汽配维修企业采用连锁经营模式,自创服务品牌。

(2) 观念从修理转向维护

国外汽车生产企业认为修理不是真正的服务，真正的服务是要保证客户正常使用，通过服务带给客户更大价值。汽车生产企业在产品制造上提出了"零修理"的概念，售后服务的重点转向维护。

(3) 高科技不断渗透

随着技术的发展，汽车的电子化水平越来越高，汽车保修越来越复杂，大批高科技维修设备应用于汽车维修行业。随着汽车维修网络技术的发展，人们可以随时在网络上获得维修资料、诊断数据、电路图、修理流程等，缩小了不同规模的维修企业在获取技术信息方面的差距。

(4) 规模化经营和规范化经营

汽车保修行业的规模化经营是指拥有大量连锁、分支机构。规模化经营只有以规范化经营为前提，才能保证服务质量。规范化经营是指在同一连锁系统内，采用相同的店面设计、人员培训、管理培训，统一服务标识、服务标准、服务价格、管理规则、技术支持，中心采用物流配送。规范化经营不仅能有效地减少物资储存和资金占用，而且可以降低运营成本，提高整体的品牌形象，更好地方便消费者，吸引更多客户。

4.1.3 国内汽车售后服务的模式与发展趋势

1. 国内汽车售后服务的模式

我国汽车售后服务市场存在四种经营模式，即"四位一体"模式、特约维修模式、连锁经营模式和路边小店模式。

(1) "四位一体"模式

我国"四位一体"模式部分由汽车生产企业设立，部分由当地招商外包形式完成。"四位一体"模式的准入门槛相当高，只有具有一定规模的汽车生产企业才能进入，动辄几百万上千万元的资金投入令许多生产企业望而却步。但这种模式有一套完善的销售和服务系统，服务相对规范，可信度相当高；但也存在种种不足，如普遍存在"硬件过硬，软件偏软"的现象。

(2) 特约维修模式

特约维修模式是指许多汽车经销商不具备经营 4S 店的实力和规模，或当地市场不足以支撑 4S 店的运营，委托当地一家专业汽车维修企业为自己经销的车型提供维护及修理服务。这种模式很大程度上能够保证售后服务顺利进行，但在专业化程度、零部件供应等方面会大打折扣。这种特约维修的企业受生产企业或经销商的约束较少，难免会为了保全自身利益而做出有损企业形象的事情。

汽车"四位一体"模式

(3) 连锁经营模式

连锁经营模式是指汽车售后服务企业在全国各地以连锁店的形式提供售后服务，包括汽车美容、维护和修理等。这种企业采用统一的品牌、服务体系、标准，服务人员接受统一的专业培训。因此，这种模式网络分布广，专业化程度相当高；但要求企业对各车型的美容及维修都具备专业、全面的知识，拥有一套严密、科学的服务体系，目前我国汽车售后服务企业很少能达到这个标准。

(4) 路边小店模式

路边小店模式是指不隶属于任何企业和连锁机构,自己独立运作,直接面对客户的汽车维修业户,它们之间互不联系。目前国内绝大部分汽车售后服务市场被采用这种模式的企业占据。这种模式灵活多变,但专业化程度不高,缺乏统一的行业标准和制度保证;提供的服务收费低,但品质(主要是在配件质量、维修护理专业化程度、经营诚信等方面)不敢保证。

2. 国内汽车售后服务的发展趋势

(1) 品牌化经营

在众多行业都讲求品牌化的今天,汽车售后服务行业无疑也会走上品牌化道路。汽车售后服务发展的必然趋势是倡导"让客户满意"的服务理念,不断增大对管理人员的业务培训力度,以适应不断变化的市场需求;进行全方位的人员培训,以提高人员的素质;配备专用工具,采用正宗原厂配件,以保证维修质量;全国配件统一限价,以保证市场的规范化;实行严谨、合理的质量担保政策和维修工时费价格区域统一,以最大限度保障客户的利益。

(2) 政府政策的介入使行业规范化

在汽车售后服务市场的规范化进程中,除了企业自律以外,政府介入也是非常必要的。汽车维修行业管理部门可以对汽车维修人员进行培训考核,对修竣汽车的尾气排放进行监督,受理消费者诉讼,维护行业形象,审核汽车维修企业业主经营资格。

(3) 售后服务企业观念从修理转向维护

国外汽车生产企业在产品制造上提出了"零修理"概念,售后服务的重点转向维护。目前我国4S店已开展维护提醒服务,在以后的服务竞争时代必将成为主旋律。

(4) 高新技术不断渗透

随着技术的发展,汽车电子化水平越来越高,网络技术越来越广泛,汽车保修越来越复杂,大批高科技维修设备应用于汽车维修行业,如计算机检测诊断系统等将全面应用于维护、修理服务系统中。

4.1.4 汽车售后服务的主要内容

汽车售后服务的内容很多,既包括汽车生产企业、汽车经销商和汽车维修企业提供的**质量保修**、**汽车维修维护**等服务,又包括社会其他机构为满足汽车客户的各种需求提供的**汽车保险**等服务。汽车售后服务的主要内容如下。

(1) 由汽车生产企业提供的汽车售后服务网络或网点的建设与管理、产品的质量保修、技术培训、技术咨询、配件供应、产品选装、信息反馈与加工等。

(2) 为汽车整车及零部件生产企业提供的物流配送服务。

(3) 汽车的养护、检测、维修、美容、装饰、改装等服务。这类服务是汽车售后服务的主要服务项目,其经营者有汽车生产企业授权的汽车经销商(4S店)和特约服务站,也有社会连锁经营或独立经营的各类汽车维修企业。

(4) 汽车配件经营。在汽车生产企业售后配件供应体系之外,还存在相对独立的汽车配件经营体系,如各地的汽车配件城,其货源有原厂配件,也有副厂配件,可以满足不同客户的需求。

(5) 汽车美容装饰用品的销售和安装。例如各种垫子、转向盘套、地毯、车用香水、车上的小饰品、钥匙链等，都蕴含着大量服务商机。

(6) 汽车故障救援服务。汽车故障救援服务主要包括汽车因燃油耗尽而不能行驶的临时加油服务、因技术故障而被迫停驶的现场故障诊断和抢修服务（针对易排故障和常见小故障）、拖车服务（针对不能现场排除的故障）、交通事故报案和协助公安交通管理部门处理交通事故（针对交通肇事的救援或拖车）等服务。

(7) 汽车金融服务。汽车金融服务是指银行和非银行（如提供购车消费贷款的汽车财务公司）向消费者提供金融支持的服务。汽车金融服务机构以资本经营和资本的保值/增值为目标，主要为客户提供资信调查与评估、提出贷款担保的方式和方案、拟定贷款合同和还款计划、适时发放消费贷款、帮助客户选择合适的金融服务产品、承担一定范围内的合理金融风险等服务。

(8) 汽车租赁服务。汽车租赁服务是指向短期或临时的汽车客户提供使用车辆，并以计时或计程方式收取相应租金的服务。

(9) 汽车保险服务。汽车保险服务是指保险公司向客户销售汽车保险产品，收取保险费用，为其提供金融保险的一项特殊服务。保险公司自负盈亏、独立经营，并承担保险风险。

(10) 二手车服务。二手车服务主要包括二手车交易和二手车置换，主要满足汽车车主及二手车需求者交易二手车的需求。

(11) 汽车俱乐部。汽车俱乐部的主要内容包括：①新车上牌、代办车辆证/照、年检等；②保险、理赔代理；③协助处理本地或异地交通事故、交通违章；④维修代用车、汽车租赁；⑤为旅游的客户争取购物、住宿、娱乐、航空机票预定等方面的折扣优惠；⑥组织活动，如驾车出游、试驾、大规模团购等；⑦汽车救援，如拖车服务、快速抢修、24小时救援等。

除了上述服务内容外，汽车售后服务还包括汽车召回服务、汽车驾驶培训服务、汽车市场和场地服务、汽车广告与展会服务、智能交通信息服务、汽车文化服务等。

4.1.5 汽车售后服务业的特点

由于汽车售后服务需要贴近消费者，因此往往服务点众多且分布广泛。汽车售后服务内部分工细致，服务类型多样。我国汽车售后服务业经过较长时间的发展，已经逐步形成了区别于其他行业的特点。

(1) 持续性较强，利润空间大，涉及行业范围广泛。在汽车行业，汽车售后服务业逐渐超越了汽车制造业，使得消费者对汽车售后服务的需求逐渐增加。

(2) 服务分工逐渐细化。由于消费者的需求越来越个性化、多样化，因此汽车售后服务已经不局限于维修，还包括汽车配件供应、维修保养、清洁美容、保险服务等。

(3) 汽车售后服务在汽车行业中已经占有举足轻重的地位。在国内外汽车生产企业和服务企业眼中，我国汽车售后服务市场是目前全球最大的潜在市场。但是由于我国汽车行业起步较晚，汽车售后服务业起步更晚，因此从法律法规、经济模式到服务理念、品牌创造等方面都与发达国家存在较大差距。

4.2 汽车生产企业的售后服务

汽车市场的竞争是综合性的竞争,除了要有优秀的汽车产品外,还要有优质的售后服务。汽车消费越理智,消费者对汽车产品售后服务的要求越高。

售后服务是一项技术性很强的工作,只有正确认识售后服务的作用,明确售后服务的工作内容,采取适当的手段,才能取得应有的效果。

汽车生产企业的售后服务主要是技术培训、质量保修、配件供应和建立售后服务网络等。

4.2.1 技术培训

技术培训不仅包括客户培训(对客户的技术指导、使用训练、咨询解答),而且包括售后服务网点技术培训。任何一家企业或产品的售后服务都必须从技术培训开始,所谓"技术培训是先导"说的就是这个道理。

1. 客户培训

客户培训主要集中于销售环节。对于社会已经熟悉的成熟的汽车产品,由于客户已经具有汽车使用知识,因此客户培训一般较简单。通常情况下,客户提车时经销商会要求将新车开到服务站进行交车前的全面检查,此时可以根据客户的具体情况进行一些有针对性的简单培训,讲解售后服务相关政策,合理、科学使用汽车的经验,简易故障及其排除方法等。这类培训可分散进行。

对于汽车新产品,在局部范围试销时,一般要对客户进行集中培训,要按照统一的口径、内容、教材进行标准化讲解。

2. 服务网点技术培训

服务网点是汽车生产企业售后服务总部的主要培训对象,培训通常以服务网点的技术骨干为主,培训内容一般深一些、广一些,以帮助服务网点掌握解决各种故障排除的能力。

对服务网点的主要培训内容如下。
(1) 汽车结构及技术内容。
(2) 常见故障、典型故障和突发故障的现象、形成机理及排除方法。
(3) 新产品的技术培训,做到"先培训、后投放"。
(4) 汽车生产企业售后服务(尤其是质量保修)的管理政策和业务流程。
(5) 其他内容,如服务站的经营管理、大型促销(服务)活动的准备等。

3. 技术培训的组织

要做好技术培训,首先要组织好培训教材。教材的标准形式有如下两种:一种是完全按讲稿内容打印的教材,这种教材内容完整、齐全,适合学员自学;另一种是只打印需要讲解的提纲要点和必要的工程图、结构图,教材中留出足够的空白,让学员在听课时,自行按听讲内容填写要点。汽车的所有产品都必须有相应的标准教材,可以按车型分类编写,也可以按总成系统分类编写;既要讲出本企业的技术特点,又要按车型交代清楚产品的特征。汽车新产品的使用技术文件和培训教材必须在产品试制试验阶段同步编写,以保证售后服务网络超前得到，更好地服务于新产品的市场投放。

然后要选一批培训教师。培训部门可以自己承担一部分教学任务，也可以在企业内外选聘一些专业人员担任教员。

最后要注重培训能力的建设。培训部门的能力包括以下几项。

（1）培训基地接纳学员学习的能力，如有一般培训教室、专业培训教室、实习车间、样品陈列室等。

（2）现代教学能力，如电教能力、多媒体教学能力、远程教育或网上教学能力等。

（3）标准、规范和技术政策的研究能力，如新产品维修工艺方法、最佳工艺设施（装备）配置、维修工时制定等，均需培训部门与产品设计部门共同研究。

4.2.2　质量保修

汽车质量保修的目的在于维护消费者合法权益与企业自身利益。汽车经销商必须在交付汽车的同时，向客户说明保修制度及适用条件。因为即使是处于保修期限的汽车，也可能出现不能享受保修的情况，如某些由客户使用或保养方法不当造成的问题。因此，保修制度不仅关系到客户能否免费修理汽车的问题，而且可以促使客户安全、正确地使用汽车。

《家用汽车产品修理、更换、退货责任规定》内容解读

质量保修的主要内容有如下两项：一是质量保修规范的制定；二是质量保修信息的分析处理。

1. 质量保修规范的制定

制定质量保修规范包括制定整车（零部件）的保修里程或保修时间，以及制定质量故障的受理、鉴定和赔偿程序，即质量保修流程。

国家市场监督管理总局（原国家质量监督检验检疫总局）于2013年10月实施了《家用汽车产品修理、更换、退货责任规定》，规定家用汽车产品包修期限不低于3年或者行驶里程60000km，以先到者为准；家用汽车产品三包有效期限不低于2年或者是行驶里程50000km，以先到者为准。

表4-1给出了某汽车生产企业关于质量保修的规定（表中的特别补偿只针对动力部分）。目前国内外汽车生产企业一般只针对质量保修范围内被损坏的汽车零部件进行免费更换，不承担由故障导致的相关损失的赔偿。

表4-1　某汽车生产企业关于质量保修的规定

按汽车载质量分类	一般补偿	特别补偿
小型车（1～3t）	不超过60000km或5年	不超过100000km或5年
中型车（4～8t）	不超过20000km或1年	不超过50000km或5年
大型车（8～12t）	不超过20000km或1年	—

有的汽车生产企业或有的产品还针对不同的零部件给予不同的保修规定，如对发动机的保修规定就与对底盘零件的保修规定不同。此外，有的零部件由于属于配套件，因此供应商有他们自己的质量保修规定。

汽车产品质量赔偿的工作流程如图4.1所示。汽车产品在质量保修期限内出现故障

时，客户应首先向当地或就近的服务站（售后服务网点）提出质量故障鉴定或赔偿要求。服务站应无条件受理客户的请求，进行质量鉴定，确定故障责任和是否进行赔偿，并处理与客户的意见分歧。如果属于质量故障，则进行赔偿，为客户无偿维修；否则进行有偿维修。服务站负责回收质量保修更换下来的旧件，填写有关质量保修表格材料，建立车辆质量保修档案，并将旧件和有关证明材料寄送给汽车生产企业售后服务的理赔部门。理赔部门依据旧件和有关证明材料，对质量故障进行再鉴定，确定服务站的赔偿决定是否正确。服务站赔偿决定正确，则转入结算程序，将配件金额及工时劳务费用打入服务站的账户；服务站赔偿决定错误，则不予结算，其损失由服务站自理。如果发生质量故障的零部件属于配套件（采购件），那么汽车生产企业的理赔部门向配套件供应商进行二次索赔，其程序与上述过程相似。

在上述流程中，汽车生产企业必须对服务站正确的质量保修（含生产企业委托服务站进行的活动服务）所付出的工时、人力和配件成本进行补偿。整个补偿过程的操作、监督称为质量保修费用结算。下面以我国某汽车生产企业的结算流程为例，说明汽车产品质量保修费用结算流程，如图4.2所示。

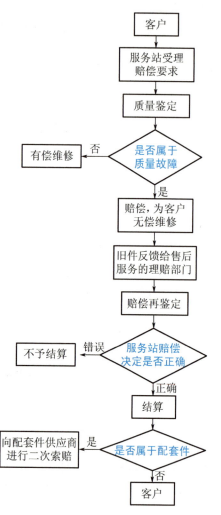

图 4.1 汽车产品质量赔偿的工作流程

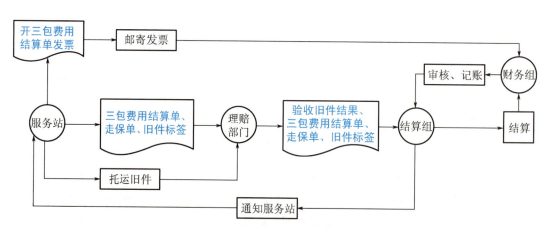

图 4.2 汽车产品质量保修费用结算流程

(1) 服务商定期(通常每月一次)将质量保修结算单据［包括客户签字的费用结算单、首保单或二保单、旧件标签(用以记载更换旧件信息的小卡片)］及更换下来的旧件一并寄回给汽车生产企业售后服务的理赔部门(旧件仓库)。

(2) 汽车生产企业服务站的旧件验收人员验收寄回的旧件是否正宗、故障原因是否属于质量保修范围。如验收正常,则将单据及验收结果交给结算组,由结算人员予以结算;如发现旧件不是本公司出品或旧件故障不属于质量保修范围,则该旧件的工时费、零件费不予结算。

(3) 根据标准工时及零件费用进行结算,并由财务人员审核结算结果。

(4) 审核无误后,由结算人员通知服务站开出发票(既是服务站的收据,又是生产企业的支付凭证)。财务人员收到发票后,将费用划拨到服务站的账户(账户上的余额通常用来支付服务站今后的配件采购)。

服务站的售后服务作业除了质量保修外,还包括对客户的有偿服务和受生产企业委托的活动服务。前者是指为客户进行的质量保修范围以外的维修、保养等服务,向客户收取相关服务费用;后者是指生产企业或服务站通过开展宣传活动,为客户提供额外免费服务(不属于质量保修范围)。

2. 质量保修信息的分析处理

质量保修为企业搜集、分析和研究自己的产品质量状况,了解质量变化动态提供了有说服力的素材。

汽车生产企业要想获得高质量的信息,就要有规范的信息载体,搜集完整的信息内容,通常可以将质量赔偿鉴定单和重要质量信息反馈单作为信息载体。信息内容一般应包括汽车型号,底盘号,发动机号,生产日期,销售日期,客户使用性质(是否是专业的运输机构、是否带拖挂、是否自用等),驾驶人的年龄与文化程度,发生故障时已行驶里程,当时的工作状况(载荷、车速等),发生故障的地点及地形(道路)特征,发生故障的日期,故障总成及其生产序号,故障零部件的生产厂家,故障状态,故障编码,造成故障的原因(机加工、热处理、铸造、设计、装机等),使用责任单位,质量故障赔偿金额及故障排除费用(含总成或零部件的价值金额、工时劳务费、辅料费、救急费、差旅费等),服务站鉴定人员对故障的判断分析和处理方法,客户对故障的意见等。这些信息作为汽车产品质量保修档案,通常应保存多年,并借助计算机进行管理。

还要在规范信息内容的基础上,规范信息搜集、分析和处理等环节,设计合理的信息流程。图 4.3 所示为汽车产品质量信息的搜集、分析和处理流程。

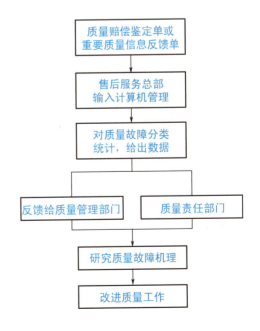

图 4.3　汽车产品质量信息的搜集、分析和处理流程

通过**质量保修计算机管理系统**，可对质量信息做如下常规统计分析。

（1）汽车生产企业历年单车平均赔偿金额（元/辆）。其计算方法是生产企业用当年质量保修赔偿的总金额（元）除以当年的汽车总销售量（辆）。

（2）汽车生产企业历年百车赔偿率（%）。其计算方法是用生产企业当年质量保修赔偿的总车辆数（辆）除以当年的汽车总销售量（辆）。

（3）主要质量故障发生频次历年对比。各种主要质量故障5年发生的频率或频次比较。

（4）历年各质量责任单位质量赔偿发生频次和金额。按各质量责任单位分别统计的质量赔偿的频次和赔偿的金额。

（5）各总成发生的质量赔偿频次占总频次的比率（%）。该比率是按汽车结构的各总成分别统计的质量故障发生的赔偿频次占总赔偿频次的比率。如果同时列出多年的饼分图，则可以比较某总成的质量变化情况。

（6）某重要质量故障按生产月份发生的频次分布。该频次分布是某种质量故障按生产月份发生的赔偿频次的分布，主要用于检查不同生产月份发生同类质量故障的情况，然后找出在该月引发质量故障的原因。

（7）某重要质量故障按生产序号发生的频次分布。该频次分布是某种质量故障按生产序号发生的赔偿频次的分布，主要用于检查新产品生产初期的生产质量情况，监视某种质量故障是否由高到低，直至趋于稳定或消失。

（8）某重要质量故障按汽车行驶里程发生的频次分布。该频次分布是某种质量故障按汽车行驶里程发生的赔偿频次的统计分布，反映了某质量故障与行驶里程的变化关系，可以用于研究汽车的可靠性及进行故障预测。

（9）按故障原因发生的赔偿频次。该赔偿频次是某种质量故障按汽车生产环节（故障导致原因）发生的赔偿频次，可以用于研究某质量故障的产生机理，找出质量控制的关键环节。

（10）按产品使用地域统计的赔偿频次。该赔偿频次是某种质量故障按产品使用地区发生的赔偿频次分布，可以用于研究某质量故障与使用地区的分布变化，找出其与地域特点的关系，从而使得供应商可以针对地区特点投放不同的产品品种。

（11）故障总频次与汽车行驶里程的分布。它是指某行驶里程所发生的全部故障赔偿频次的总和，反映了各行驶里程所对应的全部故障频次总数，可以用于研究总体质量故障与里程的变化关系。

（12）3000km范围内故障频次与汽车行驶里程的关系。此项统计主要研究3000km范围内的质量故障频次与行驶里程的变化关系。当然，还可以进行更多统计分析，充分利用质量保修信息，尽量挖掘信息价值是目前质量保修的发展方向。通过统计分析，得出一系列有益信息，对生产实践和改进企业的质量工作有直接意义。

4.2.3　配件供应

配件又称**备件，配件供应就是配件营销**，它是售后服务的关键。配件供应具有以下两个职能：一是为维持本企业汽车正常运转提供"粮草"，是维持汽车处于良好技术状况的保障条件；二是汽车生产企业以配件让利形式，通过支持服务站开展配件经营获得效益，促进售后服务网络的运转和发展。

1. 配件的分类

(1) 按使用性质分类

① 消耗件。消耗件是指在汽车运行中出现自然老化、失效和到期必须更换的零部件,如皮带、胶管、密封垫、火花塞、滤芯、轮胎、蓄电池等。

② 易损件。易损件是指在汽车运行中因为自然磨损而失效的零部件,如轴瓦、活塞环、活塞、凸轮轴瓦、缸套、气阀、导管、主销、主销衬套、轮毂、制动鼓、各种油封、钢板销、套类零件等。

③ 维修零件。维修零件是指汽车运行一定周期后必须更换的零部件,如各种轴类、齿类、运动件的紧固件,以及在一定使用寿命中必须更换的零件(如一些安装紧固件、转向节、半轴套管等)。

④ 基础件。基础件是指组成汽车的一些主要总成的基础性结构件,如曲轴、缸体、缸盖、凸轮轴、车架、桥壳、变速器壳等。此类配件的价值较高,原则上应当是全寿命零件,但可能会因使用条件而损坏,通常应予修复,但也可以更换新件。

⑤ 肇事件。肇事件是指因交通事故而损坏的零部件,如前梁(保险杠)、车身覆盖件、传动轴、散热器等。这类配件通常按2%的在用车数储备。

(2) 按国际上汽车配件分类

① 汽车厂组装用配套件。这种配件按汽车厂提供的生产图样生产,成品由各专业生产厂每天按时送汽车厂供组装汽车用。

② 纯正件。纯正件是由汽车厂为客户提供维修车辆用的配件,但不一定是汽车厂自行生产的。纯正件质量可靠,但价格较高。

③ 专厂件。专厂件也称转厂件,是由各专业配件生产厂生产的备件,用各专业生产厂自己的包装箱包装,不经过汽车厂的渠道,而是由其特定的贸易商销售。

(3) 按品质分类

① 原厂件。原厂件就是带有汽车生产企业的包装、标签的配件。此类配件是通过品牌汽车生产企业专属的配件科或指定采购部门采购的配件,原则上只在汽车生产企业授权的服务站流通,不在市场上流通。

② 配套件。配套件,顾名思义就是配件厂生产的配件,真正的配套件一般采用工业包装,没有单独包装,一般都是十几个甚至更多一包装。

③ 品牌件。品牌件的生产规模很大,历史悠久。由于不断扩充兼并,涉及面越来越广泛,因此品牌件的种类越来越多。品牌件最早只有几种主打产品,现在已经涉及汽车各部位,在汽车上到处都可以看到这些品牌的商标。

④ 下线件。下线件就是汽车组装生产线上下来的配件,有的是在装车前检验不合格的配件,有的是在生产过程中或运输中损坏的配件,有的是配件厂生产的不合格配件,还有一些是做过试验或检验的配件。

⑤ 仿冒件。仿冒件就是无论是包装还是配件本身都是仿制的配件。不仅有仿冒原厂的零件,而且有仿冒品牌的零件。

2. 配件供应的流程

配件供应的基本业务流程如下:汽车生产企业的服务站通过网络、电话及传真等向汽车生产企业售后服务的配件部门订购配件。配件部门收到需求信息后，立即查询所需配件的库存情况，如果数量充足，则办理配件交易手续并及时出库发货；如果某些配件库存不足，则立即向配件制造企业或供应商发出采购订单。

3. 配件的仓储作业

配件中心的主要任务是储存配件。配件中心通常依据配件物流进行合理布局，并划分为若干区域。 各区域的作业任务分别如下。

（1）接受检查区。接受检查区是配件中心的第一个区域，在配件入库时检查配件，包括数量清查、质量抽检（通常按10%的比率抽样）或普检等。

（2）仓储区。配件通常按不同车型、不同总成、不同用途或周转速度分区存放，以优化配件物流。配件仓储多采用立体化仓库，甚至自动化仓库，并利用计算机控制和管理库存。配件进出库一般遵循"先进先出"原则，即进库时间早的配件，应当优先出库。

（3）取货区。取货区主要是仓库的通道，应保证通道畅通、干净，通常根据需要合理布置一些自动小车（轨道或计算机导行）或者人力取货小车（铲车）等。

（4）防锈包装区。防锈处理通常是指对配件的加工表面进行涂敷处理。包装包括收货包装和发货包装。收货包装是指对外协配套件更换原标记、更换材料的作业；发货包装是指收到发货指令后，根据发货数量进行的运输包装。在配件专控条件下，汽车生产企业发出的配件，无论原生产者是否为汽车生产企业本身，都视作汽车生产企业的原厂出品。汽车生产企业向客户承担产品质量责任，因而必须对配套采购件、协作件拆除供应商的原包装，进行统一再包装。

（5）发货区。发货区应有一定的装卸作业场地。发货方式通常有铁路运输、公路运输、水上运输等。配件的集装箱运输形式日益广泛。发货区的发货台、搬运设备等设施必须与运输方式相适应，要有利于配件货物的装运，尽量减少中转并减少装运劳动。

以上是仓储中心的基本作业。一些较大型的汽车生产企业产品市场范围较广，为了保证各地服务站及时得到配件，通常在本部以外的适当区域设置配件分库。分库的各种业务受总库管理，其出入库及库内作业与总库相同。

还有一种现象，即有的汽车生产企业自己不设配件仓库，而将仓储任务完全交给供应商，需要配件时临时向供应商进货（供应商的仓库甚至设在汽车生产企业的工厂内）。

4. 配件营销的现代化管理

配件营销的现代化管理涉及内容较多，下面只简要介绍两方面内容。

（1）做好配件需求的科学预测，合理储存各种配件，包括车型停产后社会在用车辆继续需要的配件的储存。

充足的配件供应能给客户安全感和亲切感，对开拓和巩固市场起到促进作用。但配件的储存数量也不是越大越好，储存过多会导致配件功能失效，而且会占用更多的企业流动资金，增加储存费用，不利于节约营销成本。因此企业应当追求合理的经济储备，做到既能满足社会对配件的需要，又能节约仓储费用。这就离不开配件需求的科学预测。

为了做好配件需求的科学预测，建立一定的数学模型，进行定量预测是必要的。定量预测的数学方法很多，可以找到预测效果较好的模型。汽车生产企业可以依据某种车型的某种零件的百车年消耗量，以及该车型的社会保有量和平均车况，采用趋势外推法进行简单的数学测算；也可以根据配件部门历年来某种配件的实际供应量，采取移动平均法进行测算。这些简单的数学方法一般可以满足配件预测的要求。

（2）引入计算机技术、数据库技术、信息识别技术、通信技术及互联网技术等现代信息技术手段，实现仓储业务作业和管理的现代化。

由于配件品种极其复杂，需求差异较大，信息处理量极大，因此不采用现代科技手段几乎难以完成任务。现代汽车生产企业的配件营销已全部采用计算机管理，覆盖范围包括计划、合同、采购、进货、出库、发票、结算、市场分析、客户管理等。总库与分库全部联网管理。与此同时，现代通信（如程控电话、传真、网络传输等技术）及信息识别（如条形码技术、防伪技术等）的运用可以为配件经营服务实现现代化管理。

配件营销的现代化管理还包括配件订货方式的规范化。订货通常有正常储存订货和紧急订货两种方式。正常储存订货是指按商定的供货价格供货（汽车生产企业通常每年公布1～2次配件价格，按规定的期限执行规定的价格），供货周期相对长一些（通常为2～3个月），适合正常的配件供应。紧急订货是指按商定的供货价格2～3倍供货，供货周期通常为1～2天，适合紧急需求的配件供应。

4.2.4 建立售后服务网络

汽车产品使用普及面广、技术复杂程度较高，使得汽车生产企业不可能全面完成汽车售后服务工作，而必须建立一个覆盖面广、服务功能完善的售后服务网络，从而将服务的触角延伸到全国各地拥有汽车用户的每个角落。完善服务网络是实现销售的坚实基础和可靠保证。

服务网络由独立经营的汽车经销商（特别是4S店、特约服务站等）组成。汽车生产企业为网络成员提供技术培训、配件供应、技术指导等相关服务。

很多品牌的汽车生产企业还在全国开设呼叫中心和24小时售后服务热线，建立24小时援助服务的全国统一寻呼网络，实行24小时免费呼叫。这些配套服务与当地的售后服务机构结合，很好地满足了客户对售后服务的需求。

1. 售后服务网络的布局

布局是指汽车生产企业根据社会对本企业售后服务需求的地理分布及企业今后开拓市场的需要，对服务站进行地理布置和确立组建顺序的工作过程。布局必须坚持以下原则。

（1）"统一规划、分别建设相统一"原则

首先，汽车生产企业必须根据自身市场营销的战略需要，对全售后服务网络作出总体上的战略安排，对未来一定时期内全售后服务网络的规模、功能进行统一规划。其次，由于建立健全的、完善的服务网络需要投入必要的人力、财力和时间，建网工作不能一蹴而就，因此企业必须对需要建网的地区、网点进行排序，分别建设。

（2）"现实需要与市场开拓相统一"原则

售后服务网络既要充分满足现有客户的需要，又要充分满足潜在客户的需要。尤其是当汽车生产企业准备开拓新的目标市场时，售后服务必须先到位，以解除客户的后顾之忧。此时，要考虑在新的市场地区建立必要的服务网点，但不可一次建太多。

（3）"服务能力与服务地域相统一"原则

服务站的服务能力必须与服务地域的范围统一。各服务站的服务地域范围不可过大，范围过大可能会出现以下问题。

① 给客户造成不便，要么延长了服务时间，要么降低了服务站的服务市场占有率。

② 服务站的服务压力过大，同样会诱发以上后果。

③ 增加服务站上门服务的费用和服务成本，削减服务站的经济效益。

服务地域范围也不可过小，范围过小会出现以下问题。

① 服务站服务能力闲置，削减服务收入和经济效益。

② 服务站服务规模偏小，不能获得服务规模效益。

③ 所需服务站增加，增大了服务网点建设的压力。

因此，汽车生产企业必须对服务站的密度、服务地域范围及服务站规模作出合理设计。汽车生产企业要根据市场营销的需要，做好售后服务网点的规划与布局，确定服务网点的规模（服务能力）、数量及比例关系。

2. 建点依据

服务站建点主要考虑目标市场保有量、辐射周边城市的能力，向发展中的目标市场和主要竞争对手的重点市场倾斜。

3. 建站条件

服务站必须具备以下资质条件才能建成开业。

（1）具备一定的组织机构条件。一般要求财务独立、维修场地独立，最好组织机构也独立。

（2）硬件条件。要求具有足够大的场地和专业的维修设备。

（3）服务人员条件。特别是维修技术人员（技工、技师），质量故障鉴定人员及必要的经营管理人员等数量和资质必须符合汽车生产企业的要求。

（4）服务站应按照汽车生产企业的组织机构图及人员任职管理规定设置组织机构，配备各岗位人员。组织机构及人员任职资格审批表报售后服务部审批。

（5）服务站应根据本企业的实际情况制定完善的经营管理制度、奖罚条例及操作守则等。

（6）服务站必须按要求设立独立的专用工具室和资料室，配齐相应的专用工具、仪器和全套技术及管理资料，专用工具应全部上挂板。

（7）服务站外观及接待厅的形象标识系统，如灯箱、站旗、展示板、网络图、指示牌、服务站标识大字等，必须按规定安装完毕。另外，服务站员工服装应统一。

（8）服务站必须按汽车生产企业有关规定订购原厂备件，订货品种及数量参照备件供应部推荐清单，所订备件应全部放入相应的备件货架上。

（9）服务站必须按要求安装汽车生产企业指定服务站内部计算机管理软件。

（10）服务站开业前，应在展厅放置至少一台该品牌展车。

（11）服务站申请开业前应进行试运营，以锻炼员工队伍，完善服务管理体系，为正式开业打好基础。

（12）如服务站有特殊情况，在个别项目上没达到要求，应及时与区域协调员联系，由区域协调员协调处理。

4. 建站程序

服务商要进入汽车生产企业的售后服务体系，通常要遵照以下程序。

(1) 申请。社会独立维修店(维修企业)向汽车生产企业的地区管理机构提交建站申请书,并接受汽车生产企业的大区管理/办事处(汽车生产企业在其市场地区设立的销售服务管理分支机构)对其硬件设施进行考察。同时,服务站需申报一些相关材料,如公司结构、经营规模、股本比例、经营项目、经营历史和业绩、公司内外照片等。

(2) 初审。汽车生产企业的网点管理部门根据服务站申报的材料和大区管理/办事处的考察报告,结合服务网络规划方案,审查其是否符合自己的售后服务网络体系布局发展规划,对符合条件(资质条件满足且所在区域内没有足够的授权服务网点)的服务站定级,并要求在规定时间建设服务站。

(3) 建设。通过初审的服务站应根据汽车生产企业的统一标准委托当地设计院进行设计,经汽车生产企业的网点管理部门认可后,进行服务场所建筑主体的建设,主要包括以下两个方面。①工程规划:服务站的规模与功能、场地规划、业务大厅、修理车间、配件仓库、照明等;②标记与标识:标识、灯箱、标记牌、色谱、宣传画等。工程竣工后,进行组织与人员建设和工具与设备建设。汽车生产企业一般还有计算机管理系统的规划建设。

(4) 审批和签约。建设完毕后,汽车生产企业的服务管理总部将再次按照事先确立的验收规范,对服务站进行全面考察、考评和验收,通过后报售后服务主管领导审批。审批后,由汽车生产企业的网点管理部门或大区管理/办事处与验收合格的服务站签订合同书。正式签订合同后,该服务站就成为汽车生产企业服务网络的一员(特约服务站),享受相应的权利,履行相应的义务。

汽车生产企业在建立新网点时,应严格按照申请、初审、建设、审批和签约的程序建设,避免人为因素干扰,保证网点的成功建设,使售后服务建站管理科学、规范。

5. 网点管理

汽车生产企业不仅要注重服务网络的建设,而且要注重对整个服务网点的管理,包括对网点进行培训、日常管理、考核等,对网点实施动态管理。

(1) 培训。培训内容较多,可以是技术方面的,也可以是非技术方面的。

(2) 日常管理。汽车生产企业的地区机构负责协助服务站做好售后服务工作,监督服务站做好以下工作。

① 以标准价格保养、维修汽车。

② 热情周到地为客户服务。

③ 按时按量地完成各种报表、信息的搜集与传送。

④ 积极配合汽车生产企业的服务宣传、促销活动。

⑤ 保证服务站经营的配件都是由汽车生产企业提供或认可的。

(3) 考核。各汽车生产企业对服务站的考核项目不尽相同,基本考核项目如下。

① 组织结构:主要考核服务站是否有独立的财务、人员编制和作业场地,人员配置是否达到汽车生产企业的要求。

② 人员培训和服务站形象建设:主要考核服务站的培训工作是否符合要求,服务站是否有统一的企业形象、标识、灯箱、宣传画等。

③ 工作环境:主要考核服务站整体布局是否符合生产企业要求,出入口设计是否合理,维修车间、工具设备是否标准等。

④ 优质服务：主要考核服务站是否按照业务流程规定的要求服务客户，通常采用实地观察或秘密考察的方式考核。

⑤ 服务站内部管理：主要考核服务站着装、文具、文档是否符合标准，从业人员是否接受了符合汽车生产企业要求的培训和是否有专业资质证明(证书)等。

⑥ 信息反馈与广告宣传：主要考核服务站对质量信息、当地市场信息等信息的反馈是否及时、准确，各类报表完成质量如何；服务站的广告、宣传工作是否符合要求，对统一安排的宣传、优惠活动的配合度等。

⑦ 配件管理和索赔工作：主要考核服务站的配件经营管理水平，服务站索赔工作是否符合规定，数据传递、索赔质量及旧件的回收保管工作是否合格等。

⑧ 档案资料：主要考核服务站档案是否齐全，是否准时上报给生产企业。

⑨ 客户调查和访问：主要考核服务站的服务态度、服务水平及整个服务体系在客户心目中的形象等，通常采用市场调查法考核。

⑩ 环境保护：主要考核服务站的消防灭火设施、绿化，以及废气排放、废油、废液的处理等是否符合要求。

4.2.5 企业形象建设

影响企业形象的主要因素有产品的使用性能及生产企业的服务质量、企业窗口部门的工作质量及外观形象、企业的实力及企业的社会口碑等。

就售后服务网络而言，企业形象建设的主要手段有售后服务企业外观形象建设、公共关系建设、提高以质量保修为核心的全部售后服务内容的工作质量等。

上述汽车生产企业售后服务的内容是有机联系的，特别是现代信息技术的发展使得计算机网络技术、信息处理与分析加工技术在售后服务领域广泛应用。综合来讲，以上内容之间的关系可以概括为"技术培训是先导，质量保修是核心，配件供应是关键，网点建设是平台，管理机制是保障，信息技术是手段，形象建设是文化"。

4.2.6 汽车生产企业售后服务机构的设置与职能

对于汽车生产企业，售后服务机构隶属于企业的销售部，其业务范围很广，内部的机构设置比较复杂。一般售后服务机构应包括以下部门。

(1) 计算中心。计算中心一般有两个，一个负责客户档案管理和客户质量信息的分析处理，另一个负责对配件库进行统一管理。计算中心管理部门同时负责售后服务的财务、人事等行政事务的计算机化管理。

(2) 技术服务部。技术服务部负责企业质量保修政策的实施，为客户提供现场服务、技术咨询、客户赔偿的最后鉴定和最终技术仲裁。技术服务部还负责质量信息的汇总、分析和处理，向设计部门、生产制造部门及采购供应部门提供反馈信息。

(3) 技术培训部。企业应该建立培训基地，设立技术培训部，并配备相关教学设备和教学模型。技术培训部负责对企业内部人员、大客户的技术骨干、代理商和经销商的营销人员和技术人员进行各项培训，为新产品推向市场做准备。技术培训部还负责编写和选择培训教材，制作教学课件、培训用模型等。

(4) 非技术服务部。非技术服务部负责代理商的经营指导直至经营介入，以帮助他们提高业绩；还负责代理商的厂房建设、设备配套及外观形象设计的支持、指导，增强他们对企业的凝聚力和荣誉感，使他全心全意为企业服务。

（5）**配件供应部和仓库**。配件供应部和仓库是售后服务部的直接经营部门，负责进行市场预测、价格制定、物流管理、配件计划和采购、接受订单和指示发货、仓储管理和运输的组织、技术设备服务等。配件供应管理实行统购统销，与供应商签订供货协议，要求供应商服从企业配件控制的要求，保护消费者、汽车生产企业和供应商共同的权益。

4.3 汽车经销商和维修企业的售后服务

汽车一经使用就需要终身服务，售后服务对产品的附加值及品牌价值的贡献较大，在市场竞争中的权重也越来越大。在汽车行业竞争日趋激烈、产品同质化越来越明显的今天，汽车生产企业与经销商及维修企业逐步加深相互依赖关系，他们共生存、同发展、相互渗透的关系将长期存在。

4.3.1 我国汽车售后服务机构

我国汽车售后服务机构的主体是**汽车经销商**、**特约服务站**、**汽车维修厂**和**汽车美容店**等。

1. 汽车经销商

汽车生产企业委托实力雄厚、技术服务能力较强的汽车经销商，在出售本企业产品的同时为所售产品提供售后服务，包括质量保修和日后的维修维护等。现在已被广大消费者普遍认可的4S店（整车销售、配件供应、售后服务和信息反馈）的主要工作内容中有三项与售后服务有关。

从目前我国汽车个人消费占主体的特征看，4S店在消费者心目中占有主导地位。4S店与其他售后服务企业相比，在吸引客户方面有着得天独厚的优势，主要表现在以下几个方面。

（1）从4S店买走汽车的车主日后都有可能成为该店最好的客户，如果宣传到位，关系处理得当，客户群就有了基本保障。

（2）汽车生产企业为4S店提供原厂配件、专用维修检测设备、专业技术培训和指导等，使其具有更强的竞争优势。

（3）汽车生产企业通过各种媒体对其经销商的整体宣传为各4S店做了最好的广告。

2. 特约服务站

汽车生产企业委托技术能力较强的汽车维修企业为本企业生产的产品提供维修、技术指导、配件供应等服务，如国外一些著名品牌的汽车生产企业与国内汽车维修企业合作，建立特约服务站等，也是汽车售后服务机构中较常见的一种。建立特约服务站必须与汽车生产企业签订特约协议书或合同；汽车生产企业向汽车维修企业提供维修车型的维修数据、检测维修设备及相应的技术资料。特约服务站必须符合行业管理部门的规划要求，符合汽车维修市场资源的管理和配置要求，且具备一定的经营规模。

特约服务站的维修设备、检测水平和修车质量一般不低于4S店。对于一些稀有车型，如保时捷、法拉利等，只有特约服务站才能修理，其特殊地位可想而知。

特约服务站是具体执行售后服务的基层组织，是汽车生产企业售后服务网络的网点。由于其职能简单，业务种类不多，因此机构设置一般按照职能专业化以单层次结构进行设置。图4.4所示为大众乘用车特约服务站的机构设置。

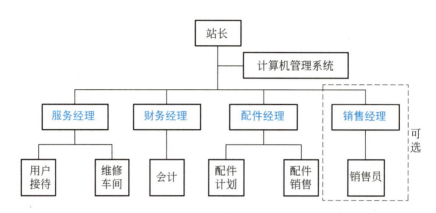

图4.4　大众乘用车特约服务站的机构设置

3．汽车维修厂和汽车美容店

汽车维修厂和汽车美容店可以满足不同车型的服务需求，其经营灵活、维修费用较低，能胜任一些大众化车型的维护及简单的修理。但每家店的规模较小，维修检测设备有限，有时不能保证维修质量。

4.3.2　我国汽车维修企业的类别

根据经营项目和服务能力的不同，汽车维修经营业务可分为一类维修经营业务、二类维修经营业务和三类维修经营业务。

申请从事汽车维修经营业务应当符合下列条件。

（1）有与其经营业务相适应的维修车辆停车场和生产厂房。租用的场地应当有书面的租赁合同，并且租赁期限不得少于1年。

（2）有与其经营业务相适应的设备、设施。所配备的计量设备应当符合国家有关技术标准要求，并经法定检定机构检定合格。

（3）有必要的技术人员，其要求如下。

① 从事一类维修经营业务和二类维修经营业务的应当各配备至少1名技术负责人员和1名质量检验人员。技术负责人员应当熟悉汽车或者其他机动车维修业务，并掌握汽车或者其他机动车维修及相关政策法规和技术规范。质量检验人员应当熟悉各类汽车或者其他机动车维修检测作业规范，掌握汽车或者其他机动车维修故障诊断和质量检验的相关技术，熟悉汽车或者其他机动车维修服务收费标准及相关政策法规和技术规范。技术负责人员和质量检验人员总数的60%应当经全国统一考试合格。

② 从事一类维修经营业务和二类维修经营业务的应当各配备至少1名从事机修、电器、钣金、涂漆的维修技术人员。从事机修、电器、钣金、涂漆的维修技术人员应当熟悉

所从事工种的维修技术和操作规范，并了解汽车或者其他机动车维修及相关政策法规。机修、电器、钣金、涂漆维修技术人员总数的40%应当经全国统一考试合格。

③ 从事三类维修经营业务的，按照经营项目分别配备相应的机修、电器、钣金、涂漆维修技术人员；从事发动机维修、车身维修、电气系统维修、自动变速器维修的，还应当配备技术负责人员和质量检验人员。技术负责人员、质量检验人员，以及机修、电器、钣金、涂漆维修技术人员总数的40%应当经全国统一考试合格。

（4）有健全的维修管理制度，包括质量管理制度、安全生产管理制度、车辆维修档案管理制度、人员培训制度、设备管理制度及配件管理制度。

（5）有必要的环境保护措施。

4S店和特约服务站都属于汽车售后服务企业，只负责给特定品牌的汽车提供服务，维修中使用的专用维修设备大多由该品牌汽车生产企业提供。汽车生产企业还应提供正宗、优惠的原厂配件。4S店和特约服务站不仅人员素质好、业务能力强、修理作业规范、修车时间短，而且拥有先进的专用维修设备和检测仪器，还有生产企业专门提供的维修技术资料等。4S店和特约服务站的修理质量比较高，使用寿命有保障。同品牌汽车在不同4S店的修理费和配件价格基本一致。特约服务站是国家支持对象，也是今后汽车维修行业发展的大趋势。

4.3.3 汽车经销商和维修企业的售后服务工作内容

1. 建立并管理好客户档案

（1）针对客户建立档案

建立客户档案就是搜集、整理、登记车主有关信息及其汽车的使用维护信息，登记变动情况。

如果客户是个人，客户档案应包括客户姓名、年龄、性别、住址、邮政编码、通信地址、QQ号、微信号、E-mail、联系电话、车辆保险日期等个人基本资料。如果客户是单位，客户档案除了包括联系人的姓名、公司地址、邮政编码、通信地址、联系电话等基本信息外，还应包括法人姓名、注册资金、生产经营范围、经营状况、信用状况、与企业建立关系的年月、往来银行、历年交易记录及联系记录等。

应对每辆汽车建立技术档案，包括购车时间、车架号、车身颜色、车牌号，首次维护的时间、里程及车况，主要维护维修的时间、内容、车辆运行状况，下一次汽车服务的内容等。

（2）管理档案

管理档案必须做到以下几点。

① 档案内容完整准确。

② 档案内容随时更新。

③ 档案的查阅、改动遵守有关规章制度。

④ 确保档案内容的保密性。

建立客户档案的同时，可以针对各型号汽车在行驶过程中出现的问题建立内部技术档案，并定期主动将这些档案信息反馈给汽车生产企业。如果此项工作做得好，则汽车生产企业奖励维修企业。

(3) 建立客户档案的作用

① 便于与客户联系，了解客户需求，解决客户的问题。

② 便于客户管理，当客户再次上门时，只要报出客户姓名或车牌号码，就能迅速调出客户档案，可以节省很多了解车况的时间，对客户来说一方面感到被重视，容易对企业产生亲切感，另一方面感到放心。

③ 便于查询每辆汽车的维修维护信息，通过提醒服务，确保每辆汽车都得到及时、有效的维修与维护。

④ 维修后的汽车出现维修质量问题时，可以迅速查明原因，并采取相应补救措施。

⑤ 如果维修后出现的问题与企业的维修无关，也便于通过查询档案向客户解释。

⑥ 便于企业实现规范化管理。

⑦ 便于维修数据的积累和保存，可以为配件的供应需求提供信息，也可以更好地向汽车生产企业反馈维修信息。

2. 经常主动与客户沟通

与客户沟通时应遵循以下原则。

(1) 先倾听客户的想法和要求，不要随意打断客户。

(2) 迅速对客户的要求进行总结分析，并反馈给客户，征求客户的意见，确认对客户的要求理解无误。

(3) 及时解决能够立即解决或回复的问题；对于一些难点问题或客户的不合理要求，先以委婉的态度答复，再请示公司的有关负责人，尽快妥善解决。

为了保持良好的客户关系，可以采用登门拜访、电话联系、提供免费服务项目和赠送小礼品等方式主动与客户联系。

3. 处理好与客户的关系

汽车经销商及汽车维修企业每天都与客户直接接触，与客户的关系直接关系到汽车生产企业的利益，更关系到自身利益。关系处理得当，既满足了客户的需求，又为企业带来经济收益；关系处理不当，会失去客户，甚至失去一些潜在客户。

4. 提高服务能力

服务能力体现在接待客户的能力、维修服务的技术能力、市场竞争的价格优势、配件的供应能力等方面。维修服务一方面要解决好汽车的问题，另一方面要通过一系列服务促进与客户的关系。

5. 组建汽车俱乐部

现在很多品牌都建立了自己的汽车俱乐部。汽车俱乐部是宣传品牌、集中进行售后服务的场所，可以经常组织一些活动，如开展汽车使用技巧讲座、换季维护讲座、汽车美容护理讲座等；长假期间组织俱乐部成员郊游或跨省旅游，春季开展植树活动，夏季到山区或远郊度假村避暑，秋季组织爬山或采摘活动，冬季组织赏雪或滑雪活动等。

6. 规范售后服务

售后服务的质量可以由服务的规范化程度衡量。规范的服务可以使全过程的服务质量受到控制，服务越规范、每道程序的工作内容越明确到位，可操作性和可衡量性越好，服务质量就越高。4S店和特约服务站的维修维护服务过程基本如下：预约→汽车进厂→查询/建立档案→询问车况→进厂检查→告知车主车况及估价→维修及维护工作→完工检查→交车及付款→3日内询问满意度→定期追踪信息反馈→通知定期服务。每个环节都有相应的标准工作内容及要求。汽车维修维护详细流程如图4.5所示。

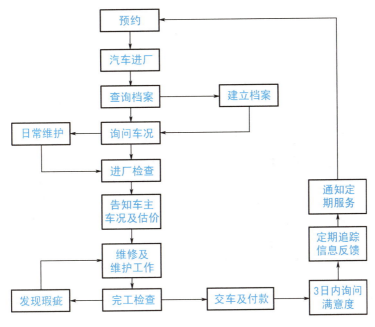

图4.5　汽车维修维护详细流程

7. 为客户提供最新资料

汽车售出后，客户常希望了解所购汽车的动态资料，经销商可以满足其需求。经销商及时为客户提供汽车销售量、价格变动、配件供应、产品升级、维护维修新技术、客户使用情况信息通报、本品牌汽车在二手车市场的行情、停产信息等资料，使客户感到踏实，也能对产品起到间接宣传作用。经销商还可以每月给客户邮寄一份汽车类杂志，一方面可以为客户提供参考资料；另一方面可以借此报道商情，与客户联络感情，使客户对汽车产品和售后服务有持续好感。

4.4　缺陷汽车产品召回

目前针对后市场质量管理的法规主要有汽车召回和三包。在汽车使用过程中，如发现一些可能造成人身及财产安全的缺陷（这些缺陷主要由设计制造不当所致），应召回汽车，确保客户的使用安全。召回一般由汽车生产企业公布，汽车经销商和汽车维修企业免费为客户解决。三包针对的是个别的、偶然的、不具有普遍代表性的问题，一般只由汽车经销商和汽车维修企业解决。只有汽车产品的认证、召回和三包三种制度相互支持、相互补充，才能对公共安全、产品质量进行完全管理。

4.4.1 缺陷汽车产品召回的制度、目的及相关概念

1. 汽车召回制度

汽车召回制度始于 20 世纪 60 年代的美国，美国的律师拉尔夫发起运动，呼吁国会建立汽车安全法规，于是美国的《国家交通及机动车安全法》诞生。该法律规定，汽车生产企业有义务公开发表汽车召回信息，且必须将情况通报给客户和交通管理部门，进行免费修理。

为保护消费者利益、促进相关车企履行社会责任，规范汽车产业发展，提高汽车产品质量安全，2002 年，中国国家质量监督部门起草了汽车召回相关条例；2004 年 3 月，国家市场监督管理总局（原国家质量监督检验检疫总局）等四部门发布《缺陷汽车产品召回管理规定》，中国汽车召回制度拉开帷幕；《缺陷汽车产品召回管理条例》于 2012 年 10 月 10 日经国务院第 219 次常务会议通过，10 月 31 日正式公布，自 2013 年 1 月 1 日起施行。我国制定的《缺陷汽车产品召回管理条例实施办法》（简称《实施办法》）经通报世界贸易组织（WTO）后正式颁布，于 2016 年 1 月 1 日起正式实施。

据国家市场监管总局报道，自《缺陷汽车产品召回管理条例》（国务院令第 626 号）实施以来，截至 2021 年 5 月 31 日，我国共实施缺陷汽车产品召回 2310 余次，涉及车辆 8710 余万辆。召回原因主要有设计、制造、标志、标识等缺陷。主动实施召回已逐渐成为汽车生产企业的常态化活动，形成了业界普遍共识。

《缺陷汽车产品召回管理条例》

《缺陷汽车产品召回管理条例》解读

2. 目的

缺陷汽车召回的主要目的是加强对缺陷汽车产品召回事项的管理，消除缺陷汽车产品对使用者及公众人身、财产安全造成的不合理危害，维护公共安全、公众利益和社会经济秩序。

3. 相关概念

（1）缺陷汽车产品召回。缺陷汽车产品召回是指按照规定程序，由缺陷汽车产品生产企业（包括进口商）通过修理、更换、收回等方式消除其产品可能引起人身伤害、财产损失的缺陷的过程。

（2）汽车缺陷。汽车缺陷是指由于设计、制造等方面的原因而在某批次、型号或类别的汽车产品中普遍存在的具有同一性的危及人身、财产安全的不合理危险，或者不符合有关汽车安全的国家标准的情形。

（3）召回期限。整车为自交付第一个车主起，至汽车生产企业明示的安全使用期止；汽车生产企业未明示安全使用期的，或明示的安全使用期不满 10 年的，自销售商将汽车产品交付第一个车主之日起 10 年止。汽车产品安全性零部件中的易损件，明示的使用期限为其召回时限。汽车轮胎的召回期限为自交付第一个车主之日起 3 年止。

（4）几种需要召回的情形。经检验机构检验安全性能存在不符合有关汽车安全的国家标准、行业标准的；因缺陷已给车主或他人造成人身或财产损害的；虽未造成车主或他人人身与财产损害，但经检测、实验和论证，在特定条件下缺陷仍可能引发人身或财产损害的。

4.4.2 缺陷汽车产品召回的程序

1. 缺陷汽车产品主动召回程序

汽车生产企业确认其生产且已售出的汽车产品存在缺陷，决定实施主动召回的，应当向主管部门报告，并应当及时制订包括以下基本内容的召回计划，提交主管部门备案。

（1）有效停止缺陷汽车产品继续生产的措施。
（2）有效通知销售商停止批发和零售缺陷汽车产品的措施。
（3）有效通知相关车主有关缺陷的具体内容和处理缺陷的时间、地点和方法等。
（4）客观公正地预测召回效果。

境外汽车生产企业还应提交有效通知进口商停止缺陷汽车产品进口的措施。

汽车生产企业在向主管部门备案的同时，应当立即将其汽车产品存在的缺陷、可能造成的损害及其预防措施、召回计划等，以有效方式通知有关进口商、经销商、租赁商、修理商和车主，并通知经销商停止销售有关汽车产品，进口商停止进口有关汽车产品。汽车生产企业须设置热线电话，解答各方询问，并在主管部门指定的网站上公布缺陷情况供公众查询。

《缺陷汽车产品召回管理条例实施办法》（2020年修订版）

2. 缺陷汽车产品指令召回程序

主管部门依规定经调查、检验、鉴定确认汽车产品存在缺陷，而汽车生产企业拒不召回的，应当及时向汽车生产企业发出召回通知书。国家认证认可监督管理部门责令认证机构暂停或收回汽车产品强制性认证证书。对境外生产的汽车产品，主管部门会同商务部和海关总署发布对缺陷汽车产品暂停进口的公告，海关停止办理缺陷汽车产品的进口报关手续。在缺陷汽车产品暂停进口公告发布前，已经在运往我国途中的，或已到达我国尚未办理海关手续的缺陷汽车产品，应由进口企业按海关有关规定办理退运手续。

市场监管总局关于2020年全国汽车和消费品召回情况的通告

主管部门根据缺陷的严重程度和消除缺陷的紧急程度，决定是否需要立即通报公众有关汽车产品存在的缺陷和避免发生损害的紧急处理方法及其他相关信息。

汽车生产企业应当在接到主管部门指令召回的通知书之日起5个工作日内，通知经销商停止销售该缺陷汽车产品，在10个工作日内向经销商、车主发出关于主管部门通知该汽车存在缺陷的信息。境外汽车生产企业还应在5个工作日内通知进口企业停止进口该缺陷汽车产品。

4.4.3 汽车召回与三包的主要区别

从表面上看，汽车召回和三包都是为了解决汽车出现的一些质量问题，维护消费者的合法权益。但两者在问题的性质、对象、范围和解决方式等方面是有区别的。

1. 性质不同

汽车召回的目的是消除缺陷汽车安全隐患和给全社会带来的不安全因素，维护公众安全；汽车三包的目的是保护消费者的合法权益，在产品责任担保期内，当汽车出现质量问题时，由生产企业负责为消费者免费解决，减少消费者的损失，提高企业信誉。

2. 对象不同

汽车召回主要针对系统性、同一性与安全有关的缺陷，这个缺陷必须在一批汽车上都存在，而且是与安全相关的。三包是解决由随机因素导致的偶然性产品质量问题的法律责任。由生产、销售过程中各种随机因素导致产品出现的偶然性产品质量问题，一般不会造成大面积人身伤害和财产损失。在三包期内，只要汽车出现质量问题，无论该问题是否与安全有关，只要不是因消费者使用不当造成的，经销商就应当承担修理、更换、退货的产品担保责任。

3. 范围不同

汽车召回则包括家用和各种运营的道路车辆，只要存在缺陷，都一视同仁。三包主要针对家用车辆。国家根据经济发展需要和汽车产业管理要求，按照汽车产品种类分步骤实施缺陷产品召回制度，首先从 M1 类车辆（驾驶人座位在内，座位数不超过 9 座的载客车辆）开始实施。

4. 解决方式不同

汽车召回的主要方式是汽车生产企业发现缺陷后，首先向主管部门报告，并由生产企业采取有效措施消除缺陷，实施召回。汽车三包的解决方式是由汽车销售商按照国家有关规定对有问题的汽车承担修理、更换、退货的产品担保责任。在具体方式上，往往先由行政机关认可的机构进行调解。

【应用案例 4-1】

东南(福建)汽车工业有限公司召回部分东南翼舞汽车

（中国汽车召回网 www.qiche365.org.cn，2020-01-17）

制造商	东南汽车			
召回时间	2020-01-14 至 2021-01-13			
涉及数量	3870			
车型	型号	年款	VIN 范围	
A5	尊贵版 5MT	2018	起：LDNM45GZ2J0099982	止：LDNM45GZ8K0110744
A5	尊贵版 CVT	2018	起：LDNM45GZ2J0099982	止：LDNM45GZ8K0110744
A5	舒适版 5MT	2018	起：LDNM45GZ2J0099982	止：LDNM45GZ8K0110744
A5	豪华版 5MT	2018	起：LDNM45GZ2J0099982	止：LDNM45GZ8K0110744
A5	豪华版 CVT	2018	起：LDNM45GZ2J0099982	止：LDNM45GZ8K0110744
缺陷情况	部分塑料油箱油泵处向上膨胀及检视盖板下凹变形，造成油箱回油管与检视盖板间隙小，极端情况下回油管接头与检视盖板干涉，导致回油管脱出			
可能后果	部分塑料油箱油泵处向上膨胀及检视盖板下凹变形，造成油箱回油管与检视盖板间隙小，极端情况下回油管接头与检视盖板干涉，导致回油管脱出，燃油渗漏，如果遇到火源不能排除起火风险，存在安全隐患			

续表

维修措施	1. 油箱上表面增加一块 EPDM 橡胶垫(120mm×110mm×22mm)和原 10mm 厚的泡棉减震垫变更成 15mm 厚的 EPDM 橡胶垫（70mm×70mm×15mm）； 2. 回油管快速接头处增加防脱卡扣； 3. 更换检视盖板(钣厚由 0.7mm 增加至 1.0mm，且型面抬高 5mm 的检视盖板)； 4. 对已损坏的回油管和油泵进行更换处理
改进措施	量产车对策（生产预防）：2019 年 8 月 21 日起未再配置塑料油箱
投诉情况	缺陷报告案例或投诉数量：6 例；保修或索赔案件：无
车主通知	1. 将通过挂号信方式向召回范围内车辆的车主寄送《缺陷汽车产品召回通知书》，东南(福建)汽车工业有限公司授权服务网点将以短信、电话等方式通知相关车主，安排召回事宜； 2. 东南（福建）汽车工业有限公司通过免费客户服务热线 400 - 6611 - 666(手机、座机)和各地的特约销售服务店热线电话提供召回咨询服务； 3. 登录东南(福建)汽车工业有限公司网站(www.soueast-motor.com)及关注微信公众号（东南乐赢天使服务号）进行了解
其他信息	用户也可登录中国汽车召回网(www.qiche365.org.cn)及关注微信公众号汽车三包与召回(iautocloud365)了解更多信息。此外，也可拨打中国汽车召回网热线电话：010 - 65537365，010 - 64696345，反映召回活动实施过程中的问题或提交缺陷线索
附件	1. 故障说明图；2. 维修站一览表

【应用案例 4 - 2】

安徽江淮汽车集团股份有限公司召回部分康铃 X5 汽车

（中国汽车召回网 www.qiche 365.org.cn，2020 - 01 - 17）

制造商	江淮汽车			
召回时间	2020 - 01 - 18 至 2020 - 04 - 18			
涉及数量	150			
车型	型号	年款	VIN 范围	
江淮康铃系列	康铃 X5 仓栅式运输车	2019	起:LJ11KAA21K1317136	止:LJ11KAA22K1318585
江淮康铃系列	康铃 X5 冷藏车	2019	起:LJ11KAA2XK1317524	止:LJ11KAA2XK1317524
江淮康铃系列	康铃 X5 厢式运输车	2019	起:LJ11KAA23K1111705	止:LJ11KBAB7K1320306
江淮康铃系列	康铃 X5 载货汽车	2019	起:LJ11KAA24K1111700	止:LJ11KBAB2K1320293
缺陷情况	零部件供应商生产过程中模具松动，安全带锁扣连接板尺寸超差，导致部分车辆锁扣不满足 GB 14166—2013《机动车乘员用安全带、约束系统、儿童约束系统 ISOFIX 儿童约束系统》中"动态试验关于影响乘员约束的安全带总成的部件不得断裂且带扣或锁止系统不得失效"的要求			
可能后果	车辆使用过程中可能发生锁扣断裂，存在安全隐患			
维修措施	对召回范围内的车辆进行检查，免费更换符合国家标准要求的安全带锁扣			
改进措施	已使用符合标准要求的安全带锁扣			

续表

投诉情况	缺陷报告案例或投诉数量：0；保修或索赔案件：0
车主通知	通知车主方式：电话，短信，挂号信；服务热线（座机拨打）：400-800-9933；服务热线（手机拨打）：400-800-9933
其他信息	用户也可登录中国汽车召回网（www.qiche365.org.cn）及关注微信公众号汽车三包与召回（iautocloud365）了解更多信息。此外，也可拨打中国汽车召回网热线电话：010-65537365，010-64696365，反映召回活动实施过程中的问题或提交缺陷线索
附件	1. 故障说明图；2. 维修站一览表

本 章 小 结

  本章教学重点是国内外售后服务的发展现状与模式、汽车售后服务体系的构成、汽车生产企业售后服务的主要内容、汽车经销商和维修企业售后服务的工作内容。本章教学难点是国内汽车售后服务的体系构成。

  汽车产品售后服务是指客户接车前后，由汽车销售部门为客户提供的所有技术性服务工作。

  国外汽车售后服务的模式主要是连锁经营模式和"四位一体"模式。

  国内汽车售后服务的模式主要是"四位一体"模式、特约维修模式、连锁经营模式和路边小店模式。

  汽车售后服务的主要内容包括汽车生产企业、汽车经销商和汽车维修企业提供的质量保修、汽车维修维护等服务，以及其他机构为满足汽车客户的各种需求提供的汽车保险等服务。

  汽车生产企业售后服务的主要内容是技术培训、质量保修、配件供应和建立售后服务网络等。质量保修是售后服务工作的核心，其工作内容主要是质量保修规范的制定和质量信息的分析处理。配件供应是售后服务工作的关键，具有两大基本职能。售后服务站的建站程序包括申请、初审、建设、审批和签约。汽车生产企业售后服务机构一般设置计算中心、技术服务部、技术培训部、非技术服务部、配件供应部和仓库等部门。

  我国汽车售后服务机构的主体是汽车经销商、特约服务站、汽车维修厂、汽车美容店等。

  我国把汽车维修企业划分为三类：一类汽车维修经营企业、二类汽车维修经营企业和三类汽车维修经营企业。

  汽车经销商和维修企业的主要售后服务工作内容有建立客户档案、管理客户档案、与客户沟通、处理与客户的关系、提高服务能力、组建汽车俱乐部、规范售后服务、为客户提供最新的资料等。

缺陷汽车产品召回是指按照规定程序，由缺陷汽车产品生产企业(包括进口商)通过修理、更换、收回等方式消除其产品可能引起人身伤害、财产损失的缺陷的过程。在性质、对象、范围和解决方式等方面与汽车三包有所区别。

【关键术语】
售后服务、汽车生产企业、汽车经销商、质量保修、缺陷汽车产品召回

一、名词解释
1. 汽车售后服务
2. "四位一体"模式
3. 汽车缺陷

二、填空题
1. 汽车生产企业售后服务的主要内容是_____、_____、配件供应和建立售后服务网络等。
2. 质量保修的主要工作内容有_____和_____。
3. 服务商要进入汽车生产企业的售后服务体系，通常要遵照以下程序：_____、_____、建设、审批和签约。
4. 我国汽车售后服务机构的主体是_____、_____、汽车维修厂和汽车美容店等。
5. 汽车召回与三包的主要区别在于_____、_____、范围不同、对象不同等。

三、简答题
1. 简述国外汽车售后服务的模式。
2. 简述国外汽车售后服务的发展趋势。
3. 简述国内汽车售后服务的模式。
4. 简述国内汽车售后服务存在的问题及发展趋势。
5. 什么是汽车售后服务？汽车售后服务有什么作用？
6. 汽车售后服务一般包括哪些内容？
7. 汽车生产企业的技术培训包括哪几个方面？
8. 服务站的主要培训内容有哪些？
9. 为什么说汽车质量保修有极强的政策性和技术性？
10. 简述汽车质量赔偿的工作流程。
11. 按使用性能不同，汽车配件分为哪几类？
12. 汽车配件的定价有哪几种策略？各有什么特点？
13. 售后服务网络规模是如何确定的？
14. 调查某汽车生产企业的售后服务体系，画出其机构设置框图。
15. 调查某汽车4S店的售后服务体系，画出其机构设置框图，并分析其特点。

16. 简述我国汽车维修企业的划分标准。
17. 汽车经销和汽车维修企业的售后服务工作内容有哪些？
18. 汽车召回与汽车三包有什么区别？
19. 解读《缺陷汽车产品召回管理条例》。
20. 解读《机动车维修管理规定》(2017年修正版)。
21. 汽车售后服务有什么特点？对汽车销售有什么重要意义？

第 5 章 汽车维修服务

教学目标

通过本章的学习，掌握汽车维修类型与汽车维护作业内容；理解汽车故障诊断的基本方法；理解汽车故障排除的基本方法；了解汽车检测技术的发展现状；理解汽车检测的基本方法；理解汽车检测的主要内容；掌握汽车钣金作业的主要内容；了解汽车钣金维修的常用工具与方法；理解汽车涂装材料的类型和用途；理解汽车涂装的基本方法。

教学要求

知识要点	能力要求	相关知识
汽车修理	理解汽车维护的分级； 理解汽车故障诊断的方法及技巧； 理解汽车故障排除的方法	汽车维护的原则、汽车维护的作业内容和分级； 人工经验诊断法、远距离故障诊断法； 换件法和零件修复法
汽车检测	理解汽车检测的概念与基本方法； 理解汽车检测试验的分类方法； 掌握汽车检测的主要内容	汽车检测的发展、汽车检测的基本方法、汽车检测试验的分类、道路试验、台架试验； 整车性能检测和部件性能检测
汽车钣金	能正确使用汽车钣金修复的常用工具； 能掌握汽车钣金件的常用修复方法； 熟悉车身校正的主要设备	手工工具、动力工具、动力设备； 敲去修理法、撬顶修理法、拉伸修理法、加热收缩法、起褶法； 车身校正的目的、"地八卦"校正系统、车身和大梁校正仪
汽车涂装	理解汽车涂装材料的类别及功能； 掌握汽车涂装工艺； 能正确使用汽车涂装设备	涂料、辅助材料； 涂装工艺流程、涂装方法与路线； 喷涂系统、烘烤系统、人员保护装置

> 【案例1】
> 李先生在开车过程中石子弹到车门上，车门被弹出一处凹陷，油漆表面也出现问题。
> 　　该车的车门有明显的异物撞击导致的凹陷，凹陷处还有明显的油漆撞击痕迹。由于油漆表面有伤，因此从外面吸出来会有油漆脱落的风险。如果你是专业汽车车身修复人员，针对这种现象如何快速修复车门，以给客户一个满意的答复？
>
> 【案例2】
> 　　张先生反映他的汽车在山路行驶时，经过20多公里的下坡后，制动踏板发硬，踩十几脚也难以踩下去，制动失灵；而在平路或下坡不长时没有出现过这种现象。在一家大型修理厂先后换过高标号制动液、全车制动片、制动软管、制动总泵、真空助力泵，但都没有效果。
> 　　某4S店维修技师李先生接手此车后，分析了很久。由于此车不带ABS，因此唯一能引起制动踏板发硬的只有真空助力系统。虽然已换过真空助力泵，但并没有检查过真空源。
> 　　如果你是专业技师，针对这种情况如何确认故障点？如何排除故障？

　　汽车维修是保证汽车正常使用、延长使用寿命、发挥最大效益的技术保障，是为汽车使用者及社会发展服务的。

　　汽车维修服务是一项技术性很强的服务，涉及面广，主要涉及汽车修理、汽车检测、汽车钣金、汽车涂装等。

5.1　汽车修理

　　汽车修理是汽车维修的一项主要技术服务，主要对汽车发动机、底盘、电器设备进行维护、故障诊断、故障排除等。由于汽车的各工位均涉及机械与电子，因此机电一体化成为汽车修理的发展方向。

5.1.1　汽车维护

　　汽车维护是保持汽车整洁、及时发现和消除故障及隐患、防止汽车早期损坏的技术作业。

1. 汽车维护的原则

　　汽车维护应<u>贯彻"预防为主、强制维护"原则</u>，即必须遵照交通运输管理部门规定的行驶里程或间隔时间，按期强制执行，不得拖延，并在维护作业中遵循汽车维护分级和作业范围的有关规定，保证维护质量，从而防止运

机动车维修服务规范

输单位或个人由盲目追求眼前利益，不及时进行维护，导致汽车技术状况严重下降，影响运输生产正常进行和运输汽车效益的发挥，并使运行消耗增大。强制维护是在计划预防维护的基础上进行状态检测的维护制度，即在计划预防维护基础上增加状态检测的内容，以确定附加维护作业项目，使计划维护结合状态检测进行。

2．汽车维护的作业内容和分级

（1）作业内容

汽车维护作业包括清洁、检查、补给、润滑、紧固、调整等，除主要总成发生故障必须拆解外，其他时候不得拆解。

（2）分级

汽车维护分为日常维护、一级维护、二级维护3个级别。

① 日常维护。日常维护是日常性作业，由驾驶人负责执行，其中心内容是清洁、补给和安全检视。

② 一级维护。一级维护由专业维修工负责执行，其中心内容除日常维护作业外，以清洁、润滑、紧固为主，并检查制动及操纵等安全部件。也就是说，汽车行驶较长里程后，要特别注意对汽车的安全部件进行检视维护。

③ 二级维护。二级维护由专业维修工负责执行，其中心内容除一级维护作业外，以检查、调整为主，包括拆检轮胎，进行轮胎换位。这是因为汽车行驶更长里程后，必须对车况进行较全面的检查和调整，以维持使用性能，保证安全性、动力性和经济性达到使用要求。在进行二级维护前，应进行检测诊断和技术评定，了解和掌握汽车的技术状况及磨损情况，以确定附加作业或小修项目，一般结合一级维护进行。

每年4月至5月和10月至11月汽车进入夏季、冬季运行时，应进行季节性维护，并更换润滑油(脂)，一般结合二级维护进行。

5.1.2　汽车故障诊断

汽车故障诊断是现代汽车维修最核心、最困难的工作，其困难主要体现在以下两个方面：一是现代汽车为了提高动力性、经济性、舒适性、安全性和环境保护性能，采用了许多新技术、新结构，特别是电子技术和计算机技术广泛应用，使汽车构造相对复杂；二是导致汽车故障的因素很多，有的甚至达几十种(如发动机怠速不良的原因有二三十种)，而且涉及面相当广。这些因素有时单独起作用，有时交替起作用。因此要做到准确、迅速地诊断故障比较困难，要求诊断人员不仅熟悉汽车构造及工作原理，而且掌握一定的诊断方法，掌握的方法越多，解决问题的能力越强。汽车故障诊断主要有以下方法。

1．人工经验诊断法

人工经验诊断即直观诊断，其特点是不需要很多设备，在任何场合都可以进行，诊断的准确率在很大程度上取决于诊断人员的技术水平。

人工经验诊断的常用方法包括观察法、试验法、模拟法、听觉法、触觉法、嗅觉法、替换法、度量法、分段排查法、局部拆卸法、结构分析法及排序分析法等。

汽车故障自诊断系统

2. 故障树法

故障树法是把故障作为一个事件,按故障原因进行逻辑分析,绘出树枝图。树枝图中,每个下一级事件都是上一级事件的原因,而上一级事件是下一级事件的结果。

3. 故障症状关联表法

故障症状关联表描述故障症状与故障部位的关系。表中的行标明故障症状,列标明相关部件或子系统。当相互关联时,在对应的交叉点做标记;如果资料完整,则可以用1,2,3,4,…标出检查顺序,其中1表示可能性最大的原因,2次之,依此类推。

4. 普通仪器设备诊断法

普通仪器设备诊断是采用专用测量仪器、设备(如万用表、四轮定位仪、灯光检验仪、发动机尾气分析仪、车轮平衡仪、气缸压力表等)对汽车的某个部位进行技术检测,将测量结果与标准数据进行比较,诊断汽车的技术状况,确定故障原因。

5. 汽车计算机专用诊断设备诊断法

汽车计算机专用诊断设备主要用于本公司生产的汽车,如大众公司的VAG 1551及VAG 1552、通用公司的TECH 2、本田公司的PGM等。它们不但能读取本车系各系统的故障码,而且具备执行元件诊断、部件基本设定与匹配,以及阅读测量运行数据、清除故障码等功能。

6. 汽车计算机通用诊断设备诊断法

汽车计算机通用诊断设备(如元征X431、车博士、修车王等)把故障诊断的逻辑步骤及判断数据编成程序,由计算机执行各汽车的诊断过程。其采用触摸式液晶显示器、微型打印机和可外接键盘,客户操作方便,还可网上升级,对电控系统具有诊断功能。

7. 汽车计算机自诊断法

一般汽车计算机有自诊断系统,即随车诊断(On-Board Diagnostic,OBD)系统。汽车电控系统具有实时监视、存储故障码及交互式通信等功能。为了读取和显示故障,电控系统装有故障警告灯和诊断接头。如出现故障,仪表板上的发动机警告灯"CHECK"亮,通知驾驶人汽车存在故障。诊断接头用于触发自诊断系统。系统进入自诊断后,即可通过故障指示灯的闪烁次数读取故障码。部分高级汽车采用数字或语言形式直接显示故障码。

8. 计算机专家系统诊断法

计算机技术和汽车维修技术结合,形成计算机专家系统,为汽车维修人员提供各种重要信息,如汽车的结构原理、维修手册、维修资料等。

系统软件是计算机专家系统的核心,由管理程序和数据库组成。管理程序的主要任务是接收维修人员输入的信息,在屏幕上显示所需的汽车维修资料。数据库将所有维修资料以文件的形式存储在硬盘中,供管理程序调用。有的计算机专家系统还采用图形显示,图文并茂,直观明了,便于维修人员按图检修。

9. 远距离故障诊断法

远距离故障诊断可将汽车运行状态数据通过电子通信系统和网络传输到专业技术服务点，实现专家与汽车客户的信息交流，对汽车进行远程监测和诊断，以及及时、快捷的远程技术指导服务。

根据汽车状态远程监测的特点，汽车状态信息的传输路线如下：信号获取（车载传感器）→信号前处理→信号发射（车载通信模块）→现有移动通信网→信号接收（公众电话网）→信号后处理（获取信号特征值）→汽车状况信息传输于 Internet（监测站点和网站）。汽车状态远程监测信息传输方案如图 5.1 所示。

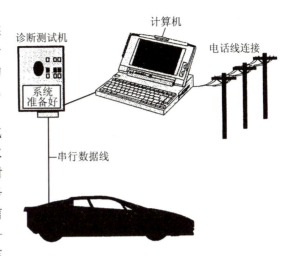

图 5.1 汽车状态远程监测信息传输方案

5.1.3 汽车故障排除

汽车故障排除有 换件法 和 零件修复法。

1. 换件法

通常采用换件法排除汽车电器和电子部件的故障，因为这些部件大多是集成电路、微机械，维修非常困难。另外，一些部件的修复费用要高于新件费用，所以一般采用换件法。

2. 零件修复法

一般采用零件修复法排除一些机械部件（如缸体、曲轴、齿轮箱、车架、驱动桥等）的故障。零件修复法通常有机械加工修复法、镶套修复法、焊接修复法、电镀修复法、胶粘修复法等。

零件修复法的选择直接影响汽车的修复成本和修复质量，选择时应根据零件的结构、材料、损坏情况、使用要求、工艺设备等，通过对零件的实用性指标、耐用性指标和技术经济性等进行全面统筹分析。

5.2 汽车检测

5.2.1 汽车检测的发展

1. 国外汽车检测的发展简介

20 世纪初，对于结构不太复杂的汽车，主要由人工进行检测。20 世纪中叶，随着汽车技术和汽车工业的进步及发展，国外汽车检测发展很快，工业发达国家已形成以故障诊断和性能调试为主的单项检测技术，并大量应用声学、光学、电子技术、物理、化学及其与机械结合的检测诊断技术。20世纪70—80年代，电子技术、传感技术、计算机技术大量应用于汽车检测诊断、检测数据采集处理自动化、检测结果直接打印等。20世纪80年代后，随着计算机技术和信息技术的发展，汽车的自诊断技术得以拓展。

2. 汽车检测仪器设备产品的发展

汽车检测属于机械故障诊断范畴，因此，起初都用通用的机械类检测诊断仪器设备。20世纪中叶，汽车检测设备开始向专业化、多功能、多学科技术含量的产品方向转化并快速发展。例如，车速仪、灯光仪、车轮仪、废气分析仪等。20世纪中后期，计算机技术、信息技术、数码技术快速发展，广泛应用于汽车检测的数据采集、信息传播、状态分析。该时期生产的仪器设备自动化程度高，状态分析贴实，结果显示与打印功能直观、直接。例如，底盘测功仪、发动机综合性能测试仪、解码器等。

3. 汽车检测机制

随着汽车保有量的增大，许多国家对汽车及其安全技术管理建立了配套的标准和机构设置。在工业发达国家，汽车检测有一整套标准。汽车检测工作由交通运输主管部门统一管理，在全国各地建立由交通运输主管部门认证的汽车检测场（站），负责新车登记和在用车安全检测，修理厂修过的汽车也要经过汽车检测场（站）的检测，以确定其安全性能和排放量符合国家标准。

5.2.2 汽车检测的概念与基本方法

1. 汽车检测的概念

汽车检测是用定量或定性标准评价汽车技术状况，以确定汽车技术状况或工作能力的检测。汽车检测的目的是对无故障汽车进行性能测试，以确定汽车整体技术状况或工作能力，检验汽车技术状态与标准值的差距，保障汽车行驶安全。

汽车检测是汽车故障诊断的基础，只有认真地检测和分析才能准确地查明故障原因。

2. 汽车检测的基本方法

汽车年检

汽车检测是确定汽车技术状况的重要过程，既要有完善的检测、分析手段和方法，又要有正确的理论指导。也就是说，汽车检测既要选择适用于其目的的途径、环境，又要选择合适的参数标准和最佳周期。

汽车检测的基本方法因检测目的的不同而不同，主要有检测线检测、维修过程检测和例行检测。

（1）检测线检测

检测线中设有专用检测设施设备和检测人员，按使用性能划分主要有综合性能检测线、安全性能检测线、摩托车性能检测线。检测线检测的目的是车辆年审、汽车维修质量督查与评定、营运车辆等级评定和客车类型划分、汽车安全与防止公害性能检查、进口商品车检验、新车或改装车性能检验。检测线检测一般应出具检测记录单与检测报告，交通运输主管部门对营运车辆的车辆等级评定、车辆维护检测和公安部门车辆的安全检测都使用统一制式的检测单和报告单。

（2）维修过程检测

维修过程检测是工艺过程的检测，主要有承修车辆接车检测、拆解过程中的零件检测、修复过程后的量值检测、装合过程中的总成检测、整车维修竣工检测。维修过程检测的记录单（表）一般由企业自定。汽车维修的进出厂检验由专职质检员完成，工位检测由质检员或主修工完成。根据管理部门要求，汽车大修企业和汽车维护企业应设置符合要求的检测工位和设备。

（3）例行检测

例行检测主要是运输企业对在用车辆的技术状况进行例行检测，主要形式是车辆回场检测，目的是检查车辆的技术状况、保障车辆的技术状态良好和运行安全。例行检测一般设有专职人员和专用的检车台。

5.2.3 汽车检测试验的分类方法

汽车检测试验主要是指新制造车辆性能的检测、在用车辆技术等级评定和维修后的竣工检验，以及汽车安全、环保，汽车总成、构件等专项检验。其主要目的是通过检测和试验的方法对汽车整车和总成及系统的性能作出判断，从而对产品构件质量作出评价。它是车辆使用和管理中非常重要的技术措施及步骤，是技术规范实施中必要的程序。

1. 按照对汽车性能检测试验目的分类

按照对汽车性能检测试验目的的不同，汽车检测试验大致分为以下几类。

（1）新产品定型试验

新产品定型试验主要包括对新设计或改进设计的试制样车在定型产品之前的全面性试验，以及在大批量生产前对小批量生产的样车的检测试验。其中对样车的试验要根据生产纲领规定试验内容，对样车定型后投产前的检测试验是适应性和使用性检测试验，是全面性试验，要在不同地区和不同环境下进行。在大批量生产前对生产小批量生产的样车的检测试验主要是对定型车辆的设计性能、材料及对工艺的测试，小批量的试验有时根据情况可以进行一批次或多批次。新产品定型试验以道路试验为主，不允许样车出现重大损坏、性能恶化及维修频繁等情况。

（2）质量检测试验

质量检测试验是对目前生产的汽车进行定期检测试验，以检验产品质量的稳定性，及时发现产品存在的质量问题。质量检测试验一般比较简单。根据试验对象不同，质量检测试验可以采用道路试验，也可以采用台架试验，主要针对客户在使用中提出的问题进行试验。质量检测试验具体要按照 QC/T 900—1997《汽车整车产品质量检验评定方法》的有关规定执行。

（3）车辆技术等级评定的检测试验

车辆技术等级评定是营业性运输车辆管理的一项重要内容，通过检测试验来评定汽车的动力性、燃料经济性、制动性、转向操纵性、前照灯、喇叭噪声、废气排放、汽车防雨密封性、整车外观等。车辆技术等级评定的检测试验以台架试验为主，必要时需要辅以道路试验。

（4）在用车维修检测试验

在用车维修检测试验是车辆维修前进行的诊断性检测试验，主要根据驾驶人和车辆外观检测情况对车辆进行不拆解试验检测诊断,以确定维修作业项目。在用车维修检测试验主要对汽车维修的作业质量进行评定,以台架试验为主,辅以道路试验。

(5) **其他专项检测试验**

专项检测试验是对汽车系统工作性能进行的检测试验,包括百公里油耗试验、尾气排放试验和汽车密封性试验等。

2. 按照试验方法分类

按照试验方法的不同,汽车检测试验可分为以下几类。

(1) **道路试验**

汽车环保检测

道路试验的影响因素较多,如条件环境不易控制、受车上空间条件的限制、使传感器的安装及测试参数的记录处理比较困难等。近年来已陆续发展多种高性能的小型传感器和电子仪器及应用磁带记录器做现场记录。此外,遥测系统的发展使道路和田间试验技术更趋完善。目前道路试验主要用于检测新出厂车辆。

GB/T 12534—1990《汽车道路试验方法通则》对道路试验的条件(对道路的选择、环境及气象要求、试验用车辆的要求、试验及驾驶人要求)做了详细的规定。

道路试验的主要仪器包括五轮仪、磁带记录仪、土壤松软度测量仪等。

道路试验对每项汽车性能的试验方法都有规定程序,对试验数据的采集有技术要求,有多种分析采集数据的方法。分析过程中要考虑综合因素,要与设计大纲和质量标准综合对照。

(2) **台架试验**

台架试验是在室内试验台上测试汽车整车或某总成性能参数的一种方法。这种试验容易控制试验条件,消除环境因素和不需要研究的因素。随着计算机技术及其他学科技术在试验台上的应用,试验台随机调控工况、随机实时采集和分析数据方法广泛应用,部分试验已能用较高精度模拟汽车的道路试验。

台架试验是在用汽车的主要检测手段,大量应用于汽车检测场(站)和修理厂。

台架试验的常用技术参数与汽车技术检测诊断参数类似。

(3) **试验场检测试验**

汽车试验场是设置比实际道路恶劣的行驶条件和各种典型道路环境的场地。试验场检测试验一般对预先制定的项目进行试验,按照试验规范,在规定的行驶条件下进行。试验场检测多用于对汽车的综合性能试验和可靠性试验。对于某些试验项目,可以在汽车试验场进行强化试验以缩短试验周期,提高试验结果的可比性。

5.2.4 汽车检测的主要内容

根据检测部位的不同,汽车检测可分为**整车性能检测**和**部件性能检测**。

1. 整车性能检测

整车性能检测的主要内容如下。

(1) 汽车动力性检测:主要检测汽车的最高车速、加速能力、最大爬坡度、底盘最大输出功率等。

(2) 汽车燃油经济性检测：主要检测百公里燃油消耗量或百吨公里燃油消耗量。

(3) 汽车行驶平顺性检测：主要检测疲劳-降低工效界限、舒适性-降低界限、暴露极限等。

(4) 汽车通过性检测：主要检测汽车最大拖钩牵引力、行驶阻力、涉水能力、特殊地形通过能力等。

(5) 汽车操作稳定性检测：主要检测汽车横摆角速度、侧向加速度、侧倾角、转向盘操作力等。

(6) 汽车排放性检测：主要检测尾气排放中的 CO、NO_x、HC、烟度等。

(7) 汽车噪声检测：主要检测车外噪声、车内噪声、喇叭噪声等。

(8) 前照灯检测：主要检测前照灯的发光强度、光束照射方位偏移值等。

(9) 车速表检测：主要检测车速表的指示精度。

(10) 汽车制动系检测：主要检测制动力、制动减速度、制动距离、制动时间等。

2．部件性能检测

部件性能检测的主要内容如下。

(1) 发动机性能检测：主要检测气缸压力、气缸漏气量（率）、曲轴箱窜气量、进气管真空度、发动机功率、点火正时、点火波形、喷油波形、机油压力、机油品质、机油消耗量、燃油压力等。

(2) 传动性检测：主要检测传动功率损失、传动效率、离合器打滑率、传动系统角间隙等。

(3) 转向系统检测：主要检测转向盘自由行程、转向盘转向力等。

(4) 制动系统检测：主要检测汽车制动踏板自由行程、制动力、制动距离、制动减速度、制动时间等。

(5) 行驶系统检测：主要检测悬架间隙、车轮外倾、前轮前束、主销后倾、主销内倾、侧滑量、车轮动平衡等。

(6) 电器设备检测：主要检测蓄电池电解液的密度、蓄电池的放电程度、发电机的发电量、起动机空载和负载能力等。

(7) 电子控制设备检测：主要检测故障码、数据流、波形等。

5.3 汽车钣金

汽车钣金主要是指对汽车车身及附件的维护和修理。我国交通事故发生率每年不断上升，尤其是碰撞事故，大量事故车需要整形修复。而汽车钣金修复是一种手工技能操作，很难掌握，因此，汽车钣金人员相对紧缺。

5.3.1 汽车钣金的主要内容

汽车钣金包含钣金修复和涂装作业两项主要工作，日常习惯称为"钣喷"。目前钣金修复与涂装作业仍然相互独立，并没有像汽车"机电"一样真正融为一体。

汽车钣金在国内经历了漫长的发展历程，可划分为两个阶段，即车身焊补阶段和事故车修复阶段。

20世纪90年代以前，由于汽车保有量小、驾驶人职业化率高、道路状况较差、汽车制造技术及钢板的防腐能力不尽如人意等，车身的轮弧、车门槛、底板等部位非常容易出现锈穿现象，事故汽车较少。汽车钣金的工作除一些日常维护外，还有对这些锈穿的部位进行焊补。焊接前需要将金属薄板通过手工或模具冲压，使其产生塑性变形，制作成所希望的形状和尺寸，再根据实际情况合理选择挖补或贴补方式，将这些成品或半成品焊接到腐蚀部位，主要工艺包括画线、放样、展开、剪、折、卷、焊等，也就是所谓的"铁裁缝，修补工"。

5.3.2 汽车钣金修复的常用工具

汽车钣金修复的常用工具有手工工具、动力工具及动力设备。只有了解和掌握钣金修复工具的性能、用途和作业技巧，才能顺利地完成相应的钣金修复工作。

1. 手工工具

汽车钣金修复的常用手工工具有锤子（球头锤、橡皮锤、铁锤、镐锤、冲击锤、精修锤等），垫铁，修平刀，撬镐，凹坑拉出器，拉杆，金属剪，板材剪，划针，划规等。

2. 动力工具

汽车钣金修复的动力工具分为气动工具和电动工具两类。常用动力工具有气动扳手、气动钻、气动打磨机、气动手提式振动剪、电动砂轮机、真空吸尘器、热风枪、龙门剪板机、折弯压力机等。

3. 动力设备

汽车钣金修复的动力设备主要有大梁校正仪、汽车钣金修复机等。

5.3.3 汽车钣金件的常用修复方法

1. 敲去修理法

对于小范围的局部凸起和凹陷，可采用敲去修理法修复小而浅的凸痕及凹痕，使金属产生延伸变形而恢复原来的形状，如图5.2所示。

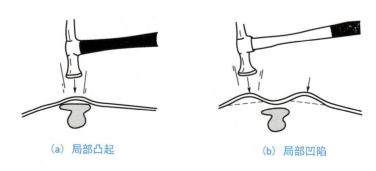

(a) 局部凸起　　　　　　　(b) 局部凹陷

图5.2　敲去修理法

2. 撬顶修理法

对于难以放入钻铁的弧形凹陷，用修平刀（或匙形板）、尖头工具（如各种撬镐）撬顶凹陷部位，使凹陷逐渐恢复原来的形状，如图 5.3 所示。

3. 拉伸修理法

采用拉出装置将凹陷拉出也是常用的凹陷整形方法。拉出装置包括吸杯、拉杆、专用拉出器等。

气动凹陷拉出器的端部有一个吸杯产生真空，惯性锤施加的力将金属凹陷部位拉回到原来的形状，如图 5.4 所示。

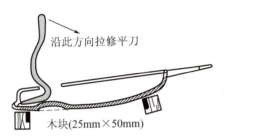

图 5.3　撬顶修理法　　　　图 5.4　拉伸修理法

（1）使用气动凹陷拉出器。

（2）使用拉杆式拉出器。拉杆式拉出器一端的螺钉拧入凹陷部位事先打通的孔中，一只手握住手柄，另一只手用力将重物向手柄方向反复拉动即可消除凹陷，再用填料将通孔堵住。为了避免打孔带来的不便，可以在凹陷部位点焊上销钉来代替拧入螺钉，待拉出之后用刀具切除焊点，从而保持原金属表面的完整性。

4. 加热收缩法

局部快速加热钣金凹陷处的中点，在温度升高的过程中，钢板以加热点为中心膨胀，对周边产生压应力。温度继续上升，钢板局部烧红变软，钢板中心的压力解除，周围钢板恢复变形。烧红区域因被压缩而变厚，周围钢板则可以自由变形伸展，恢复原来的形状。

对于局部加热点，可以采用突然喷水或用湿布贴敷的方法，使加热部位突然冷却，钢板立即收缩，中心部位产生对周边的拉伸载荷，将周边向中心拉伸，与变形过程中产生的压缩载荷抵消，以恢复原来的形状，如图 5.5 所示。

5. 起褶法

如图 5.6 所示，起褶法是处理拉伸变形的一种方法，它并不使金属发生加热收缩变形，而是利用锤子和砧铁在拉伸变形部位做出一些褶。操作时，使锤砧错位，用鹤嘴锤轻轻敲击，使拉伸部位起褶。起褶的地方会比其他部位略低。在填实填满后，用锉刀或砂纸将该部位打磨得与其他部位齐平。

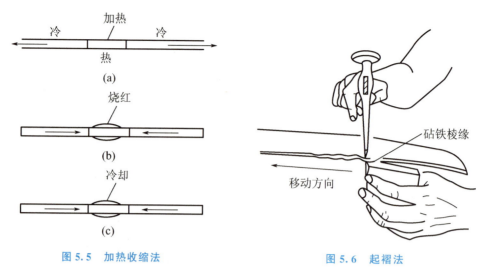

图 5.5　加热收缩法

图 5.6　起皱法

5.3.4　汽车钣金件的更换

　　汽车车身是利用机械连接和焊接两种方法将构成车身的众多钣金件连接而成的。非结构性或装饰性钣件（如汽车的翼板、后顶侧板、机罩等）可以焊接到整体式车身上，也可以用螺栓、铆钉与车身连接。更换这些钣件时，只需拆卸固定件即可。结构性钣件与整体式车身焊接在一起，从散热器支架到后端板构成一个整体框架。结构性钣件在焊接之前，都是以凸缘或配合表面的形式连接在一起，组装完毕再焊接的。因此，拆卸此类钣件需要了解它们之间的连接关系。整体式车身的结构性钣件有散热器支架、内挡泥板、地板、车门槛板、发动机室侧梁、上部加强件、下车身后梁、内部护槽、行李箱地板等。

　　修理结构性钣件时，应遵照汽车生产企业规定的方法。特别是切割钣件时更应谨慎，不要割断可能降低乘员安全性的区域、涉及汽车性能的区域和关键性尺寸控制区域的钣件，这是切割钣件应遵从的统一原则。

　　整体式车身的高强度钢板区域的钣件受损后必须更换，绝对不允许用加热方法矫直高强度钢板。图 5.7 所示为汽车高强度钢板分布区域。

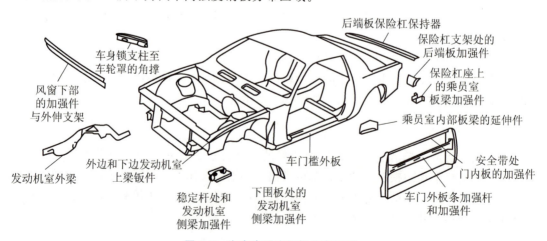

图 5.7　汽车高强度钢板分布区域

5.3.5 车身校正

1. 车身校正的目的

外力的牵拉使车身表面几何形状和尺寸恢复原有状态的工艺过程称为校正。除了校正，有时还要对局部进行必要的修整，以更好地复原。

车身校正的目的如下：一是消除表面缺陷；二是使车身准直恢复汽车动力性能；三是消除碰撞造成的车架及车身的应力和应变。

2. 车身校正的主要设备

车身校正的主要设备有"地八卦"校正系统、车身和大梁校正仪。

(1) "地八卦"校正系统(图5.8)

"地八卦"校正系统是出现比较早的一种简易维修设备。用千斤顶将汽车顶起后，安装固定夹具把汽车固定好，再使用拉塔或接杆千斤顶链条的方法拉伸。其主要缺点是汽车装卡固定困难，固定不好，拉塔移动或接杆千斤使用困难，地轨易损坏，拉伸角度有局限性，车身上下部位无法拉伸，车身离地较近，不便底盘维修。"地八卦"校正系统只能维修受损伤程度较小的事故车。

图5.8 "地八卦"校正系统

(2) 车身和大梁校正仪(图5.9)

车身和大梁校正仪主要有3种形式：传统框架式、平台式和框架带定位夹具式。其具备以下特点：具有高强度的车身定位及固定装置，具有较多形状及功能各异的维修拉具，能满足修复不同部位的需求，能进行多点、全方位的校正拉拨工作，测量精确，能准确检测出各基准点的偏离量及修复误差。

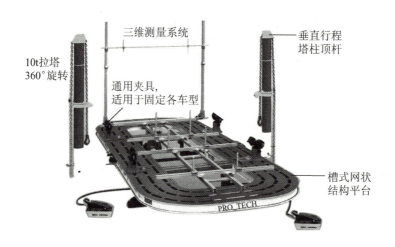

图 5.9　车身和大梁校正仪

3. 车身校正的基本方法

（1）车身校正的顺序

车身校正一般按"**先长度校正，再倾斜校正，最后高度校正**"的顺序进行。

（2）车身校正的基本原理

碰撞使车身产生变形，校正这些变形总是伴随着施力拉拨的过程。拉拨力的方向应当与碰撞力的方向相反，且根据实际校正情况适当调节拉力方向，以达到更理想的效果。当碰撞较轻，损伤比较小时，用这种方法很有效。但当出现皱褶时，简单地使用拉拨方法难以使车身恢复原来的形状，需要根据各钣件的恢复情况改变力的大小与方向。校正时的加力方向如图 5.10 所示。

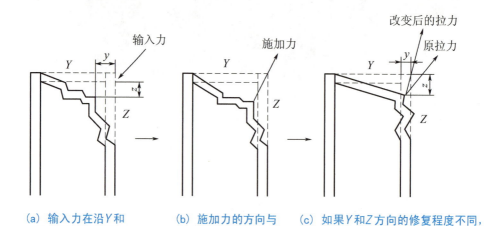

(a) 输入力在沿 Y 和　　(b) 施加力的方向与　　(c) 如果 Y 和 Z 方向的修复程度不同，
　　Z 方向引起破坏　　　　　输入方向相反　　　　　相应地改变拉力方向

图 5.10　校正时的加力方向

（3）牵引方法

牵引方法多种多样，常见单一牵引装置牵引方法如图 5.11 所示。

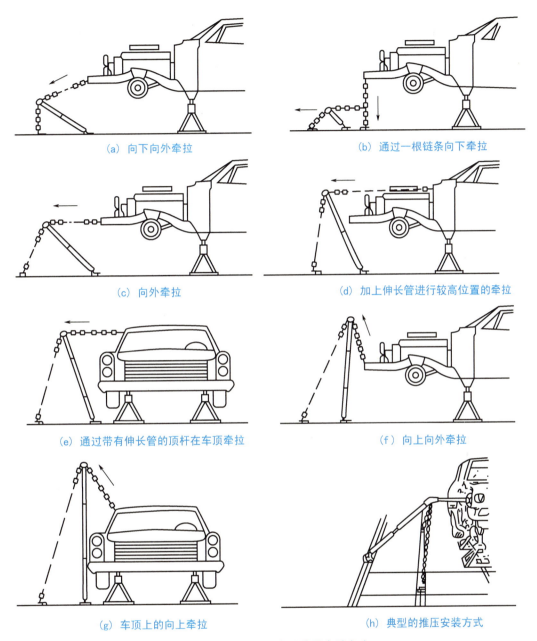

(a) 向下向外牵拉
(b) 通过一根链条向下牵拉
(c) 向外牵拉
(d) 加上伸长管进行较高位置的牵拉
(e) 通过带有伸长管的顶杆在车顶牵拉
(f) 向上向外牵拉
(g) 车顶上的向上牵拉
(h) 典型的推压安装方式

图 5.11 常见单一牵引装置牵引方法

5.4 汽车涂装

汽车涂装俗称汽车维修漆工，是汽车维修中的一个独立工种。汽车涂装主要涉及汽车涂装材料、汽车涂装工艺和汽车涂装设备等。

5.4.1 汽车涂装材料

汽车涂装材料有很多种,包括涂装前处理材料、涂料、涂装后处理材料及辅助材料等。

1. 涂装前处理材料

在涂装前,应先将被涂物表面上的所有油污、锈蚀等杂物彻底清除干净,再涂头道底漆,使涂膜直接附着于被涂物表面,起到防锈、保护金属的作用,并能增大涂膜的附着力。常用的涂装前处理材料有脱脂剂、除锈剂、脱漆剂、表面调整剂、磷化剂和钝化剂等。

(1) 脱脂剂的作用是溶解和去除油脂、润滑油、污垢、石蜡、硅酮抛光剂及手印等。

(2) 除锈剂的主要作用是去除锈蚀、锈斑等。

(3) 脱漆剂,也称去漆剂、洗漆药水等,是利用溶解力强的溶剂将漆膜溶胀鼓起而脱漆的材料。

(4) 表面调整剂用于清洁金属经过除油或除锈后残留的杂质,如残碱、残酸等。

(5) 磷化剂能使金属表面形成一层薄而均匀的磷化膜,起到防锈和增大涂膜附着力的作用,使涂膜更加牢固、持久。

(6) 钝化剂的主要作用是除去磷化膜表面的疏松层,并封闭磷化膜不完整的部分或孔隙。

2. 涂料

涂料是一种流动状态或粉末状态的有机物质。涂料涂敷在物体表面,干燥固化后形成连续的牢固附着的一层膜。涂料包括底漆、中间层涂料、面漆。

(1) 底漆

底漆是车身表面的基础涂料,其作用如下:一是防止金属表面的氧化腐蚀;二是增大金属表面与腻子(或面漆)、腻子与面漆之间的附着力。因此对底漆的要求是防锈能力和附着能力强;作为两涂层之间的媒介层,要使两者紧密结合而不发生咬底、揭皮现象;应有合理的配套;后两道底漆应具有微填充作用。

常见国产底漆有酚醛底漆、沥青烘干底漆、醇酸底漆、环氧酯底漆、过氯乙烯底漆、磷化底漆、聚氨酯底漆、硝基底漆、丙烯酸底漆等。常见进口底漆有美国杜邦底漆、PPG 底漆,英国 ICI 底漆,德国鹦鹉底漆,意大利爱犬漆等。

(2) 中间层涂料

中间层是底漆与面漆之间的涂层,所用的涂料为中间层涂料,简称中涂。中间层涂料的主要作用是提高被涂物表面的平整度和光滑度,封闭底漆层的缺陷,以提高面漆涂层的鲜映性和丰满度,提高装饰性和耐水性,增大涂膜厚度。

国外中间层涂料一般分为通用底漆、腻子、二道浆、封闭底漆。国内中间层涂料根据功能分为腻子、二道浆、封闭底漆,将通用底漆并入二道浆中。

(3) 面漆

汽车基材不仅要有底漆的防腐、防锈性能,在汽车修补中用腻子填平凹凸表面,而且要用面漆涂装,增强对金属的保护。因此面漆不但要有优良的装饰性、漆面色彩鲜艳、光亮丰满,而且要有良好的保护性,即面漆需具有耐热、耐水、耐油、耐磨、耐化学腐蚀等性能。

面漆的好坏取决于本身性能的好坏,但如果底漆涂面不清洁,凹陷没填好,研磨不平滑,则涂装面漆后,这些漆面的缺陷会完全暴露无遗。面漆品种繁多,性能各异。面漆的类别见表 5-1。

表 5-1 面漆的类别

类别	主要组成
溶剂挥发型	① 硝基纤维素涂料; ② 热塑性丙烯酸树脂涂料; ③ 各类改性丙烯酸树脂涂料,如改性硝基纤维素、改性醋酸丁酸纤维素等
氧化固化型	① 醇酸树脂涂料; ② 丙烯酸改性醇酸树脂涂料
双组分添加固化剂固化型	① 丙烯酸聚氨酯树脂涂料; ② 聚酯型的聚氨酯树脂涂料; ③ 丙烯酸型的环氧树脂涂料
热固化型	① 氨基醇酸树脂涂料; ② 氨基丙烯酸树脂涂料
催化固化型	① 湿固型有机硅改性丙烯酸树脂涂料; ② 过氧化物引发固化的丙烯酸树脂涂料; ③ 氨蒸气固化的聚氨酯树脂涂料

3. 涂装后处理材料

涂装后处理材料主要有抛光剂和防锈蜡。

(1) 抛光剂主要用于硝基漆、聚氨酯漆、丙烯酸漆及过氯乙烯漆等汽车表面的抛光,以消除涂膜表面的细小缺陷(如砂痕、针孔、细小微粒等),增强涂膜的平整度,提高外观的装饰性。抛光剂分为磨光剂和上光剂。

(2) 防锈蜡主要用于提高汽车表面防锈性能,通常在汽车涂装作业完成后,喷涂于车身与零部件表面。

4. 辅助材料

辅助材料主要有稀释剂、固化剂、防潮剂、催干剂、流平剂等。

(1) 稀释剂主要用于溶解和稀释涂料,调整涂料的黏度,使其达到施工要求,具有良好的雾化性能和流平性能。

(2) 固化剂,又称交联剂,能将可溶(可熔)的线型结构高分子化合物转变成不溶(不熔)的体型结构。

(3) 防潮剂,俗称化白剂或化白水,主要用于硝基漆和过氯乙烯漆等挥发性(快干型)漆,可防止涂膜产生泛白、针孔等缺陷。

（4）催干剂，俗称干料、燥液，主要用于油脂漆、酚醛漆、醇酸漆等氧化固化型（自干型）涂料，能促进涂膜干燥。

（5）流平剂的主要作用是减小涂料系统的表面张力，增强在低切应力下的流动性能，消除缩孔、凹陷、刷痕等表面缺陷，使涂膜平整光滑。

5.4.2　汽车涂装工艺

1. 涂装工艺流程

根据汽车类型的不同，汽车涂装工艺大体可以分为以下几种类型。

（1）底漆→腻子→本色面漆。
（2）底漆→腻子→中间层涂料→本色面漆。
（3）底漆→腻子→中间层涂料→单层金属闪光漆。
（4）底漆→腻子→中间层涂料→金属闪光底色漆→罩光清漆。
（5）底漆→腻子→中间层涂料→本色底色漆→罩光清漆。
（6）底漆→腻子→防石击中间层涂料→中间层涂料→金属闪光底色漆→罩光清漆。
（7）底漆→腻子→中间层涂料→金属闪光底漆→底色漆→罩光清漆。
（8）底漆→腻子→防石击中间层涂料→中间层涂料→金属闪光底漆→底色漆→罩光清漆。

其中，第（1）类是早期采用的一种涂装工艺，国外基本不采用了，国内一些低档车辆（如载货车、农用车、公共汽车等）仍然采用；第（2）类及第（3）类在国外用于大型车辆（如巴士、卡车）等中档车，国内用于小型面包车、各种微型车等中高档车；第（4）类及第（5）类用于乘用车的涂装；第（6）类、第（7）类及第（8）类是最近几年发展的涂装工艺，其中金属闪光底漆不同于以往的金属闪光底色漆。

2. 涂装方法与路线

涂装方法有纵行重叠法、横行重叠法、纵横交替喷涂法。涂装路线应按从高到低、从左到右、从上到下、先里后外的顺序。在行程终点关闭喷枪，喷枪第二次单方向移动的行程与第一次相反，喷嘴与第一次行程的边缘平齐，雾型的上半部与第一次雾型的下半部重叠，重叠幅度为第二层与第一层重叠 1/3 或 1/2，如图 5.12 所示。

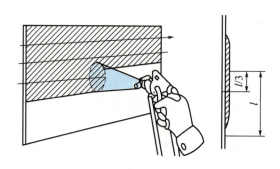

图 5.12　涂装的重叠方式

5.4.3 汽车涂装设备

汽车涂装设备有喷涂系统、烘烤系统、人员保护装置等。

1. 喷涂系统

喷漆一般采用空气喷涂方法。空气喷涂系统由空气压缩机、喷枪、空气滤清器、软管等设备组成，如图 5.13 所示。

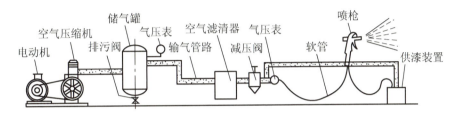

图 5.13 空气喷涂系统的组成

空气压缩机为喷涂施工提供必需的压缩空气，必须满足压力稳定和足够的需用量，且是无水、无尘及干燥的。

空气压缩机按外形可分为立式空气压缩机和卧式空气压缩机；按放置方式可分为移动式空气压缩机和固定式空气压缩机；按工作方式可分为一级空气压缩机和二级空气压缩机；按工作原理可分为膜片式空气压缩机、活塞式空气压缩机和旋转式空气压缩机，其中活塞式空气压缩机应用较广。图 5.14 所示为小型移动式空气压缩机。

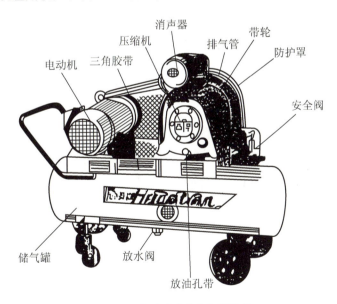

图 5.14 小型移动式空气压缩机

喷枪是喷漆工艺体系的关键设备。喷枪由空气阀、漆流控制阀、雾型控制（漆雾扇形角度调节）阀、扳机、枪身（手柄）等组成。喷枪嘴由气帽、喷嘴和针阀（顶针）组成。图 5.15 所示为喷枪的组成及外观。

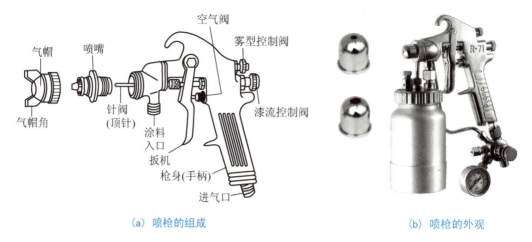

(a) 喷枪的组成　　　　　　(b) 喷枪的外观

图 5.15　喷枪的组成及外观

2. 烘烤系统

烘烤系统主要由换气系统、空气过滤系统、喷漆系统和加热系统等组成。图 5.16 所示为喷漆及烘烤系统的工作示意。

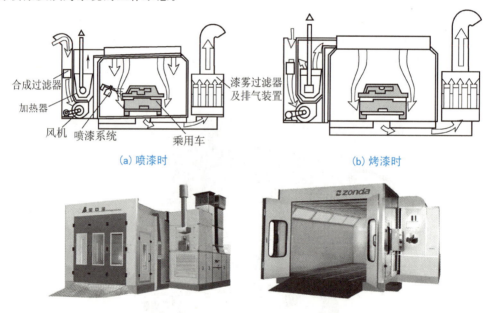

(a) 喷漆时　　　　　　(b) 烤漆时

(c) 烘烤系统外形

图 5.16　喷漆及烘烤系统的工作示意

3. 人员保护装置

喷漆人员工作时,应佩戴相关保护设备,主要有空气净化呼吸器、护目镜、面罩、安全眼镜、手套、保护服、保护听筒、靴、护膝垫等。各装备在不同工作项目中的使用情况见表 5-2。

表 5-2　各装备在不同工作项目中的使用情况

序号	工作项目	推荐喷漆人员保护装置								
		空气净化呼吸器	护目镜	面罩	安全眼镜	手套	保护服	保护听筒	靴	护膝垫
1	湿砂磨、汽车清洗		✓			✓	✓		✓	✓
2	去除溶剂和蜡，去除剥片和油漆	✓	✓			✓	✓		✓	✓
3	机动砂磨、吹洗	✓			✓	✓	✓	✓	✓	✓
4	擦光、抛光			✓	✓	✓	✓	✓	✓	✓
5	底层涂料(非催化)喷漆和磁漆	✓	✓			✓	✓		✓	✓
6	喷射(非催化)喷漆和磁漆	✓	✓			✓	✓		✓	✓
7	全催化底层涂料和油漆	✓	✓			✓	✓		✓	✓
8	油漆与底层涂料混合湿油漆作业检查	✓	✓			✓	✓		✓	✓

备注：空气净化呼吸器、护目镜、面罩、安全眼镜、手套、保护服、保护听筒、靴、护膝垫

本 章 小 结

汽车维修服务是一项技术性很强的服务，涉及面广、服务内容多。本章可组织学生参观4S店的维修车间，以对维修工位、设备、工作内容等有感性认识。

汽车维修服务主要涉及汽车修理、汽车检测、汽车钣金、汽车涂装等。

汽车修理是汽车维修企业中的一项技术服务，主要对汽车发动机、底盘、电器设备进行维护、故障诊断、故障排除等。由于汽车的各工位均涉及机械与电子，因此机电一体化成为汽车修理的发展方向。

汽车维护分为日常维护、一级维护、二级维护。汽车维护作业包括清洁、检查、补给、润滑、紧固、调整等，除主要总成发生故障必须拆解外，其他时候不得拆解。

汽车故障诊断是现代汽车维修最核心、最困难的工作，其关键是采用诊断技术对汽车进行故障诊断，确定故障点。

汽车故障排除的基本方法有换件法和零件修复法。

汽车检测是随着汽车工业的发展而发展的。汽车检测用定量或定性评价汽车技术状况，是确定汽车技术状况或工作能力的检查。

汽车检测的基本方法有检测线检测、维修过程检测和例行检测。

汽车钣金主要是对汽车车身及附件的维护和修理。我国交通事故每年不断增加，尤其是碰撞事故，大量事故车需要整形修复，而汽车钣金修复是一种手工技能操作，很难掌握，因此汽车钣金人员相对紧缺。

汽车钣金修复的常用工具有手工工具、动力工具及动力设备。只有掌握钣金修理机具与设备的性能、用途和作业技巧，才能顺利地完成相应的钣金修理工作。

汽车钣金件的常用修复方法有敲去修理法、撬顶修理法、拉伸修理法、加热收缩法、起褶法等。

汽车涂装俗称汽车维修漆工，是汽车维修中的一个独立工种。汽车涂装主要涉及涂装材料、涂装工艺和涂装设备等。

汽车涂装材料种类很多，包括涂装前处理材料，涂料(底漆、中间层涂料、面漆)，涂装后处理材料及其他辅助材料等。

汽车涂装主要设备有喷涂系统、烘烤系统、人员保护装置等。

【关键术语】

汽车维修服务、汽车修理、汽车检测、汽车钣金、汽车涂装

一、名词解释

1. 汽车修理
2. 汽车检测
3. 加热收缩法
4. 车身校正
5. 汽车涂装

二、填空题

1. 人工经验诊断的常用方法包括_____、_____、模拟法、听觉法、触觉法、嗅觉法、替换法、度量法、分段排查法、局部拆卸法、结构分析法及排序分析法等。

2. 车身和大梁校正仪主要有3种形式：_____、_____和框架带定位夹具式。

三、简答题

1. 汽车4S店维修车间的岗位如何配置？
2. 汽车维护通常分为哪3个级别？各级别的作业内容分别有哪些？
3. 汽车故障诊断有哪些方法？
4. 简述远程故障诊断的基本原理。

5. 汽车零件修复有哪些方法？分别适合哪些汽车零件的修复？
6. 简述我国汽车检测技术的发展过程。
7. 汽车检测的基本方法有哪些？
8. 整车性能检测有哪些项目？分别有哪些检测指标？
9. 汽车钣金的主要工作内容有哪些？
10. 汽车钣金修复有哪些工具与设备？
11. 汽车钣金修复有哪些方法？
12. 车身校正仪有哪些类型？各有什么特点？
13. 汽车涂装材料有哪些类型？
14. 喷涂系统由哪些设备组成？
15. 喷漆人员保护装置有哪些？

第 6 章
汽车美容、装饰和改装服务

 教学目标

通过本章的学习，理解汽车美容、装饰和改装的概念及目的；了解汽车美容、装饰和改装的现状及发展趋势；熟知汽车美容、装饰和改装的主要类型及服务项目；熟悉汽车美容的作用、常用设备及其使用方法；了解汽车美容、装饰和改装的工艺方法；初步掌握汽车美容、装饰和改装的实际操作方法。

教学要求

知识要点	能力要求	相关知识
汽车美容	理解汽车美容的作用； 熟悉汽车美容的分类； 理解汽车美容的服务项目； 能正确使用汽车美容的常用工具、设备与用品	汽车美容的作用、汽车美容的分类、汽车美容的服务项目； 汽车美容作业的常用工具、设备与用品
汽车装饰	理解汽车装饰的分类； 理解汽车装饰的常见项目	汽车装饰的概念与作用； 汽车外部装饰、汽车内部装饰
汽车改装	了解汽车改装的概念、类型与目的； 熟悉发动机改装的主要项目； 熟悉底盘改装的主要项目； 熟悉汽车电器加装或改装的主要项目； 熟悉车身改装的主要项目	汽车改装的概念、类型； 进气系统改装、排气系统改装、燃油供给系统改装、机体改装、制动系统改装、行驶系统改装、汽车电器加装或改装、车身改装

 **导入案例**

汽车美容从字面上看就是使汽车的容貌更美丽的行为。它起源于发达国家，英文名称为 Car Beauty 或 Car Care。随着发达国家汽车工业的发展，社会消费时尚的流行，以及人们对事物的猎奇心理，汽车款式不断更新换代，"追新族们"在满足心理需求的同时，不愿使自己的二手车贬值，就需要对二手车进行特殊处理。处理后的二手车焕然一新，并长久保持光彩亮丽。随着二手车翻新技术的不断提高，以及人们对车辆保养意识的增强，以汽车保养护理和翻新为主要内容的汽车美容行业应运而生。

现代汽车美容是指针对汽车各部位不同材质所需的养护条件，采用不同性质的汽车护理产品及施工工艺，以达到"二手车变新，新车保值，延寿增益"的汽车养护过程。

6.1 汽车美容

6.1.1 汽车美容的作用

1. 保持车体表面的清洁、靓丽

汽车美容是集清洗、打蜡、除尘、翻新、漆面处理于一体的养护过程，不仅可以清除车身表面的尘土、酸雨、鸟粪、沥青等污染物，防止漆面受到腐蚀损害，而且可以通过漆面研磨去除表面氧化层，抛光后使车身表面清洁。同时，打蜡能长久保持车身光彩亮丽的视觉效果，提高汽车价值优势。

2. 及时修复车表病害

因焦油、飞漆、刮擦、碰撞等，汽车车身表面出现斑点、划痕，特别是局部出现破损或严重老化，如不进行修复处理，时间久了就会产生小锈斑，不仅影响车体表面的美观，而且使车身表面病害扩大与深化。因此平时要定期检查车身、发动机机舱盖和车身四周，一旦发现问题就要及时处理。漆面斑点、划痕处理及汽车涂层的局部修补、整体翻新，可以有效防止车表病害的扩大与深化。

汽车美容装饰服务规范

3. 全面养护汽车

汽车美容除了可使车身表面变得清洁、靓丽，及时修复车表病害，还可以通过对汽车室内各部位及主要配置、行李箱、汽车空调等进行清洁护理，消除异味，大大提高内饰件在使用周期内的使用舒适性，特别是对底盘及发动机的内、外部护理，可极大地改善散热效果，减少各运动副之间的磨损，使汽车内部机械运转更加顺畅，有效延长汽车的使用寿命。

6.1.2 汽车美容的分类

1. 根据汽车美容服务部位分类

（1）车身美容

车身美容主要包括高压汽车、除锈，去除沥青、焦油等污物，上蜡增艳与镜面处理，新车开蜡，钢圈、轮胎、保险杠翻新等项目。

抛光机及抛光用品的使用

（2）车饰美容

车饰美容包括内饰美容、外饰美容及发动机底盘美容。内饰美容可分为车室美容、行李箱清洁等项目，其中车室美容包括仪表台、顶棚、地毯、脚垫、座椅、座套、车门内饰的吸尘清洁保护，以及高温蒸汽杀菌、冷暖风口除臭、车室空气净化等项目。外饰美容包括车窗玻璃、车灯、后视镜、保险杠、轮毂、轮罩、裙边等外饰件的清洁与护理。发动机底盘美容包括发动机清洁、喷上光保护剂、做翻新处理，以及三滤散热器和蓄电池等的清洁、检查、维护项目，底盘装甲处理等。

（3）漆面美容

漆面美容包括漆面装饰美容和漆面修复美容。漆面装饰美容分为漆面护理美容和漆面翻新美容，其中漆面护理美容主要有汽车打蜡、汽车封釉、汽车镀膜等；漆面翻新美容主要是对漆面轻度失光、中浅划痕和斑点进行不喷漆处理。漆面修复美容是对漆面深划痕、局部漆面翻新、全车漆面翻新等进行喷漆修复。

2. 根据汽车美容程度分类

（1）汽车护理美容

汽车护理美容是指对汽车漆面和内室表面进行美容护理，包括对汽车外表漆面、总成表面和内室物件表面清洗除污，漆面上光、抛光、研磨及新车开蜡等。汽车护理美容能提高车身表面的光亮度，起到粗浅的"美容"作用。

① 新车开蜡。为防止汽车在储运过程中漆膜受损，确保汽车到客户手中时漆膜完好如新，汽车总装的最后一道工序是在检查合格后，对整车进行喷蜡处理，即在车身外表面喷涂封漆蜡。封漆蜡没有光泽，严重影响汽车美观，且易粘附灰尘。为此，客户购车后必须去除封漆蜡，俗称"开蜡"。

② 汽车清洗。为使汽车保持干净、整洁的外观，应定期或不定期地清洗汽车。汽车清洗是汽车美容的首要环节，也是重要环节。它既是一项基础性作业，又是一种经常性的护理作业。对车身漆面的清洗分为不脱蜡清洗和脱蜡清洗两种。不脱蜡清洗是指车身表面有蜡，但是不去掉它，只是洗掉灰尘、污迹。清洗方法主要是通过清水和普通清洗剂，采用人工清洗或机械清洗。脱蜡清洗是指掉车漆表面原有车蜡的清洗作业。有些汽车之前打过蜡，现在需要重新打蜡上光，在这种情况下，必须将原车蜡除净再打新蜡。汽车脱蜡应使用脱蜡清洗剂，脱蜡清洗剂可有效去除车蜡。用脱蜡清洗剂洗完之后，再用清水将车身表面冲洗干净。

③ 漆面研磨。漆面研磨是去除漆膜表面氧化层、轻微划痕等缺陷的作业，虽具有修复美容的性质，但由于修复的缺陷非常轻微，只要配合其他护理作业，就可消除缺陷，因

此被列为护理美容的范围。漆面研磨与后面的漆面抛光、漆面还原是三道连续作业工序。漆面研磨是漆面轻微缺陷修复的第一道工序，需使用专用研磨剂，通过研磨抛光机进行作业。

④ 漆面抛光。漆面抛光是第二道工序。车漆表面经研磨后会留下细微的磨痕，漆面抛光就是去除这些磨痕的护理作业。漆面抛光需使用专用抛光剂，通过研磨抛光机进行作业。

⑤ 漆面还原。漆面还原是继漆面研磨、漆面抛光之后的第三道工序，使用还原剂将车漆表面还原成新车般的状况。

⑥ 车身打蜡。车蜡可分为固体蜡、半固体蜡、液体蜡和喷雾蜡。车身打蜡是在车漆表面涂上一层蜡质保护层，并将蜡抛出光泽的护理作业。车身打蜡可通过人工或打蜡机进行作业。打蜡的作用首先是防水和酸雨，使车身的水滴附着量减小 50%～70%，效果十分明显；其次是防高温和紫外线，随着温度的升高，汽车会因光照导致漆面褪色老化，而打蜡可形成一种反射光的薄膜，能有效避免老化；最后是防静电和灰尘。

⑦ 内室护理。内室护理是指对汽车控制台、操纵件、座椅、座套、顶棚、地毯、脚垫等部件进行的清洁、上光等作业，还包括定期杀菌、除臭等净化空气作业。汽车内室部件种类很多，外层面料也各不相同，在护理的过程中应使用不同的专用护理用品，确保护理质量。

(2) **汽车修复美容**

汽车修复美容是指对车身漆膜有损伤的部位和内饰物件出现破损的部位进行恢复性作业，包括漆膜病态治理、漆面划痕处理、漆面斑点处理、汽车涂层局部修补、汽车涂层整体翻修等作业。汽车修复美容一般先进行漆膜修复，再进行美容。汽车修复美容的工艺过程如下：砂子划痕→涂快干原子灰→研磨→涂快干底漆→涂底色漆→涂罩光漆→清除接口。

汽车修复美容项目有如下几种。

① 漆膜病态治理。漆膜病态是指漆膜质量与规定的技术指标相比存在的缺陷。漆膜病态有上百种，按病态产生的时机不同，可分为涂装中出现的病态和使用中出现的病态两大类。对于不同的漆膜病态，应分析原因，采取有效措施积极治理。

② 漆面划痕处理。漆面划痕是由刮擦、碰撞等造成的漆膜损伤。当漆面出现划痕时，可先用极细的水砂纸轻轻磨去锈斑，擦干净后涂上一层底漆。底漆干后，再用水砂纸将其磨平，用补漆笔进行上色处理，起到防止锈迹扩大的作用。

③ 漆面斑点处理。漆面斑点是指漆面接触了柏油、飞漆、焦油、鸟粪等污物，在漆面上留下的污迹。处理漆面斑点时应根据斑点在漆膜中渗透的深度不同，采用不同的工艺。

④ 汽车涂层局部修补。汽车涂层局部修补是指当汽车漆面出现局部失光、变色、粉化、起泡、龟裂、脱落等严重老化现象或由交通事故导致涂层局部破损时进行的局部修补涂装作业。汽车涂层局部修补虽作业面积较小，但要使修补漆面与原漆面的漆膜外观、光泽、颜色基本一致，需要操作人员具有丰富的经验和高超的技术水平。

⑤ 汽车涂层整体翻修。汽车涂层整体翻修是指当全车漆膜出现严重老化时进行的全车翻新涂装作业。其作业内容主要有清除旧漆膜、金属表面除锈、底漆和腻子施工、面漆喷涂、补漆修饰及抛光上蜡等。

(3) **汽车专业美容**

汽车专业美容是通过先进的设备和数百种用品，经过几十道工序，对车身、内室、发动机、钢圈、轮胎、底盘、保险杠、油路、电路、空调系统、冷却系统、进排气系统等部

位进行彻底的清洗、养护，使旧车变新并长久保持的作业。

　　汽车专业美容不仅包括对汽车的清洗、养护，而且包括根据汽车实际需要进行的维护，如对汽车护理用品的正确选择与使用，汽车漆膜的护理（如对各类漆膜缺陷的处理、划痕的修复美容等），汽车装饰，精品选装等。

　　① 免拆洗的汽车美容养护。采用全新方式免拆洗养护的汽车，不但可以免除频繁修理的烦恼，而且可以节省大量维修费用和时间，使车主在享受舒畅开车的同时，实现"买得起车也养得起车"。

　　② 汽车装饰服务。汽车装饰服务是指根据车主的个性化要求，在汽车上改装或加装一些装饰件，如车身大包围、导流板、扰流板、车贴、防护杠、车顶行李架、车灯、天窗、真皮座椅、桃木内饰、底盘封塑等。

　　③ 汽车精品选装服务。汽车精品选装服务有贴防爆太阳膜，安装防盗器、静电放电器、汽车语音报警装置，以及能满足驾驶人及乘员对汽车内部附属装饰、便捷服务的需求，如配置车用香水、蜡掸、剃须刀、护目镜、脚垫、座套、把套等。汽车精品选装服务能使汽车美容服务更加贴身贴心，使服务更人性化。

6.1.3　汽车美容的服务项目

全车划痕抛光

汽车清洗

1. 整车清洗

　　整车清洗是指采用专用设备和清洗剂，对车身及其附属部件进行全面彻底的清洗。按部位不同，整车清洗可分为车身表面清洗、内室清洗和行走部分清洗。车身表面清洗是指主要针对车身漆面、门窗、外部灯具、外部装饰、附件等的清洗，常采用无水汽车、泡沫精致汽车、全自动电脑汽车、底盘清洗、漆面污渍处理等方法。内室清洗是指主要针对篷壁、地板地毯、座椅、仪表台、空调通风口、操纵件、内部装饰、附件等的清洗。行走部分清洗是指主要针对汽车底盘有关总成、壳体表面等的彻底清洗。整车清洗是汽车美容服务中最常规的项目。

2. 漆面美容处理

　　汽车日常运行中饱受风吹、日晒及酸雨等氧化性物质的侵蚀，使漆面逐渐粗糙失光，形成各种病害。同时，人为因素常使汽车漆面遭受各种伤害。漆面美容处理就是使用一些特殊工艺的清洗处理，如漆膜缺陷的砂平处理、漆膜的研磨抛光处理、漆膜的抗氧化保护处理、漆膜的增艳与镜面细膜还原处理等，使汽车漆面再现昔日亮丽风采，并长久保持。

3. 轮胎翻新处理

　　轮胎粘附各种污物后将失去原有颜色（纯正黑色），而呈现灰黑色，不但影响视觉效果，而且受侵蚀的橡胶极易老化、变硬，失去原有的弹性及耐磨性。轮胎翻新处理就是在轮胎彻底清洁的基础上，使用特殊用品（如轮胎清洁增黑剂）迅速渗透于橡胶内，分解浸入的有害物质，使轮胎橡胶延缓衰老，增黑增亮，还原如新。

4. 镀铬件的翻新处理

　　镀铬件能提高汽车的装饰效果。空气中的盐分及硫化气体长期附着在镀铬件的表面，会使其失去光泽，影响美观。当镀铬件表面出现深度划痕时，腐蚀会迅速扩展到镀铬层下面，从而影响汽车的外在价值。除锈翻新、上光保护处理可使镀铬件表面重现光泽。

5. 发动机系统的维护护理

使用专业用品及工艺对发动机外部进行清洁美容，可除斑、防锈、预防老化，且对汽车有一定的保值作用；对发动机内部进行清洁可以消除胶质、积炭、油泥、水垢等沉积物，使发动机供油正常，运转顺畅，从而延长使用寿命。

6. 底盘部分的清洁护理

底盘部分因位置特殊而容易被忽视。由于底盘离地最近，工作环境比较恶劣，经常会粘有泥土、焦油、沥青等污物，如不及时清洁，就会形成油渍、锈渍，进而影响汽车的行驶性能。底盘部分的清洁护理就是通过对车身底板、转向系统、传动系统、制动系统及轮毂进行清洁护理，达到清洁美观、防止锈蚀及渗漏、减少机件磨损、延长使用寿命的功效。

汽车清洗的方法

细小划痕抛光

6.1.4 汽车美容作业的常用工具、设备与用品

汽车美容作业的常用工具、设备与用品见表 6-1。

表 6-1 汽车美容作业的常用工具、设备与用品

类型	名 称
常用工具	（1）清洁工具：海绵，抹布，汽车手套，喷水壶，空气清洁枪，砂纸，车巾，附件（水桶、工作围裙、防滑防水鞋、软胶水管、涂料过滤漏斗）等。 （2）除锈工具：手工除锈工具（刮刀、扁铲、钢丝刷、锉刀、砂轮片、纱布等），机械除锈工具（电动刷、电动锤、电动砂轮、电动针束除锈机及以压缩空气为动力带动机器作业进行除锈的气动工具），喷射除锈工具（喷丸、干喷砂、湿喷砂）等。 （3）刮涂工具：刮灰刀（主要用于调配腻子、小面积腻子补刮及清除旧漆等），牛角板（主要用于修饰腻子的补刮等），钢片刮板（可用于局部刮涂，也可用于全面刮涂），橡胶刮板（适用于刮涂车门、翼子板等弧形部位）等。 （4）打磨工具：手工打磨工具（砂布包、垫板），气动打磨工具（风磨机、风动砂轮、钢丝轮等），电动打磨工具（电动软轴磨盘式、带吸尘袋磨盘式打磨机）。 （5）刷涂工具：漆刷、毛笔和画笔（用于涂刷不易涂到的部位和局部补漆）等。 （6）喷涂工具：主要指喷枪，有虹吸式喷枪、重力式喷枪、压送式喷枪等。 （7）喷涂遮蔽工具和用品：皱纹胶纸带、防涂遮蔽纸等。 （8）安全与防护用品：眼镜，安全口罩，橡皮手套，防静电工作服，耳罩，安全靴及附件（废料收集桶、抽排气扇、漏电保护开关）等。 （9）其他工具及用品：红外线烘烤机、手电钻、废油收集器等
常用设备	空气压缩机、冷热水高压清洗机、自动汽车机、吸尘器、研磨抛光机、打蜡机、喷漆烤漆房、划痕修复机、脱水机、注油机、加氧机、泡沫机、拆胎机、平衡机等
常用用品	（1）清洗剂：水溶性清洗剂、有机清洗剂、油脂清洗剂、溶解清洗剂、多功能清洗剂。 （2）研磨剂：普通研磨剂、通用研磨剂。 （3）抛光剂：微抛抛光剂、中抛抛光剂和深抛抛光剂。 （4）还原剂：通用还原剂、普通漆镜面还原剂、金属漆镜面还原剂。 （5）汽车蜡：保护蜡、上光蜡、研磨抛光蜡。 （6）汽车保护剂：皮革保护剂、化纤保护剂、橡胶保护剂、轮胎保护剂、多功能防锈剂等

6.2 汽车装饰

6.2.1 汽车装饰的概念与作用

1. 汽车装饰的概念

汽车装饰就是通过增加一些附属物品（汽车装饰品），使原车变得更加豪华、靓丽、温馨、舒适、方便、安全。

随着人们越来越追求个性化和时尚感，汽车装饰业应运而生。就像房屋装修一样，汽车装饰已成为使用汽车的必然过程。不同的车主对批量生产的同一款汽车在美学、舒适性、方便性等方面提出了个性化的要求，对车身内外进行装饰，可使消费者得到最大限度的满足。可以说汽车装饰已经成为汽车售后服务中非常重要的环节，并逐步向普及化和专业化方向发展。

2. 汽车装饰的作用

（1）改进汽车外观

有的车主会选择加装车身大包围和升级轮圈。从性能上来说，加装车身大包围可以减小汽车行驶中的空气阻力，提高高速平衡性，车的外观也更加协调、与众不同。升级轮圈可以更好地保持汽车行驶时的平稳性和安全性，更主要的是使汽车外观看上去更有跑车风范。

（2）使室内更加舒适、方便

现代人在享受汽车的高效性和快捷性的同时，更加注重对汽车舒适性和方便性的追求。汽车加装太阳膜，可有效抵御紫外线的直接侵害；真皮座椅更能让车主在视觉、触觉甚至在嗅觉上有一个良好的心理感受，且能最大限度地提升汽车的档次。特别是选装汽车音响及 DVD 导航，更能使人尽享驾乘的快乐。

（3）合理提升的性能

合理提升汽车的性能，可以提高汽车的使用价值。例如车身刚性不佳及底盘结构不良的汽车，车主有时会要求加装平衡杆，以弥补车身刚性的不足，并且有时会改装防倾杆并更换减振器，以加强底盘结构。给汽车加装尾翼不仅可以改变视觉效果，而且可以使空气对汽车产生第四种作用力，即对地面的附着力。它能抵消一部分升力，抑制汽车上浮，减小风阻影响，使汽车能紧贴道路行驶，从而提高行驶的稳定性。另外，加装电子整流器可以省油、增大扭力和操控反应，使汽车电器负荷减小，延长使用寿命。

6.2.2 汽车装饰的分类

1. 按汽车装饰的部位分类

（1）**汽车外部装饰**。汽车外部装饰简称汽车外饰，是指对汽车外表面进行的加工处理，如对汽车顶盖、车窗、车身周围及车轮等部位进行的装饰。

（2）**汽车内部装饰**。汽车内部装饰简称汽车内饰，是指对汽车驾驶室和乘客室进行的加工处理，如对汽车顶棚内衬、侧围内护板和门内护板、仪表板、座椅、地板等部位进行的装饰。

（3）汽车的电子设施装饰。汽车的电子设施装饰是指为使汽车更加安全、便利而加装的各种附属产品，如安全带语音提示器、车载电子电器设备、防盗防护设备等。

2．按汽车装饰的作用分类

（1）美观类装饰。美观类装饰是指使外表更加豪华、靓丽的装饰，如车身大包围、贴饰、扰流板、前照灯改装等。

（2）舒适类装饰。舒适类装饰是指使内部更加温馨、舒适的装饰，如DVD导航、低音炮、天窗、真皮座椅、电动加热座椅等。

（3）防护类装饰。防护类装饰是指可为汽车提供防护作用的装饰，如防盗装置、保险杠、防撞胶等。

（4）便利类装饰。便利类装饰是指使汽车更加方便、实用的装饰，如多功能转向盘、车载冰箱等。

（5）安全类装饰。安全类装饰是指使汽车更加安全可靠的装饰，如大视野后视镜、360°会车影像、迎宾踏板等。

6.2.3 汽车装饰的常见项目

1．汽车外部装饰

（1）太阳膜装饰

车窗在给驾乘人员提供与车外进行视觉交流的同时，把烈日引进车内，尤其在炎热的夏日。汽车在没有林荫的公路上行驶时，即使打开空调也无法避免紫外线对人体皮肤的侵害，阳光直射会使驾乘人员焦躁不安。在车窗贴上太阳膜，可有效阻止阳光直射。

太阳膜主要有以下作用。

① 隔热降温。太阳膜可以降低光线照射强度，起到隔热效果，保持车内凉爽。太阳膜的隔热率可达50%～70%，从而有效地减少汽车空调的使用，提高空调效率，节省燃油。

② 防止爆裂。当汽车发生意外时，太阳膜可以防止玻璃爆裂飞散，避免事故中玻璃碎片对驾乘人员造成伤害，提高汽车安全性。

③ 保护肌肤。阳光中的紫外线对人体肌肤有一定的侵害，长期受紫外线照射易造成皮肤疾病。太阳膜可有效地阻挡紫外线，对肌肤起到保护作用。

④ 保护内饰。阳光中的红外线可将热量保留在椅垫和仪表板等内饰件中，长期受红外线照射会引起内饰件老化褪色，车窗覆膜后对内饰具有较好的保护作用。

⑤ 改变色调。五颜六色的太阳膜可以改变车窗玻璃全部是透明色的单一色调，给汽车增添美感。

⑥ 单向透视。太阳膜的单向透视性可以遮挡来自车外的视线，增强隐蔽性。

太阳膜按颜色不同可分为自然色太阳膜、茶色太阳膜、黑色太阳膜、天蓝色太阳膜、金墨色太阳膜、浅绿色太阳膜和变色太阳膜等；按产地不同可分为进口太阳膜和国产太阳膜；按等级不同可分为普通太阳膜、防晒太阳膜和防爆隔热太阳膜等。

粘贴太阳膜的基本步骤如下：准备工具、环境→调制粘贴溶液→清洁玻璃外侧→粗裁剪→裁剪定型→清洁玻璃内侧→粘贴太阳膜→检查。

(2) 车身贴饰

车身贴饰是指在车身外表贴上各种图案的装饰。这种装饰不仅能突出车身轮廓线，而且能协调车身色彩，给人以丰富的联想和舒适的心理感受，使车身更加多彩靓丽。

车身贴饰有彩条装饰、彩带装饰、车身文字涂装和图案涂装等多种形式。

汽车装饰项目非常多，其中车贴装饰最常见，也最能彰显车主的个性，市场需求极大。汽车车贴全车上下无所不至，如车身两侧、发动机盖、灯眉、裙边、轮毂上等，只要在现行法规允许的范围内都可以进行合理的创作，尽情演绎车主的个性。

保护膜装饰通过把一种高性能聚氨酯薄膜装贴在易碰擦、刮伤的部位来保护漆面，实用性强，为广大爱车一族所钟爱。

(3) 加装迎宾踏板

迎宾踏板是一种用于装饰汽车门槛部位，起到保护车体、美化车体作用的汽车配件，属于汽车改装用品。迎宾踏板安装在车门边，用于防泥。车型不同，迎宾踏板的外形不同。

(4) 加装车身大包围

车身大包围是指车身下部宽大的裙边装饰。加装车身大包围可使车身加长、重心降低。另外，车身大包围还可改善车身周围气流的运动特性，提高汽车行驶的稳定性。

车身大包围由前包围、后包围和侧包围组成。前包围和后包围分全包围式和半包围式两种形式。全包围式是指将原来的保险杠拆除，装上大包围，或是将大包围套在原保险杠表面，覆盖原保险杠；半包围式是指在原来保险杠的下部附加一个装饰件，这样可不用拆除原保险杠。侧包围又称侧杠包围或侧杠裙边。

制作车身大包围的主要材料有塑料和玻璃钢两种。其中，玻璃钢大包围的制作工艺如下：做试模→喷涂胶衣→铺纤维→打磨喷头。

(5) 加装导流板

导流板是一块坚固的、裙幅式的板，加装在汽车前保险杠的下部。汽车行驶过程中，导流板对前端气流起到导流作用，减少前端气流从发动机下部和底盘下部通过，从而减小阻力、压力和前端提升力，使前端气流能比较通顺地从前端上部和两侧通过。

(6) 加装扰流板

扰流板是一种根据空气动力学原理研制的科技产品。导流板安装因车而异，一般选用汽车生产企业提供的与车型配套的选装件。

扰流板的安装方式主要有粘贴式和螺栓固定式两种。粘贴式安装可避免破坏行李箱盖且不会漏水。螺栓固定式安装固定牢固，拆卸方便，但钻孔会破坏行李箱盖的面貌，拆下后行李箱盖上会有几个孔，安装不好时会发生漏水现象。

(7) 底盘封塑

汽车底盘的工作环境异常恶劣，在行车途中，泥水、沙石等会强烈冲击底盘。细小的沙石像锋利的小刀切削底盘，形成斑点和划伤，严重时还会引发底盘变形、漏油、尾气泄漏、转向受损、制动失灵等。另外，污水、酸雨等腐蚀物时刻侵蚀着底盘，而底盘封塑可以使底盘免受以上损害。

底盘封塑是指将底盘彻底清洗、烘干后喷上双层柔性橡胶树脂，完全包裹住车盘底部和轮毂上方噪声较集中的部位。喷塑层有很强的韧性、弹性、防腐性和防锈性，并有良好的隔热、隔音效果，能大大降低沙石撞击的力度，达到防腐、防锈、防撞的效果，同时可以隔除一部分来自底部的杂音。

(8) 其他装饰服务

① 加装金属饰条。金属饰条是继仿桃木后的又一流行改装材料。金属饰条的主要材料有镀铬、金属铝片、钢片冲压等材料。金属饰条主要用于灯眉、灯尾、后门装饰条等部分，可增强汽车的金属感。由于金属反光效果强烈，因此金属饰条一般不用于仪表板改装，以避免分散驾驶人的注意力。

金属装饰可灵活运用。例如，后视镜等醒目的部分用镀铬；迎宾踏板等对抗压性要求高的部位，可以采用钢板冲压的金属；扶手架等次要位置可用喷涂金属色，以增强全车的金属感。

② 加装车轮饰盖。车轮饰盖一般先用塑料粒子经注塑机注塑，再在表面用油漆涂装形成的。车轮饰盖能烘托整车的造型美感，更能让客户加深对汽车品牌概念的理解。车轮饰盖表面油漆的质量关系到产品的外观、色彩、光泽度。

车轮饰盖是安全件，除了有外观装饰作用，还具有安全特性。车轮饰盖通过不锈钢钢丝卡簧和固定支架固定在车轮轮圈上。车轮饰盖须经过制造商的拆卸力测试，以确保产品安全性。选用车轮饰盖时要注意饰盖的装配性。如果卡口不紧，弹簧材料不过关，则易导致饰盖脱落，特别是在高速行驶中，脱落饰盖对行车、行人都是相当危险的。

③ 加装护杠。加装护杠是越野车最基本的改装项目。近年来，越来越多的旅行车、平头面包车、货车选择加装护杠。护杠一方面能够在发生事故时缓冲撞击力，保护车身；另一方面能使汽车具有鲜明的个性。护杠按结构可以分为前杠、侧杠（或称侧踏板）和后杠三类。

④ 加装尾梯。尾梯可以缓解来自后方的冲击，款式大多以实用型为主。尾梯的材料分为不锈钢和铝合金两种。不锈钢尾梯防腐性能强，光泽度高，承重能力强，因此在实际应用中较普及。

⑤ 加装晴雨窗罩。晴雨窗罩与汽车车身外形一体设计，呈流线型，开窗时可导入大量空气。汽车加装晴雨窗罩后，在雨天行车时，车窗开下大半，雨水仍不会直灌车里；高速行驶时不会狂风吹头；热天停车时，可开窗保持空气对流，降低车内温度；晴天可遮阳，防止侧面刺眼强光。

⑥ 加装挡泥板。挡泥板的作用是在雨天或泥泞地面行车时防止污泥、污水溅及车身下部。安装挡泥板的方法有两种：一是螺钉或拉拔钉固定法，二是粘贴法。

⑦ 加装行李架。考虑到长途跋涉的需要，可以在车顶安装行李架。行李架分为行李架杆和行李架盘。

⑧ 加装静电带。静电带可以充分释放行车途中产生的静电，完全消除由静电积聚引起的不适。

⑨ 加装防撞胶。防撞胶是贴于车身表面的一层特殊涂层，可进一步增强车身防擦抗振功能。加装防撞胶前将车身擦净，贴上防撞胶后轻压一次，3h后再压一次，24h内避免与水、油接触。

2. 汽车内部装饰

汽车内部是驾乘人员在汽车运行中的活动空间。汽车内部装饰是指对驾乘人员的活动空间进行清理、护理、空气净化等美容作业，以营造卫生、环保的车内环境，不仅可以提高乘坐的舒适性，而且可以延长内饰的使用寿命。

汽车内部装饰主要包括以下项目。

(1) 汽车顶衬装饰

顶衬是汽车内饰的重要组成部分，它的主要作用是提高车内装饰性，同时可以提高与车外的隔热效果，提高吸音效果（降低车内噪声）、乘坐的舒适性和安全性。随着使用时间的增加，顶衬往往会变色或褪色，或在使用过程中染上污物。有的污物可以清洗掉，有的不好清洗，当使用常规方法无法清除污物时就需要更换新的顶衬。此外，由于现代汽车顶衬更新换代非常快，因此当顶衬的色泽和面料过时时，要进行更换。

顶衬表皮装饰，关键是表皮材料、胶黏剂、黏接工艺的正确选用，相互之间必须是配套、协调的；主色应与车厢内部的内饰和谐，否则装饰效果不佳。

(2) 车门衬板的装饰

车门衬板的结构比较复杂，尤其是左、右前门的衬板形状更复杂，其切面形状尺寸变化大，有凹槽，有的是整体式，有的是组合式，有的还装有杂物袋，供驾驶人放置常用物品。

当原车门衬板已经损伤且不易修复时，应更换同车型的新的车门衬板。如有同规格的车门衬板，则直接安装更换即可；如无同规格的车门衬板，则需要先制作再安装。

当车门衬板基本完好，只是护板表皮层表面稍有划伤或刮裂，且车主不愿意更换新的护板时，可采用粘贴法进行装饰。

(3) 侧围衬板的装饰

侧围衬板的装饰材料有塑料、复合材料、真皮、纺织物等。复合材料装饰衬板是目前使用最多的。

车型不一样，装饰要求也不一样。一些高级汽车上，侧围衬板采用真皮装饰，显得豪华高贵。而小型客车或旅行车等采用塑料或复合材料装饰。

当内护面有损伤且严重老化褪色时，可拆掉原内护面的旧表皮，安装新的聚氯乙烯人造革表皮。

(4) 地板装饰

汽车地板在底盘的上部，是车厢的基础部分，支承着车内的各类设施和人员的质量，要求有较高的安全性，能稳固地起到支承功能。同时，地板是车厢与地面之间的隔离层，因此要求它能保温、隔热、防湿、防潮、防尘、防止外部噪声进入车内。

对地板的装饰，如果是因为原地板陈旧或有损伤需要装饰，则可参照原地板使用的材料、色泽和地板构造，采用适当的方法进行装饰。

若是为了提高原车装饰档次，则可在改装内饰的同时，对地板进行改装。此时应综合考虑，使地板与内饰和谐；也可保持原地板不变，选一块汽车地毯，直接放置在地板上即可。

汽车全包围脚垫是在大包围的基础上发展起来的，是现在最流行的汽车脚垫。全包围脚垫主要分为全包围丝圈脚垫和全包围皮革脚垫。全包围脚垫是根据不同车型设计不同规格尺寸的高边立体脚垫，能保护汽车绒面及保证360°无死角防滑。

(5) 座椅装饰

座椅装饰主要是对表皮层材料的选用及座椅套的加工制作。表皮层材料主要有棉毛纺织物、化纤及混纺等纺织物和皮革等。化纤、混纺和人造革应用最广泛。

汽车座椅套是汽车的时装，要表达出车主的情趣，体现出车主的个性。在汽车内部装饰中，座椅的装饰是相当显眼的一部分，对汽车整体的装饰风格有非常大的影响。选择皮套还是布套，都能体现车主的品位。但无论是选择皮套还是布套，都要牢记两大标准——舒适和美观。

在座椅的装饰中，还可采用扩展功能、加装精品等方式提高座椅的装饰性和使用性。

（6）**车内木质装饰**

木质装饰是将木质或仿木质材料镶嵌在仪表板、中控板、变速杆头、门扶手、转向盘、扶手箱、门拉手、烟灰盒等部件外表面的一种装饰。木质或仿木质材料的花纹图案具有特殊的装饰效果。高中档汽车，在车内配置木质材料，可显示豪华气势；中低档汽车，在车内配置仿木质材料，可提高档次。因此，木质或仿木质内饰非常流行，体现了汽车装饰的高档化。

（7）**仪表板装饰**

汽车仪表板是一种壁薄、体积大、上面开有很多安装各种仪表用的孔和洞且形状复杂的零部件，是汽车上的重要功能件与装饰件。由于人们对汽车性能的要求越来越高，使用的仪表越来越多，因此仪表板越来越复杂，要求也越来越高。仪表板装饰不但要满足承载各种仪表的安装，保障驾驶汽车安全运行的需要，而且成为车内最主要、最引人注目、最重要的装饰件。因此，仪表板装饰十分重要。另外，仪表板也体现了汽车的个性和风格。

仪表板的装饰方法有多种，主要有简朴装饰、真皮装饰、桃木装饰、色彩装饰、个性装饰等。

（8）**车内饰品装饰**

车内饰品装饰是通过在车内布置各种装饰品，美化车内环境，并为驾乘人员提供各种方便的装饰。用心装点汽车，营造温馨、舒适、美观、个性化的车内环境，是车主的良好愿望。

车内饰品种类很多，按照功能可分为观赏类饰品和实用类饰品两种。观赏类饰品按照与车体连接形式的不同可分为挂饰、贴饰和摆饰三种。实用类饰品按功能不同可分为显示类饰品和置物类饰品两种。显示类饰品是显示时间、方向、温度、湿度、平衡度等信息的饰品，主要有汽车钟、指南球、温（湿）度计、平衡仪等。置物类饰品是用于放置物品的饰品，按结构形式不同分为架类饰品、夹类饰品、袋类饰品、筒类饰品、盒类饰品、套类饰品、垫类饰品、钩类饰品和托盘类饰品等。

6.3 汽车改装

6.3.1 汽车改装的概念、类型与目的

1. 汽车改装的概念

汽车改装是在不影响汽车安全性能的前提下，经申请并征得车辆管理部门同意后，由

经过资质认证的汽车改装企业实施；是在汽车产生企业大批量生产的原型车的基础上，结合造型设计理念，运用先进的工艺及成熟的配件与技术，对汽车的实用性、功能性、欣赏性进行改进、提升和美化，并使之符合汽车全面技术标准，最终满足人们对汽车这种特殊商品的多元化、多用途、多角度的需求。

2. 汽车改装的类型

我国汽车改装一般分以下两种情况。

第一种是传统的汽车改装，即生产专用汽车。也就是用鉴定合格的发动机、底盘或总成，重新设计、改装、生产与原车型不同的具有专门用途的汽车，即专用汽车。大多专用汽车是通过这种改装方式生产的，因此，我国许多专用汽车生产厂都称为汽车改装厂。

第二种是指为了某种使用目的，在汽车生产企业生产出的原型汽车的基础上做一些技术改造，即"改变"了汽车出厂时的原型"装备"。这种改装主要包括加装、换装、选装、强化、升级、装饰美容等。

本书讨论的汽车改装是第二种改装。

3. 汽车改装的目的

汽车改装源于赛车运动，参加各种竞技及赛事的车辆只有经过标准、严格的改装后才能进入赛场，目的如下。

(1) 增强车辆安全性，如在撞击、翻滚、失火等事故中使车手不受伤害。

(2) 提高比赛能力，如加速性能、制动性能、通过性能及操控精准性能等。

(3) 减小自重及风阻系数。

可以说，汽车改装在汽车赛事中是必不可少且十分重要的环节，在某种程度上，汽车赛事也是一种汽车改装技术水平的较量。

汽车改装最大限度地强化并提升了车辆性能的极限空间，并作为一种汽车文化得到广泛延伸。随着汽车工业的发展及赛车运动深入人心，汽车改装成为普通消费者汽车生活的组成部分，并渐渐成为一种时尚。

6.3.2 发动机改装

发动机改装是指在动力性能方面对车辆的性能进行优化。各种工况下发动机的动力性能是有条件约束的。改变约束条件（即使发动机的某些参数在一定的合理范围内变化），可发挥出发动机的动力潜能。提高发动机动力性能的主要方法有对进气系统、排气系统、燃油供给系统、机体等进行改装。

1. 进气系统改装

（1）改装目的

改装进气系统的目的是提高进气效率，提高进气的快速响应能力，使燃料燃烧得更充分，减少燃料消耗，提高发动机的功率和扭矩。

（2）改装方法

① 空气滤清器的改装方法。改装空气滤清器时一般不改变机构，只换装高流量的空气滤芯。当然也可以整体换装空气滤清器，换装后可以使空气流过滤芯的速度加快，滤芯

对流过的空气的阻力减小，最终提高进气效率。

② 节气门的改装方法。为了提高进气系统的实际进气量，一般采用增大原厂节气门内径的改装方法。第一步，增大节气门内径；第二步，加工出直径与节气门口内径完全相等的片状阀门，以保证密合度，防止回油迟滞、怠速不稳的情况发生。还有就是对片状阀门转动轴进行削薄处理，以防止转动轴干扰进气流的稳定。除此之外，还要注意制作片状弹簧的材料要与原厂的相同，防止阀门与阀体内壁因材料间膨胀系数不同而产生密合度不良的问题；加工时，还要预留出片状阀门转动时所需的约3°的坡度。

除了对原厂节气门进行另行加工之外，还可以选择高性能大口径的节气门成品。这类节气门经过专门的设计和加工，精密度更有保障。由于换装大口径节气门后往往会出现流量计信号异常、发动机控制单元控制信号移位等情况，因此需要修改或重新写入发动机控制单元管理程序。

③ 进气歧管的改装方法。进气歧管的改装主要是对进气歧管内孔抛光或更换新型多喉进气歧管。

进气歧管的更换方法如下：松开进气歧管与进气道和缸盖的连接，选装合适的进气歧管，更换密封垫，紧密连接。

2. 排气系统改装

更换汽车排气系统的头、中、尾段，使发动机排气更顺畅，从而提高动力性能，是改装排气系统的主要方法。

排气歧管尽量选用质量较轻、内部平滑的材质；排气歧管尽量等长；改装后需要更换密封垫。

排气管尽量布置成直线形，长短和粗细要适当。排气管尽量选择质量轻、内表面光滑的材质，各连接部位顺畅，尽量减少出现阻塞排气的现象。

消声器的改装应以提高排气效率为主，排气声音可适当考虑。应根据需要的发动机的特性来选择消声器的结构。

3. 燃油供给系统改装

改装燃油供给系统的目的是在适当的时候适量地提高供油量，让空燃比适度变化。适时与适量是判断供油系统质量的标志之一。

燃油供给系统改装根据改装的项目可分为改硬件和改软件两大类。改硬件的目的是提高单位时间的供油量。改软件的目的是改变燃油供给系统的供油程序。由于原车的供油程序考虑了废气控制、油耗经济性、运转稳定性、发动机材料耐用性等，因此在功率输出表现上，往往无法达到注重性能的用户的需求。

4. 机体改装

机体改装一般包括对发动机压缩比的改变，以及对气门、活塞、活塞环、连杆和曲轴的改装。机体改装涉及很多因素，在改装各部位时要充分考虑各因素相互之间的影响。

（1）发动机压缩比改变

增大压缩比通常可使发动机的动力性能进一步提高。

增大压缩比的主要方法有减小燃烧室的容积（包括磨削气缸盖、在燃烧室内增加固定物、使用较薄的气缸垫等），更换活塞，增大连杆的长度，增大曲轴的回转半径等。

增大压缩比会对发动机的强度产生影响。适当增大压缩比,采用高辛烷值的燃料,可以提高发动机的性能。过度改变压缩比会产生爆燃现象,对发动机产生较大的伤害,发动机的使用寿命会急剧缩短。

(2)气门改装

气门的改变主要在于材质性能的变化及加工精密度的提高。进、排气的高效率及环保法规对发动机排放的要求均取决于材质精良的气门。气门的改装原则如下:在不影响强度的情况下尽可能地减轻气门的质量。动作精确的气门是提高发动机性能的基本要件,改装气门通常可以选择不同的气门组合。发动机改装的项目越多,对气门机构精确度的要求就越严格,因此改装气门时必须同时考虑与凸轮轴及气门摇臂的配合。

气门改装还需要考虑发动机进气结构与排气结构之间的匹配度,不可一个方面过度加强,而另一个方面很薄弱,使系统的均衡性变差,导致进气系统与排气系统的效率差距增大。

6.3.3 底盘改装

底盘改装主要包括对制动系统、行驶系统等的改装。底盘改装对汽车通过性、操控稳定性、使用方便性、行驶安全性都有较大影响。

1. 制动系统改装

制动系统改装主要是增加制动效能的零部件,包括制动蹄片、制动盘、制动油管、制动泵(钳)等。改装制动系统的目的是增大制动系统内摩擦件的摩擦力,快速散热,保证制动系统在特殊情况下的制动效能。

改装制动系统时要注意平衡和前后制动的分布,过大的制动力容易使轮胎抱死,前轮抱死会失去转向,后制动力过大容易使汽车制动时不稳定,发生侧滑甚至意外。切勿自行加工制动盘(如钻孔),未经计算的加工方式会严重影响制动盘的刚性,不但不耐用,而且在大强度制动时可能使制动盘盘体爆裂而引发意外。改装制动系统后应提高制动液的等级。

2. 行驶系统改装

行驶系统改装主要是针对轮胎、轮辋、悬架的改装。行驶系统改装可以提高汽车的附着能力和通过能力,并能保证行驶平顺性和操控稳定性。

(1)轮胎改装

轮胎改装可以分为品质的升级和规格的升级。

① 品质的升级。品质的升级是指使用与原厂配套轮胎相同规格的轮胎,但是换用等级更高(如使用速度级别更高或者帘布层级更高)的轮胎。通过品质的升级,轮胎可以获得更美观的胎面花纹、更好的排水性能、更小的滚动噪声或更好的行驶稳定性等。

② 规格的升级。在车身底盘结构允许的范围内,对轮胎进行规格上的升级,也就是将轮胎直径增大或者将轮胎胎面加宽,除了可以提高轮胎的行驶稳定性之外,还可以使换胎后的车辆外观更加时尚。轮胎通常在规格升级的同时,完成了品质的升级。轮胎规格的升级一般伴随着轮辋的升级。

(2)轮辋改装

不仅轮胎需要升级,而且轮辋需升级,只有确定了要更换的轮胎后才可以选择轮辋,确定了轮辋直径后确定宽度。

轮辋升级要考虑美观、散热和轻量化。通常轮辋改装就是用性能较好的铝合金或镁合金轮辋取代质量大、散热效果差的钢质轮辋。

(3) 悬架改装

悬架改装主要是对悬架弹簧、减振器、导向机构进行强化或改装。

改装悬架时，应同时对弹簧和减振器进行配对更换。单一地更换弹簧或减振器都会对两者的使用寿命产生影响，尤其是只剪短弹簧却不更换减振器时，影响更大。更换弹簧或减振器要根据车辆的使用条件适当选择，以提高车辆在行驶过程中的稳定性、舒适性和通过性。

3. 加装平衡杆

通常情况下，车辆在转弯时会因地面的离心作用产生一定的侧倾，内侧和外侧的减振压缩量不相等，造成车身转弯时因扭转而变形。当车辆装上平衡杆后，减振器与车身之间形成钢梁结构，更加坚固，并减少了车身与减振器的共振，从而降低由共振产生的噪声，避免了车身、减振器及其他部位因发动机质量致使金属疲劳或颠簸等造成的变形，消除了车辆由车身变形跑偏磨胎带来的隐患，从而使车辆在高速行驶中急转弯时车身更加稳定、平衡，有效增强了车身本体的刚性，减小了车身转弯时侧倾带来的车体结构变形甚至侧倾造成的翻车现象，从而大大保证了行车的安全性和控制性。

平衡杆通常是指车辆前避震顶端拉杆和防倾杆。车辆前避震顶端拉杆是连接车身两侧前、后减振器顶的增强车身刚度用的连接杆。防倾杆是指连接同轴两个车轮和车身底部的有一定弹性的金属杆。

6.3.4 汽车电器加装或改装

汽车电器加装或改装是指对汽车的仪表、音响、点火系统、电控单元和导航定位等进行加装或改装。 汽车电器可以提高车辆的安全性、舒适性、点火稳定性、控制精确性和使用方便性。

汽车电器的加装或改装分为以下几种情况。

一种是原车选装设备（如中控防盗DVD导航、功率放大器、车载计算机、传真、冰箱、外部灯光和拖挂车厢等）的加装，以满足不同客户的需求。对于这些选装设备，原车都会在车辆的相应部位预留好插头或插座。如果没有预留插头或插座，可通过特许服务中心购得原厂线束及相应的用电器，让专业维修人员加装即可。对于这些用电器，汽车生产企业在进行全车电器设计时已经考虑到这些用电器的功率对整车负荷的影响，同时有相关改装工艺供改装人员参考，只要按照汽车生产企业的工艺进行改装就可以了。

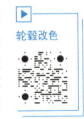

轮毂改色

另一种是特殊装置的加装，即车辆原厂设计中没有涉及用电器，如车辆外部顶灯、防盗器、功率放大器、电视、充电器等。在加装这类装备时，需要考虑加装的用电器功率对全车负荷的影响（如要考虑用电器同时正常工作时对发电机发电量、电瓶容量的要求），还应该有严格的改装工艺保证改装质量。不同的电流、不同的传输信号所使用的导线类型和型号是不同的。例如，如果传输的是脉冲信号，为了保证信号的准确性和适时性，则对导线的类型和长度都有特殊规定。线路的布置也要考虑车载现有用电器和加装的用电器之间的电磁干扰等的影响。另外，还要考虑在紧急情况（如车辆发生碰撞时是否会引起车辆着火等）下，严重危及乘员安全的事故。有些高档车带有电源管理系统，加装的用电器必须在电源管理系统的监控范围之内，以使电源管理系统发挥应有的功能。最后，加装该类型用电器后，应该进行各种测试，如功能测试、漏电测试、全车负荷测试等，以保证能够正常使用。

6.3.5 车身改装

在不影响车身强度的条件下，出于装饰性的考虑，有的车主会对车的一部分结构和车身外部装饰件及内部饰件等进行改装设计。

1. 车身前部改装

车身前部改装主要是对发动机机舱盖和进气格栅进行改装，目的是美化外观、减轻车身质量、配合前照灯和进气格栅的形状等。

车身前部改装包括对发动机机舱盖的材料和形状、进气格栅的材料和形状进行改装。

发动机机舱盖的改装主要是汽车风格的变化和对发动机机舱盖的材料的改变。汽车风格的变化主要是考虑车主对风格的要求。发动机机舱盖的形状变化要考虑与前照灯和进气格栅配合，还要考虑有增压时需要对发动机机舱盖加装额外的进气道。

发动机机舱盖材料改装的主要目的是减轻车身质量，轻量化的机舱盖可以较大程度地减轻车身质量。与其他项目轻量化的改装相比，发动机机舱盖的轻量化改装效果较好。发动机机舱盖轻量化改装的材料一般为铝合金、玻璃钢或碳纤维材料，不但能减轻车身质量，而且能起到良好的散热和美观作用。

车辆进气格栅的材料和形状改装的主要目的是针对汽车风格的变化，基本不会对进气量有太大的影响。进气格栅材料的改装一般是指由原有的塑料改装成镀铬材料。进气格栅的形状可以根据车主的喜好选择。

进气格栅的改装不应影响进气量，改装的风格应与车辆的整体风格一致。

2. 车身的密封与隔音

车身的密封程度是评价车辆制造水平的重要指标。车辆制造水平表现在车身各处的间隙有所不同。制造水平高的车辆，车身各处的间隙很均衡，使用橡胶件密封后，很容易分隔车内声音与车外声音，车内的安静程度会显著提高，提高了驾乘人员的舒适性。为了弥补车辆制造水平不高带来的车内噪声，可以通过更换橡胶密封条和加装隔音棉的方式增强车身的密封性，进而有效地隔音。

车门处橡胶密封条的主要作用是减缓车门的开闭带来的冲击，减少外界的雨水、灰尘和声音进入车厢内。随着时间的推移，橡胶密封条会逐渐老化，甚至破裂，起不到应有的作用。更换密封条可以有效地缓解噪声、雨水和灰尘对车内的污染。

一般汽车都是两厢或三厢式设计，发动机机舱和乘员舱是分开的，为了减少发动机机舱的噪声、气味和热量向乘员舱的传递，可以在发动机机舱和乘员舱的通孔上设置密封圈，以减少噪声的传递。

车辆的前后风窗玻璃和左右车窗玻璃都是靠橡胶件密封的，长时间使用会使密封条件变差，加剧对乘员舱的污染，应及时更换。

隔音棉的作用是阻隔噪声进入乘员舱。隔音棉的加装位置在车厢的四周，包括发动机机舱和乘员舱的隔板、行李箱和乘员舱的隔板、左右车门内侧、乘员舱顶面、乘员舱底板等。

加装隔音棉的顺序是先加装不重要的部位，由简到繁，按先后顺序进行。

本 章 小 结

本章重点讲述汽车美容的作用、分类和服务项目，汽车改装的概念、类型和目的。本章难点是汽车美容、装饰和改装的服务项目。

汽车美容、装饰与改装是20世纪90年代中后期发展起来的服务，具有严格系统性、规范性和专业性，需要从业人员具有较高的操作技能。

汽车美容通常分为汽车护理美容和汽车修复美容。汽车护理美容的作业项目有新车开蜡、汽车清洗、漆面研磨、漆面抛光、漆面还原、车身打蜡、内室护理等。汽车修复美容的作业项目有漆膜病态治理、漆面划痕处理、漆面斑点处理、汽车涂层局部修补、汽车涂层整体翻修等。

汽车装饰就是通过增加一些附属物品（汽车装饰品），使原车变得更加豪华、靓丽、温馨、舒适、方便、安全。

汽车装饰服务分为汽车外部装饰和汽车内部装饰。汽车外部装饰的常见项目有太阳膜装饰、车身贴饰、加装车身大包围、加装导流板、加装扰流板、底盘封塑、加装金属饰条、加装车轮饰条、加装汽车护杠、加装尾梯、加装晴雨窗罩、加装挡泥板、加装行李架、加装静电带、加装防撞胶等。汽车内部装饰的常见项目有座椅装饰、桃木装饰等。

汽车改装是在不影响汽车安全性能的前提下，对汽车的实用性、功能性、欣赏性进行改进、提升和美化，且符合汽车技术标准。

发动机改装主要是对进气系统、排气系统、燃油供给系统、机体等进行改装。

底盘改装主要包括对制动系统、行驶系统等的改装，以提高汽车通过性、操控稳定性、使用方便性、行驶安全性。

汽车电器改装主要是对汽车的仪表、音响、点火系统、电控单元和导航定位等进行改装，以提高车辆的安全性、舒适性、点火稳定性、控制精确性和使用方便性。

【关键术语】

汽车美容、汽车装饰、汽车改装、发动机改装

一、名词解释

1. 汽车美容
2. 修复性美容

3. 汽车装饰
4. 汽车改装

二、填空题

1. 根据服务部位分类，汽车美容可分为_____、_____和内饰美容。
2. 根据美容程度分类，汽车美容可分为_____和_____。
3. 轮胎改装可以分为两种，即_____的升级和_____的升级。
4. 汽车电器加装或改装是指对汽车的_____、_____、点火系统、电控单元和导航定位等进行加装或改装。
5. 悬架的改装主要是对悬架_____、_____、导向机构三大部件进行强化或改装。
6. 发动机机体改装一般包括对发动机_____的改变，以及对气门、活塞、活塞环、连杆和曲轴的改装。

三、简答题

1. 什么是汽车美容？
2. 汽车美容有什么作用？
3. 汽车美容如何分类？
4. 汽车美容服务主要有哪些项目？
5. 常见的汽车美容工具、设备有哪些？
6. 简述我国汽车美容业的发展现状及存在的问题。
7. 车身打蜡有什么作用？
8. 汽车装饰有什么作用？
9. 汽车装饰有哪些类型？
10. 汽车外部装饰主要有哪些项目？
11. 汽车内部装饰主要有哪些项目？
12. 什么是汽车改装？
13. 汽车改装有哪些类型？
14. 简述我国汽车改装业的发展现状及存在的问题。
15. 发动机改装服务主要有哪些项目？
16. 底盘改装主要有哪些项目？
17. 汽车电器改装主要有哪些项目？
18. 车身改装主要有哪些项目？

第7章 汽车配件与用品服务

教学目标

通过本章的学习，了解汽车配件行业的现状和发展趋势；了解汽车配件的分类和编号常识；熟悉汽车配件的采购流程；熟悉汽车配件的仓库管理办法；熟悉汽车配件的售后服务流程；了解汽车配件交易市场的特点与运作模式；了解汽车用品市场的现状和发展趋势；熟悉汽车用品的分类。

教学要求

知识要点	能力要求	相关知识
汽车配件	理解汽车配件业的现状与特点； 理解汽车维修企业的配件经营管理； 掌握汽车配件交易市场的发展	汽车配件的经营特点、分类、编号、采购、仓库管理、售后服务； 汽车配件交易市场的特点、运作管理及连锁经营
汽车用品	理解汽车用品的概念与分类； 掌握汽车用品的发展现状	汽车用品的概念、分类、发展过程； 汽车用品市场的特点、发展中存在的问题及发展趋势

> **导入案例**
>
> 汽车配件营销是伴随着汽车这一现代化交通工具的出现而出现的,它是汽车售后服务的重要环节,也是汽车配件生产与消费的"中介"。
>
> 20世纪50年代初,由于我国还没有自己的汽车工业,因此无论是整车还是配件基本都依靠进口。
>
> 1956年,长春建立了第一汽车制造厂,同时建立了与之配套的不同规模的汽车配件生产厂,从此有了自己的汽车工业,汽车配件营销行业也随之发展起来。
>
> 在计划经济年代,汽车配件像整车一样,作为国家重要生产资料,由国家统一安排生产、统一分配。从中央到地方都设立了各级汽车配件公司,这就是我国汽车配件营销原来的主渠道,曾经发挥了汽车配件物资生产、调拨的重要作用。
>
> 我国汽车配件市场是伴随着我国汽车工业的发展逐步成长、发展起来的,经历了从计划经济向市场经济的转变、汽车市场的高速成长和市场结构的剧烈调整等一系列意义深远的变化,同时由于汽车工业本身是一种技术、资本密集的产业,因此汽车配件经营在资金、技术和管理上的复杂性远远超过一般商品,具有鲜明的特点。
>
> 汽车配件和汽车用品市场是具有潜力的市场。

7.1 汽车配件

7.1.1 汽车配件业的现状与特点

1. 汽车配件业的现状

改革开放以后,随着汽车工业的高速发展,汽车配件因需求量大、利润丰厚而受到各行各业的关注。具有一定规模的汽车配件生产企业由改革开放之初的数百家发展到数万家;汽车配件营销企业更是数不胜数,在许多城镇都出现了汽配一条街、汽配城、汽配市场等。

汽车配件业主要有以下三大流通批发渠道。

第一流通批发渠道——原计划经济体制下运作了几十年的汽车配件公司。1992年以前它们还称得上是汽车配件营销的主渠道,现在由于自身机制、体制改革滞后,历史库存压力大、人员多、负担重等,大多经营不善,出现亏损,经营规模大大缩小。只有少数公司因领导班子管理有方、机制转换快而保持着良好的发展势头。

第二流通批发渠道——汽车生产企业在各地设立的汽车配件供应网络。汽车生产企业为了扩大市场占有率,在全国各地建立了"四位一体"的销售(技术)服务中心。这些服务中心设立了专门的汽车配件供应部门,负责集中供应配套厂家的名优配件,采取在整车生产地建立零配件供应总汇,在整车拥有量较大的地区设立零配件分汇,在全国建立专门的营销网络的方式。

第三流通批发渠道——一批经济实力强、经营规模较大的个体或股份制社会经营网点。改革开放之后的一段时间,一些投资者将资金投向汽车配件业,他们或以家庭为中心，或多家联合，搞家庭公司或股份制公司，采用灵活的经营方式，公司发展得很快，有的甚至成为汽车配件生产企业的总经销商、特约经销商。

随着汽车配件市场竞争越来越激烈，从供应品种、规模优势、综合服务等方面来看，那些一门一户的、靠销售低价位甚至以假冒伪劣配件牟取高利润的营销网点已不能满足客户更高层次的需求，特别是随着私人汽车拥有量的猛增，消费者对汽车的售后服务十分关注，细化售后服务、建立市场经济体制下的汽车配件供应新系统，已成为广大消费者的强烈愿望。

2. 汽车配件业的特点

汽车配件业主要有以下特点。

（1）车型种类多。国内主要汽车生产企业都不只生产单一车型，而且逐年增加新车型。

（2）供应年限长。仍需要对已经停产的车型供应7～10年的配件，而且汽车制造品质越来越好，汽车使用年限有延长趋势。

（3）需求具有突发性。除了正常磨耗需要换零件之外，还会因为盗窃、交通事故等不属于一般不可预测的因素，造成短期供应短缺，特别是进口零件购买时间长，更难以及时满足。

（4）替代件少。为了刺激消费者，提高汽车市场竞争力，不同的汽车生产企业常会采用具有差异化的零件，即使是同一汽车生产企业设计的零件也会存在差异，其结果是提高了零件的不可替代性。

（5）新车型备料。在新车上市之前，需要对新车做配件准备，以免在新车需要换零件时满足不了客户的需求，进而产生不良的市场口碑。

（6）单价差异大。零件单价有低到不足一元的垫片，也有万元以上的发动机总成。

（7）季节波动大。季节性零件需求变动大。冷气系统相关零件、散热器、冷凝器、风扇、蓄电池、皮带等的需求量，夏季与冬季往往会相差数倍。

（8）不同零件需求量差异大。畅销件与少用件需求量差异非常大，有些易损零件（如机油芯）需求比较大，而有的零件（如门铰链）需求相对少很多。

（9）仿制件多。只要是畅销车型，其消耗性零件、外观装饰件在市场上都会有相应仿制件。当车辆保有量逐渐增大至一定规模，仿制件往往以较低价格抢占汽车配件销售服务市场，也造成原厂配件的销售需求不如预期，造成过量库存。

3. 汽车配件的经营特点

（1）汽车配件的经营专业性强

汽车配件经营是一种汽车服务，最终客户主要是汽车维修服务企业或车主，销售的商品主要是汽车维修所必需的易损件及因交通事故损坏的总成和零件。由于产品种类纷繁复杂，因此汽车生产企业对车型和配件严格规定了规范的表述方法，业务人员据此掌握车型与配件的确定关系。但品种太多，掌握和查找十分不易。不仅如此，由于客户一般并不能掌握配件的规范表述方法，因此业务人员在销售过程中，要先把客户的不规范表述准确地"翻译"成规范表述；否则，客户想买的与商家所卖的不是一种产品，将造成严重后果。这就要求汽车配件经营者除了要掌握一般商业经营的知识和技能外，还必须了解汽车构造、汽车电子技术等专业知识，并根据整车市场的产品变化随时更新自己的知识储备和知识结构。可见汽车配件经营在人员专业性要求上远远超过一般商业零售行业。

(2) 经营库存和资本具有相对集中性

由于汽车配件业直接为汽车维修及保养服务提供配件，而汽车故障使行业对配件的需求随机性较大，因此，为了满足及时交货的需求，取得竞争优势，汽车配件经销商必须留有适当库存。但是，与其他商品相比，汽车配件平均价值高，占用资金较多，消费需求预测困难，库存周转较慢，不可避免地将增加库存，使经营成本显著增大。这样客观上要求经营者有极其雄厚的资金作为商品的库存资本和流动资本。小规模经销商经常面临资金不足和扩充库存的矛盾，较大规模的经销商同样面临库存压力，因此要求经销商库存管理先进，加快资金周转速度。

(3) 规模经济效益明显，但实现障碍较大

汽车配件与其他商品相同，具有规模经营效益。首先，大规模经营通过统一的规划采购、物流配送和客户资源，获得较高的价格折扣，实现对库存的实时监控和管理，降低运营成本；其次，能满足对品种的随机需求，吸引客户，赢得信誉，就能扩大交易量，增加利润。但汽车配件本身成本高，周转慢，库存沉淀大，资金大量积压，而需求分布广泛、采购批量小、商品种类繁杂、技术性强等都增大了规模经济效益的实现难度。

(4) 购销渠道的相对稳定性

汽车配件市场的一个突出特点是购销渠道一经建立就相对固定，表现为每个经销商都有一批相对稳定的客户。这是因为汽车配件消费具有生产资料消费的某些特征。与一般的生活消费品相比，同种汽车配件的产品种类少，更新换代慢，客户购买次数少，易建立稳定的供销关系，对经销商和客户双方都有利，对经销商来说，可以稳定销售额；对客户来说，可以获得多次购买的价格折扣，增强讨价还价的能力，并易建立商业信任和技术信任。

4. 汽车配件服务的重要性

汽车产业是现代工业的一个重要组成部分，而汽车配件服务是汽车流通领域的一个重要环节。随着国内外汽车产业竞争的加剧，汽车配件服务越来越受到关注。为了提高产品的销售额，赢得更多客户，不仅要在产品制造方面增强实力，而且要考虑配件售后服务。售后服务与客户直接接触，可以向客户传递服务价值并提高客户忠诚度，企业信誉积累很大程度上也来源于售后服务，因此汽车配件售后服务直接关系到企业的效益。了解配件服务的重要性后，企业应该充分利用售后服务与客户直接接触的优势，在市场驱动下进一步提高产品质量，开发出更适应市场需求的产品，从而在市场竞争中立于不败之地。

7.1.2　汽车维修企业的配件经营管理

1. 汽车配件的分类

(1) 按最终用途分类

汽车配件按最终用途分为 发动机零件、电器及电子装置零件、车身零件、底盘零件 等。这种分类方式主要用于商业或统计工作。

(2) 按使用性质分类

汽车配件按使用性质分为 消耗件、易损件、维修件、基础件、肇事件等。

① 消耗件。消耗件是指随时间推移而自然老化失效的零件，必须定期

汽车售后服务备件仓储作业规范

更换，如各种皮带、胶管、密封垫、电器件、滤芯、轮胎、蓄电池等。

② 易损件。易损件是指因磨损而失效的零件，需要随时更换，如轴承、活塞、缸套、气阀、制动鼓、离合器摩擦片等。

③ 维修件。维修件是指汽车在一定的运行周期后，必须定期更换的零件，如各种轴类、齿类零件等。

④ 基础件。基础件是指构成汽车的一些基础总成零件。它们是全寿命零件，但可能因为特殊的使用环境提前损坏而需要进行必要的更换或维修，如曲轴、缸体、桥壳、变速器壳等。

汽车零部件编号规则

⑤ 肇事件。肇事件是指因交通事故而损坏的零件。

（3）按特性分类

汽车配件按特性分为**零件、标准件、合件、组合件、总成、易碎商品、防潮商品、纯正部品、横向产品、车身覆盖件**等。

① 零件。零件是汽车的基本制造单元，是不可再拆卸的整体，因车型而异，通用性很低，如活塞、气门、半轴等。

② 标准件。标准件按照国家标准设计制造，并具有互换性和通用性，如螺栓、垫圈、键、销等。

③ 合件。合件由两个以上的零件装成一体，起着单一零件的作用，如带盖的连杆、成对的轴瓦、带气门导管的缸盖等。合件以其中主要零件命名。

④ 组合件。组合件由多个零件或合件装成一体，但不能单独完成某种作用，如离合器压板及盖、变速器盖等。

⑤ 总成。总成由若干零件、合件、组合件装成一体，并单独起着某个机构的作用，如发动机总成、离合器总成等。

⑥ 易碎商品。易碎商品是指在运输、搬运过程中容易破碎的商品，如灯具、玻璃、仪表、摩擦片等。

⑦ 防潮商品。防潮商品是指受潮后容易变形、变质的商品，如纸质滤芯、软木、纸垫、电器零件等。防潮商品在包装上一般印有防潮标识。

⑧ 纯正部品。纯正部品是指汽车生产企业原厂生产的配件，而不是配套厂家生产的协作件。凡是国外原厂生产的纯正部品，包装盒上均印有英文 GENUINE PARTS 或中文"纯正部品"字样，极易识别。

⑨ 横向产品。横向产品是指非汽车行业生产的汽车用商品，如轮胎、蓄电池等。

⑩ 车身覆盖件。车身覆盖件是指由板材冲压、焊接成形，并覆盖汽车车身的零件，如散热器罩、发动机罩、翼子板等。

2. 汽车配件的编号

汽车配件实际上是一切总成、组合件、合件和零件的统称，品种和规格很多，为便于组织生产和供应，须加以编号。

在工业发达国家，各汽车生产企业生产的零件的编号并无统一规定，由各企业自行编制。在我国，汽车零件编号按 QC/T 265—2019《汽车零部件编号规则》统一编制。

完整的汽车零部件编号表达式由企业名称代号、组号、分组号、源码、零部件顺序号和变更代号构成。零部件编号表达式根据其隶属关系可按三种方式进行选择，如图 7.1 所示。

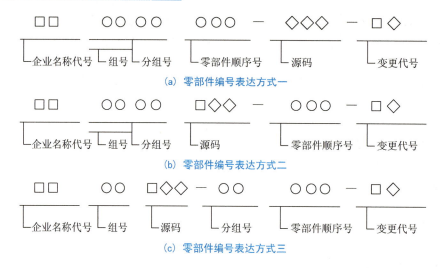

□—字母；○—数字；◇—字母或数字

图 7.1　汽车产品零部件编号的构成形式

3. 汽车配件的采购

汽车配件的采购流程如图 7.2 所示。

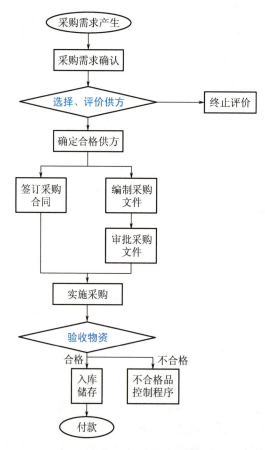

图 7.2　汽车配件的采购流程

(1) 采购需求产生。按照生产计划产生采购需求，填写申购单。

(2) 采购需求确认。有关负责人核准申购单，不予核准的申购单由申购人员修正、重新核准，符合采购需求的填写采购计划。

(3) 选择、评价供方。选择、评价可按以下步骤进行。

① 询价。以合格供应商为优先询价对象。

② 比价。询价完成后，需由两个以上生产企业提供价格，以进行比价，择优选择。

③ 议价。采购人员与生产企业依行情、产地、产品规格、供求关系等进行议价。

不符合要求的终止评价。

(4) 确定合格供方。有关负责人签字核准申购单报表，采购员根据签字后的申购单报表填写采购订单。

(5) 签订采购合同，编制审批采购文件。有关负责人签字核准采购订单，核准前可以更改其中的内容；已经签字核准的采购订单，由采购员发到供应商，同时采购员核准采购订单。

(6) 实施采购。采购员与生产企业联系，确定订单交期和内容；生产企业交货。

(7) 验收物资。验收产品合格，入库储存。采购员凭发票、入库单和核准的申购单报表向财务请款，财务结合付款条件结清货款；验收产品不合格，启动不合格品控制程序。

4. 汽车配件的仓库作业流程及仓库管理

仓库是保管、储存物品的建筑物和场所的总称。汽车配件的仓库作业流程如图7.3所示。

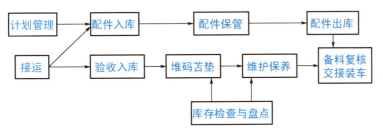

图 7.3　汽车配件的仓库作业流程

汽车配件仓库管理的主要内容如下。

(1) 计划管理。做好材料配件的计划工作，加强计划管理，通过核算及时、正确地反映配件需求情况；每月报计划，经领导批准方可采购；保证供应工作，防止积压；工具采购、批量进货、总成件采购要经主管厂长审批。

(2) 验收入库。配件验收是核对验收凭证，对配件实体进行数量检验和质量检验的技术活动的总称。它是确保入库配件数量准确、质量完好的一个重要环节。验收包括验收准备、核对证件和检验实物3个作业环节。验收工作是一项技术要求高、组织严密的工作，关系到整个仓储业务的顺利进行，因此必须做到及时、准确、严格、经济。

(3) 配件保管。配件完成验收入库程序，到出库作业为止的这段时间，称为配件保管阶段。配件保管要保证配件流通的顺利进行，实现"四保"。

① 保质。库存配件无论储存时间长短，都应通过保管保养活动保持原来的质量标准。

② 保量。配件在库存期间，其实物动态与账务动态一定要相符，做到件数不短缺，账、卡、物相符。

③ 保安全。应做到防火、防盗、防变质，确保库存配件安全无事故。

④ 保急需。配件库存期间，仓库应在最短时间内，按客户需求，将调拨单所列配件按质、按量及时、准确地出库。

(4) 配件出库。配件出库也称发货，是指凭借配件出库凭证，通过审单、查账、发货、交接、复核、记账等一系列作业，把储存配件点交给客户或使用部门的业务过程。配件出库是配件储存阶段的结果，是储运业务流程的最后阶段，标志着配件实体转移到生产领域的开始。

(5) 库存检查与盘点。配件验收合格入库之后，为保证在仓库储存保管的配件质量完好、数量齐全，还必须定期进行数量、质量、保管条件、计量工具、安全等方面的检查工作，了解配件在储存期间的变化情况，掌握库存动态，及时发现和解决保管中的问题。

(6) 报废配件处理。报废配件必须每月或每季度一报，经财务、审计等部门查看、审核，报领导审批后报废。如有零件损耗，应查明原因，写出报告，经领导审批后进行账务处理。

(7) 退货处理。配件抽检出现质量问题，由配件管理部门牵头组织向供货单位退货或索赔；在使用过程中出现问题，由使用部门报配件管理部门和采购部门，由配件管理部门牵头组织向供货单位退货或索赔。

(8) 账务处理。仓管员发货时，应填写发货单，领料人必须在发货单上签名，仓管员凭领料人签名的发货单及时登记库存做账，发货时应与派工单核对。仓管员应定期编制库房与设备配件库存情况报表，以及月、季仓库的账、卡；一切报表应符合规定，账、物相符，并按相关规定的产品目录顺序排列好台账；报表要准确，并与台账相符。

(9) 资料保管。各部门必须妥善保存各类配件收发原始报表、凭证、记录，按照档案管理的要求装订存档。

5. 汽车配件售后服务

汽车配件售后服务是指配件经营企业与配件客户进行沟通交流，并提供配件质量"三包"等相关服务。汽车配件营销企业要及时征询客户的意见，提供优质的质量保修服务，了解客户的反馈信息，改进服务方式，建立持久的合作关系，树立良好的服务形象。汽车配件售后服务的内容是客户关系管理与产品质量保修。

在汽车配件售后服务过程中，配件的质量（或维修与安装的质量）往往是客户关注的焦点，也最容易引起纠纷。售后服务部门要对这类纠纷及时进行鉴定、调解和处理。

7.1.3　汽车配件交易市场

20 世纪 90 年代，为了克服汽车配件市场经营点过于分散，信息搜集与实体分配成本高的弊端，汽车配件交易市场应运而生了。这种集中了较多汽配品种及经销商的汽配经营方式产生之后便得到了快速发展，促进了我国汽车配件的流通。

1. 汽车配件交易市场的优缺点

(1) 优点

① 品种优势。汽车配件交易市场集中了众多汽车配件经销商，各经销商的品种互为补充，使得市场中配件的品种、规格比较齐全，能够满足客户多样化的需求。

② 集聚优势。汽车配件交易市场通过聚众成市、优势互补，方便汽配资源的统一整合，具有单个经销商不具备的规模优势，为进入市场的经销商互通有无、信息交流带来了经营上的便利。竞争优势得到充分开发利用，市场汇集了各种汽车配件，各经销商在相对集中的大市场中展开竞争，价格透明度比较高，便于消费者货比三家、价取其优。通过比较，消费者可以有效地避免和防止因为信息不对称而上当受骗，既方便又节约采购成本。

③ 辐射优势。汽车配件交易市场提供批发、零售、物流、配送、结款等一站式服务，吸引大量消费者前来采购。批发商通过销售网络将汽车配件商品批发到各地或零售给周边汽车修理厂，使汽车配件商品在较短时间内从汽车配件交易市场流通到各地，发挥了市场的辐射功能。

④ 交易中的现代化手段进一步提高。有的汽车配件交易市场在完善市场服务功能的基础上，加快了设施改造，提高了技术含量，在经营管理上开始大量应用计算机及信息网络技术。

(2) 缺点

① 重复建设严重，多数汽车配件交易市场表现出不同程度的招商不足。

② 缺乏规范管理，多数汽车配件交易市场充斥着假冒伪劣配件，损害了汽车配件交易市场的整体形象。

③ 汽车配件交易市场的组织方式也只是完成了产品的简单集中和信息的简单集约。

④ 汽车配件交易市场一铺一主、一家一户的经营方式并没有解决汽车配件行业特有的库存沉淀问题。

⑤ 大量经销商云集在一起并没有解决建立信用保证体系和质量保证体系的问题。

2. 汽车配件交易市场的运作管理

汽车配件交易市场的运营需要科学、精心的组织管理方式，规模越大，分工与专业化越细致，组织管理工作就越重要。

(1) 产品与服务设计

从某种意义上讲，产品设计决定着客户服务的成功率，即良好的服务始于优良的产品设计。不合理的产品设计会使服务人员和客户花费大量精力解决一个小问题，从而降低服务质量。因此，必须让客户和服务人员参与产品设计与开发，并根据产品特性及对客户的价值进行合理设计。服务内容满足客户需要是赢得客户的基本条件。除了一些基本的服务内容以外，汽车配件交易市场还可推出超值服务，即为客户提供额外的好处，如送货上门、免费维修等。总之，在设计服务内容时，要考虑服务产品的整体概念，主要包括核心产品、增值产品及潜在产品层次，一旦客户获得了更高的价值，满意度就随之提高。

(2) 服务制度

企业根据服务战略制定具体实施服务的规章、程序、方法、标准、要求等，将它们固定下来，便成了服务制度。服务制度是为服务战略服务的，要处处为客户着想。例如为商品的退、换及索赔处理等建立相应的制度，以规范服务，提高效率，长期为客户提供满意的服务。

(3) 服务组织

服务组织是实施服务战略的组织机构：一方面建立专门机构，如现在很多企业都设有客户服务部；另一方面建立各级销售网络，提供服务，企业必须围绕其服务战略进行有效的服务组织设计。服务组织的建立取决于企业规模、产品类型、市场范围及竞争对手的情况。服务组织应当具有柔性，允许根据客户需求的波动重新配置，如后台员工在某些情况下走向前台参与服务，或在高峰时刻开设一条高速干线等。

(4) 服务手段（服务方式）

在服务手段方面，企业应充分考虑行业特点、企业自身特点、便利客户、先进技术等因素。例如，随着信息技术的发展，各种各样的非店铺销售日益兴盛。非店铺销售是指客户不直接去交易市场，而由双方在交易市场之外的地方进行买卖的方式，如上门推销、网络购物、邮购等。

(5) 服务信息管理系统

服务信息管理系统能统计、分析、反馈市场信息，包括客户档案、产品档案、客户服务信息等，以实现销售服务工作的连续性，为营销决策提供依据。其中，现代企业需要建立客户满意分析处理子系统，以科学地反映客户意见，用科学的方法和手段检测客户对企业产品或服务的满意程度，并及时反馈给企业管理层，使企业不断改进工作，及时、方便地满足客户的需要。

(6) 服务人员

优秀的服务人员可以确保企业成为以客户为中心的企业。企业必须在相应的岗位启用合适的人才。服务人员应具备如下两方面能力：第一是技术能力，即与服务有关的专业能力及具备汽车及汽车零部件相关的专业知识；第二是人际交往能力，包括真诚的服务态度、良好的精神风貌，以及对客户的尊重、信任、理解、体谅、有效沟通等。企业应重视对服务人员的选拔、培养和考核，加强服务质量意识教育和服务技能教育，使员工树立为客户服务的思想，认识到服务质量的重要性及自己在提高质量中的责任，从而自觉提高服务水平。服务人员的培训内容除了常规的技术培训、人际交往培训和企业价值观培训之外，还应包括培训他们成为"主动了解客户，及时发现问题、解决问题"的人。只有这样，服务人员才能在服务过程中圆满地解决遇到的问题，更好地为客户服务。

3. 汽车配件交易市场的连锁经营

作为现代产业经济发展的必然产物，连锁经营是与现代化大生产相适应的大流通的组织形式，兼具大机器工业生产和传统商业两方面的优势，能够在分散经营、众多分店深入城乡居民区营业的同时，采取现代工业生产的经营方式，实现经营过程的标准化、集中化、专业化和简单化，促进流通领域的现代化管理。汽车配件流通企业的需求特点和经营特点决定了连锁经营是汽车配件交易流通的一种有效形式。

(1) 连锁经营的概念与类型

连锁经营历来有多种定义，比较概括的定义如下：经营同类商品和服务的若干企业，在核心企业或总部的领导下，通过规范化经营，实现规模效益的经营形式和组织形态。连锁系统的分店像锁链一样分布在各地，形成强有力的销售网络。

根据所有权和经营管理权集中程度不同，连锁经营可分为直营连锁、自由连锁、特许连锁。

（2）连锁经营的特点

连锁经营具有以下优势：宣传投入少，可以借助主店的品牌扩张；更贴近消费层；可以争取到更低的价格；可以取得产品的代理权；可以得到生产企业更多的保护性支持。采用代理的方式进行连锁化经营，还可以借助产品资源编织紧密的销售网络。代理商集销售、售后服务、信息反馈于一体，取代批发商是必然趋势。

（3）汽配特许连锁经营

① 特征。特许连锁也称合同连锁、加盟连锁、契约连锁等，是一种比直营连锁更具活力、比自由连锁更具约束力的经营模式，被誉为"第三次商业零售革命"和"21世纪的主导商业模式"。

特许连锁加盟店的所有权独立，经营管理权高度集中于总部，一切按照总部规定的条件管理。特许连锁合同是双方关系的纽带基础。特许连锁的统一性低于直营连锁，高于自由连锁。特许连锁的独立性高于直营连锁，低于自由连锁。

② 组织原则。汽配特许连锁经营店一般采取以下组织原则。

a. 统一指挥的原则。汽配特许连锁经营店从最底层的职员到最高层的领导，在指挥链清晰、明确、统一，每个职务及环节都安排有人负责的情形下，形成一个有机整体。

b. 以工作为中心的原则。店内首先要明确工作需要，然后根据工作需要招聘员工，分配工作任务，以保证汽配特许连锁经营店的营运效率。只有以工作为中心进行组织设计，才能保证汽配特许连锁经营店组织机构精简，确保较高的工作效率。

c. 组织层次与管理幅度适当原则。汽配特许连锁经营店应尽量限制组织层次，因为组织层次越多，各个层次间的沟通就越困难，需要协调的问题就越多。另外，管理人员的管理幅度要适当，以利于实现责、权、利的统一，实现有效的分级管理。

d. 对称的原则。汽配特许连锁经营店的组织要符合对称的原则，要求权力、责任、能力与职位相对称。权力是指在一定职位上具有的指挥和行事的权力。责任是在职位、职务上的应尽义务。所有人的职务、权力、责任都应详细记载在汽配特许连锁经营店的组织章程和营运手册中。

e. 专业化的原则。汽配特许连锁经营店的组织设置要按专业进行划分，可分为决策、执行和销售等职能部门。

③ 组织设置。汽配特许连锁经营店包括总部和分店两个层次，它们是最基本的要件。从总部的职能部门与分店的关系来看，两者是平等的，不存在上下级关系。总部执行分店的采购与配送等职能，分店则执行销售职能。对于人事、财务等职能，汽配特许连锁经营店只有一个就够了。因此总部职能部门是与众多分店的销售职能协调的。基于上述分析，汽配特许连锁经营店总部与分店是一种互补的、平等的、专业化分工的关系，而非上下级关系。总部具备的功能分店不具备，分店具备的功能总部不具备。董事会是总部的领导者，也是分店的领导者，汽配特许连锁经营店的总部与分店实际上是同一层次内的关系。汽配特许连锁经营店的组织层次便精确地表述为"最高管理层及其领导指挥下的职能部门与分店"。最高管理层的职责是决策，而总部的各职能部门承担确定采购标准、销售价格、促销计划等任务，分店按各职能部门的设计进行销售。汽配特许连锁经营体系的组织形式如图7.4所示。

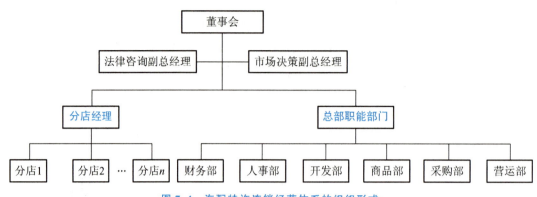

图 7.4 汽配特许连锁经营体系的组织形式

7.2 汽车用品

7.2.1 汽车用品的概念与分类

1. 汽车用品的概念

汽车用品是指汽车维护、装饰、保养等所需的产品，属于汽车配件的范畴，作为汽车的附属用品，用以增强汽车的实用性、安全性及舒适性，并在很大程度上突显车主的独特个性。

汽车用品的类型

2. 汽车用品的分类

汽车用品涉及面广，按用途不同分为**汽车装饰用品、汽车养护用品、汽车改装用品、汽车安防用品**和**汽车影音生活用品**。

（1）汽车装饰用品

汽车装饰用品是指为美化汽车外表或内部而安装的部件，通常分为外饰用品、内饰用品和功能装饰用品。

外饰用品主要有迎宾踏板、门边条、车窗饰条、油箱盖、前后饰条、后护板、中网饰条、轮眉、门把拉手、边灯饰框、雾灯罩、前后灯罩、牌照架、备胎罩、刮水器装饰、字母贴、后窗饰板、车标贴、后视镜罩、前灯饰条等。

内饰用品主要有座套、坐垫、车用腰靠、车用头枕、转向盘套、抱枕凉被、安全带护套、后视镜套、驻车制动排挡套、汽车脚垫、遮阳板收纳、行李箱垫、转向盘亮片等。

功能装饰用品主要有汽车挂饰、遮阳挡、收纳置物、雨挡、纸巾盒套、烟灰缸、防滑垫、风铃、钥匙扣、窗帘、指南球、手机架、双面胶、车载多功能桌、眼镜夹、氧吧、空气净化器、除臭剂、空气净化剂、香熏器、熏香油、汽车香水、纸香片等。

（2）汽车养护用品

汽车养护用品是指汽车清洁、维护、保养、美容等服务所需用品。汽车养护用品分为保养用品、美容清洁用品和防护用品。

保养用品主要有车蜡、车釉、清洁剂、玻璃防雾剂、玻璃修补剂、汽车漆、漆面保护膜、燃油添加剂、润滑油、润滑膏、防锈剂、抗磨剂、防腐剂、制动液、制冷剂、低温补漏剂、密封胶等。

美容清洁用品主要有补漆笔、划痕修复、自喷漆、洗车工具、清洁剂、玻璃水等。

防护用品主要有防雾防雨用品、轮胎养护用品、除冰用品、把手贴膜、专车车衣、驱狗贴等。

（3）汽车改装用品

汽车改装用品是指用于改装的各种用品，主要有氙气灯、防雾灯、大包围玻璃升降器、风标、行李架、消音器、消音减振器、脚踏板、天线、喇叭、刮水器片、门腕、护杠、中网、尾喉消音器、油箱盖、发动机盖、拉手、不锈钢饰条、弹簧、轮辋、仪表、挡泥板、装饰灯、座椅、保险杠、隔音材料、天窗、汽车缓冲器、发动机保护板等。

（4）汽车安防用品

汽车安防用品是指用于汽车安全防盗所需的物品，主要有防盗器、倒车雷达、中控锁、安全警示器、儿童安全座椅、排挡锁、气囊、灭火器、轮胎压力表等。

（5）汽车影音生活用品

汽车影音生活用品是指用于娱乐、通信生活等的用品，主要有汽车音响、车载电视、车载DVD、低音炮、显示器、译码器、均衡器、扬声器、汽车行驶记录仪、车载导航仪、车载免提、车载电话、车载冰箱、逆变电源、车用吸尘器、车载洗车机、充气泵、按摩器、风扇等。

7.2.2 汽车用品的发展现状

1. 汽车用品的发展过程

汽车用品行业兴起于20世纪80年代，我国汽车工业刚刚起步，汽车装饰存在市场消费盲点。20世纪90年代初，我国开始进口防盗器、CD机头等，形成汽车用品行业的第一次突破。到了20世纪90年代中期，包真皮座套、贴防爆膜等开始流行，第二轮汽车装饰热潮兴起。随着私家车大量出现，以及人们对汽车文化认识的多元化，汽车用品开始慢慢形成区域性消费市场并迅速渗透至全国各地，至今已形成一定产业规模。

2021年中国汽车用品市场现状和发展前景分析

汽车用品作为突显车主身份与个性的产品，在我国已经发展为品种繁多、种类齐全、产品体系与国外差别不大的行业。但在销售体系上，国内外差距还很大。国外汽车工业历史悠久，汽车用品行业也比国内成熟和完善得多，已经实现了专业化、规模化销售。其目标市场十分明确，销售渠道也比较固定。汽车用品多在专业连锁店、大型超市、汽车经销商和加油站出售。而我国汽车用品市场尚处于初级阶段，存在很多不规范的地方，在一定程度上影响了汽车用品市场的发展。

2. 汽车用品市场的特点

（1）专业化的汽车用品广场迅速兴起

随着汽车用品市场不断走向规范化，汽车用品也在适应需求，走向国际化与专业化。目前很多城市纷纷建立了专业化的汽车用品市场或超市，这种模式突破了普通的面向终端汽车用品消费市场和汽车用品批发市场的概念，建立集产品展示、技术交流、信息汇总等功能于一体的交易平台。这些汽车用品广场的崛起无疑会对汽车用品市场的健康发展起到很大的作用。

(2) 汽车用品市场深入全国各地

在三大汽车用品中心城市（广州、上海、北京）的基础上，全国汽车用品市场增加，不断向二、三线城市延伸，出现汽车用品城或汽车用品一条街。汽车用品市场不断深入全国各地。

(3) 汽车用品销售巨头值得关注

汽车用品销售巨头经营汽车电子、快修、汽车影音、轮胎、轮毂、美容装饰、隔热防爆等业务。汽车百货的兴起，不但为市场注入新鲜的血液，一改以往小店面、小商铺的局面，而且给消费者带来更多的选择和服务，为市场的激浊扬清起到了决定性的作用。

(4) 家电巨头在汽车电子行业发力

许多家电巨头以雄厚的资金进入汽车电子行业，其中康佳斥资一亿多高调进入汽车电子市场，创维收购汽车影音技术公司、建立生产线。这些家电巨头的高调进入改变了汽车电子行业的格局。

(5) 外资品牌强势介入

美国的 NAPA、AC 德科，日本的澳德巴克斯、黄帽子等都非常关注中国市场，陆续进入我国市场。它们凭借强势品牌、先进模式及管理理念，制订了在我国的发展规划，建立了庞大的销售网络，使得汽车用品市场的竞争更加激烈。

3. 汽车用品市场发展中存在的问题

在汽车用品走向繁荣的同时，不能忽视该行业面临的问题。汽车用品行业虽然是国内最具发展潜力的朝阳行业之一，但现在还没有相关行业标准，大量假冒伪劣产品充斥市场，品牌的知名度和信誉度不够高，在某些领域甚至让人混淆。

(1) 缺乏强势品牌

在缺乏行业标准和规范的同时，消费者对行业缺乏足够的认识。由于行业门槛较低且利润空间较大，因此众多投资者在无规范引导下纷纷进入汽车用品行业，形成了强大的产销规模，同时出现了知名品牌不多、产品知名度不高、产品质量参差不齐、假冒伪劣产品横行的局面，行业发展遭遇瓶颈。

(2) 同质化现象严重

随着私家车激增，消费者对汽车用品的需求呈现出强烈的个性化趋势。而目前市场上销售的汽车用品由于自主研发能力低，技术含量低，因此彰显个性和特色的产品不多，在设计上也比较简单，制作也不够精美，不能满足市场需求。每当新品上市，引来大量仿制品，缺乏创新，导致同质产品间恶性竞争。

(3) 价格不透明

汽车用品市场的价格缺少透明度。随便在市场上走走就不难发现，同一个品牌的坐垫，在批发市场仅售几十元，到了高档的品牌店里却售百元以上；同一个品牌的汽车音响，在批发市场售 300 多元，而到了高档的品牌店里，少则千余元，多则几千元。

(4) 行业缺乏良好的市场导向

汽车用品市场大多是在集市的模式上发展起来的，数量较大，规模不大，经营分散，竞争无序，市场导向作用不明显。为解决上述问题，政府职能部门应尽早建立行业标准，行业组织要加强行业自律和规范市场秩序，还要重点树立行业标杆，形成良好的市场导向。

(5) 行业人才缺乏

汽车用品行业具有草根性，很多从业人员起步较低，甚至一些是学徒技工出身开档口做老板的，他们的经历、学识和眼界都限制了企业的发展。把汽车用品行业当作一门生意来做的人多，当作事业来做的人少。这种环境造成人才难培养也难留住，目前大部分店面往往只注重开发客户，而不注重自身及相关技术人员的培训。

4. 汽车用品市场的发展趋势

(1) 汽车用品及服务市场将实现品牌化经营

品牌具有价值，可以使商品具有更高的价值，为企业拓展更大的市场，品牌比产品的生命更持久。好的品牌可创造牢固的客户关系，形成稳定的市场，赢得客户的信任，这就是品牌的价值所在。汽车用品服务（如装饰、美容）是一种时尚的行业，要求汽车用品经营必须告别平庸，要能推陈出新，打动客户。

(2) 规模化经营和规范化经营将成为汽车用品市场经营的主要方式

汽车用品及服务行业的规模化经营不是指建立大规模厂房，而是指拥有大量连锁机构和分支机构。规模化经营与规范化管理密不可分。在同一个连锁系统内，只有采用相同的店面设计、人员培训、管理培训，统一服务标识、服务标准、服务价格、管理规则及技术支持，中心采用物流配送，减少物资储存和资金占用，降低营运成本，才能创出自己的特色，取得客户对品牌的信任，扩大市场份额。尽管我国汽车用品及服务业起步较晚，但我国最大优势是市场潜力巨大，市场需求多层次、多样化，发展关键是要在日益细分的市场，以独特的优势找出自己的核心竞争力，抓住机遇，加快发展步伐，抢占市场先机。

(3) 汽车用品网上交易越来越普及

随着互联网的快速普及，网上购物的"热浪"席卷全国，网络购物有着方便、快捷、成本低等特点，但是也有诸多方面的限制，如网络交易可能存在风险、网上商家的诚信及商品质量可能存在问题。由于有车一族是网上购物的主力军，因此只要能确保网上汽车用品商城的诚信度、优良的价格及过硬的产品质量、良好的售后服务，消费者、经销商、代理商、生产企业之间的网络合作将会越来越多，汽车用品网上商城无疑有着巨大的商机。

本 章 小 结

本章学习重点是汽车配件和汽车用品行业的发展、存在的问题、经营等内容，难点是汽车配件和汽车用品的经营管理。学习本章时，可组织学生参观当地汽车配件交易市场、汽车配件或用品展览会、4S店的配件库等，以增强认识。

汽车配件按最终用途分为发动机零件、电器及电子装置零件、车身零件、底盘零件等。

汽车配件按使用性质分为消耗件、易损件、维修件、基础件、肇事件等。

汽车配件按国际标准分为汽车厂组装用配套件、纯正件、专厂件。

汽车配件按品质分为原厂件、配套件、品牌件、下线件、仿制件。

汽车配件按特性分为零件、标准件、合件、组合件、总成、易碎商品、防潮商品、纯正部品、横向产品、车身覆盖件等。

汽车零部件编号一般由企业名称代号、组号、分组号、源码、零部件顺序号和变更代号构成。

汽车配件交易市场是一种多渠道、少环节、大规模、低成本的集群经营模式。它将众多经营商聚集在一起，形成店多成市的规模效应。经过多年的建设发展，我国汽车配件市场已具备一定规模，在推动汽车工业和地方经济发展中发挥了重要作用。

连锁经营是汽车配件交易流通的一种有效形式。

汽车用品是指汽车维护、装饰、保养等所需的产品，属于汽车配件范畴，作为汽车的附属用品，用来增强汽车的实用性、安全性及舒适性，并在很大程度上突显车主的个性。

汽车用品涉及面广，按用途不同分为汽车装饰用品、汽车养护用品、汽车改装用品、汽车安防用品和汽车影音生活用品。

汽车用品行业是国内最具发展潜力的行业之一，但由于缺乏相关行业标准，因此市场还不规范。

【关键术语】

汽车配件、汽车用品、汽车配件交易市场、汽车用品行业

一、名词解释

1. 汽车配件售后服务
2. 汽车用品
3. 汽车装饰用品
4. 连锁经营

二、填空题

1. 汽车配件交易市场是一种多_____、少_____、大_____、低成本的集群经营模式。

2. 根据所有权和经营管理权集中程度不同来划分，连锁经营可分为_____连锁、_____连锁、特许连锁。

3. 汽车用品涉及面广，通常按用途不同分为汽车_____用品、汽车_____用品、汽车改装用品、汽车安防用品和汽车影音生活用品。

4. 汽车装饰用品通常分为_____用品、_____用品和功能装饰用品。

三、简答题

1. 简述我国汽车配件业的发展趋势。
2. 汽车配件有哪些特点？
3. 简述汽车配件的经营特点。

4. 如何对汽车配件进行分类？
5. 汽车配件编号有何功用？简述编号方法。
6. 简述汽车配件的采购流程。
7. 按使用性能，通常可把汽车配件分成哪几类？
8. 汽车配件的定价有哪几种策略？各有何特点？
9. 简述汽车配件仓库管理的流程。
10. 分析当地汽车配件交易市场的现状。
11. 汽车配件采用连锁经营有何优势？
12. 什么是汽车用品？汽车用品有哪些种类？
13. 简述我国汽车用品行业的发展现状和存在的问题。

第 8 章 汽车金融服务

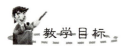
教学目标

通过本章的学习,了解国内汽车消费的特点和状况;掌握我国汽车消费信贷的模式及工作流程;能对不同模式的汽车消费信贷进行风险分析;了解国内外汽车保险业的特点和现状;掌握汽车保险的类型及含义;掌握汽车保险承保的工作流程;掌握汽车保险方案的设计与保险费的计算方法;了解与汽车消费信贷和汽车保险相关的法律与法规;了解车险顾问的工作职责和要求。

教学要求

知识要点	能力要求	相关知识
汽车金融服务的发展	理解汽车金融服务的作用; 了解国内汽车金融服务业的发展现状	汽车金融服务的概念与内容; 汽车金融服务的作用; 国内汽车金融服务业的发展过程、模式
汽车消费信贷	理解汽车消费信贷的模式; 能进行汽车消费信贷操作; 能分析汽车消费信贷风险	汽车消费信贷的概念; 汽车消费信贷的特点、我国汽车消费信贷的模式、汽车消费信贷的基本流程; 以银行为主体的直客式业务流程、以经销商为主体的间客式业务流程、以非银行机构为主体的间客式业务流程、以银行为主体的直客式风险分析、以经销商为主体的间客式风险分析
汽车保险	熟悉汽车保险的种类; 能进行汽车保险承保操作; 能制订汽车保险方案	汽车保险的概念; 我国汽车保险的现状与发展过程、汽车保险的种类、汽车保险承保实务、汽车保险方案
汽车租赁	熟悉汽车租赁的经营模式; 理解汽车租赁企业的运营管理	汽车租赁的定义、分类及经营模式,汽车租赁企业的机构设置,汽车租赁业务的流程、风险防范

汽车金融服务 第8章

导入案例

近年来，我国汽车金融服务业在服务领域、服务理念、经营方式等方面有了深刻的变革。服务范围的扩大、服务方式的改变、服务标准的提高，对汽车金融从业人员在专业知识的广度、深度上提出了更高的要求。

各汽车品牌金融公司和银行等都推出了购车金融优惠活动。例如，上汽通用汽车金融公司对旗下多个车型开展多种金融优惠活动。

1. 无忧智慧贷款

无忧智慧贷款俗称"贷一半，付一半"或"5050"，即车价的50%作为首付款，剩余的50%一年后归还，一年期内，每月只需支付极少的利息作为月供；一年期满时，购车者可选择全额付清尾款或再申请将尾款做12个月的分期展期，也可进行二手车置换。

2. 智慧贷款

智慧贷款是一种新型汽车贷款还款方式，其月还款金额远低于传统等额本息方式下的月还款金额。本金的一部分（尾款）递延到贷款到期时偿还，尾款数额由贷款期限决定。贷款分成两部分，于首期和末期分别归还。在贷款期限结束时有两种选择——全额付清尾款和二手车置换。

3. 等额本息还款

等额本息还款是指把按揭车款的本金总额与利息总额相加，再平均分摊到还款期限的每个月中，每个月的还款额是固定的，但每月还款额中的本金比重逐月递增、利息比重逐月递减。贷款期限一般为12～60个月，首付可低至20%。

4. 等额本金还款

等额本金还款是指贷款人将按揭车款的本金分摊到每个月，同时付清上一个交易日至本次还款日之间的利息。与等额本息相比，这种还款方式的总利息支出较少，但是前期支付的本金和利息较多，还款负担逐月递减。贷款期限为一般12～60个月，首付可低至20%。

5. 分段式还款

分段式还款是指将贷款分成若干段，每段包含数期还款；在每段中，每期还款总额不同；贷款期限结束时有如下三种选择：全额付清尾款、申请12个月展期、二手车置换。

8.1 汽车金融服务的发展

8.1.1 汽车金融服务的概念与内容

1. 汽车金融服务的概念

汽车金融服务是在汽车的生产、流通与消费环节中融通资金的金融服务活动，包括为

159

最终客户提供零售性消费贷款或融资租赁，为经销商提供批发性库存贷款，为各类汽车客户提供汽车保险，为汽车服务企业提供营运资金融资等，具有资金量大、周转期长、资金运作相对稳定和价值增值等特点。它是汽车制造业、流通业、服务维修业与金融业相互结合渗透的必然结果，并与政府有关法律、法规、政策，以及与金融保险等市场相互配合，是一个复杂的大系统。

汽车金融服务经过近百年的发展，在国外已成为位居房地产金融之后的第二大个人金融服务项目，是一个规模大、发展成熟的产业，每年平均增长率为3%左右。目前全世界每年的汽车销售总额中，现金销售额约占30%，汽车金融服务融资约占70%。

2. 汽车金融服务的内容

汽车金融服务的内容涉及范围甚广，在我国主要有以下几种。

（1）**汽车消费信贷**

汽车消费信贷是对申请购买汽车的借款人发放的人民币担保贷款，是银行或汽车财务公司向购车者一次性支付车款所需的资金提供担保贷款，并联合保险公司、公证机构为购车者提供保险和公证。

（2）**汽车保险**

汽车保险是指由保险公司对机动车辆由自然灾害或意外事故造成的人身伤亡或财产损失负赔偿责任的一种商业保险。

（3）**汽车租赁**

汽车租赁是指汽车消费者通过与汽车经营者之间签订各种形式的付费合同，以在约定时间内获得汽车的使用权为目的，汽车经营者通过提供车辆功能、税费、保险、维修、配件等服务实现投资增值的一种实物租赁形式。

（4）**汽车金融公司**

汽车金融公司是指中国银行业监督管理委员会批准设立的，为我国境内的汽车消费者及销售者提供金融服务的非银行金融机构。公司名称中应标明"汽车金融"字样。

8.1.2 汽车金融服务的作用

对制造商而言，汽车金融服务是实现生产和销售资金分离的主要途径；对经销商而言，汽车金融服务是现代汽车销售体系中一个不可缺少的基本手段；对汽车营运机构而言，汽车金融服务是扩大经营的有力依托；对消费者而言，汽车金融服务是汽车消费的理想方式。

1. 汽车金融服务的宏观作用

汽车金融服务在宏观经济中的具体作用如下。

（1）调节国民经济运行中生产与消费不平衡的矛盾。
（2）充分发挥金融体系调节资金融通的功能，提高资金的使用效率。
（3）汽车金融服务的发展有助于推动汽车产业结构的优化与升级。
（4）汽车金融服务通过乘数效应及与其他产业的高度关联性，促进国民经济的发展。
（5）汽车金融服务的发展有助于熨平经济周期性波动对汽车产业的影响。

2. 汽车金融服务的微观作用

汽车金融服务在微观经济中的具体作用如下。

(1) 汽车金融服务对汽车生产企业起到促进销售、加快资金流转的作用。
(2) 汽车金融服务可帮助汽车销售商实现批发和零售环节资金的分离。
(3) 汽车金融服务可以帮助汽车消费者实现提前消费。
(4) 汽车金融服务扩大了汽车消费规模。
(5) 汽车金融服务的发展能够完善金融服务体系，拓展个人消费信贷方式。

8.1.3 国内汽车金融服务业的发展现状

1. 国内汽车金融服务业的发展过程

在不同的历史发展时期，我国汽车金融服务具有不同的阶段特征。

(1) 起始阶段(1993年至1998年9月)

我国汽车金融服务业起步较晚。1993年，北京兵工汽车贸易有限公司第一次提出了汽车分期付款的概念。1995年，当美国福特汽车财务公司派专人来我国进行汽车信贷市场研究时，我国才刚刚开展汽车消费信贷理论上的探讨和业务上的初步实践。此时恰逢国内汽车消费处于相对低迷的时期，为了刺激汽车消费需求的有效增长，一些汽车生产企业联合部分国有商业银行，在一定范围和规模内，尝试性地开展了汽车消费信贷业务。但由于缺少相应经验和有效的风险控制手段，逐渐暴露和产生出一些问题，以至于中国人民银行曾于1996年9月下令停办汽车信贷业务。该阶段一直延续到1998年9月，中国人民银行出台《汽车消费贷款管理办法（试点办法）》为止。

(2) 发展阶段(1998年10月至2001年年底)

中国人民银行继1998年9月出台《汽车消费贷款管理办法（试点办法）》之后，1999年4月又出台了《关于开展个人消费信贷的指导意见》。至此，汽车消费信贷业务已成为国有商业银行改善信贷结构、优化信贷资产质量的重要途径。与此同时，国内私人汽车消费逐步升温，北京、广州、成都、杭州等城市的私人购车比重超过50%。面对日益增长的汽车消费信贷市场需求，保险公司出于扩大自身市场份额的考虑，适时推出了汽车消费贷款信用(保证)保险。银行、保险公司、汽车经销商三方合作成为推动汽车消费信贷高速发展的主流做法。在该阶段，汽车消费信贷占整个汽车消费总量的比重大幅度提高，由1999年的1%迅速升至2001年的15%。

(3) 竞争阶段(2002年至2004年)

进入2002年，我国汽车消费信贷市场开始进入竞争阶段，最明显的表现为由汽车经销商之间的竞争、保险公司之间的竞争，上升为银行之间的竞争。各商业银行开始重新划分市场份额，银行的经营理念发生了深刻的变革，由过去片面强调资金的绝对安全，转变为追求基于总体规模效益之下的资金相对安全。一些在汽车消费信贷市场起步较晚的银行迫于竞争压力，不得已采取"直客模式"另辟蹊径，即银行直接寻找合适的客户而不是等客户上门。还有一种模式是"间客模式"，即银行通过汽车经销商提供的客户资源开展汽车信贷业务。

(4) 成熟阶段(2004年至今)

2004年以后，我国整个汽车消费信贷市场由竞争阶段向成熟阶段发展。

中国银行保险监督管理委员会（原中国银行业监督管理委员会）于2003年10月3日颁布了《汽车金融公司管理办法》（以下简称《办法》），于2008年进行了修订。《办法》

的颁布实施是规范汽车消费信贷业务管理的重要举措,对培育和促进汽车融资业务主体多元化、汽车金融服务专业化产生了积极、深远的影响,并对促进我国汽车产业发展、推动国民经济持续健康发展等发挥了积极的作用。

2. 国内汽车金融服务业的模式

国内汽车金融服务业的主要模式如下。

(1) 以经销商为主体的经销商直客模式。

(2) 以汽车集团财务公司为主体的财务公司间客模式。

(3) 以银行为主体的直客模式。

8.2 汽车消费信贷

8.2.1 汽车消费信贷的概念、特点及模式

1. 汽车消费信贷的概念

消费信贷是个人和家庭用于满足个人需求(房产抵押贷款例外)的信贷,主要由商业企业、银行或其他金融机构为消费者个人提供。

汽车消费信贷发展历程

消费信贷分为封闭式信贷和开放式信贷。封闭式信贷是指在一段时间内以相同金额分数次偿还债务的方式。开放式信贷是循环发放的贷款,部分付款根据定期邮寄的账单缴付。封闭式信贷包括抵押贷款、汽车贷款、分期付款贷款(分期付款销售合同、分期现金支付信贷和一次性信贷)。开放式信贷包括旅游与娱乐卡、信用卡等。

汽车消费信贷是指汽车消费信贷机构以个人、机构和其他消费群体为对象,以其获取未来收益的能力和历史信用为依据,通过提供贷款,实现其或者其客户对汽车的购买和使用。汽车消费信贷是消费信贷的一种。

汽车消费信贷起源于美国。从国外发展来看,汽车消费信贷已经成为汽车购买的主要方式之一。

2. 汽车消费信贷的特点

汽车消费贷款对国内银行来说是一项非常有发展前途的业务。汽车消费贷款除具有一般贷款的特点外,还具有如下特点:一是货款对象不集中、还贷风险率高;二是对个人的资信调查和评估存在信用风险;三是汽车消费信贷服务方向的业务延伸不全面;四是资金来源多元化。

汽车消费信贷的模式

3. 我国汽车消费信贷的模式

我国汽车消费信贷主要有以下三种模式。

(1) 以银行为主体的直客式汽车消费信贷

以银行为主体的直客式汽车消费信贷是指由银行、律师事务所、保险公司三方联合,以银行为信用主体,委托律师事务所进行资信调查,保险公司

提供保证保险的业务模式。这种模式可以充分发挥银行资金雄厚、网络广泛、成本较低的优势。但是，由于汽车市场变化迅速，因此汽车生产企业的商业策略及竞争策略会因市场变化及时调整，在这种情况下，银行对市场及策略的变化反应滞后，会影响金融产品的适应性和服务质量。银行在开展信贷业务时，需要对汽车产品本身及汽车企业的情况进行全面了解。

（2）以经销商为主体的间客式汽车消费信贷

以经销商为主体的间客式汽车消费信贷是指由银行、保险公司、经销商三方联合，经销商作为资信调查和信用管理的主体且附带保险责任，保险公司提供保证保险的业务模式。这种模式的最大特点是方便客户，实现"一站式"服务。但是在这种模式下，经销商的资金来源和自身的资产规模有限，同时缺乏信贷业务方面的经验，因此只适合在一定范围内采用。

（3）以非银行金融机构为主体的间客式汽车消费信贷

以非银行金融机构为主体的间客式汽车消费信贷是指非银行金融机构对消费者进行资信调查、担保、审批，提供分期付款，风险主要由汽车金融公司或汽车财务公司、经销商和保险公司共同承担的业务模式。

我国汽车金融业发展很迅速，大型汽车生产企业均拥有自己的汽车财务公司，提供汽车金融业务平台。

8.2.2 汽车消费信贷实务

1. 汽车消费信贷的基本流程

（1）申请阶段

申请汽车消费信贷的消费者通过经销商或直接向汽车消费信贷服务机构申请信用贷款，并提交各种证明资料。汽车消费信贷机构对贷款申请者进行初步审核，决定是否接受申请，并及时回复。这是汽车消费信贷机构筛选的第一关，筛除风险很高的贷款申请者。

《汽车贷款管理办法》

（2）审批阶段

对于符合汽车信用要求的贷款申请者，汽车消费信贷机构通过自己或委托专业资信公司开展各种形式的资信评估和分析，对符合条件的申请者启动贷款审批程序。

（3）贷款发放和业务实施阶段

对于通过正式审批的贷款申请者，汽车消费信贷机构一般会与他和经销商签订各种合同，并要求申请者完成相关流程手续，如交纳首付款、购买保险、办理抵押等，然后对申请者发放汽车贷款。

修订《汽车贷款管理办法》

（4）监控阶段

汽车消费信贷机构正式发放汽车贷款后，会自行或委托专业机构监控风险，检查申请者的财务情况和偿付能力，追踪其资信变化情况，及时发现风险并采取控制措施。

（5）违约处理阶段

汽车消费信贷机构的风险监控部门一旦发现预警信号，就会立即采取措施止损，如收回车辆或抵押资产等,并启动法律程序,维护公司利益。

2. 以银行为主体的直客式汽车消费信贷的业务流程

以银行为主体的直客式汽车消费信贷的业务流程如图8.1所示。业务流程如下:①客户在选定车型后直接向银行申请汽车贷款;②银行对客户信用状况、资产负债情况等进行审核;③客户向银行提供担保;④银行同意贷款后,客户与经销商签订购车合同;⑤客户办理保证保险、汽车登记;⑥手续齐全后,客户可以到经销商处提车;⑦银行将车款划拨给经销商或客户;⑧客户按分期付款合同还款给银行。

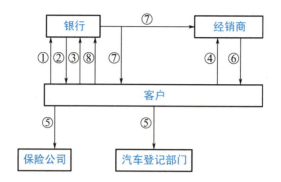

图8.1 以银行为主体的直客式汽车消费信贷的业务流程

3. 以经销商为主体的间客式汽车消费信贷的业务流程

以经销商为主体的汽车消费信贷的业务流程如图8.2所示。业务流程如下:①客户在经销商处选定车型并申请贷款;②经销商对客户进行资信审查,与客户签订购车合同;③银行审定客户并办理贷款手续;④银行向经销商划拨款项;⑤经销商帮助客户签订合同、登记抵押权和为车辆上牌;⑥手续齐全后,客户可以到经销商处提车;⑦银行向经销商支付佣金;⑧客户按分期付款合同还款给银行。

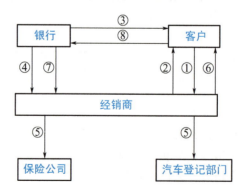

图8.2 以经销商为主体的间客式汽车消费信贷的业务流程

4. 以非银行金融机构为主体的间客式汽车消费信贷的业务流程

以非银行金融机构为主体的间客式汽车消费信贷的业务流程如图8.3所示。业务流程如下:①客户在经销商处选定车型并申请贷款;②经销商将客户的贷款资料传给非银行金融机构;③非银行金融机构向信用调查机构咨询客户的信用状况,进行信用评估;④非银行金融机构通知经销商客户的贷款情况，授权经销商与客户签订融资合同；⑤非银行金融机构帮助客户登记抵押权和为车辆上牌；⑥手续齐全后，客户可以到经销商处提车；⑦非银行金融机构向经销商支付款项；⑧客户按分期付款合同还款给非银行金融机构；⑨非银行金融机构将客户的还款信息传给信用调查机构。

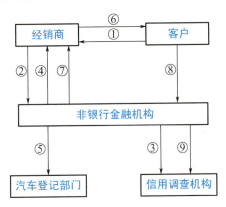

图 8.3 以非银行金融机构为主体的汽车消费信贷的业务流程

8.2.3 汽车消费信贷风险分析

1. 以银行为主体的直客式汽车消费信贷的风险分析

除了我国个人信用体系尚未健全给银行消费信贷业务带来的风险以外，还存在以下风险。

（1）汽车信贷业务特点给银行带来风险

汽车消费信贷与其他贷款相比，贷款数额小，贷款流程复杂。汽车贷款流程包括审核、贷款、购车、售后服务、贷款催收及处理收回的抵押车等。这些都要求银行工作人员具有相关汽车专业知识和经验，这对银行来说成本很大。因此，银行贷款做得越多，风险积聚越大。

（2）银行内部管理存在缺陷

银行内部各部门之间、各岗位之间协作不好，办事效率低，不按规定操作，致使业务办理过程中出现脱节和漏洞，服务差、管理乱，形成贷款风险。

银行在选择经销商时没有慎重对待，会使一些资金力量不强或经营不善的汽车经销商通过虚抬车价，从银行多套取贷款补充经营资金或弥补经营亏损，经销商不承担风险，银行却蒙受损失。

汽车消费贷款风险

（3）银行难以把握客户的还款能力

汽车消费信贷服务对象主要是个体客户，数量多，额度小而分散。银行需要花费大量人力来进行资信调查、审核和管理，不仅成本高、效率低，而且由于银行本身的属性，对违约车辆的处置和变现都比较困难。客户发生违约，处置成本会很高，因此，一旦客户违约，银行就非常被动。

2. 以经销商为主体的间客式汽车消费信贷的风险分析

以经销商为主体的间客式汽车消费信贷的风险主要由经销商承担(或与保险公司共同承担)。在此，经销商已不仅是汽车销售者，而且是个人信用的管理者与风险控制者。银行通过经销商与保险公司的担保来转移和化解风险，间接地与客户形成借贷关系。银行积极与经销商合作，借助经销商之力抢占市场，实现业务快速增长的同时，产生了矛盾。具体而言，这种汽车消费信贷模式的风险主要体现在以下几个方面。

（1）银行对经销商的选择风险

银行对经销商的选择存在风险。在间客式汽车消费信贷中，经销商是重要的参与者。虽然银行监管部门要求各银行加强对经销商的资质审查和贷款管理，严防经销商通过制造虚假购车合同骗取汽车消费贷款等，但是目前银行还没有建立针对经销商的资信评级体系，担保人资格认定不规范。经销商一般只要开立基本账户，存入一定数额的保证金就有资格成为担保人。而银行对经销商的财务状况、经销商高级管理人员的个人能力及资信情况没有具体要求。经销商出于自身的短期利益，往往美化贷款人条件，以致银行难以掌握贷款人的真实还款能力，从而难以保证第一还款来源。

（2）银行和经销商存在利益冲突

由于汽车消费信贷属于银行的零售业务，银行直接面向客户成本太高，因此实践中银行通常委托经销商推荐客户并代办有关资信手续，经销商的经营目标是销售最大化，银行的经营目标是在一定收益的情况下保证信贷资金安全，二者存在利益冲突。

（3）其他部门给汽车信贷带来潜在风险

汽车信贷过程涉及工商、车管、保险等部门，中间环节过多，某些部门工作效率低、服务意识弱，收费不合理，给消费者带来诸多不便，从而导致潜在的风险。而以非银行金融机构为主体的汽车消费信贷模式，可以在一定程度上完善直客式和间客式的不足。以银行为主体的直客式汽车消费信贷模式中，银行在发展业务上虽具有资金及金融管理上独特的优势，但缺乏汽车信贷业务的专业知识，而且汽车信贷业务的特点也给银行带来了较高成本。以经销商为主体的间客式汽车消费信贷模式尽管使消费者有了更大的选择空间，享受到专业化的增值服务，但是经销商资金有限，限制了汽车信贷业务的开展。

【应用案例 8-1】

张女士是一家担保公司的职员，该担保公司以办理保险的名义要求员工上交身份证，并在未告知张女士的情况下，用其身份证办理了汽车消费贷款，用该贷款购买的车辆也没有落到张女士名下。

此后不久，该公司的管理人员携款潜逃。张女士因连续多次未还贷款而被起诉。

法院经审理认为，担保公司虽然使用张女士的身份证与银行签订借款合同，但由于张女士并没有授权担保公司为其办理汽车消费贷款，且借款合同上的签字也非张女士本人的，担保公司的行为属于无权代理，因此应当由担保公司偿还贷款，与张女士无关。

8.3 汽车保险

8.3.1 汽车保险的概念、特点与发展

1. 汽车保险的概念

汽车保险是以保险汽车的损失，或者以保险汽车的所有人（或者驾驶人）因驾驶保险

汽车发生交通事故所负的责任为保险标的的保险。

汽车保险包括以下几层含义。

（1）它是一种商业保险行为。保险人按照等价交换关系建立的汽车保险是以营利为目的的。简而言之，保险公司要从它所开展的汽车保险业务上赚钱，因此汽车保险属于一种商业行为。

（2）它是一种合同行为。投保人与保险人要以各类汽车及其责任为保险标的签订书面的具有法律效力的保险合同（如汽车保险单），否则汽车保险没有存在的法律基础。

（3）它是一种权利义务行为。在投保人与保险人所共同签订的保险合同（如汽车保险单）中，明确规定了双方的权利与义务，并确定了违约责任，要求双方在履行合同时共同遵守。

（4）它是一种以合同约定的、以保险事故发生为条件的损失补偿或保险金给付的保险行为。这种损失补偿或保险金给付行为，成为人们转移车辆及相关责任风险的一种方法，体现了保险保障经济生活安定的互助共济的特点。

中国银保监会关于印发实施车险综合改革指导意见的通知

汽车保险是以汽车本身及相关利益为保险标的的一种不定值财产保险。汽车保险具有保险的所有特征，其保险对象为汽车及其责任人。从保障范围看，它既属财产保险，又属责任保险；在保险实务上，因保险标的内容不同而赋予不同的名称。随着汽车保险业的发展，其保险标的除了最初的汽车以外，已经扩大到所有机动车。许多国家至今仍沿用"汽车保险"，而我国已改称"机动车辆保险"。

2. 汽车保险的特点

（1）保险对象具有广泛性和差异性的特点

汽车保险对象具有广泛性和差异性的特点是针对汽车保险的被保险人和保险标的而言的。

（2）保险标的具有可流动的特点

狭义的财产保险标的的划分标准之一是流动性，即按动产或者不动产划分保险标的。汽车保险标的的可流动性是由汽车具有动产和运输工具的特点决定的。保险标的的可流动性直接影响其面临的风险及风险的种类。

（3）具有出险率高的特点

汽车保险与其他财产保险相比，具有出险率高的特点。这一点可以从日常生活中每天都会发生大量交通事故中得到印证。影响汽车风险的因素通常有如下三个：一是汽车本身的因素，二是外部因素，三是使用因素。

（4）无赔款优待的特点

无赔款优待是汽车保险特有的制度，其核心是为了在风险不均匀分布的情况下，使保险费直接与实际损失联系。为了鼓励被保险人及驾驶人严格遵守交通规则安全行车，各国汽车保险业务均采用无赔款优待制度。

3. 我国汽车保险的现状与发展过程

我国汽车保险业务的发展历程曲折。在20世纪50年代初，中国人民保险公司开办了汽车保险。但不久就出现了对该保险的争议，很多人认为汽车保险及第三者责任保险对肇事者予以经济补偿，会导致交通事故增加，对社会产生负面影响。于是，中国人民保险公司于 1955 年停止了汽车保险业务。直到 20 世纪 70 年代中期，为了满足各国驻华使馆等外国人的汽车保险需要，才开始办理以涉外业务为主的汽车保险业务。1980 年，我国全面恢复国内保险业务，中国人民保险公司逐步全面恢复汽车保险业务，以适应国内企事业单位对汽车保险的需要。

在我国保险业务恢复之初的 1980 年，企业财产保险是财产保险的主要业务，占财产保险的份额高达 97%，机动车辆保险的市场份额仅为 2%。1988 年，机动车辆保险的保费收入超过 20 亿元，占财产保险的份额达 37.6%，第一次超过了企业财产保险。自此，机动车辆保险一直保持财产保险第一大险种的地位，并保持着高增长率。2001 年，机动车辆保险的总保费收入达 415.48 亿元，占财产保险市场份额的 60%，是我国财产保险业务的龙头险种。2004 年，机动车辆保险在各大保险公司的财产保险中都占据 63% 以上的份额。但由于机动车辆保险赔付率高于其他险种，因此许多公司从中获得的收益并不理想。

2000 年 7 月 1 日，我国制定并开始执行新的全国统一的机动车辆保险条款。2003 年 1 月 1 日，汽车保险条款改革，共批准了 11 家公司 22 套产品投入市场。与以往不同的是，2003 年的新保险条款没有规定统一的费率表，对各保险公司的精算能力提出了更高的要求，各保险公司针对不同风险的目标客户群制定了多样化的保障条款和费率水平，实现了风险和收益的匹配。保险公司形成各自的竞争特色和优势，充分体现了其管理水平和风险控制能力。而在该过程中，投保人以更低的成本享受到更好的服务。

2006 年 7 月，我国推出**机动车交通事故责任强制保险（简称"交强险"）**，并实行统一费率。同时推出商业险 A、B、C 条款，各保险公司任选一种条款执行，并自行开发附加险条款。2007 年 4 月，中国保险行业协会对已有的商业险 A、B、C 条款进行完善，并对主要附加险给予统一费率。2007 年 6 月，中国银行保险监督管理委员会（以下简称"保监会"）发布《机动车交通事故责任强制保险费率浮动暂行办法》，规定自 2007 年 7 月 1 日起交强险费率实行浮动费率。2015 年 3 月 20 日，保监会印发《深化商业车险条款费率管理制度改革试点工作方案》，逐步在全国范围内开展车险改革，更紧密地结合车险费率与违章记录、出险频次等，同时完善相关商业车险的保险细则及保险范围，促进汽车保险业更合理地发展。2020 年 9 月，保监会《**关于实施车险综合改革的指导意见**》正式实施，此时改革在保费总体下降的基础上，大幅扩展了保险责任，主要体现在：交强险责任限额大幅提升；商车险保险责任更加全面；商车险产品更为丰富；商车险价格更加科学合理；车险产品市场化水平更高；无赔款优待系数进一步优化。

8.3.2 汽车保险的种类

汽车保险因保险标的及内容不同而被赋予不同的名称。2006 年 7 月交强险实施后，商业车险随之变化。根据保障的责任范围，我国汽车保险行业产品体系实际上可分为交强险和商业车险。

汽车保险的种类及其含义见表 8-1。从 2021 年起，买车辆损失险时要打包购买 7 个附加险（机动车损失保险、机动车全车盗抢保险、玻璃单独破碎险、自燃损失险、发动机涉水损失险、不计免赔率险），不能单独购买。

表 8-1 汽车保险的种类及其含义

种类			含义
交强险			在中华人民共和国境内(不含香港、澳门、台湾地区),被保险人在使用被保险机动车过程中发生交通事故,致使受害人遭受人身伤亡或者财产损失,依法应当由被保险人承担的损害赔偿责任
商业险	基本险	机动车损失保险	保险期内,被保险人或其允许的驾驶人在使用被保险机动车过程中,因碰撞、倾覆、坠落、火灾、爆炸,外界物体坠落、倒塌,雷击、暴风、暴雨、洪水、龙卷风、冰雹、台风、热带风暴,地陷、崖崩、滑坡、泥石流、雪崩、冰陷、暴雪、冰凌、沙尘暴,受到被保险机动车所载货物、车上人员意外撞击,载运被保险机动车的渡船遭受自然灾害(只限于驾驶人随船的情形),造成被保险机动车的直接损失,以及为防止或者减少被保险机动车的损失所支付的必要的、合理的施救费用,且不属于免除保险人责任的范围,保险人依照本保险合同的约定负责赔偿
		机动车第三者责任保险	保险期内,被保险人或其允许的驾驶人在使用被保险机动车过程中发生意外事故,致使第三者遭受人身伤亡或财产直接损毁,依法应当对第三者承担的损害赔偿责任,且不属于免除保险人责任的范围,保险人依照本保险合同的约定,对超过交强险各分项赔偿限额的部分负责赔偿
	附加险	机动车车上人员责任保险	保险期内,被保险人或其允许的驾驶人在使用被保险机动车过程中发生意外事故,致使车上人员遭受人身伤亡,且不属于免除保险人责任的范围,依法应当对车上人员承担的损害赔偿责任,保险人依照本保险合同的约定负责赔偿
		机动车全车盗抢保险	保险期内,被保险机动车被盗窃、抢劫、抢夺,经出险当地县级以上公安刑侦部门立案证明,满 60 天未查明下落的全车损失,以及受损零部件及设备修复的合理费用,且不属于免除保险人责任的范围,保险人依照本保险合同的约定负责赔偿
		玻璃单独破碎险	保险期内,被保险机动车风窗玻璃或车窗玻璃单独破碎,保险人按实际损失金额赔偿
		自燃损失险	保险期内,在没有外界火源的情况下,由于本车电器、线路、供油系统、供气系统等被保险机动车自身原因或所载货物自身原因起火燃烧造成本车的损失,以及为防止或者减少被保险机动车的损失所支付的必要的、合理的施救费用,由保险人承担
		新增加设备损失险	保险期内,投保了本附加险的被保险机动车因发生机动车损失保险责任范围内的事故,造成车上新增加设备的直接损毁,保险人在保险单载明的本附加险的保险金额内,按照实际损失计算赔偿
		车身划痕损失险	保险期内,投保了本附加险的机动车在被保险人或其允许的驾驶人使用过程中,发生无明显碰撞痕迹的车身划痕损失,保险人按照保险合同约定负责赔偿

续表

种类			含义
商业险	附加险	发动机涉水损失险	保险期内，投保了本附加险的被保险机动车在使用过程中，因发动机进水导致发动机的直接损毁，以及为防止或者减少损失所支付的必要的、合理的施救费用，保险人负责赔偿
		修理期间费用补偿险	保险期内，投保了本条款的机动车在使用过程中，发生机动车损失保险责任范围内的事故，造成车身损毁，致使被保险机动车停驶，保险人按保险合同约定，在保险金额内向被保险人补偿修理期间费用，作为代步车费用或弥补停驶损失
		车上货物责任险	保险期内，发生意外事故致使被保险机动车所载货物遭受直接损毁，依法应由被保险人承担的损害赔偿责任，保险人负责赔偿
		精神损害抚慰金责任险	保险期内，被保险人或其允许的驾驶人在使用被保险机动车的过程中，发生投保的主险约定的保险责任内的事故，造成第三者或车上人员的人身伤亡，受害人据此提出精神损害赔偿请求，保险人依据法院判决及保险合同约定，对应由被保险人或被保险机动车驾驶人支付的精神损害抚慰金，在扣除交强险应当支付的赔款后，在本保险赔偿限额内负责赔偿
		不计免赔率险	保险事故发生后，按照对应投保的险种约定的免赔率计算的、应当由被保险人自行承担的免赔金额部分，保险人负责赔偿
		无法找到第三方责任险	机动车损失保险无法找到第三方特约险，是车损险的附加险。被保险车辆的损失是由第三方负责赔偿的，对于无法找到第三方的，实行30%的绝对免赔率，也就是说如果发生该情况，保险公司将从赔付金额中扣除30%

8.3.3 汽车保险承保实务

汽车保险承保是指保险人与投保人签订保险合同的过程，包括投保、核保、签发单证、续保与批改等程序。

中国保险行业协会机动车商业保险示范条款（2020版）

1. 投保

投保是指投保人向保险人请求签订保险合同的意愿。 因为保险合同的要约一般要求为书面形式，所以汽车保险的投保需要填写投保单。

投保单也称要约保单，投保人如实填写后交付保险人，成为订立保险合同的书面要约。投保单是保险合同订立过程中的一份重要单证，是投保人向保险人进行要约的证明，是确定保险合同内容的依据。投保单原则上应载明订立保险合同所涉及的主要条款。投保单经过保险人审核、接受，成为保险合同的组成部分。

投保单通常包括被保险人基本情况、保险车辆基本情况、指定驾驶人基本情况、投保险种、保险期限、特别约定、明示告知、保险人签章等内容。各保险公司制定的投保单式样不同，但基本内容一致。

投保人在进行投保时需要注意以下事项。

(1) 合理选择一家保险公司。我国保险公司越来越多，合理选择一家保险公司是十分重要的。在选择保险公司时，首先这家保险公司必须是我国的合法公司；其次要看这家保险公司的信誉度；最后要了解该保险公司提供的各项服务是否与自己的意愿相符。经过对多家保险公司进行比较，选择一家对自己最有利的保险公司。

(2) 了解汽车保险的内容。投保人应当询问所购买的机动车辆保险条款是否经过中国银行保险监督管理委员会（简称"银保监会"）批准，认真了解条款内容：重点条款的保险责任、除外责任和特别约定，被保险人的权利和义务，免赔额或免赔率的计算，申请赔偿的手续、退保和折旧等规定。此外，投保人还应当注意机动车辆保险的费率是否与保监会批准的费率一致，了解保险公司的费率优惠规定和无赔款优待的规定。通常保险责任比较全面的产品，保险费较高；保险责任少的产品，保险费较低。

(3) 根据实际需要购买。投保人选择机动车辆保险时，应了解自身的风险和特征，根据实际情况选择个人所需的风险保障。应对机动车辆保险市场现有产品进行充分了解，以便购买适合自身需要的机动车辆保险。

(4) 投保时保险人应告知投保人的其他事项如下：①对保险重要单证的使用和保管；②如实告知业务；③购买机动车辆保险后，应及时交纳保险费，并按照条款规定履行被保险人义务；④合同纠纷的解决方式；⑤投诉。

(5) 汽车保险的误区如下：①重复保险；②不足额保险；③超额保险；④险种没保全；⑤不按时续保。

2. 核保

核保是指保险人在承保前，对保险标的的各种风险情况加以审核与评估，从而决定是否承保、承保条件与保险费率的过程。保险人在承保时必须经过核保过程。

核保原则上采取两级核保体制：先由展业人员、保险经纪人、代理人进行初步核保；再由核保人员复核决定是否承保、承保条件及保险费率等。因此，核保包括审核保险单、查验车辆、核定保险费率、计算保险费、核保等必要程序。

核保的作用如下：①确保业务质量，实现经营稳定；②防止逆选择，排除经营中的道德风险；③扩大保险业务规模，与国际惯例接轨；④实现经营目标，确保持续发展。

3. 签发单证

汽车保险合同实行一车一单（保险单）和一车一证（保险证）制度。投保人交纳保险费后，业务人员必须在保险单上注明公司名称、详细地址、邮政编码及联系电话，加盖保险公司业务专用章。根据保险单填写汽车保险证并加盖业务专用章，所填内容应与保险单有关内容一致，险种一栏填写险种代码，电话一栏应填写公司报案电话，所填内容不得涂改。

签发单证时，交由被保险人收执保存的单证有保险单正本、保险费收据（保户留存联）、汽车保险证。

4. 续保

保险期满以后，投保人在同一保险人处重新办理保险车辆的保险事宜称为续保。汽车保险业务中续保占很大比重，做好续保工作对巩固保险业务来源十分重要。续保一般在原保险期到期前 1～3 个月开始办理。为防止续保以后至原保险单到期期间发生保险责任事故，应在续保通知书中注明"出单前，如有保险责任事故发生，应重新计算保险费；全年无保险责任事故发生,可享受无赔款优待"等字样。

5．批改

在保险单签发以后,因保险单或保险凭证需要进行修改或增减时,所签发的一种书面证明称为批改。批改的结果通常用批单表示。

批改的主要内容如下。

(1)保险金额增减。

(2)保险种类增减或变更。

(3)车辆种类或厂牌型号变更。

(4)保险费变更。

(5)保险期间变更。

当办理保险车辆的过户手续时,应将保险单、保险费收据、新的车辆行驶证和有原被保险人签章的批改申请书等有关资料交送保险人,保险人审核同意后,将对车牌号码、被保险人姓名和住址等相关内容进行批改。

批改涉及的保险费返还,应根据相应规定执行。

8.3.4 汽车保险方案

除了必须投保交强险外,商业险中的基本险和附加险均可自愿投保,即交强险可与各种商业险自由组合,从而形成上百种投保方案。在众多投保方案中,私家车常用的投保方案主要有如下四种。

1．全面型

险种组合:交强险+机动车第三者责任保险+机动车损失保险+机动车车上人员责任保险+机动车全车盗抢保险+玻璃单独破碎险+不计免赔率险+车身划痕损失险。

特点:保全险,居安思危。能保的险种尽量全部投保,从容上路,不必担心交通带来的种种风险,几乎与车辆有关的全部事故损失均能得到赔偿。

适用对象:新车、新手及需要全面保障的车主。

2．常规型

险种组合:交强险+机动车第三者责任保险+机动车损失保险+机动车车上人员责任保险+机动车全车盗抢保险+不计免赔率险。

特点:投保最有价值的险种,保险性能价格比最高。

适用对象:有长期固定人员看守的停车场所停放的车辆,以及有一定驾龄、愿意自己承担部分风险的车主。

3．经济型

险种组合:交强险+机动车第三者责任保险+机动车损失保险+不计免赔率险。

特点:费用适中,能够提供基本保障。

适用对象:车辆使用较长时间及驾驶技术娴熟、愿意自己承担大部分风险的车主。

4．风险型

险种组合:只购买交强险。

特点：交强险只赔付事故中的第三方（受伤害一方），人员伤亡最高赔付 11 万元，住院医疗赔付 1 万元，财产损失赔付 2000 元。重大车祸造成的人员伤亡赔付会超过 11 万元，但住院医疗费用是远远不够的，2000 元的车辆损失费用更是与实际损失相差甚远，并且车损或被盗风险需自己承担。因此，这种投保方案风险极大。

适用对象：急于上牌照、急于通过年检、有经济压力或愿意自己承担巨大风险的车主。

【应用案例 8-2】

汽车保险的 6 种不理赔案例

每当交通事故发生时，车主往往会想向保险公司索赔。其实不然，有些情况，即便投保了也是无法得到赔偿的。

1. 第三者责任险不保自家人

案例：张女士开车回家，快到自己家门口时，儿子听到妈妈的汽车声飞奔过来迎接，结果张女士不慎将自己儿子撞伤，花了几万元治疗费。张女士想，自己的车上了机动车第三者责任保险，应该能得到赔偿，于是事发后到保险公司要求索赔，结果遭到拒绝。

专家提醒：机动车第三者责任保险中的"第三者"，通俗地讲，排除 4 种人，即保险人、被保险人、本车发生事故时的驾驶人及其家庭成员、被保险人的家庭成员。第三者一般是指事故发生时，造成伤害或损坏的对方的人或事物。

2. 超时报案无法索赔

案例：一辆皮卡车在杭州某医院门口掉头转弯时，一位行人走过来，撞了一下皮卡车的反光镜摔倒在地。由于当时觉得情况并不严重，因此双方都没有报案，驾驶人私自给了她 300 元钱，就算了结。结果，当天晚上被撞女子出现下身大出血——伤者不久前刚做了人流手术。因为病情严重，进行了子宫切除手术，造成巨额医药费。伤者家属找到车主索赔，车主才想到向保险公司报案，结果保险公司拒绝理赔。

专家提醒：按照车险合同，事故发生后，应及时向公安机关交通管理部门报案，并在 48 小时内向保险公司报案。因未及时报案，导致保险公司对事故的保险责任或损失无法认定的，保险公司有权拒绝赔偿事故损失。同时，车主要切记，车撞车时，如果当时情况不是很严重可以选择私了，但是车撞人时，无论当时情况如何都要及时报案，绝对不能私了。

3. 要及时采取措施以免扩大损害

案例：陈女士开车在一条小道上行驶，由于灯光比较暗，汽车底盘碰到路上的铁墩，发动机底盘、变速器底盘受到损伤。陈女士没有及时发现情况而是继续行驶，导致汽油漏光，整个发动机报废。发现情况后，她向保险公司报了案。但保险公司最后认定在事故发生过程中，陈女士是以 100km/h 的速度行驶的，在撞到铁墩后没有及时停下来采取措施而造成汽油漏光，扩大了汽车损害，因此拒绝理赔。

专家提醒：车辆出险后，应采取相应的措施或及时修理，否则由此造成的扩大损失部分，保险公司不予理赔。发现汽车有问题要及时修理，千万别硬撑，如果损失扩大，则只能自己承担。

4. 违法驾驶无法获得赔偿

案例：张先生刚买了一辆汽车，他的妹妹特别高兴，想试试哥哥的新车，结果一位老人突然从岔路走出来，张女士情急之下错踩节气门，老人当场死亡。张女士立即打电话向交警和保险公司报案，但是后来保险公司不予理赔，原因是张女士无证驾驶。

专家提醒：除了上面所说的无证驾驶外，如饮酒驾驶、驾驶证件无效和不符、车辆未做年检等都属于车辆触"红线"范畴。保险合同中有规定，保险只对合格、合法车辆生效。车主千万要记住持有效证件驾驶，不酒后驾驶，按时年检，切不可拖延，免得索赔时麻烦。否则，即使损失再大，也是无法得到赔偿的，就算买了保险也是白买。

5. 泊车自动溜坡不予理赔

案例：郑先生出门办事，下车后将汽车停在坡道上，结果办完事出来发现汽车车身被刮擦，立刻向交警和保险公司报案。交警赶到后，认为车身刮擦由汽车自动溜坡造成，车主自己负全责。郑先生只能将汽车开进修理厂，花了几百元重新上漆。他向保险公司申请索赔修车费用，但保险公司拒绝理赔。

专家提醒：这种自动溜坡现象，保险公司是不予理赔的。车主停车时应注意选择安全的停车位置。

6. 别忘投保车上人员责任险

案例：周先生每年都要为爱车购买多种保险，但未购买机动车车上人员责任保险。2007年5月刘先生自驾去西藏，路上出了事故，受伤住院。由于没投保人身意外伤害保险和机动车车上人员责任保险，因此保险公司拒绝理赔。

专家提醒：车险的两个主险——机动车损失保险和机动车第三者责任保险都没有涵盖驾驶人，车主应补充投保人身意外伤害保险或机动车车上人员责任保险。特别是对经常出差或热衷于自驾游的人来说，这是对自身利益加了一道保障。

8.4 汽车租赁

汽车租赁业起源于20世纪30年代的美国，目前已经成为全球性的独立行业。虽然汽车租赁业在我国起步较晚，但已表现出巨大的发展潜力和良好的发展前景，对汽车工业、汽车销售业、汽车出租业、汽车运输业、旅游业及其他相关行业起着十分巨大的带动作用。

8.4.1 汽车租赁的定义与分类

1. 汽车租赁的定义

租赁是指将资产使用权从拥有权中分开，出租人拥有资产所有权，承租人拥有资产使用权，承租人与出租人订立租赁合同，以交换使用权利的一种交易形式。

汽车租赁是指在约定时间内，经营者将租赁汽车交付承租人使用，但是不提供驾驶劳务的经营方式。 汽车租赁业的核心思想是资源共享，服务社会。汽车租赁作为一种全新、高效的消费形式，从进入我国开始，就经历了迅猛的发展。汽车租赁业作为一种全新的消费方式，已经日益被广大消费者接受。随着消费者消费理念的日益转变及汽车市场的日趋成熟，汽车租赁业在我国有巨大的发展机遇。

《小微型客车租赁经营服务管理办法》

2. 汽车租赁的分类

（1）按经营目的分类

汽车租赁按经营目的的不同，可以分为融资租赁和经营性租赁。

① 融资租赁是指承租人以取得汽车的所有权为目的的租赁行为。经营者以租赁的形式实现标的物所有权的转移，其实质是一种具有"边租边卖"性质的销售业务，在一定程度上带有融资服务的特点。

② 经营性租赁是指汽车消费者通过与汽车经营者签订各种形式的付费合同，取得约定时间内汽车的使用权；经营者则通过提供汽车功能、税费、保险、维修及配件等综合服务，实现投资增值的一种实物租赁形式。

（2）按租赁期分类

汽车租赁按租赁期的不同，可分为长期租赁、短期租赁和分时租赁。

① 长期租赁是指经营者与承租人签订长期（一般以年计算）租赁合同，按长期租赁期间发生的费用（通常包括车辆价格、维修维护费、各种税费开支、保险费及利息等）扣除预计剩存价值后，按合同月数平均收取租赁费用，并提供汽车功能、税费、保险、维修及配件等综合服务的租赁形式。

② 短期租赁是指经营者根据承租人要求签订合同，为承租人提供短期（一般以小时、日、月计算）用车服务，收取短期租赁费，解决承租人在租赁期间的各项服务要求的租赁形式。在实际经营中，一般认为15天以下为短期租赁，15～90天为中期租赁，90天以上为长期租赁。

③ 分时租赁是指经营者以小时计算提供汽车的随取即用租赁服务，承租人可以按个人需求和用车时间预订租车的小时数，其收费按小时计算。目前我国主要在电动汽车领域开展分时租赁服务，并形成了一定规模。

8.4.2　汽车租赁的经营模式

1. 汽车租赁企业与汽车生产企业密切合作模式

国际知名的汽车租赁企业无不与知名的汽车生产企业密切合作。双方在汽车采购、售后服务、回购等方面相互协作，可实现共同发展。

2. 特许经营模式

当前在汽车租赁业常见的经营模式是特许经营模式。特许经营是指汽车租赁企业授予某个候选人特许经营权，使其加入租赁企业的服务网络，使用租赁企业的品牌和标识，按照租赁企业的统一规范进行业务运作。租赁企业对特许经营点的经营进行监督和指导，并收取特许经营权的使用费。

3. 会员制模式

会员制模式是指由汽车租赁企业出面组建俱乐部，广泛吸收客户加入俱乐部成为会员，会员可享受价格优惠和满意的服务，还可享受因消费累积而给予的奖励。其目的是吸引更多客户，稳定服务对象，扩大经营业务。

4. 多元化经营模式

汽车租赁企业除了开展主营业务外，还可开展融资租赁、二手车销售、

汽车租赁企业等级

汽车保险等业务，起到相辅相成的链式作用。特别是二手车销售业务的开展，可以消化租赁业淘汰的二手车，从而有效地拓展了车辆更新的空间，提高旧车更新速度。

8.4.3 汽车租赁企业的运营管理

1. 汽车租赁企业的机构设置

汽车租赁企业要保证正常运作，必须合理设计组织结构，明确各部门的分工与职责，同时确保部门间协作的效率。汽车租赁企业通常设有业务部、车辆管理部、财务部、行政部、技术部。一些大型连锁经营的汽车租赁企业为了开拓加盟连锁市场，还设有网络发展部等部门。汽车租赁企业的一般组织结构如图8.4所示。

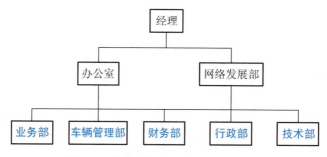

图 8.4 汽车租赁企业的一般组织结构

在实际运作中，工作人员数量和岗位可根据站点规模、租赁车辆数目、经营状况具体设置。

2. 汽车租赁企业的运营成本构成

汽车租赁企业的运营成本是指汽车租赁企业在向客户提供租赁服务（包括汽车功能、保养、保险、维修及配件等）的过程中，发生的相应损耗和管理费用，主要包括如下内容。

（1）车辆折旧，折旧期一般以5年计算。
（2）车辆维修、检修费用。
（3）职工工资福利。
（4）财务成本。
（5）各种税费。
（6）经营场所场租费用。
（7）不可预计风险准备费用。
（8）其他经营管理费用，如营销费用、广告费用等。

3. 汽车租赁业务流程

汽车租赁作为一种服务产品，要想提高服务质量、规避运营风险，业务运行中的过程管理十分重要。因此汽车租赁企业应制定和实施合理、严格的业务流程，具体涉及租车、还车和车辆救援三个方面。利用手机 App 开展租车业务，极大简化了传统租车流程，得到了迅速发展。

（1）租车流程

客户到达汽车租赁站点后，应由业务人员负责接待，简要介绍租赁业务情况，解答客户提出的有关价格、车辆使用限制、信用担保、交/还车程序等方面的疑问；根据客户的租车目的、用途、所需车型、租用时间等具体情况为客户制定租赁方案，尽可能满足客户需求(对有预约的客户可简化接洽程序)。租车流程如图 8.5 所示。

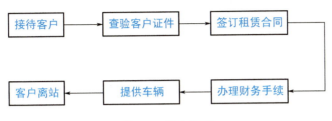

图 8.5　租车流程

各流程的具体工作如下。

① 接待客户。接待客户的主要工作是简要介绍租赁情况，解答客户疑问，详细询问租车目的、用途、所需车型、租用时间；查阅备车情况，若无客户所需车辆，则提出建议车型。可对有预约的客户简化手续。如客户通过网上预定，则可以省略此步骤。

② 查验客户证件。业务员应按照有关制度仔细查验客户提供的身份证、驾驶证，经严格确认后留存客户证件的复印件，若有疑问，及时上报领导，协同保安处理。

③ 签订租赁合同。详细解释合同内容，明确双方的权利和义务。合同签订后双方各执一份。

④ 办理财务手续。业务员陪同客户到财务部，协助客户办理缴纳押金及预付租金的手续。

⑤ 提供车辆。业务员陪同客户到车辆管理部门试车、验车，并填写交接单，交客户签字确认。

⑥ 客户离站。客户试车满意后，双方在租赁车辆交接单上登记验车情况，并签字确认，客户驾车离站。

(2) 还车流程

当客户交还承租车辆时，业务员应主动、热情地接待，与客户一起迅速查验汽车租赁合同、交接单等相关单据以及租车时所用的证件，会同车辆管理部门对照交接单对客户交还的车辆进行现场勘验；验车结果经车辆管理部门和客户共同确认后，双方签字验收。然后，由业务员引导客户至财务部进行账务结算(若有车损情况，双方应相互协商，由技术部出具合理赔偿单据，客户依单据缴纳赔偿金后，方可进行账务结算)，财务部出具结算证明，还车手续结束，汽车租赁合同终止。还车流程如图 8.6 所示。

图 8.6　还车流程

(3) 车辆救援流程

当收到客户要求救援的信息后，业务员应首先填写救援电话记录，建立与客户的联系，询问客户联系方式、所在具体地点、车辆状况、车损程度、故障部位、是否需要替换车辆等情况。然后通知车辆监管部门、技术部门安排救援(包括救援车辆、替换车辆的派遣，随车修理工具、通信工具的准备，或准备拖车），并及时提醒或协助客户向公安交管部门和保险公司报案，会同本公司车辆管理人员迅速赶赴现场。到达事故现场后，应仔细检查，与客户和公安交管部门一起确认事故原因、责任方及车辆损坏程度，协助保险公司进行定损，双方在救援单据上记录情况并签字确认。最后由工作人员进行维修及必要的车辆替换，并跟踪办理保险理赔手续。车辆救援流程如图 8.7 所示。

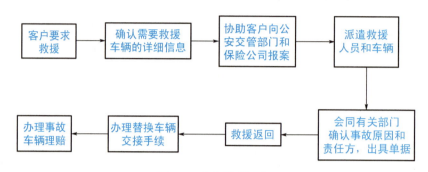

图 8.7　车辆救援流程

4．风险防范

（1）骗租的防范

汽车租赁的风险主要来自骗租。骗租给汽车租赁企业带来极大的烦恼、沉重的包袱和巨大的损失。避免骗租事件的发生及采取相应的防范措施是极其重要的管理工作。

"骗租、骗盗"车辆是多年来困扰汽车租赁企业的一大难题。但只要我们在日常工作中坚持认真、严谨、规范的操作，不断总结教训、交流经验，不断加强汽车租赁企业间的合作，加强与公安、检察院、法院等机构的配合，充分依靠法律手段和科技手段，通过合理保险，就能将"骗租、骗盗"车辆造成的损失降到最低。

（2）车辆技术状况非正常损耗的防范

承租人对所租赁车辆的驾驶特点、性能、构造等方面不熟悉，造成操作不当；或者为了降低租车的使用成本，在使用过程中不注重对所租车辆的维修保养，带来车辆技术性能的非正常损耗；或者汽车租赁企业自身对租赁运营车辆的技术管理出现漏洞，没有及时检查和维修，致使承租人损坏车辆，都将导致车辆的使用寿命缩短、企业的经营成本升高，从而给企业的经营带来风险。

（3）承租人道德风险的防范

承租人道德风险是指承租人违反双方议定的租赁合同，在租赁过程中侵占租赁企业的合法利益的行为。常见如下两种情况。

① 承租人不按合同规定交付租金。有些承租人延长用车时间而不补交租金或延期支付租金，超时使用短则十几天，长则几个月，汽车租赁企业不能按时收回租金，车辆周转受到影响。另外，租赁合同除规定每日基本租赁价格外，一般还对每日行驶里程、行驶范围有一些限定，对超出行驶里程和行驶范围的部分加收部分租金。部分承租人为了多行驶一些里程而少付费，拆卸租赁车辆的里程表，使汽车租赁企业蒙受损失。

② 承租人非法侵占租赁车辆的所有权。承租人在租赁期内采取不法手段将租赁的汽车抵押、偿债或擅自改变汽车的结构，更换零部件，甚至以租车为名行盗车之实，将租赁的车辆变卖，直接侵占汽车租赁企业的运营资产。

（4）租赁车辆交通肇事的防范

承租人驾驶租赁车辆发生交通事故，致使车辆必须进行维修，影响车辆的正常运营；或者承租人驾驶租赁车辆发生交通肇事，在案件处理过程中造成车辆停驶，影响汽车租赁企业正常运营。

由于汽车租赁经营具有上述风险，因此企业必须建立健全相应的风险管理、控制机制，以保证健康发展。

5. 客户管理

客户管理是指将现实的和潜在的业务往来者（客户）进行区分归类，记录其相关基本概况、有关信息及业务往来情况，定期进行整理、补充及分析，并充分利用相关资料。高水平的客户管理是租赁服务质量的重要体现，是市场营运工作的重要组成部分；规范的客户管理是杜绝骗租、降低风险的有效手段。

6. 车辆管理

车辆管理是汽车租赁企业的一项非常重要的基础性工作，其管理水平直接关系到企业的服务水平、经济效益，甚至关系到车辆使用的安全和企业的品牌。汽车租赁企业的车辆管理包括车辆营运标准管理、车辆档案管理、车辆技术管理和车辆安全管理。

7. 服务质量管理

服务质量是影响企业竞争力的主要因素之一。对服务企业而言，质量评估是在服务传递中进行的。在服务过程中，客户与服务人员发生接触，会比较所接受的服务的感知与服务的期望。当感知超出期望时，服务被认为具有良好的质量，客户将非常满意；当没有达到期望时，服务被认为是不可接受的；当感知与期望一致时，对质量满意。因此，汽车租赁企业的服务质量管理过程是一个让客户的感知超出期望的过程。

本 章 小 结

本章重点介绍汽车金融服务的功能、特点、发展现状，以及汽车消费信贷、汽车保险、汽车租赁等金融服务的基本流程和实务。本章难点是各种汽车金融服务的业务操作流程和运营管理。

汽车金融服务是在汽车的生产、流通与消费环节中融通资金的金融服务活动，包括为最终客户提供零售性消费贷款或融资租赁，为经销商提供批发性库存贷款，为各类汽车客户提供汽车保险，为汽车服务企业提供营运资金融资等活动。

汽车金融服务内容涉及范围甚广，在我国主要有汽车消费信贷服务、汽车保险服务、汽车租赁服务等。

汽车消费信贷是指汽车消费信贷机构以个人、机构和其他消费群体为对象，以获取未来收益的能力和历史信用为依据，通过提供贷款，实现其或者其客户对汽车的购买和使用。汽车消费信贷是消费信贷的一种。

我国个人汽车消费信贷主要有银行为主体的直客式汽车消费信贷、以经销商为主体的间客式汽车消费信贷、以非银行金融机构为主体的间客式汽车消费信贷三种模式。

我国汽车消费信贷发展经历了初级阶段、发展阶段、竞争阶段和专业化阶段。

汽车消费信贷业务的基本流程可以归纳为申请、审批、实施、监控和违约处理五个阶段。

由于我国个人信用体系尚未健全，因此汽车消费信贷有一定的风险。

汽车保险是以保险汽车的损失，或者以保险汽车的所有人（或者驾驶人）因驾驶保险汽车发生交通事故所负的责任为保险标的的保险。

目前我国汽车保险可分为机动车交通事故责任强制险和商业险。商业险又分为基本险(或主险)和附加险。汽车承保包括投保、核保、签发单证、续保与批改等程序。

汽车租赁是指在约定时间内，租赁经营人将租赁汽车交付承租人使用，但是不提供驾驶劳务的经营方式。汽车租赁业的核心思想是资源共享服务社会。汽车租赁作为一种全新、高效的消费形式，从进入我国开始，就经历了迅猛的发展。汽车租赁中的主要问题是风险防范。

【关键术语】
汽车金融服务、汽车消费信贷、汽车保险、汽车租赁

综合练习

一、名词解释

1. 汽车金融服务
2. 汽车租赁
3. 汽车消费信贷
4. 汽车保险
5. 被保险人

二、填空题

1. 汽车保险是指由保险公司对机动车辆由_____灾害或_____事故造成的人身伤亡或财产损失负赔偿责任的一种商业保险。
2. 直客式信贷模式是指由_____、_____、保险三方联合。
3. 汽车消费信贷业务的基本流程可以归纳为_____、_____、实施、监控和违约处理五个阶段。
4. 汽车承保是_____与_____签订保险合同的过程。
5. 汽车租赁按经营目的可以分为_____租赁和_____租赁。

三、简答题

1. 汽车金融服务内容有哪些？
2. 汽车消费信贷有何特点？
3. 我国个人汽车消费信贷有哪三种模式？各有何特点？
4. 简述汽车金融服务的作用。
5. 现场调查汽车消费信贷的工作流程，并画出流程框图。
6. 简述以经销商为主体的间客式汽车消费信贷的业务流程。

7. 试分析我国目前汽车消费信贷存在的风险，并简述规避这些风险的方法。
8. 汽车保险有何特点？
9. 简述我国汽车保险业的现状与发展趋势。
10. 什么是机动车交通事故责任强制保险？
11. 什么是机动车第三者责任保险？与机动车交通事故责任强制保险有何关系？
12. 什么是附加险？
13. 简述汽车保险公司的承保工作流程。
14. 机动车交通事故责任强制保险的保费为何是浮动的？
15. 试解读《机动车交通事故责任强制保险条例》。
16. 试解读《中华人民共和国保险法》。
17. 组织学生到4S店实习，熟悉汽车消费信贷的业务流程和各类操作性文件，并完成实习报告。

第 9 章
事故车定损理赔服务

教学目标

通过本章的学习,掌握我国事故车定损理赔的现状与发展;掌握事故车定损理赔的工作流程和工作内容;掌握事故现场勘查的工作流程与勘查技能;掌握汽车损伤鉴定的方法、程序、技巧;了解水灾事故车及火灾事故车的损伤鉴定;了解汽车损失费的构成;掌握工时费、材料费、贬值费的计算方法;了解车损报告的基本内容;掌握汽车定损的工作流程;了解汽车事故损失费的主要构成。

教学要求

知识要点	能力要求	相关知识
事故现场勘查	了解事故现场勘查的目的; 熟悉事故现场勘查的工作内容; 能进行事故现场勘查; 能撰写现场勘查报告	事故现场勘查的定义、目的,事故现场的分类; 实地勘查、现场访问、现场分析、现场试验、痕迹物证勘查、现场拍摄、现场测绘; 勘查报告的基本内容
汽车损伤鉴定	能正确使用事故现场勘查的常用工具; 熟悉汽车损伤类型和鉴定程序	现场勘查的常用工具; 直接损伤、间接损伤; 汽车损伤鉴定程序; 区位检查法、一区损伤鉴定、二区损伤鉴定、三区损伤鉴定、四区损伤鉴定、五区损伤鉴定; 水灾事故车及火灾事故车的损伤鉴定
汽车估损	掌握汽车损失费用的构成; 能正确计算事故车维修的工时费、维修材料费和外加工费; 能进行车辆损失的赔款计算	汽车损失费用的构成、工时费、维修材料费、外加工费; 制作车辆估损报告; 车辆损失的赔款计算
事故车定损	熟悉事故车定损的工作流程; 能确定车辆损失、人身伤亡费用、其他财产损失和施救费用	事故车定损的工作流程、确定车辆损失、确定人身伤亡费用、确定其他财产损失、确定施救费用

 导入案例

汽车使人类的生活方式发生了很大的变化。汽车行业的不断发展,为人类社会进步提供了基本保障。在当今社会,汽车涉及人类日常生活的各个方面,在整个国民经济建设中占有非常重要的地位。然而,伴随着汽车行业的发展,汽车保有量的急剧增大,交通流量的不断扩大,汽车与道路比例严重失调。同时由于交通管理不善等,汽车事故频繁发生,伤亡人数不断增加。汽车交通事故不仅威胁着人们的生命安全,而且造成巨大的经济损失。

我国是世界上汽车事故较多的国家之一,近年来的交通事故发生次数和伤亡人数已呈下降趋势,但绝对数量仍然较大。2000—2019年全国道路交通事故统计见表9-1。

表9-1 2000—2019年全国道路交通事故统计

年 份	事故次数/起	死亡人数 a/人	受伤人数 b/人	直接经济损失/亿元	致死率 $\frac{a}{a+b}$ /(%)
2000年	616971	93853	418721	26.3	18.31
2001年	754919	105930	546485	30.9	16.24
2002年	773137	109381	562074	33.2	16.29
2003年	667507	104327	494174	33.7	17.43
2004年	567753	107137	480864	23.1	18.22
2005年	450254	98738	469911	18.8	17.36
2006年	378781	89455	431139	14.9	17.18
2007年	327209	81649	380442	12.0	17.67
2008年	265204	73484	304919	10.0	19.42
2009年	238351	67759	275125	9.1	19.76
2010年	219521	65225	254075	9.3	20.43
2011年	210812	62387	237421	10.8	20.81
2012年	204196	59997	224327	11.7	21.10
2013年	198394	58539	213724	10.4	21.50
2014年	196812	58523	211882	10.8	21.64
2015年	187781	58022	199880	10.4	22.50
2016年	212846	63093	226430	12.1	21.79
2017年	203049	63772	209654	12.1	23.32
2018年	244937	63194	258532	13.8	19.64
2019年	247646	62763	256101	13.5	19.68

9.1 事故现场勘查

9.1.1 事故现场的分类

研究交通事故现场的分类，对正确指导勘查工作有着十分重要的意义。由于划分的标准和角度不同，因此交通事故现场的分类不同。

按现场完损状态不同，交通事故现场可分为原始现场、变动现场和破坏现场。

交通事故形态

1. 原始现场

原始现场也称第一现场，是指没有受到破坏或变动的现场，即车辆、人、畜和一切与事故有关的痕迹、物证均保持事故发生后的原始状态。原始现场完整地保留着事故发生后时间、空间、变化状态，可为事故原因的分析和事故责任的认定提供客观依据。原始现场能为事故分析提供最直接的凭据，因此必须强调原始现场的勘查价值，尽可能将事故现场的原始状态保留到现场勘查。原始现场是取证价值最高、最理想的现场。

道路交通事故的类型、等级及特点

2. 变动现场

变动现场也称第二现场或移动现场，是指事故发生后到现场勘查之前，由于某种自然的或人为的原因，现场的原始状态部分或全部地受到变动的现场。这类现场不能充分为事故分析提供直接依据，有时甚至完全失去痕迹和物证，造成案情分析的困难。但是由于交通事故的特殊环境，在事故发生后，保留原始现场、避免现场变动几乎是不可能的，因此在现场勘查时所见到的现场多为变动现场。引起现场变动的原因通常有以下几种。

（1）抢救伤员或排险。为抢救伤者，必须移动伤者或死者的倒卧位置，有时要改变车辆及有关物体的位置；为排险，必须清理易燃、易爆及有毒物质等。

（2）保护不当。事故发生后，由于未及时封闭现场，有关痕迹被过往车辆和行人碾踏，失去原貌或消失。

（3）自然破坏。雨、雪、日晒等自然因素使无遮盖的现场痕迹被冲刷、覆盖、挥发消失等。

（4）允许变动。有特殊任务的车辆（如消防、警备、救险等特种车辆）发生事故后，允许驶离现场；或在主要路段，为了避免交通阻塞，允许移动车辆或有关物件。

（5）车辆驶离。发生事故后，车辆驾驶人没有察觉事故而驶离现场，或者已发现事故却有意驶离现场。后者若造成人员伤亡，将被追究刑事责任。

3. 破坏现场

破坏现场是指发生交通事故后，故意改变事故现场车辆、物体、痕迹、物证等的原始状态的现场。破坏现场属于变动现场，但由于其性质恶劣，因此单独列为一类。

按现场破坏的情节，破坏现场可分为逃逸现场和伪造现场。

9.1.2 事故现场勘查的工作内容

事故现场勘查一般包括实地勘查、现场访问、现场分析、现场试验4个方面。

1. 实地勘查

实地勘查是指以查明道路交通事故过程，发现和提取痕迹、物证为主要目的，对道路交通事故现场进行的勘验、检查、拍照、摄像、测量、绘图、记录等专项活动。

实地勘查的主要工作内容如下。

（1）现场拍照

现场拍照是利用现场拍摄的照片记录现场地貌、车辆、尸体、痕迹及散落物品位置和状态的勘查手段。对于第二现场，拍照前应用白线标明受伤者原始倒卧位置或尸体、物体的原始位置。应从不同角度和不同距离拍摄照片，以便全面、真实地记录事故现场。

（2）绘制现场草图

绘制现场草图是指用平面草图记录现场的道路、车辆、人体、物品及有关事故痕迹的状况的勘查手段。现场徒手绘制的平面图虽是一种草图，但由于采用了规定的画法符号，并按比例将现场道路、车、物、人体、痕迹表现在图面上，用尺寸数字标出它们之间的位置，因此能比照片更准确地记录现场客观情况，它与照片相互补充，都是现场勘查不可缺少的。现场草图的绘制和尺寸标注必须全部在事故现场完成。草图绘制完成后还应在现场核对，以便及时修改和补充。草图绘制完成后，应由现场勘查的负责人审定，并征得事故当事双方认可。

（3）现场测量

现场测量其实也是绘制现场草图工作的一部分，因为测量所得的数字大部分要标注到现场草图中。现场测量一般采用最普通的以直尺、卷尺为量具的直接人工测量方法，必要时可使用其他简单仪器。现场测量主要测定一些与事故相关的尺寸，包括：测量肇事车辆上的有关尺寸及其在现场道路上的定位尺寸，道路的宽度、标线位置，制动印痕的长度、起始位置；测量尸体的位置及血迹、受伤人体的位置及血迹、散落物的面积；测量有关交通元素的行进路线的位置；测量车辆车身损伤位置、面积、深度；测量坠车事故车辆的下落距离及相关的地形尺寸等。

（4）采集物证

现场物证对事故原因的分析和当事人责任认定的作用尤其重要，因此现场必须有条不紊地仔细采集现场一切可用的甚至具有分析价值而可能用不上的物证。需采集的物证包括：车辆事故接触部位黏附的物体，如漆皮、纤维、木屑，人体的皮肉、毛发、血迹等；现场地面的遗落物体，如车辆上的零件、润滑油，人身上的佩戴物、纽扣、鞋、血迹等。同时，清理死者随身遗物并进行登记。

2. 现场访问

现场访问是以查明道路交通事故发生前后当事人、道路、交通环境、车辆等的基本情况，以开辟线索来源为目的而进行的询（讯）问当事人及证人的活动。通过访问具体了解道路交通事故当事人的基本情况、道路交通事故发生的基本事实、其他与道路交通事故有关的情况等。

现场访问应重点了解如下问题。

(1) 肇事者的个人情况，如年龄、性别、驾驶经历、事故记录、有无酒驾等。
(2) 发生事故的时间、地点、车辆、出车事由、乘客人数或载物数量，确认是否超重、超宽、超高、超长和超员。
(3) 发生事故时的估计车速，发现险情时车辆的位置、所采取的措施。
(4) 事故过程的具体情况。
(5) 逃逸车辆的车型、车号、颜色、去向等可供侦缉的线索。
(6) 车辆技术状况：事故车辆有无制动跑偏、制动无力、转向沉重及安全设备不合格情况。

3. 现场分析

现场分析是在道路交通事故现场勘查基本结束时，对现场勘查的全部材料进行全面、综合的分析研究，初步作出符合实际的推理判断，揭示道路交通事故现场各种现象的本质及其内在联系，初步分析道路交通事故当事人的道路交通安全违法行为及导致道路交通事故的过错或者意外情况，判断案件性质及道路交通事故成因的重要工作程序。

现场分析的主要工作内容如下。
(1) 查明事故的性质。
(2) 确定事故发生的时间。
(3) 确定肇事车辆和驾驶人。
(4) 确定事故发生的经过。

4. 现场试验

现场试验是分析案情、查明事故事实、解释某些事故现象，以及审查判断某些证据的一种手段。在现场勘查或现场分析过程中，有时会在某些痕迹或事实的认识上有分歧或者有怀疑，此时就可以在保证安全的前提下通过现场试验来验证、查明某些痕迹或事实的形成原因。

现场试验的主要工作内容如下。
(1) 肇事车辆的车速与制动距离。
(2) 肇事车辆的有关技术性能。
(3) 车身、路面、衣着等痕迹的形成。
(4) 车辆接触部位与方位。

事故现场勘查的工作流程如图9.1所示。

9.1.3　事故现场勘查技能

1. 痕迹物证勘查

汽车碰撞事故是一种纯物理现象。由碰撞事故造成的痕迹物证不但能反映出造型客体与承受客体之间的作用过程，而且能印证痕迹的形成。汽车碰撞事故也是造型客体与承受客体之间的相互作用。碰撞事故发生后，两个客体都会发生不同程度的变形并留下碰撞痕迹。现场痕迹勘查可以确定事故原因和相关责任。

痕迹物证勘查主要包括勘查车辆痕迹、地面痕迹和人体痕迹。

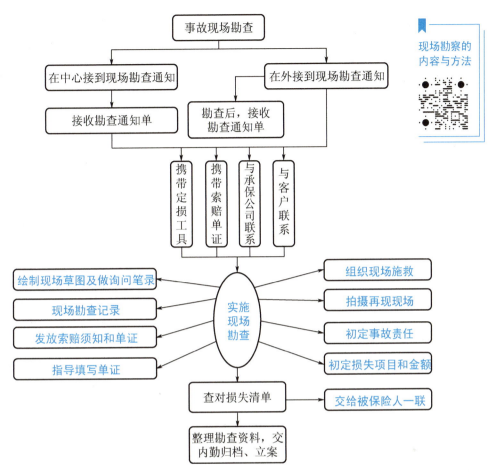

图 9.1 事故现场勘查的工作流程

车辆痕迹是指车辆在交通事故中与其他车辆、人体、物体相接触时留在车辆上的印迹。地面痕迹是指车辆轮胎相对于地面做滚动、滑移等运动时留在地面上的印迹。人体痕迹是指人员在交通事故中与车辆、道路、物体接触时留在伤亡人员衣着和体表上的印迹。

（1）车辆痕迹的勘查

在进行车辆痕迹勘查时，应遵循"从前到后，从上到下，从有关一侧到无关一侧"的顺序。

① 车辆前部痕迹。当车辆发生正面碰撞事故时，即使存在一定角度，也会在车的前部形成片状凹陷痕迹。车辆前部痕迹的勘查重点是前保险杠、前照灯框、散热器框架、百叶窗、翼子板、发动机盖等。现场勘查时，要记录痕迹的凹陷深度、形态、面积及痕迹所处车身的部位，两个客体接触时的状态及相互位置关系，以便认定事故瞬间。如直行车辆与左转弯自行车相撞，可以从车体接触痕迹及特征判定事故全过程和接触部位，并认定事故责任。

② 车辆侧面痕迹。车辆发生刮碰或侧面碰撞、斜碰撞时，会在车的侧面形成片状、条状刮擦痕迹或片状凹陷痕迹。车辆侧面痕迹的勘查重点是翼子板外侧、脚踏板、反光镜、货箱角和栏板、轮胎壁、后挡泥板、轿车前后车门、铰接栅、车裙等凸出部位。根据

痕迹部位、面积、痕迹中心距地面的高度、痕迹起始点距前保险杠的距离，认定两个客体接触点及事故责任。例如直行车辆与横穿马路的自行车发生刮碰事故，自行车失去平衡向下坠时在车身侧面形成斜向下方的划痕。

③ 车辆底盘痕迹。在交通事故中，如有人或物体进入车下，则极有可能发生人或物体与车辆底盘凸出部分刮碰，在凸出部位形成擦痕。车辆底盘痕迹的勘查重点是转向拉杆、前后轴、油底壳、驱动桥壳、排气管、车裙下沿及其他凸出部位，勘查时应注意记录痕迹的长度、宽度、至地面的高度和距前保险杠的距离。纵向划痕勘查时应注意划痕始端距保险杠的距离，两侧距车轮的距离；横向划痕勘查时应注意两端距前保险杠的距离和某端距一侧车轮的距离。通过底盘痕迹的勘查，确定人或物体与车辆底盘的接触情况、人或物体的高度及碾轧过程中的形态、车辆的走向。

④ 车辆痕迹的鉴别。交通事故中，车辆发生碰撞、刮擦势必会形成接触痕迹，碰撞、刮擦的形态不同，必然造成车体不同程度的损伤。因为发生碰撞的客体结构不同、碰撞的相对速度不同、车辆的总质量不同、接触部位及角度不同，所以车辆的损伤程度不同。

a. 汽车与固定物相撞。由于树木、电杆、桥栏、砖墙等物体具有不同的刚度，对冲击动能的吸收能力也不同，因此车辆撞在这些物体上的损坏程度不同。显然，相同的损坏程度，车辆撞在刚度大的物体上碰撞前的速度较慢。

b. 车速与碰撞的关系。两车相撞时，速度越快，碰撞力越大，损坏程度越高。质量相等的两车相撞，速度快的损坏严重。

c. 质量与碰撞的关系。两车相撞时，质量大的车辆受到的撞击力大；反之，质量小的车辆受到的撞击力大。因此，质量不相等的车辆相撞，质量小的损伤严重。

d. 作用力角度与碰撞的关系。车辆在发生迎头侧面碰撞和斜碰撞时，碰撞力的作用方向是否通过承受客体的重心，其冲击的强度和形成的各种痕迹是不同的。当碰撞冲击力偏离被撞车辆重心时，被撞车辆将做回转运动。在相同碰撞速度下，冲击强度较低，损坏较少。

⑤ 注意要点。勘查车辆痕迹时，应根据事故分析的要求注意以下几点。

a. 准确区分碰撞痕迹形成的先后顺序。车辆发生碰撞后形成第一次痕迹。车辆发生碰撞后由于减速或滑移与第三者发生碰撞形成的痕迹称为第二次痕迹，如乘员在车内受到的碰撞，车辆碰撞后与其他机动车辆、自行车、行人或物体的碰撞。

在交通事故痕迹勘查过程中，只有第一次痕迹能准确说明事故形成的原因，其他痕迹只能说明事故的演变过程和结果。因此，现场勘查时，要针对车体上的损伤痕迹，根据其所在部位、形状与其相撞的事故车辆上或现场上其他相关物体、车辆上的痕迹，进行实际比对，确认出第一次痕迹。

b. 确定痕迹形成的着力点与走向。根据痕迹的受力角度，判断两个客体的相对运动方向和交叉角度，分析事故形成的原因，为事故责任认定提供有力的依据。

c. 车、物痕迹处的附着异物。勘查时应注意附着异物的新旧程度及形成原因。例如，可以根据灯丝的颜色鉴定灯泡破损时车灯的状态，如灯亮着灯泡破损，灯丝立即氧化变黑；如灯未亮，则灯泡破损时灯丝颜色不变。

d. 勘查车辆的传动机构、转向机构、钢板弹簧和U形螺栓等部件的断裂痕迹时，应注意分析断裂原因。由材料不合格或疲劳引起的断裂，会造成方向失控，断裂可能发生在事故之前。事故中冲击力超过材料抗冲击载荷的能力也会引起断裂。但两者形成的断裂痕迹完全不同。

e. 碰撞事故会造成轮胎爆裂，行车过程中由轮胎爆裂导致车辆方向失控造成的事故屡见不鲜。在对有轮胎爆裂的事故进行勘查时，必须从轮胎爆裂处的状态鉴别是事故前就破裂了还是由事故造成的破裂。

f. 分析判断事故接触点、力的作用方向和接触后的运动状态时，应注意依据路面挫痕及沟槽痕的位置、形状、深浅、方向、长短等进行分析。对于痕迹上的附着异物，应根据其新旧程度推测形成时间，以确定与事故发生时间是否吻合。

（2）地面痕迹的勘查

① **勘查地面痕迹包括勘查地面轮胎痕迹的种类、形状、方向、长度、宽度，痕迹中的附着情况，以及轮胎的规格、花纹等**。逃逸事故现场应勘验肇事逃逸车辆两侧轮胎痕迹的间距和前后轮胎痕迹止点的间距，判明肇事逃逸车辆的类型及行进方向。勘查滚印、压印、拖印、侧滑印分段点外侧相对路面边缘的垂直距离，痕迹与道路中心线的夹角，痕迹的滑移、旋转方向和度数。滚印、压印、拖印、侧滑印迹及痕迹突变点应分别勘查，弧形痕迹应分段勘查，轮胎跳动引起的间断痕迹应作为连续痕迹勘查，根据需要记录间断痕迹之间的距离。

② 勘查人体倒卧的位置。

③ 勘查车辆、鞋底或其他物体留在地面上的挫伤和沟槽痕迹的长度、宽度、深度，痕迹中心及起止点距离，确定痕迹的造型客体。

④ 勘查与交通事故有关的地面散落物、血迹、类人体组织等的种类、形状、颜色及分布位置，确定主要散落物第一次着地点和着地方向。

⑤ 水泥、沥青、块石路面上的痕迹被尘土或散落物覆盖时，在不妨碍其他项目勘查的前提下，拍照后清除覆盖物再勘查。

⑥ 根据需要制作痕迹模型，提取地面的橡胶粉末、轮胎的橡胶片、轮胎胎面上的附着物等，进行检验和鉴定。

（3）人体痕迹的勘查

① 人体痕迹勘查应从外向里进行，先衣着后体表。

② 勘查衣着痕迹。勘验衣着上有无勾挂、撕裂、开缝、脱扣等痕迹，有无油漆、油污等附着物；鞋底有无挫划痕迹。勘查衣着上痕迹、附着物的位置、形状、特征，造成痕迹的作用力方向，痕迹中心距足跟的距离。根据需要勘查衣着的名称、产地、颜色、新旧程度等特征及穿着顺序，提取必要的衣着物证。

③ 勘查体表痕迹。交通事故死者的体表痕迹由勘查人员或法医勘验，伤者的体表痕迹一般由医院诊断检查，必要时可由法医检查或由勘验人员在医务人员的协助下检查。

a. 勘查交通事故死者体表的损伤和尸斑、尸僵形成情况，确定死亡原因和时间。

b. 勘查性别、体长、体形等体表特征。

c. 勘查体表损伤的部位、类型、形状尺寸、造成损伤的作用力方向，损伤部位距足跟的距离，损伤部位的附着情况。

d. 勘查各主要骨骼有无骨折，肢体有无断离现象，体内组织有无外溢。

e. 根据需要提取伤亡人员的衣着、血液、组织液、毛发、表皮上的附着物等，进行检验和鉴定。

（4）其他痕迹、物证

① 勘查行道树、防护桩、桥栏等固定物上痕迹的长度、宽度、深度及距离地面的高度。

② 根据需要提取有关部件的碎片，拼复原形，留作物证。

③ 逃逸事故现场应提取现场遗留的所有与交通事故有关的痕迹物证。

现场物证是证明保险事故发生最客观的依据，收取物证（如散落车灯、玻璃碎片、各种油料痕迹、轮胎痕迹等）是勘查第一现场最核心的工作，多种勘查方法和手段均为收取物证服务。物证是确定事故责任的重要依据，也是确定是否为保险责任的依据。

2. 现场拍摄

交通事故的现场拍摄是在普通照相的基础上，根据交通事故现场勘查及事故车辆解剖分析工作的需要和要求，发展而来的一种专用技术手段。交通事故现场拍摄与普通照相的区别在于，交通事故现场拍摄绝不允许摆拍和夸张，必须以事实为依据，以真实记录为原则，以澄清肇事者行为、证实交通事故发生原因和反映车辆损伤程度为目的。对事故现场、事故车辆的损坏情况拍照，可以为分析研究事故现场提供可靠的依据，为技术检验鉴定提供感性材料，为车辆的理赔工作提供依据。

现场拍摄分为现场环境拍摄、痕迹勘验拍摄、车辆检验拍摄和人体拍摄。

（1）现场环境拍摄

现场环境拍摄主要通过方位拍摄、概览拍摄的方式表现，具体内容包括：道路交通事故的环境、位置，道路交通事故现场周围的地形、道路走向、现场所处的位置、交通标识、交通标线、车辆/行人出入方向，道路交通事故现场有关车辆、尸体、物体的位置、状态及其相互关系。

（2）痕迹勘验拍摄

痕迹勘验拍摄主要通过中心拍摄、细目拍摄的方式表现，具体内容包括以下几点。

① 道路交通事故现场的中心部位或重要局部。

② 道路交通事故现场中与道路交通事故有关，并且对分析事故发生过程、形成原因有证明作用的各种痕迹物证的特征，主要包括以下内容。

a. 物体分离痕迹的拍摄内容，包括分离物在原物体中的位置及分离端面的痕迹特征，原物体的基本状况及内部结构特征。

b. 物体表面痕迹的拍摄内容，包括痕迹在承受体上的具体位置，痕迹本身的形状、大小、深浅、颜色、走向，造型体与承受体的比对照片。

c. 路面痕迹的拍摄内容，包括痕迹在路面的具体位置，痕迹本身的形状、大小、深浅、颜色、走向，造型体与痕迹的位置关系。

d. 人体附着痕迹的拍摄内容，包括痕迹附着在人体、衣着上的具体位置，痕迹本身的形状、大小、颜色、受力方向。每个痕迹应单独拍摄，同一部位衣着和体表都留有重叠痕迹的，也应分别拍摄。裤子上的痕迹应反映出与裤脚的距离。

e. 遗留物的拍摄内容，包括遗留物在现场的原始位置，遗留物的形状、体积特征、分布情况。

③ 车辆与其他车辆、人员、物体的接触部位，车内死者及伤者的分布状态、位置，车辆的挡位、转向盘所在的位置，以及仪表板反映的各种信息。

④ 对于需要反映物品立体形状的，拍摄不得少于两个侧面。

⑤ 对于需要确认驾驶人身份的，应当提取当事人人体手印及足迹照片。

⑥ 对于需要进行检验鉴定的，应当拍摄本体物与原形照片。

（3）车辆检验拍摄

车辆检验拍摄主要通过中心拍摄、细目拍摄的方式表现，具体内容包括：事故车辆整车及损坏部位、号牌、铭牌等；分解检验的车辆及其部件的损坏情况、形态等；直接造成道路交通事故的故障与损坏部件，应根据需要拍摄该机件的损坏状态。

车辆检验拍摄包括以下内容。

① 拍摄车牌号码和车型，确认事故车辆身份。不能正面拍摄，应选择合适的角度，一般拍摄角度与车辆中轴线呈30°~45°。如果车辆的前保险杠或车牌号码损坏，则可以先拍摄车辆的后部，再将后车牌号码拆下，与前车牌号码一起放在车前部的合适位置拍照。

② 车辆外部损伤照相。车辆发生碰撞、刮擦事故后，需要对事故车辆的损伤情况进行拍照记录，为交通事故赔偿及保险理赔程序提供依据。拍摄车辆损伤时，应注意拍摄的角度及用光，应能正确地反映损伤的部位、损伤的程度、损伤涉及的零部件种类和名称。若一个角度不能全面反映出零件的损伤情况，则可以选择不同的角度进行拍摄。

③ 车辆解剖照相。在车辆验损的过程中，当仅凭车辆外部损伤照相不能如实反映事故车辆的损伤程度时，需要对事故车辆进行解剖，以查明事故车辆的具体损伤情况，确定损失价值，通过内部损伤的形成原因，分析确认导致事故的原因。拍照时，应根据事故车辆的损伤情况和解剖进度确定拍照的位置和数量，以保证客观、完整地反映事故车辆的损失价值。

④ 零件损伤情况照相。拆解检验车辆时，应对零件损伤断面进行检验拍照，以确认零件的损坏原因，且是否属于保险赔付范围。事故车零件的损坏有两种情况：a. 因撞击力超过零件的强度而损坏；b. 自然磨损或零件疲劳造成损坏。应认真区分这两种情况。

（4）人体拍摄

人体拍摄通过现场中心拍摄和细目拍摄的方式，拍摄人体伤痕及有关人员的辨认照片，为事故分析研究或刑事、民事诉讼提供证据。

3. 现场测绘

（1）现场图的意义

现场图是用正投影原理的绘图方法绘制的。现场图实际上是一张保险车辆事故发生地点和环境的小范围地形平面图，根据现场勘查要求必须迅速、全面地把现场上的各种交通元素、有关痕迹、道路设施及地物地貌，用一定比例的标准图形符号绘制在平面图纸上，是一种专业技术工作图。现场图表现的基本内容如下。

① 表明事故现场的地点和方位，现场的地物、地貌和交通条件。
② 表明各种交通元素道路设施及与事故有关的遗留痕迹和散落物的位置。
③ 表明各种事物的状态。
④ 根据痕迹表明事故过程中车、人、畜的动态。

因此，现场图是研究分析出险事故的发生原因、判断事故责任、准确定损、调解处理、合理理赔的重要依据。不仅绘图者自己能看懂现场图，而且他人能看懂，使没有到过出险现场的人能从现场图中了解到出险现场的概貌。

通常第一现场勘查须绘制现场图，非第一现场一般不具备绘制现场图的条件。机动车辆保险中第一现场勘查多为单方事故，现场勘查图没有判断事故为哪方责任的意义，只是为了反映现场状况，使他人通过现场图对事故现场状况有一个总体的认识。

（2）现场图的种类

现场图按照制作过程可分为现场记录图和现场比例图。

① 现场记录图。**现场记录图是指根据现场勘查程序，在出险现场绘制、标注，当场出图的出险现场示意图**，是现场勘查的主要记录资料。由于现场记录图是在事故现场绘制的，而且绘图时间短，因此不那么工整。但内容必须完整，现场地形、地物，物体位置和形状、尺寸、距离要成比例，尺寸数字要准确。如出图前发现问题，则可以修改、补充。一般情况下，平面图和适当的文字说明即可反映出出险事故现场的概貌。有时为了表达出险事故现场的空间位置和道路纵、横断面几何线形的变化，常采用立面图和纵/横剖面图。

② 现场比例图。为了更形象、准确地表现事故现场，**根据现场记录图标明的尺寸、位置，选用一定比例，按照绘图要求，工整、准确地绘制而成的图称为现场比例图**。现场比例图是理赔或诉讼的依据。在绘制现场比例图时，不允许改动现场记录图上的记录内容。

（3）现场记录图的绘制

要求在现场勘查结束时当场出现场记录图，即在很短的时间内把现场的复杂情况完整无误地反映在图面上，因此绘图者必须具备一定的业务水平和熟练的绘图技巧。绘制现场记录图的过程如下。

① 根据出险现场情况，选用适当比例，进行图面构思。
② 按近似比例画出道路边缘线和中心线。通常现场图为上北下南，上北下南不易表达时，可利用罗盘确定道路走向。在图的左上方绘指北标志，标注道路中心线与指北线的夹角。
③ 根据图面绘制的道路，用同一个近似比例绘制出险车辆图例，再以出险车辆为中心向外绘制各有关图例。
④ 根据现场具体条件选择基准点，应用定位法为现场出险车辆及主要痕迹定位。
⑤ 按现场勘查顺序先标尺寸，后注文字说明。
⑥ 根据需要绘制立面图、剖面图或局部放大图。
⑦ 核对，检查图中各图例是否与现场相符，尺寸有无遗漏和差错。
⑧ 签名，经核对无误，现场勘查人员、当事人或代表应签名。

现场记录图如图 9.2 所示，现场比例图如图 9.3 所示。

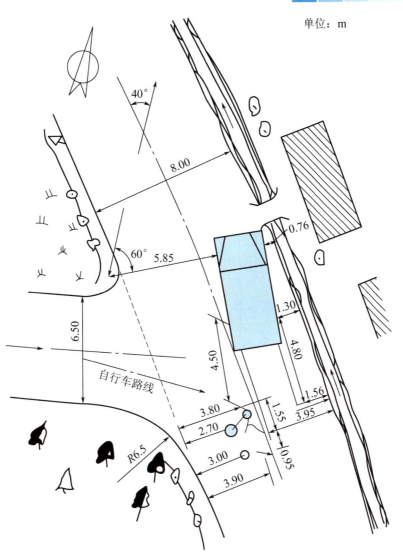

图 9.2　现场记录图

9.1.4　现场勘查报告

1. 勘查报告简介

勘查报告是勘查人员在对交通事故进行全面调查之后,作出的一个具有较强专业性的事故情况报告。对于专业勘查公司而言,勘查报告就是其服务水平和技术水平的体现,也反映了报告制作人的技术水平。

我国大多数保险公司在机动车辆保险理赔方面还没有采用规范的勘查报告模板,检验、定损和理算工作是由现场勘查报告、定损单和理算书等完成和体现的。这种方式的缺点是缺乏系统性和完整性,而且均属于保险公司内部动作的范畴,显然不能适应社会发展的需要,被保险人不希望被动地接受保险公司的理赔结果,而是希望了解赔案处理的过程

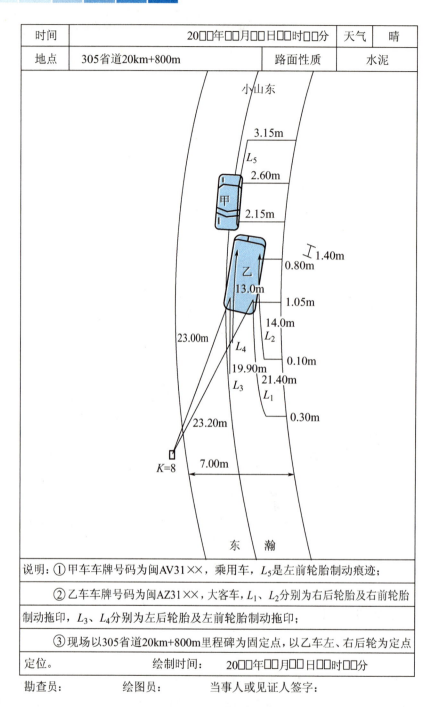

图 9.3 现场比例图

和依据。此时需要通过一个规范的勘查报告,最好是第三方的检验报告,体现勘查保险合同的公平性。

推行勘查报告制度不但可以减少不必要的合同纠纷,而且将对我国保险公估行业的发展起到积极的推动作用,促进保险市场进一步完善。因此,在机动车辆保险业务逐步推行勘查报告制度不但是为了更好地维护被保险人的合法利益，而且是提升我国机动车辆保险业务管理水平的需要。

2. 勘查报告的基本内容

勘查报告的内容可能随着案件类型的不同、公司的不同或勘查人员的不同而有所不同。但是，勘查报告规范化的特点要求其基本内容必须基本相同。通常勘查报告应包括以下基本内容。

(1) 保险的基本情况

① 保险合同的基本情况，包括保单号、投保险别（基本险和附加险）、被保险人、保险金额（保险价值）和赔偿限额、免赔额和保险期限等。

② 保险车辆的基本情况，包括车辆的品牌和型号、车辆的载客数或吨位、车辆颜色、车辆车牌号码、发动机号码、车架号和里程表公里数等。

③ 驾驶人的基本情况，包括驾驶人的姓名、性别、年龄、驾驶证件发放机关、驾驶证件号码、准驾车型、初次取得驾驶证的时间和以往的肇事记录等。

(2) 事故发生和处理的经过

本项报告内容主要包括出险时间、出险时的天气状况、出险地点及周围情况；事故现场情况；事故原因描述和施救情况。

(3) 损失情况

对损失情况的描述应尽可能采用图示，对损失情况的表述应尽可能采用规范措辞，如对部件名称、损失程度的描述都应统一用词。

对于重大案件，初步勘查报告可能暂时难以确定准确的损失金额，勘查人员应当根据经验估计最大可能损失，作为保险人提取未决赔款准备金的依据。

(4) 修理方案及修复情况

根据汽车损失情况，制定修理方案，确定需要修复的零件及更换的零件。

(5) 保险责任的认定

勘查人员应在对事故进行全面调查之后，对照保险条款进行保险责任的认定，确认事故是否属于保险理赔范畴。

对保险责任的认定是体现勘查人员水平的一个重要方面。专业保险公司的勘查人员出具勘查报告时，应当从技术的角度对事故的原因进行分析，对照保险合同条款，判定应承担的职业责任。

(6) 有关追偿问题

如果事故损失存在有责任的第三方，则勘查报告中应当明确提出向责任方追偿，以及追偿的依据和追偿的可能。

交通事故通常与人、车、路有关。尽管大多数情况下交通事故是由人为因素和道路条件引起的，但不能完全排除车辆质量问题导致事故的可能性。

机动车保险理赔现场勘查报告式样见表9-2。

表 9-2 机动车保险理赔现场勘查报告式样

被保险人：　　　　　　　保单号码：　　　　　　　赔案编号：

标的车辆	车牌号码：		是否与底单相符：		车架号码（VIN）：		是否与底单相符：
	厂牌型号：		车辆类型：		是否与底单相符：		检验合格至：
	初次登记年月：		使用性质：		是否与底单相符：		漆色及种类：
	行驶证车主：		是否与底单相符：		行驶里程：		燃料种类
	方向形式：		变速器类型：		驱动形式：		损失程度：□无损失　□部分损失　□全部损失
	是否改装：		是否具有合法的保险利益：				是否违反装载规定：
驾驶人	姓名：			证号：		领证时间：	审验合格至：
	准驾车型：	是否是被保险人允许的驾驶人：□是　□否			是否是约定的驾驶人：□是　□否　□合同未约定　□不详		
	是否酒驾：□是　□否　□未确定		其他情况：				

勘查时间	(1)是否是第一现场：	(2)	(3)
勘查地点	(1)	(2)	(3)

出险时间：		保险期限：		出险地点：

出险原因：□碰撞　□倾覆　□火灾　□自燃　□外界物体倒塌、坠落　□自然灾害　□其他（　　）
事故原因：□疏忽、措施不当　□机械事故　□违章装载　□其他（　　）
事故涉及险种：□车辆损失险　□第三者责任险　□附加险（　　）
专用车、特种车是否有有效操作证：□有　□无
营业性客车是否有有效资格证书：□有　□无
事故车辆的损失痕迹与事故现场的痕迹是否吻合：□是　□否
事故为：□单方事故　□双方事故　□多方事故
标的车上人员伤亡情况：□无　□有　伤____人；亡____人。
第三者人员伤亡情况：□无　□有　伤____人；亡____人。
第三者财产损失情况：□无　□有　□车辆损失　车牌号码____车辆型号____□非车辆损失（　　）
事故经过：
施救情况：
备注说明：

被保险人签字：　　　　　　　　　　　　　　　勘查员签字：

9.2 汽车损伤鉴定

从现场勘查流程图可以看出，事故查勘的另一个重要任务就是对车辆本身的损伤情况进行初步鉴定。对事故车的损伤情况进行彻底勘查和精确分析，有时要借助一些专用工具和仪器，并且遵循规范的检查顺序。对受损比较严重的汽车的损伤鉴定可能非常复杂，如果不按照规范的检查步骤，就很难做到准确无误。

9.2.1　常用工具

估损员估损时常用以下工具。

（1）记录信息的工具，可以用笔和笔记本记录车辆的损伤情况，也可以用口述方式将损坏情况记录在录音机、录音笔或手机等录音设备上（随后做进一步处理），或者直接记录在手提电脑等设备上。

（2）查询配件信息的手册和软件，可以是原厂配件手册、第三方手册（如米切尔配件手册）或估损软件（如中车在线网络估损系统），以便查询配件信息和关键的车身尺寸。

汽车碰撞损伤分类

（3）必要的测量工具，如钢卷尺和量规。

（4）举升设备。估损员应能熟练操作举升机或千斤顶，对车辆进行正确的举升操作。对于较严重的碰撞事故，一般要将车辆举起，检查车身底部。

（5）常用手动工具。估损员应能够熟练使用扳手、改锥和钳子等常用手动工具。由于勘查估损时通常需要拆卸一些损坏的配件做进一步检查，因此需要经常使用这些工具。

9.2.2 汽车损伤鉴定程序

估损时如果不遵循规范的检查程序，很容易遗漏一些受损件或维修项目，或者重复计算同一个项目，制作的估损单就会错误百出，结果是保险公司受损，或产生不必要的争端，同时给自己的声誉造成不良影响。

科学规范的鉴定程序可以最大限度地减少估损单中遗漏或重复的项目，保证估损单的准确性，并最大限度地降低将来对估损单进行增补的可能性。

1. 区位检查法

对事故汽车损伤鉴定通常采用区位检查法。区位检查法是指将事故汽车分成多个区域，逐一对各区域进行损伤鉴定。不同的区域应采用不同的鉴定方法。通常将碰撞事故汽车分成如下5个区域。

一区：直接碰撞损伤区，又称一次损伤区 [图9.4(a)]。

二区：间接碰撞损伤区，又称二次损伤区 [图9.4(b)]。

三区：机械损伤区，即汽车机械零件、动力传动系统零件、附件等损伤区 [图9.4(c)]。

汽车碰撞损伤鉴定

四区：乘员舱区，即车厢的各种损伤，包括内饰件、灯、附件、控制装置、操纵装置和饰件等 [图9.4(d)]。

五区：外饰和漆面区，即车身外饰件及外部各种零部件的损伤 [图9.4(e)]。

在对事故车进行损伤鉴定时，应当逐个区域仔细检查，同时按顺序记录车辆的损伤情况。无论是用区位检查法还是用其他方法，在检查事故车时都应遵循以下顺序。

（1）从前到后：从事故车的前方向后方依次检查，但对于后端碰撞，应当从后向前检查。

（2）从外到内：先检查外部零部件（如外板装饰件）的损坏情况，再检查内部结构件和连接件的损坏情况。

（3）从主到次：先检查主要总成的损坏情况，再检查小器件和其他部件的损坏情况。

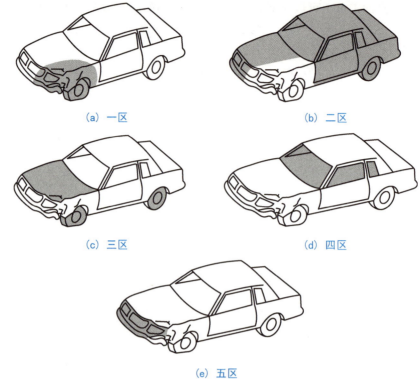

(a) 一区　　(b) 二区
(c) 三区　　(d) 四区
(e) 五区

图 9.4　汽车损伤分区

2. 一区损伤鉴定

一区系统性检验的第一步是查看，然后列出汽车碰撞直接接触点的车身一次损伤。车辆结构、碰撞力和角度及其他因素不同，一次损伤也不同。一般一次损伤造成翼子板变形和开裂及零件破碎等（图9.5）。一次损伤是可见的，一般不需要测量。

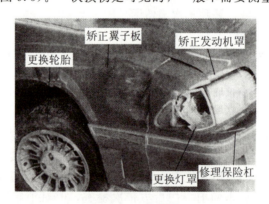

图 9.5　一次损伤

对于前部碰撞事故，在一区应查看的项目通常包括但不限于前保险杠总成、格栅、发动机罩、翼子板、前车灯、玻璃、前车门、前车轮、油液泄漏。

对于后部碰撞事故，在一区应查看的项目通常包括后保险杠总成、后侧围板、行李箱盖、后车灯、玻璃、后车轮、油液泄漏。

对于侧面碰撞事故，在一区应查看的项目通常包括车门、车顶、玻璃、立柱、前车身底板、支撑件、油液泄漏。

在列出受损的外部板件和部件后，有时需要将事故车举升起来，检查车身底部板件、发动机支架等支撑件、结构性支撑、横梁和纵梁等的损伤情况。

为了检查哪些部位受到损伤，应当查找以下线索或痕迹：缝隙、卷边损坏、裂开的焊点、扭曲的金属板。

一定要密切关注结构横梁，因为车辆的强度取决于所有结构件的状况。修复事故车时，必须对所有的小裂缝、划伤或裂开的焊点进行适当的修理，以保证车辆性能恢复到设计要求。

3. 二区损伤鉴定

（1）二次损伤机理

二次损伤是指发生在一区之外，并离碰撞点有一段距离的损伤。二次损伤是在碰撞力向车辆移动的过程中形成的，也就是碰撞力从冲击区域延伸到车身毗连区，并且碰撞力能在向毗邻板件移动的过程中被吸收。碰撞力传递到较大范围的区域，使车辆上的任何零件均可能受到影响。

撞击力在车辆上传递的距离和二次损伤的程度取决于碰撞力的大小和作用方向及吸收碰撞能的各结构件的强度。许多承载式车辆车身被设计成能压溃并吸收碰撞能的结构，以便保护车内驾乘人员。

二次损伤也可由动力传动系统和后桥的惯性力造成。车辆因碰撞突然停止，由于惯性作用，机械零部件的惯性力全部作用到固定点和支撑构件上，毗邻金属可能发生皱褶、撕裂或开焊。因此，必须注意检查悬架、车桥、发动机和变速器的固定点。

二次损伤有时不容易发觉，但仍有一些迹象可循。二次损伤分析一般依赖于测量。

（2）二次损伤的变形痕迹

以下变形痕迹通常预示着事故车可能存在二次损伤或隐蔽损伤：板件产生皱褶或变形，漆面产生皱褶或裂纹，板件之间的间隙变得不均匀，接缝密封开裂，焊点断开。二次损伤的变形痕迹如图9.6所示。

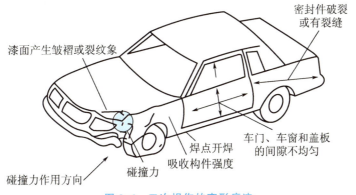

图 9.6　二次损伤的变形痕迹

在勘查前部被撞的事故车时，可以查看翼子板、发动机罩和车门等板件之间的缝隙是否不齐，如图9.7所示。车辆后部也可能受到二次损伤，以致行李箱盖或背门无法打开和关闭。对于严重的前部碰撞,应当查看前风窗立柱上部与车门窗框前上角之间的缝隙是否增大,比较左、右两边的缝隙。如果缝隙增大,则说明前围板向上推动了立柱,并且车顶可能受损。

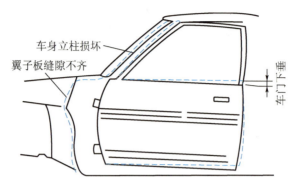

图 9.7　板件之间的缝隙不齐

查看外部板件是否产生皱褶。在严重碰撞事故中,中柱正上方的车顶板常会产生皱褶。对于装有天窗的车辆,还要检查天窗窗框的各边角是否变形。外部板件的变形通常预示着内部结构件受到二次损伤。

查看后轮罩上方、后门后部的后立柱下段是否开裂和变形,以及后角窗立柱正下方的后侧围板是否产生皱褶。这些痕迹预示着后部车身纵梁可能弯曲。

打开发动机罩和行李箱盖,查看漆面是否产生皱褶、焊点密封剂是否开裂、焊点是否断开。碰撞力可能使金属板在焊点处撕裂,并且使油漆松脱。

(3) 二次损伤的测量

① 测量工具。测量二次损伤部位可使用钢卷尺和轨道式量规(图 9.8)。

轨道式量规一次测量一个尺寸。只有把测量针脚可靠地插入测量孔,才能得到正确的中心距。测量值必须记录并通过另外两个控制点进行相互校核,其中至少一个为对角线测量值。轨道式量规的最佳测量区是悬架上的附件和机械零部件的装配点,因为它们对校准至关重要。

使用轨道式量规的注意事项如下。

a. 测量点一定要选择车辆上的固定点,如螺栓、孔。

b. 测量的不是点到点的实际距离。

c. 量规杆应与车身平行,为了达到该要求,有时需要将量规的指针设为不同的长度。

d. 为了绕过障碍物,可以使用较长的指针。

e. 有些车身尺寸手册给出的是量规尺寸,有些给出的是点到点的长度,有些同时给出两者。在查看手册时,一定要注意手册中给出的是哪种尺寸,采用与之相同的测量方法,否则容易出错。

f. 在对事故车进行测量时,一定要参照车身尺寸手册测量指定点。将规范值减去实测值就可以得到车辆的受损程度。但对于估损来说,板件的偏移量并不重要,重要的是这些偏移量意味着车身已经发生损伤,估损单中必须考虑维修工时和费用。

② 车身前部的测量。如果车身前部在事故中受到损伤,则在确定其损伤程度时要测量前部金属板。即使只有一侧车身受到碰撞,另一侧也可能受到损伤,因此要检查另一侧车身的变形情况。图 9.9 所示为车身前部常用测量点,可以对照原厂车身尺寸图进行检查。

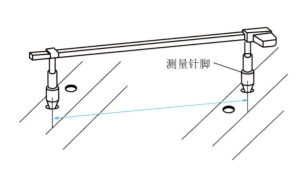

图9.8　轨道式量规　　　　　　图9.9　车身前部常用测量点

注意检查对称的尺寸。在某些情况下，被测量两点是不对称的。当车辆有对称的测量点时，不用逐一检查每个尺寸，只需测量说明书中规定的测量点。

当用轨道式量规检查车辆前部尺寸时，应在悬挂系统装配点和机械构件上选择测量点，因为这些点对正确定位调整至关重要。每个尺寸应用两个参考点进行校验，其中至少一个参考点由对角线测量获得。尺寸越大，测量就越准确。例如，从发动机下前围区到发动机托架的前支座的测量比从一个下前围区到另一个下前围区的测量结果准确，因为比较长的尺寸是在车辆比较大的区域中得到的。每个控制点测量两次或多次可以保证数据更准确，并有助于识别嵌板损坏的范围和方位。

③ 车身侧面的测量。在鉴定车身侧面构件的损伤情况时，可以打开或关闭车门，因为车身侧面构件的变形可能会影响车门的正常开闭。另外，有些部位变形可能会导致车身漏水。因此，损伤鉴定时必须进行精确测量。用轨道式量规测量车身侧面的主要尺寸如图9.10所示。

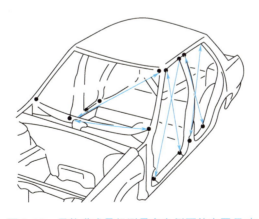

图9.10　用轨道式量规测量车身侧面的主要尺寸

如果车身（零件安装孔或参考孔）左右对称，则可以通过测量对角线发现是否存在变形。如果缺少发动机舱和车身下部的数据、车身尺寸图或车辆在翻车中严重损坏，则可以使用对角线测量法。车辆的两侧都受到损伤或发生挠曲时，对角线测量法就不适用了，因为不能测量左、右对角线尺寸差别。如果左边与右边的损伤相同，则左、右对角线尺寸差别也不明显。测量并比较左侧和右侧的长度，可以更好地说明损坏情况（此方法应与对角线测量法同时使用），适用于左侧和右侧零部件对称的情况。

④ 车身后部的测量。在检查后部车身的变形情况时，可以通过打开和关闭行李箱，查看行李箱的开闭操作是否顺畅自如。为了查看变形的具体部位，检查是否有可能漏水，最好进行精确测量。另外，后地板的皱褶通常是由后纵梁的变形引起的，因此在测量后部车身时应同时测量底部车身，这样也有利于更有效地对车身进行校正维修。图 9.11 所示为车身后部常用测量点。

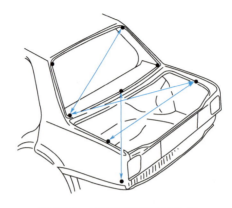

图 9.11　车身后部常用测量点

4. 三区损伤鉴定

在检查完车身的直接损伤和间接损伤后，估损员的下一个检查重点是三区。对于前部碰撞的事故车，应当检查发动机罩下的散热器、风扇、动力转向泵、空调器件、发电机、蓄电池、燃油蒸发碳罐、前风窗玻璃清洗器储液罐及其他机械和电子元件是否损坏，查看油液是否泄漏、带轮是否与皮带不对正、软管和电线是否错位，以及是否有凹坑和裂纹等。

如果碰撞比较严重，则发动机和变速器也可能受损。如果条件允许，应当起动发动机，怠速到正常工作温度。举升车辆，使车轮离开地面，在各挡位运转发动机，听一听有没有异常的噪声。对手动挡车辆，检查换挡是否平顺、离合器的工作是否正常，查看节气门拉索、离合器操作机构和换挡拉索是否卡滞。

打开空调，确保空调正常运转，查看充电、机油压力、发动机、制动等故障指示灯，如果发现发动机灯或类似的灯点亮，则说明发动机存在机械或电控故障。

现在很多车辆都装备了车载诊断系统，具有自诊断能力，在电控系统出现故障时，控制计算机存储故障码。这些故障码可以通过解码器或其他诊断设备读出，其表示的具体故障和维修步骤可以在维修手册中查到。故障码表明车辆的某个系统或部位存在故障，对快速诊断和故障维修很有帮助。但是，估损员应当知道，有些故障码可能在事故之前就已经存储在控制计算机中了，并不是事故引起的，这些故障的维修费用不应当包含在保险估损单中，因为保险公司只负责将车辆修复到碰撞前的状况，而没有责任修复碰撞前已存在的故障。对于这些碰撞前已经存在的故障，在修复之前应当告知车主，征得其同意，并应当由车主自己付费。

机械损坏有时是间接损伤，而不是直接碰撞的结果。发动机和变速器的质量很大，在碰撞中会因惯性作用向前移动多达 15cm，从而造成附件和相关元器件损坏。因为发动机和变速器在事故后能够回到原来的位置，所以它们造成的间接损伤通常不太容易被注意到。应当仔细检查发动机座是否损坏，带轮和皮带是否对正，以及软管和拉索是否松动。

在完成发动机舱的检查后，用千斤顶举起事故车，检查车辆下面的转向和悬架元件是否弯曲，制动软管是否扭绞，制动管路和燃油管路及其接头是否泄漏。检查发动机、变速器、差速器、转向机和减振器是否泄漏。将转向盘向左和向右打到头，检查是否卡滞，是否有异常噪声。转动车轮，检查车轮是否跳动，轮胎是否有裂口、刮痕和擦伤。降下车辆，使轮胎着地，转动转向盘，使车轮处于正直向前的位置，测量前轮毂到后轮毂的距离，左右两侧的测量值应当相等，否则转向或悬架元件有损伤。

5. 四区损伤鉴定

乘员舱的损坏可能是由碰撞力直接引起的，如侧碰。而内饰和车内附件的损坏可能是由乘员舱内的乘客和物品的碰撞能量引起的。

（1）检查仪表板。如果碰撞导致前围板或车门立柱受损，那么仪表板、暖风机芯卷和管道、音响、电子控制模块和安全气囊等就有可能受损。所有在三区检查中没有检查的元器件此时都要检查。

（2）检查转向盘是否损坏。查看转向盘安装紧固件、倾斜和伸缩性能，查看喇叭、前照灯、转向信号灯开关、点火钥匙及转向盘锁。转动转向盘，将车轮打到正直向前的位置，查看转向盘是否对中。对于吸能型转向盘，应查看它是否已经发生溃缩。

（3）检查门把手、操纵杆、仪表板玻璃和内饰是否受损。依次打开、关闭并锁住杂物箱，查看杂物箱是否在碰撞中变形或损坏。检查制动踏板是否变形、卡滞或松脱等。掀开地毯，查看地板和踢脚板的铆钉是否松脱，焊缝是否裂开。

（4）检查座椅是否受损。汽车前端受到碰撞时，乘员的身体会产生较大的惯性力，由于乘客被安全带捆绑在座椅上，因此这个惯性力可能会对座椅框架调节器和支撑件产生损害。汽车后端受到碰撞时，座椅靠背的铰链点可能受到损害。将座椅从最前位置移动到最后位置，查看调节装置是否完好。

（5）检查车门的状况。乘员的惯性力可能损坏肘靠、内饰板件和车门内板。如果发生侧碰，则门锁和车窗调节器也可能受损。即使是前端碰撞，车窗玻璃产生的惯性力也可能使车窗轨道和调节器受损。将车窗玻璃降到底后完全升起，检查玻璃是否卡滞或受到干扰。将车窗下降4cm，查看车窗玻璃是否与车门框平齐。查看电动门锁、防盗系统、车窗和门锁控制装置及后视镜的电控装置等所有附件是否正常。

（6）检查乘员约束系统。现在的汽车大多装备了被动式约束系统，应当检查安全带是否能够正常扣紧和松开，安全带插舌和锁扣是否都完好。对于主动式安全带系统，检查其两点式安全带和三点式安全带是否都能轻松地扣紧和解开。查看卷收器、D形环和固定板是否损坏。有些安全带有张力感知标签，如果安全带在碰撞中磨损，或者安全带的张力超过设计极限，则张力感知标签撕裂，必须予以更换。将安全带从卷收器中完全拉出，可以看到张力感知标签。

还应当列出车内的非原装附件，如北斗（GPS）导航、DVD、立体声扬声器等。

6. 五区损伤鉴定

在检查完车身、机械件、内饰和附件后，围绕车辆检查一圈，查看并列出受损的外饰件、嵌条、乙烯车顶板、轮罩、示宽灯及其他车身附件。

打开灯光开关，检查前照灯、尾灯、转向信号指示灯和危险指示灯。车灯的灯丝通常会在碰撞力的作用下断裂，如果碰撞时车灯处于点亮状态，则灯丝更容易断裂。

如果在一区检查和二区检查中没有查看保险杠，那么应该对保险杠进行检查。查看杠皮和防尘罩是否开裂，吸能装置是否受损或泄漏，橡胶隔振垫是否开裂。

仔细检查油漆的状况，记录下哪里必须重新喷涂，并列出需要特别注意的事项，如清漆涂层、柔性塑料件和表面锈迹。轻度损坏的板件可能只需进行局部喷涂，而有些维修项目需要喷涂整块板件甚至多块板件。无论是哪种情况，都需要考虑新油漆与原有油漆的配色和融合所需的工时。如果事故车损坏非常严重，或者原有漆面已经严重老化，则可能需要进行整车喷漆。

检查漆面是否在事故前就已经损坏也很重要。事故前已有的凹痕、裂缝、擦伤和油漆问题不应当在保险公司的理赔范围内，其维修费用应由客户自行承担。

9.2.3 水灾事故车的损伤鉴定

每到夏季，由暴雨、洪水等自然灾害造成的汽车损坏，在给车主带来极大不便的同时，会给车主和保险公司造成较严重的经济损失。2016年6月30日以来，南京市普降暴雨，城东、城中及河西地区相继"看海"，多个小区、多条道路、多个停车场被淹，不少汽车因为道路积水被泡在水中。长时间的强降雨，令南京水淹车数量猛增。7月7日当天，人保、平安和太保三家保险公司接到的报案数量就达7000多例。

汽车水灾损伤鉴定

汽车因水灾而受到损失时是处于停置状态还是行驶状态，是区别是否属于保险责任的重要前提。如果汽车处于停置状态受损，则此时发动机不运转，不会导致发动机内部损伤。如果拆卸后发动机内部的机件产生了机械性损伤，如连杆弯曲、活塞破碎、缸壁捣坏，则可以界定为操作不当造成的损失扩大。

如果汽车处于行驶状态，当水位低于发动机的进气口时，通常不会造成发动机损伤。但是，该原则并非一成不变。由于水是没有任何黏性的液体，因此在受到一定的搅动时，必然会产生波浪。另外，其他车辆的行驶也会造成水面高低变化，甚至会造成水花飞溅，飞溅的水花也有可能被正在路上行驶的车辆吸入气缸，造成发动机机件严重损坏。

在汽车水淹损伤鉴定中，由于海水水淹损伤的案例在我国的保险事故中较少，因此此处只对淡水造成的损伤进行鉴定。

1. 鉴定水淹高度

水淹高度是确定水淹事故损伤的一个非常重要的参数。水淹高度通常不以高度单位为单位，而以汽车上重要的具体位置为参数。水淹高度通常分为6级（图9.12）。

1级——制动盘和制动鼓下沿以上，车身地板以下，乘员舱未进水。

2级——车身地板以上，乘员舱进水，而水面在驾驶人座位以下。

3级——乘员舱进水，水面在驾驶人座椅坐垫面上，仪表工作台以下。

4级——乘员舱进水，仪表工作台中部。

5级——乘员舱进水，仪表工作台以上，顶棚以下。

6级——水面超过车顶，汽车被淹没顶部。

事故车定损理赔服务 第9章

图9.12 水淹高度分级

2. 记录水淹时间

汽车水淹时间也是水淹损伤程度的一个重要参数。水淹时间对汽车造成的损伤差异很大。水淹时间通常以小时为单位，分为以下6级。

第一级：$H \leqslant 1h$。

第二级：$1h \leqslant H \leqslant 4h$。

第三级：$4h \leqslant H \leqslant 12h$。

第四级：$12h \leqslant H \leqslant 24h$。

第五级：$24h \leqslant H \leqslant 48h$。

第六级：$H \geqslant 48h$。

由于每级对应的损失程度差异较大，因此应记录准确的水淹时间。

3. 记录汽车的配置

对发生水淹事故的汽车进行损伤评定时，要认真记录被淹汽车的配置情况，特别注意电子器件配置情况，如ABS、ASR、SRS、PTS、AT、CCS、CD、GPS等。对水灾可能造成的损伤部件，一定要做到心中有数。另外，要确认真皮座椅（有些带气囊）、高档音响、车载DVD及影音系统等配置是否为原车配置。如果是非原车配置，则确认车主是否购买新增设备险，受损设备是否属于保险理赔范围。

4. 鉴定水淹汽车的损伤形式

(1) 静态进水损坏

汽车在停放过程中因暴雨或洪水进水等均属于静态进水。如果汽车在静态条件下进水，会造成内饰、电路、空气滤清器、排气管等部位受损，当然也会有发动机气缸进水的情况。在这种情况下，即使发动机不起动，也可能会造成内饰进水，电路短路，ECU芯片损坏，空气滤清器、排气管、发动机泡水生锈等损失。汽车电路一旦浸水，极有可能导致线路短路，造成无法点火自启；如果强行起动，极有可能导致发动机部件严重损坏。单就机械部分而言，汽车被水泡过以后，进入发动机内部的水分在高温作用下使运动机件锈蚀加剧，当吸水过多时，运动机件可能变形，甚至使发动机报废。

(2) 动态进水损坏

汽车在行驶过程中，发动机气缸因吸入水而导致汽车熄火，或强行涉水，发动机熄火后被水淹没,属于动态进水。汽车在动态条件下,由于发动机仍在运转,气缸因吸入了水而迫使发动机熄火。在这种情况下,除了静态条件可能造成的损失以外,还有可能导致发动机直接损坏。

如果汽车进了水,水就可能通过进气门进入气缸,导致在发动机的压缩行程中,活塞上行压缩时,遇到的不再只是混合气,还有水,由于水是不可压缩的,因此曲轴和连杆承受的负荷就会极大地增大,可能造成弯曲,在随后的持续运转过程中可能出现进一步的弯曲、断裂,甚至捣坏气缸。

同样是动态条件下的损坏,发动机转速不同、车速不同、发动机进气管口安装位置不同、吸入水量不同等,所造成的损坏程度自然不同。如果发动机在较高转速下直接吸入水,则完全可能导致连杆折断、活塞破碎、气门弯曲、缸体严重捣坏等故障。有时发动机因进水导致自然熄火,机件经清洗后可以继续使用,但个别汽车行驶一段时间后,连杆折断,捣坏缸体,这是因为当时的进水导致连杆轻微弯曲,为日后的故障留下了隐患。发动机捣坏缸体的修理费用往往很高。

9.2.4　火灾事故车的损伤鉴定

汽车火灾损失让人触目惊心,无论是什么原因导致的汽车起火燃烧,都会使车主和周边的人猝不及防。即使扑救及时,汽车也会有损坏。如果扑救不及时,整个汽车就会在转眼间化为灰烬。若在行驶中起火,还会给驾驶人和乘员造成严重的人身伤害。导致汽车起火的原因有许多,不同火灾造成的损伤结果也会有所不同。了解汽车火灾损伤的鉴定方法具有十分积极的意义。

汽车火灾损伤鉴定

1. 汽车火灾的分类

(1) 自燃

自燃是指在没有外部火源的情况下,由于车辆电气设备、供油系统、机械系统等自身故障或所载货物起火燃烧。大多数情况下自燃由电气系统故障引发。

(2) 引燃

引燃是指汽车被自身以外火源引发的燃烧。建筑物的起火引燃,周边可燃物起火引燃,其他车辆起火引燃,被人为纵火(如将汽油或其他易燃液体直接泼在车厢、发动机或汽车轮胎上)烧毁等,都属于汽车被引燃的范畴。

(3) 碰撞起火

当汽车发生追尾或迎面撞击时,由于基本不具备起火的条件,因此一般情况下不会起火。只有当撞击后导致易燃物(汽油)泄漏且与火源接触时,才会起火。如果一辆发动机前置的汽车发生了较严重的正面碰撞,散热器的后缩有可能使油管破裂,由于此时发动机还处于运转状态,因此一旦高压线因脱落或漏电引起跳火,发生火灾的可能性就很大。

(4) 爆炸

车内违规搭载爆炸物品(如炸药、雷管、鞭炮)极易引起爆炸和火灾。

2. 火灾事故车的损伤鉴定

(1) 分析车辆起火原因

现场查勘,判断是碰撞事故引起的还是车辆自燃引起的燃烧,车辆是动态状态下起火还是静态状态下起火。检查车辆燃烧痕迹,判断燃烧的起火点和火源。

① 碰撞车辆着火查勘。

查看、拍照路面原始状态，并做好各项记录。施救后用清洁水将路面油污、污物冲洗干净，待暴露印痕的原状再详细查勘。

首先以车辆为中心向双方车辆驶来方向的路面寻查制动拖痕，通过测量制动起始点至停车位的距离及各种印痕的形态来判断汽车的运动状态和速度。

其次通过查勘着火车辆在路面上散落的各种物品、伤亡人员、被撞飞的车辆部件等与车辆的距离，推算出着火车辆的行驶速度。

最后通过车体燃烧痕迹寻找车辆上的起火点，分析起火原因。碰撞车辆着火一般是由于泄漏的汽油被点燃，因此查勘的重点是汽油箱的金属外壳有无碰撞损伤。车体燃烧后接触部位的痕迹容易受到破坏，查勘时可以根据残留痕迹的凹陷程度进行分析，以判断碰撞力的方向、大小、角度等。

② 车辆行驶状态自燃查勘。

车辆行驶状态自燃主要是由电气设备或线路损坏，或者是汽油箱漏油造成的，火势向行驶的反方向蔓延。大部分火源在发动机舱和仪表板附近。车体无碰撞痕迹，但驾驶人由于慌乱可能出现紧急制动、行车道停车等现象。

③ 静态条件下车辆火灾查勘。

静态条件下车辆着火，主要注意检查现场有没有遗留维修、作案工具，有没有外来火种、外来可燃物和助燃物，有没有目击者，同时调查报案人说话是否自相矛盾，事故现场周围环境、天气。

④ 现场调查访问重点。

a. 车辆碰撞或翻车的具体情节和着火的原因。

b. 车辆起火和燃烧的具体情节及后果。

c. 车辆起火后驾驶人采取了哪些灭火抢救措施。

d. 当事驾驶人与被保险人的关系，车辆为何由当事驾驶人驾驶。

e. 是否进行过维修，最近一次是在哪里维修的。

f. 事故地周围有没有异常物，如车上配件、维修工具等。

（2）确认投保险种

车辆损失险与车辆自燃损失险的责任范围大不相同。

碰撞引起的车辆着火燃烧属于车辆损失险的责任范围，而自燃引起的损失属于车辆自燃损失险的责任范围，人为失火引起的火灾不属于保险责任。

对于不属于保险责任的事故，一定要取得公安消防部门关于车辆火灾原因的分析报告或车辆火灾原因相关证明后，与查勘、调查取证形成的书面材料一起，上报分公司车辆保险部审核后向被保险人下达拒赔通知，严禁主观口头告知被保险人不属于保险责任或拒赔。

（3）火灾事故拍照

火灾事故拍照方法一般有相向拍照法、多向拍照法、回转连续拍照法和分段连续拍照法。

① 相向拍照法以拍摄对象为中心，从两个相对的方向对作为拍摄对象的事故现场中的某个地区或某个物体进行拍照。

② 多向拍照法以拍摄对象为中心，从三个或三个以上不同方向对事故现场中的某个地区或某个物体交叉进行拍照。

③ 回转连续拍照法将照相机固定在一个拍照点上，只转动镜头改变拍照角度，不改变相机的位置，将事故现场分段连续拍照后拼接成一张完整的照片。

④ 分段连续拍照法将现场中较狭长的被拍地段或物体分为若干段进行拍照，然后把多张照片拼接成一张完整的照片，以反映事故现场或痕迹物体全段。

（4）定损处理

根据勘查和调查取证情况，判定事故责任，推定全损时根据市场调查的车辆价值，推算着火车辆现在的实际价值，按照投保情况和免赔率，预估事故损失进行立案处理。

着火车辆发生部分损失时应立即进行定损核价。定损核价实际操作中要注意以下问题：着火车辆定损时一定要分析火源、燃烧范围、热传导范围，仔细检查燃烧范围和热传导范围的金属薄壳件、密封件、塑料件、电气设备和线路、油液类要更换因高温引起的变形件、变质件。

如今汽车越来越多，由汽车水灾和火灾引起的事故也越来越多。针对这种形势，理应对汽车水灾、火灾事故进行必要、认真的研究，以便适应快速发展的局面。而掌握避免汽车水灾、火灾损伤的方法和补救措施，了解汽车水灾、火灾损伤后的鉴定规则，无论对车主还是对保险公司的定损人员都有十分积极的意义。

9.3 汽车估损

汽车估损是一项技术性很强的工作，要求估损员掌握必要的物价管理知识，汽车结构、性能及修理方面的专业知识，并且要具有丰富的实际操作经验，能准确认定车辆、总成和零件的损伤程度，适当掌握"修理"和"更换"的界限。估损员应根据事故车辆的损伤情况，准确认定保险赔付范围及赔付方式。对于车辆外覆盖件，应以损伤程度和损伤面积为依据，确定修复方法；对于功能件，判断零件的更换或修理存在一定的难度，估损员必须能够灵活运用汽车结构和性能方面的专业知识，准确判定事故与损伤的因果关系。

汽车功能零部件性能的下降或受损可能有两方面的原因：一是因汽车行驶里程的增加或不正当保养，零部件产生磨损而性能降低；二是在道路交通事故中，碰撞力的作用使零部件丧失部分或全部功能。估损员应正确区分：哪些是车辆本身故障造成的损伤？哪些是车辆正常使用过程中零件自然磨损、老化造成的损伤？哪些是使用及维护不当造成的损伤？哪些是损伤后没有及时进行维护修理致使损伤扩大？哪些是碰撞直接或间接造成的损伤？然后依照机动车辆保险条款列明的责任范围，明确事故车辆损伤部位和赔付范围。对于保险赔付责任范围内的损伤，估损员应当按照科学的程序，借助原厂零部件和工时手册或者专业估损手册精确估损。

9.3.1 汽车损失费用的构成

汽车损失费用是指事故汽车进行修复所发生的维修费用和车辆贬值费用。
维修费用由工时费、材料费和外加工费构成。

车辆贬值费用是指严重碰撞的汽车，虽然修理后仍能上路行驶，但其内部仍存在一些维修厂无法修复的内伤隐患，这些隐患会对汽车的使用寿命或汽车零部件的使用寿命有一定的不利影响，从而引起车辆价值损失。

以下碰撞事故对车辆价值影响较大：全车大梁被撞变形（即使修复或更换）；散热器及其支架碰撞损坏（即使修复或更换）；车身 A、B、C 柱被撞击损伤（经修复）；车身翼子板被切割更换等。这些情况将使汽车贬值 10%～25%。

并不是所有交通事故都会对车辆价值有如此大的影响，一些小的剐蹭造成的玻璃、保险杠、车漆等损伤经修复后，不会对车辆价值产生影响，因此不用列在索赔之列。

有关车辆贬值并没有相关法规可以参考，只能通过有关正规评估机构进行评估，法院也只能以评估机构的评估结果作为判决的依据。

1. 工时费

工时费的计算方式：

工时费＝工时定额×工时费率

工时定额是根据修理的项目确定的，在维修厂工时手册或专业估损手册中，通常将工时分为拆卸和更换项目工时、修理项目工时、大修工时、喷漆工时、辅助作业工时等。一般不同车型、不同总成的工时定额差别较大，甚至不同年款的车型也有较大差别，因此工时手册中的工时数据经常更新。工时费率一般因地域（如经济发达的大城市和经济不发达的中小城市）、修理厂（如一类修理厂、二类修理厂、三类修理厂、4S 店和综合型修理厂）、工种（如钣金、机修和漆工）的不同而不同，保险公司应当经常调研各地区的工时费率，以确定当前适用该地区的平均工时费用。

对于事故车的估损和修理，工时定额和工时费率一般有以下来源可供估损员参考。对于部分进口乘用车，可以查阅该车型的《碰撞估损指南》。对于国产车型和部分进口车型，可以按照本书讲述的估损方法，结合使用各车型主机厂的《工时手册》和《零件手册》估算修理费用。主机厂的《工时手册》和《零件手册》中一般包含各总成及零件的更换和拆装工时。

例如更换裙板时不仅要考虑其本身的工时，如钻除焊点、拆除旧板、安装和对齐新板所需的时间，还要考虑拆卸和安装车内地毯、隔音隔振材料、前围装饰件的工时，这些操作都是必需的。因为在前围板上焊接新板件时会产生热量，如果不拆除这些部件，则可能造成损坏。

估损员可以根据提示的修理项目，在主机厂的《工时手册》和《零件手册》中查找各项目的工时，并进行累加。但需要特别注意重叠工时的问题。在维修过程中，某些工序会出现重复，即出现相同维修工序，如在上面的例子中，更换裙板时需要拆卸和安装车内地毯，如果该车辆需要修理地板，还需要拆卸和安装车内地毯，那么拆卸和安装车内地毯的工时只能计算一次，不能重复计算。这样做的优点是工时费用估算比较准确，能够合理地降低保险公司的理赔费用，而且每个步骤都有据可查，能有效避免车主与修理厂和保险公司或公估公司之间因价格差异较大而产生矛盾。

很多情况下，可能找不到事故车主机厂的《工时手册》和《零件手册》，或者手册中没有列出相应工时，此时可以参考各地汽车维修主管部门制定的《汽车维修工时定额与收费标准》，从中查找相应的工时数或工时费用标准。

汽车修理作业工时除包括更换件工时、拆装件工时、修理工时外，还包辅助作业工时。

2. 维修材料费

维修材料费是指为了补偿汽车维修所耗材料配件而收取的费用，由外购配件费用和损耗等组成。

维修材料费的计算方法：

$$维修材料费＝进价×(1＋加价率)$$

维修辅助材料是指在维修过程中共同消耗的材料，或者难以在各维修作业之间划分的材料，一般按照材料消耗定额进行计算。

各工种在维修作业时领用的低值易耗品或通用紧固件和工具（比如砂布、锯条、钻头、开口销、通用螺钉）等应包含在维修工时内，不另收费。

汽车零件通常分为原厂件(或OEM件)、副厂件(或售后市场件)和拆车件(或二手件、翻新件、回收件)。

目前我国零件市场十分复杂，一方面是正厂件和副厂件价格差别很大，另一方面是不同的地区、不同渠道的零件价格差别较大。有时相同的零件在不同的汽配市场可能有多种价格，这是我国保险估损行业面临的问题之一。当前，估损员在对车辆进行估损时主要参考主机厂《零件手册》中的配件价格。

一些保险公司为了统一零件报价做了大量工作，甚至开发了自己的采价系统和报价系统，如中国平安保险公司。也有一些保险公司使用第三方零件价格信息。但零件的价格和估损系统是一个非常复杂的系统工程，需要根据汽车、配件和维修市场的变化不断更新。与国外相比，我国现有事故车保险估损系统还处于初级阶段，需要更多保险公司、汽车企业、零部件经销商和专业汽车信息公司共同努力才能进一步提高。

3. 外加工费

外加工费包括材料管理费。材料管理费由材料的采购、装卸、运输、保管、耗损等费用组成。

(1) 在维修过程中，由于受设备、技术等条件限制，一些作业项目需要到厂外加工，从而发生厂外加工费(不含税)。此项费用由维修厂事先垫付，然后向客户收取。

(2) 凡是包含在托修方报的维修类别范围之内的厂外加工项目，按照相应的标准定额工时计算收取厂外加工费的，不应再按厂外加工费进行重复收费。

(3) 材料管理费属于外加工费，其计算标准一般按一定的管理费率进行计算，具体标准各地交通主管部门、物价管理部门都有明确规定。

9.3.2 制作车辆估损报告

一份好的估损报告不仅是在干净的表格中准确地填写一系列零件价格和工时费用，而且融入了估损员的知识、经验和良好的判断力，并且有最新的价格和工时数据。只有这样，估损报告才能成为车辆维修和保险理赔的有效工具。

估损报告必须对各方都公平。

(1) 必须保证维修质量和消费者的安全，所有必需的操作和零件应当列全，包括拉直、校正和调整等。

(2) 必须保证维修企业获得公平合理的报酬。

(3) 必须保证保险公司和消费者的经济付出是合理的。在确保安全和质量的前提下，选择的零部件和维修方法应当尽可能经济。

当完成车辆损伤鉴定和核查后，需要列出具体损伤零件和所需维修工时，编写车辆损伤评估报告。车辆估损报告（中国平安保险股份有限公司）见表9-3。

表 9-3　车辆估损报告(中国平安保险股份有限公司)

被保险人：

牌照号码			肇事车保单号码				
发动机号			底盘号(VIN)				
厂牌车型		出险时间	年　月　日　时		保险险别	□车损险	□三责险
生产年月		排气量(L)			变速箱形式	□自动	□手动
发动机形式	□化油器　□电喷	安全装置		□安全气囊　□ABS系统　□无安全装置			
更换配件名称	数量	配件价格	修理项目				工时费
			事故拆装：				
•							
			事故钣金：				
			机修：				
			电工：				
			事故油漆：				
			工时费小计：				
材料费小计：			管理费：				
本页未尽之栏目，请见定损报告明细表							

(1) 经甲、乙、丙三方协商，完全同意按以上核定的价格修理。
　　总计工料费人民币____佰____拾____万____仟____佰____拾____元____角____分(¥_____)。
(2) 乙方按以上核定项目保质保量修理，且履行以上核定的修理及换件项目，如有违背，甲方有权向乙方追回价格差额。
(3) 乙方保证在____日内保质保量按时完成修理；若违约，愿意赔偿因拖延时间而造成丙方的利润损失。
(4) 丙方对以上核定的修理项目和价格无任何异议。如存在修理质量问题或价格超标，由乙方负责全部责任。
(5) 其他约定：

乙方(修理厂)签章： 　　　　　　年　月　日	丙方(车方)签章： 　　　　　　年　月　日	甲方(保险公司)签章： 勘查定损人： 核价人：　　　　年　月　日

9.3.3 车辆损失的赔款计算

1. 车辆全部损失的赔款计算

车辆全部损失是指保险标的因碰撞、倾覆或火灾事故造成车辆无法修复（整车损毁）；或保险标的受损严重，车辆修复费用极高，基本接近保险车辆的保险金额，已失去修复价值，或按国家有关汽车报废条件标准，达到报废程度，由保险公司的勘查定损员推定全损。其计算公式为

$$保险赔款 = 车辆核定损失 \times 按责任分担损失的比例 \times (1-免赔率)$$

（1）保险车辆发生全部损失后，如果保险金额等于或低于出险时的实际价值，按保险金额计算赔款。其计算公式为

$$保险赔款 = (保险金额 - 残值) \times 事故责任比例 \times (1-免赔率)$$

（2）保险车辆发生全部损失后，如果保险金额高于出险时车辆的实际价值，以出险当时的实际价值计算赔款。其计算公式为

$$保险赔款 = (实际价值 - 残值) \times 事故责任比例 \times (1-免赔率)$$

[例9-1] 甲、乙两车都在同一保险公司投保了机动车辆损失险，均按保险价值投保，保险金额都是40000元。两车在不同事故中出险，且均被承保的保险公司推定全损。甲车投保时为新购车辆，即实际价值与保险金额相等，残值作价2000元；乙车投保时已使用了两年，出险时实际价值确定为32000元，残值作价1000元。试核定甲、乙两车的损失。

解： 甲车损失＝保险金额－残值＝40000元－2000元＝38000元

乙车损失＝实际价值－残值＝32000元－1000元＝31000元

[例9-2] 甲、乙两车发生严重碰撞事故，甲车被推定全损，该车在某保险公司投保，车辆损失险保险金额为80000元，出险时车辆实际价值被确定为65000元，残值作价3000元。交通事故处理机关认定甲车负主要责任，承担70%的事故损失。试计算保险公司应支付甲车车辆损失险的赔款。

解： 根据题意，实际价值为65000元，残值为3000元，事故责任比例为70%，负主要责任的免赔率为15%，所以

甲车车损保险赔款＝(实际价值－残值)×事故责任比例×(1－免赔率)

＝(65000元－3000元)×70%×85%

＝62000元×70%×85%

＝36890元

2. 车辆部分损失的赔款计算

车辆部分损失是指保险车辆出险受损后，尚未达到"整体损毁"或"推定全损"的程度，仅发生局部损失，车辆通过修复还可以继续使用。

机动车辆部分损失的赔款计算，也应区分以下两种情况。

（1）投保车辆以新车购置价确定保险金额的车辆，发生部分损失后，按实际修理费用计算赔偿。但每次以不超过保额或出险当时的实际价值为限，如果有残值，则应在赔款中扣除。其计算公式为

$$保险赔款 = (实际修复费用 - 残值) \times 事故责任比例 \times (1-免赔率)$$

（2）保险金额低于新车购置价的车辆，按照保险金额与新车购置价的比例计算赔偿修理费用。但每次以不超过保额为限，如果有残值，则在赔款中扣除。其计算公式为

保险赔款＝(修复费用－残值)×事故责任比例×(保险金额/新车购置价)×(1－免赔费)

9.4 事故车定损

9.4.1 事故车定损的工作流程

事故车定损应当严格按照规定的流程进行，如图 9.13 所示。该流程的控制目标是准确负责、合理赔付。

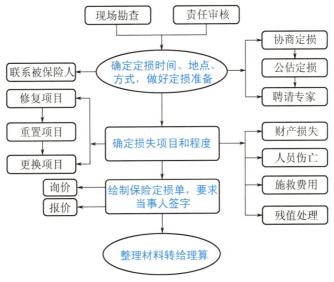

图 9.13 事故车定损流程

事故车定损流程的关键控制点如下。

（1）是否在保险责任期内。审核事故是否在保险有效期内。

（2）是否属于保险财产。核对受损财产是否属于保单列明的财产。

（3）是否属于保险责任。审定发生损失是否由保险条款规定的自然灾害或意外事故所致，应以保险合同条款为"准绳"，特别要注意审核被保险人是否履行了义务。

（4）是否是合理费用。审核费用应考虑是否必要和合理，施救费用与损余残值能否互相抵消。

（5）是否属第三者责任。根据交强险的规定，保险事故由第三者责任造成的，应由保险人先行赔付。商业三责险相关法律和条款也规定，应被保险人要求，也可由保险人先行赔付。同时由被保险人填写授权书，将追偿权转移给保险人，并积极协助追偿。如第三者因经济困难或其他不可抗力原因无法履行赔偿责任的，保险人赔偿后结案。

流程中可能用到的关键单证是拒赔通知书。

9.4.2　确定车辆损失

确定车辆损失是一项技术性很强的工作，同时是确保修复工作能够顺利进行的基础工作。为此，勘查估损员应予以足够的重视。协商确定送修单位（修理厂），并协同被保险人和修理厂对车辆受损部位确定修复时间和所需费用，对于涉及第三者责任的，必要时应请第三者或保险人参与损失的确定。

在确定车辆损失之前，对于损失情况严重和复杂的，在可能的条件下应对受损车辆进行必要的拆解，以保证勘查定损工作能够全面反映损失情况，减少可能存在的隐蔽性损伤部位，尽量减少二次检验定损。

车辆损失是由修复费用具体反映的。修复费用通常由两部分构成：修理工时费和零配件费。修理工时费由修复过程中需要消耗的时间和工时定额确定。修理工时费还包括修理过程中的项目费用，如烤漆费用。零配件费是指必须更换的零配件的购买费用。

确定车辆损失的基本程序如下。

（1）出险现场勘查记录，详细核定本次事故造成的车辆损失部位和修理项目，逐项列明修理所需的工时、工时的定额（单价）、需要更换的零配件。

（2）由于零配件一般占修复费用的比重较大，且零配件价格的市场价差较大，因此应对于必须更换的零配件进行询价报价。询价报价的方式有多种，如可查询原厂配件手册，保险公司也可以建立自己的报价系统，也可以查询专业估损手册或专业的估损报价信息系统。无论使用哪种方式，都必须掌握"有价有市"和"报价结合"的原则，确保被保险人或修理厂能够按确定的价格购买所需的零配件。

（3）估损员获得报价单后，即可确定修复作业的全部费用，并与被保险人和可能涉及的第三方共同签订机动车辆保险定损确认书。

受损车辆原则上采取一次定损，在与被保险人和可能涉及的第三人共同签订机动车辆保险定损确认书后，由被保险人自选修理厂修理，或应被保险人要求推荐、招标修理厂修理。

9.4.3　确定人身伤亡费用

保险事故除了导致车辆本身的损失外，可能还会造成人身伤亡。这些人身伤亡可能构成第三者责任险和车上责任险项目下的赔偿对象。检验人员应根据保险合同规定和有关法律、法规确定人身伤亡的费用，具体做法和要求如下。

（1）在保险事故中出现人身伤亡时，应当立即将受伤人员送医院急救，以抢救生命和控制伤情。目前，我国的大多数保险公司在承保了第三者责任险或者车上责任险的情况下均向被保险人提供"医疗急救费用担保卡"，有的还与有关医院签订协议，建立保险事故受伤人员急救"绿色通道"，以确保保险事故受伤人员能够得到及时治疗。

（2）按照《中华人民共和国侵权责任法》的规定，人身伤亡可以赔偿的合理费用主要包括受伤人员的医疗费用及与医疗相关的费用、残疾赔偿金、死亡人员的赔偿金及相关的处理费用、抚养费用和其他费用。

① 受伤人员的医疗费用是指受伤人员在治疗期间发生的由本次事故造成损伤的医疗费用（限公费医疗的药品范围）。与医疗相关的费用是指在医疗期间发生的误工费、护理费、就医交通费、住院伙食补助费等。

② 残疾赔偿金是指残疾者生活补助费和残疾用具费。
③ 死亡人员的赔偿金是指死亡补偿费。与死亡相关的处理费用是指丧葬费。
④ 抚养费用是指死亡人员的被抚养人的生活费。
⑤ 其他费用是指伤亡者直系亲属及合法代理人参加交通事故调解处理的误工费、交通费和住宿费。

(3) 被保险人向保险人提出索赔前应对所有费用先行支付，而后将取得的单据及相关资料提交给检验人员作为索赔依据。定损员应及时审核被保险人提供的事故责任认定书、事故调解书和伤残证明及各种有关费用清单。费用清单应分别列明受害人姓名及费用项目、金额及发生的日期。

(4) 收到被保险人提供的上述清单后，定损员应认真审核，根据保险条款和《道路交通事故处理方法》，对不属于保险责任范围内的损失和不合理的费用（如精神损失补偿费、困难补助费、处理事故人员差旅费、生活补助、招待费、请客送礼费等），应予剔除，并在人员伤亡费用清单上的"保险人的意见"栏内注明剔除项目及金额。

9.4.4　确定其他财产损失

车辆事故除了会导致车辆本身的损失外，还可能造成第三者财产损失和车上承运货物的损失。这些财产损失可能构成第三者责任险和货物运输保险项目下的赔偿对象。

第三者财产损失赔偿责任是基于被保险人侵权行为产生的，应根据《中华人民共和国民法通则》的有关规定，按照被损害财产的实际损失予以赔偿。可以采用与被害人协商的方式确认，但是如果协商不成也可以采用仲裁或者诉讼的方式。

对于车上承运货物的损失，应会同被保险人和有关人员对受损的货物进行逐项清理，以确定损失数量、损失程度和损失金额。损失金额的确定应坚持从保险利益原则出发，注意掌握在出险时标的具有或者已经实现的价值，确保体现补偿原则。

9.4.5　确定施救费用

施救费用是指在发生保险事故后，被保险人为了减少损失而支出的额外费用。所以施救费用是一种替代费用，其目的是用一个较小的费用支出，减少一个更大的损失。定损员在确定施救费用时应遵循以下原则。

(1) 施救费用应是保险标的已经受到损失时，为了减少损失或者防止损失继续扩大而产生的费用。在机动车辆保险中主要是指倾覆车辆的起吊费用、抢救车上货物的费用、事故现场的看守费用、临时整理和清理费用及必要的转运费用。

(2) 被保险车辆出险后，雇用吊车和其他车辆进行抢救的费用及将出险车辆拖运到修理厂的运输费用，按当地物价部门颁布的收费标准予以负责。被保险人使用他人（非专业消防单位）的消防设备，施救被保险车辆所消耗的费用及设备损失可以列为施救费用。

(3) 在进行施救的过程中，意外事故可能造成被施救对象损失进一步扩大，造成他人财产的损失及施救车辆和设施本身的损失，如果施救工作是由被保险人自己或他人义务进行的，则只要不存在故意和重大过失，原则上保险人应予赔偿；如果施救工作是雇佣专业公司进行的，只要不存在故意和重大过失，原则上应由专业公司自己承担。同时，被保险人还可以就进一步扩大损失的部分要求专业施救公司承担赔偿责任。但在施救时，抢救人员物品丢失一般不予赔偿。

(4) 被保险车辆发生保险事故后,需要施救的受损财产可能不局限于保险标的,此时施救费用应按照获救价值进行分摊。如果施救对象为受损保险车辆及其所载货物,且施救费用无法区分,则应按保险车辆与货物的痕迹价值进行比例分摊,机动车辆保险人仅负责保险车辆应分摊的部分。

(5) 车辆损失险的施救费用是一个单独的保险金额,但是当施救费用与保护费用、修理费用相加,估计已达到或超过保险车辆的实际价值时,应作为推定全损案件处理。同时,一般情况下保险公司不接受权益转让。第三者责任的施救费用与第三者损失金额相加不得超过第三者责任险的保险赔偿限额。

保险车辆施救费用的计算公式为

保险车辆施救费=总施救费×保险金额/(保险金额+其他被施救财产价值)

[例9-3] 某保险车辆的保险金额为40000元,车上载运货物价值为30000元,发生属保险责任范围内的单方事故,保护与施救费用共支出1000元。试计算应赔付的施救费用。

解:根据题意,总施救费用为1000元,保险金额为40000元,被施救财产价值为30000元,所以

$$保险车辆施救费赔款 = 1000 元 \times [40000 元 / (40000 元 + 30000 元)]$$
$$= 1000 元 \times [40000 元 / 70000 元]$$
$$\approx 1000 元 \times 0.57143$$
$$= 571.43 元$$

本 章 小 结

本章教学重点是了解我国交通事故定损理赔的工作流程、交通现场勘查的方法和技巧、汽车损伤鉴定方法、汽车损失费的构成、事故理赔费用的总体构成等内容。本章教学难点是事故现场痕迹物证的勘查技术和汽车碰撞事故各部件损伤的鉴定方法。本章教学应以事故案例为主线,对各种事故进行现场勘查、损伤鉴定和损失评估等内容的讲解和实践。

交通事故现场勘查是指为了正确查明交通事故案件的性质,发现和提取有关证据,证实事故发生的经过,事故处理人员运用科学的方法和现代技术手段,对交通事故现场进行实际调查,以及当场对当事人和有关人员进行调查访问,并将得到的结果客观、完整、准确地记录下来的工作。

道路交通事故现场勘查一般包括实地勘查、现场访问、现场分析、现场试验。

实地勘查是以查明道路交通事故过程,发现和提取痕迹物证为主要目的,对道路交通事故现场进行勘验、检查、拍摄、摄像、测量、绘图、记录等专项活动。

现场访问是以查明道路交通事故发生前后当事人、道路、交通环境、车辆等的基本情况,以开辟线索来源为目的而进行的询(讯)问当事人及证人的活动。痕迹物证的勘查主要包括勘查车辆痕迹、地面痕迹和人体痕迹。

现场拍摄包括现场环境拍摄、痕迹勘验拍摄、车辆检验拍摄和人体拍摄。

现场图根据制作过程可分为现场记录图和现场比例图。

勘查报告是勘查人员在对整个汽车事故进行全面的调查之后，作出的一个具有较强专业性的事故情况报告。勘查报告的基本要求是具有真实性、专业性和规范性。

事故汽车损伤鉴定通常采用区位检查法。区位检查法是将事故汽车分成多个区域，逐一对各区域进行损伤鉴定。不同的区域应采用不同的鉴定方法。通常将碰撞事故汽车分成直接碰撞损伤区、间接碰撞损伤区、机械损伤区、乘员舱区、外饰和漆面区5个区域。

水灾汽车的损伤形式分为静态进水损坏和动态进水损坏。

火灾汽车的损伤鉴定包括电气系统的损伤鉴定、车厢内部损伤鉴定、车头发动机部分损伤鉴定、汽车轮胎的损伤鉴定和油箱处损伤鉴定。

汽车估损是一项技术性很强的工作，要求估损人员掌握必要的物价管理知识、汽车结构、性能方面及修理方面的专业知识，并且要具有丰富的实际操作经验，能准确认定车辆、总成和零件的损伤程度，适当掌握修理和更换的界限。

汽车损失费用是指事故汽车进行修复所发生的维修费用和车辆的贬值费用。维修费用由工时费、材料费和外加工费构成。对车辆贬值费的鉴定比较困难。

【关键术语】

交通事故、现场勘查、痕迹物证、汽车估损、事故车定损、定损报告

一、名词解释

1. 事故现场调查
2. 现场试验
3. 自燃

二、填空题

1. 车辆痕迹是指车辆在交通事故中与其他_____、_____、物体接触，留在车辆上的印迹。
2. 现场图根据制作过程可分为现场_____和现场_____。
3. 水灾事故车的损伤形式分为_____和_____。
4. 汽车损失费用是指事故汽车进行修复所发生的_____费用和车辆的_____费用。
5. 车辆损失是由修复费用具体反映的，修复费用通常由_____费和_____费构成。

三、简答题

1. 什么是交通事故现场勘查？其目的是什么？
2. 按现场完损状态不同，交通事故现场有哪几种？各有何特点？
3. 事故现场勘查的工作内容有哪些？

4. 如何勘查事故现场中的车辆痕迹？
5. 如何勘查事故现场中的地面痕迹？
6. 如何勘查事故现场中的人体痕迹？
7. 为什么要进行事故现场拍照？通常需要拍摄哪些内容？
8. 为什么要进行事故现场测量？现场图有哪几种？
9. 观察一起交通事故现场，绘制现场记录图和现场比例图。
10. 事故现场勘查报告有何作用？具体包括哪些内容？
11. 什么是汽车损伤鉴定的区域检查法？通常分为几个区域？各区域有何特征？
12. 汽车火灾分为哪几类？
13. 如何鉴定水灾事故车的水淹高度？
14. 汽车损失费用包括哪些项目？各费用是如何计算的？
15. 保险公司是如何计算车辆损失的赔款的？
16. 绘制事故车定损流程框图。

第10章 二手车服务

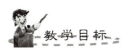

教学目标

通过本章的学习，了解国内外二手车市场的现状和发展；了解二手车服务需要具有的专业技能；掌握二手车鉴定评估的工作流程，并能对二手车进行技术状况鉴定和维修评估；掌握二手车置换的工作流程和技能；掌握二手车拍卖的工作流程；掌握二手车交易的工作流程；了解二手车交易所需提供的材料。

教学要求

知识要点	能力要求	相关知识
概述	能理解二手车服务涉及的主要内容； 能分析国内二手车市场的特点和存在的问题	二手车的定义、二手车服务涉及的主要内容； 二手车市场现状，二手车市场存在的问题
二手车鉴定评估	能进行二手车手续检查； 能对二手车进行技术状况鉴定； 能正确评估二手车的价值； 能撰写二手车鉴定评估报告	二手车鉴定评估的特点、目的、原则及程序，二手车价值评估方法； 二手车手续检查、静态检查、动态检查、用重置成本法评估二手车价值、用收益现值法评估二手车价值、用现行市价法评估二手车价值、用清算价格法评估二手车价值、二手车鉴定评估报告
二手车置换	了解二手车置换的目的与方式； 熟悉二手车置换流程	二手车置换的目的、二手车置换的方式、二手车置换流程
二手车拍卖	了解二手车拍卖的目的和方式； 熟悉二手车拍卖的工作流程	二手车拍卖的目的、二手车网上拍卖流程、二手车委托拍卖流程、二手车竞买流程
二手车交易	熟悉二手车交易的流程与工作程序； 了解二手车交易所需提供的材料； 能签订二手车交易合同	二手车交易的流程、二手车交易的工作程序； 二手车交易所需提供的材料、出售二手车的标示、签订二手车交易合同、二手车的质量担保

导入案例

随着我国汽车工业的高速发展，二手车市场的交易量和规模也日益扩大，其巨大的发展潜力和市场空间逐渐突显。我国二手车市场从20世纪90年代起步，从无到有，规模从小到大。

据中国汽车流通协会资料显示，我国二手车销量由2000年的25万辆增长到2018年的1382万辆。2000—2018年我国二手车交易量与增速情况如图10.1所示。

图10.1 2000—2018年我国二手车交易量与增速情况

虽然目前我国二手汽车市场交易量增速较慢，但我国新车市场已居全球首位，未来也会成为最大的二手车市场，市场潜力很大。截至2020年年底，我国汽车保有量约为2.81亿辆，保守估计每年新车增速超过10%，按照发达国家二手车与新车流通量比例一般大于1.5∶1计算，未来我国二手车交易量可望超过4200万辆。

随着汽车普及程度的提高与汽车消费观念的不断成熟，人们对于二手车的接受程度也在不断提高，从而带来了二手车市场的蓬勃发展。

二手车服务市场是一个具有潜力的汽车后市场。二手车服务包括二手车鉴定评估、二手车拍卖、二手车经销、二手车经纪等服务，涉及面广，所需就业人数较多，因此需要从业人员掌握汽车构造原理、汽车故障诊断、营销、评估等方面的技能。

10.1 概　　述

10.1.1 二手车的定义

中华人民共和国商务部、中华人民共和国公安部、国家工商行政管理总局、国家税务总局令2005年第2号《**二手车流通管理办法**》中首次提出了二手车的概念，给出了二手车的定义。**二手车是指从办理完注册登记手续到达到国家强制报废标准之前进行交易并转移所有权的汽车（包括三轮汽车、低速载货汽车，即原农用运输车，下同）、挂车和摩托车。**

10.1.2 二手车服务涉及的主要内容

二手车服务主要包括二手车鉴定评估、二手车拍卖、二手车经销、二手车经纪，如图10.2所示。

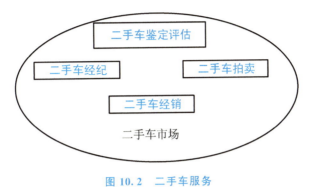

图 10.2 二手车服务

二手车鉴定评估是指二手车鉴定评估机构对二手车技术状况及其价值进行鉴定评估的经营活动。

二手车拍卖是指二手车拍卖企业以公开竞价的形式将二手车转让给最高应价者的经营活动。

二手车经销是指二手车经销企业收购、销售二手车的经营活动。

二手车经纪是指二手车经纪机构以收取佣金为目的，为促成他人交易二手车而从事居间、行纪或者代理等经营活动。

10.1.3 二手车市场

二手车市场是指依法设立、为买卖双方提供二手车集中交易和相关服务的场所。

1. 国外二手车市场

国外二手车市场与国内二手车市场相比更成熟，从美国、德国、瑞士和日本等国的二手车市场的情况看，越是汽车业发达的国家和地区，二手车市场越活跃，并呈现出以下特点。

(1) 二手车销量和利润大于新车

大交易量和高利润使得经营二手车的主体多元化、交易方式多样化和交易手续简便化。从发达国家和发展中国家的情况看，随着各国经济的发展，二手车作为一般商品进入市场，其销售渠道广泛。品牌专卖、大型超市、连锁经营、二手车专营和二手车拍卖等并存的多元化经营体制，为消费者营造了购买二手车的便利消费环境。

(2) 二手车享受售后服务

发达国家对二手车实行规范化的售后服务标准，通过制定法规、行业协会管理及品牌汽车企业确定经营者的资质资格，规范其交易行为。发达国家通过技术质量认证保证售出二手车的质量，同时使购买二手车的消费者在一定时期内享受与购买新车相同的售后待遇。

(3) 有较科学、较完善和较权威的二手车评估体系

二手车评估是由第三方评估机构和评估公司完成的。例如，瑞士有一个较科学的二手

车评估系统——优诺泰斯评估系统。该系统由瑞士二手车协会制定，任何二手车的估价都必须由该评估系统确定。二手车销售价格的制定，首先要经过技术检测部门的技术人员的测定，列出测试清单；然后对此二手车做出估价；最后经销商根据二手车的估价和原销售价格确定实际售价。

（4）按照购进与销售之间的差价征税

北美洲及欧洲绝大部分国家和地区在二手车交易中按照购进与销售之间的差价征税。

（5）信息现代化

越是经济发达的国家，如美国、英国、德国和日本等，信息化程度越高，品牌专卖店基本新车与二手车同店销售。在互联网上进行二手车拍卖，利用先进的信息网络查询二手车各种信息，极大地方便了二手车的交易。

2．国内二手车市场

（1）二手车市场的特点

经过多年发展的国内二手车市场逐渐形成以下特点。

① 政府扶持二手车交易政策的实施，使得二手车交易量快速增长，消费者得到了实惠。

② 二手车从经济发达地区向经济欠发达地区流动，从高收入者向低收入者流动。

③ 二手车资源丰富、价格低，受到部分消费者青睐，2002 年以来各种品牌乘用车频频问世，加快了乘用车消费者换车的速度，加上我国加入世界贸易组织（World Trade Organization，WTO）后进口汽车关税下降，进口汽车数量增长，丰富了二手车市场的资源，带动汽车价格下降。

④ 二手车拍卖、新车置换为二手车市场注入了新的活力，进而加快了与国际接轨的步伐。

⑤ 互联网快速发展，推动二手车交易向多元化、透明化发展。

总之，国内二手车市场正处于起步阶段，发展也相对滞后，与发达国家存在一定差距，还有较大的发展空间。

（2）二手车市场存在的问题

尽管我国二手车市场有着巨大的潜力和广阔的发展前景，但仍然存在以下问题。

① 二手车交易市场功能单一。

② 受新车频繁降价的影响，二手车经营风险增大。

③ 行业诚信缺乏有效监督。

④ 交易行为不规范，缺乏相关行业标准。

⑤ 评估缺乏标准与规范，评估行为随意性强。

⑥ 缺乏真正意义上的二手车经销商。

⑦ 还无完善的全国二手车交易市场信息网络系统。

⑧ 二手车的更新补贴未能完全发挥作用。

⑨ 过多政府部门插手二手车的管理。

⑩ 各地环保政策不同，造成二手车流转方向受限。

⑪ 交易税收存在不合理因素。

二手车在二次交易和多次交易中，存在多次征收增值税的情况。对于二手车经销企业，我国目前按照二手车交易的全额征收2%的增值税，无论销售的车辆在购销抵扣中是否盈利，都要向国家缴纳全额2%的增值税。在近年汽车价格持续走低的情况下，二手车经销企业在经营过程中面临税收征收基数不合理和经营上的风险，导致二手车经销企业普遍采取与市场联营的方式进行交易，以规避增值税的风险。

从国外的情况看，德国、英国、日本等国家的二手车流通渠道与我国的不同，其主要流通渠道一是通过大的拍卖公司实现异地联网销售，二是通过二手车经销企业销售。另外，国外普遍按照二手车收购与销售的差额、按照一定的比例征收增值税。

3. 二手车市场的发展趋势

(1) 交易数量接近甚至超过新车。按照国际惯例，在汽车进入家庭6~7年后，会给二手车市场带来一个快速增长的行情，而我国汽车进入家庭是从2001年左右开始的，因此，我国二手车市场在2008年迎来第一轮行情，达到274万辆，之后逐年升高。2016年全年交易量首次突破千万辆级别，二手车与新车交易量比例达到了1∶2。随着新车销售量的递增，我国二手车交易数量将逐步与新车持平，若干年后，差距逐步拉大，并最终达到2∶1左右的比例，汽车的高保有量和消费观念的转变将为二手车市场的发展创造巨大的提升空间。

(2) 二手车价格接轨国际市场。随着国际品牌的涌入，新车价格不断降低，大部分品牌将实现与国际市场同步。新车市场已进入了价格平稳期，新车价格竞争更充分，二手车价格在新车降价和市场供求关系的影响下，也将与国际接轨。

(3) 二手车成为新的利润增长点。从经营利润上看，二手车将来一定会成为生产企业和经销商的一个重要利润来源。数据显示，1992年美国汽车经销商的利润构成与2016年相比，来自新车销售的利润占总利润的比重基本相同，但是二手车销售利润所占比重从24.5%上升到28.6%。新车的单车利润已经非常低，有的甚至不到100美元，但是二手车的平均单车利润能超过1000美元。因此，在不久的将来，二手车销售利润完全有可能成为汽车市场新的利润增长点。

(4) 二手车行业不断发展，深度互联网化成趋势。近年来，"互联网＋"为传统汽车行业注入新能量，也让我国二手车行业的发展进一步互联网化。由资本催生的二手车相关业务正在蓬勃发展，也在借助互联网的力量（如移动互联、金融服务、资源整合等）加速成长，二手车领域的各个方面均有不同程度的发展。在移动互联方面，互联网的浪潮使得二手车经营服务领域得到了更加广泛的应用，电子商务的高速发展促成越来越多的电商交易。二手车领域各企业的资源整合将迅速推进，未来几年，二手车的深度互联网化将进一步完善，"二手车＋互联网"是大势所趋。

(5) 二手车消费重心将由一、二线城市向三、四线城市延伸。我国东部、中部及西部地区的经济发展水平和消费水平参差不齐，汽车消费呈现出梯度交叉传导的特征。一、二线城市出现限购，成为二手车车源的输出地，而三、四线城市是二手车的目标市场，从而形成二手车市场的大流通格局。二手车车源仍将成为市场竞争的焦点，价格将继续下降，给国内二手车市场的经营造成非常大的压力。国内新车市场的整体价格下降，但由于政策等原因，二手车流转的成本增加。因此，未来二手车市场的核心竞争力在于效率的提升，而效率的改变又将影响二手车的价格。在未来的二手车市场中，价格形成机制或将发生变化，从而呈现新的运营特征，为整个市场格局的塑造带来更多新的可能。

10.2　二手车鉴定评估

10.2.1　二手车鉴定评估的基础

1. 二手车鉴定评估的定义

二手车鉴定评估是指依法设立、具有执业资质的二手车鉴定评估机构和二手车鉴定评估人员，接受国家机关和各类市场主体的委托，按照特定的目的，遵循法定或公允的标准和程序，运用科学的方法，对经济活动和社会活动中涉及的二手车进行技术鉴定，并根据鉴定的结果对二手车在鉴定评估基准日的价值进行评定估算的过程。

二手车鉴定评估技术规范

2. 二手车鉴定评估的特点

二手车作为一类资产，既是生产资料，又是消费资料。作为生产资料是用于生产或经营的车辆，其特征是有明显的价值转移，对产权所有者产生经济收益，如营运载货车、客车、工厂使用的叉车、工程上使用的挖掘机等。作为消费资料是一般家庭中仅次于房产的第二大财产，用于生活和生产服务，以交通代步为主的车辆，其特征是没有明显的价值转移，对所有者不产生经济收益，车辆价值随使用年限及使用里程的增加而消费掉。二手车鉴定评估具有以下特点：①以技术鉴定为基础；②以单台为评估对象；③要考虑手续构成的价值。

3. 二手车鉴定评估的要素

二手车鉴定评估涉及八个基本要素：二手车鉴定评估主体、二手车鉴定评估客体、二手车鉴定评估依据、二手车鉴定评估目的、二手车鉴定评估原则、二手车鉴定评估程序、二手车鉴定评估价值和二手车价值评估方法。

（1）二手车鉴定评估主体

二手车鉴定评估主体是指从事二手车评估的机构和人员，是二手车鉴定评估工作的主导者。

（2）二手车鉴定评估客体

二手车鉴定评估客体是指待评估的车辆，是鉴定评估工作的具体对象。

（3）二手车鉴定评估依据

二手车鉴定评估依据是指鉴定评估工作所遵循的法律、法规、经济行为文件、合同协议及收费标准和其他参考依据。

（4）二手车鉴定评估目的

二手车鉴定评估目的是正确反映二手车的价值及其变动，为将要发生的经济行为提供公平的价格尺度。在二手车鉴定评估市场，二手车鉴定评估的主要目的可分为两大类：一类为变动二手车产权，另一类为不变动二手车产权。

① 变动二手车产权是指车辆所有权发生转移的经济行为，包括二手车的交易、置换、转让、并购、拍卖、投资、抵债、捐赠等。

② 不变动二手车产权是指车辆所有权未发生转移的经济行为，包括二手车的纳税，

保险，抵押，典当，事故车损，司法鉴定(海关罚没、盗抢、财产纠纷等)。

（5）二手车鉴定评估原则

二手车鉴定评估原则是对二手车鉴定评估行为的规范。正确理解和把握二手车鉴定评估原则，对选择科学、合理的二手车鉴定评估方法，提高评估效率和质量有十分重要的意义。

二手车鉴定评估原则分为工作原则和经济原则两大类。

① 二手车鉴定评估的工作原则是评估机构与评估工作人员在评估工作中应遵循的基本原则，包括合法性原则、独立性原则、客观性原则、科学性原则、公平性原则、规范性原则、专业化原则和评估时点原则等。

② 二手车鉴定评估的经济原则是指在二手车鉴定评估过程中，进行具体技术处理的原则。它是二手车鉴定评估原则的具体体现，是在总结二手车鉴定评估经验及市场能够接受的评估准则的基础上形成的，主要包括预期收益原则、替代原则、最佳效用原则。

（6）二手车鉴定评估程序

二手车鉴定评估作为一个重要的专业领域，情况复杂，作业量大。在进行二手车鉴定评估时，应分步骤、分阶段地实施相应的工作。从专业评估角度，二手车鉴定评估程序如图10.3所示。

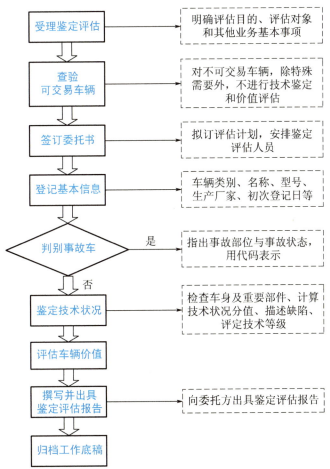

图10.3 二手车鉴定评估程序

(7) 二手车鉴定评估价值

二手车鉴定评估的价值类型是指二手车鉴定评估价值的质的规定性，即评估价值内涵，是二手车鉴定评估价值形式上的具体化。

二手车鉴定评估的价值类型应与特定的经济行为相匹配，不同的评估目的决定了不同的价值内涵和评估项目应选择的价值类型。价值类型对评估方法的选用有约束作用，评估价值是价值类型与评估方法的规定和量化过程共同作用的结果。合理选择二手车鉴定评估价值类型是二手车鉴定评估具有科学性和有效性的根本前提。

关于二手车鉴定评估的价值类型，从不同的角度出发有不同的表述，目前有如下两种表述方式。

① 将价值类型分为市场价值和非市场价值。市场价值是指在公开市场条件下自愿买方与自愿卖方在评估基准日进行交易的价值估计数额，当事人双方应自主谨慎行事，不受任何强迫压制。非市场价值是指不满足市场价值成立的二手车在非公开市场条件下实现的价值。

② 将二手车鉴定评估价值归纳为重置成本、现行市价、收益现值、清算价格、报废价值、残余价值6种价值类型。

(8) 二手车价值评估方法

二手车价值评估方法是指二手车价值评估运用的特定技术，它是实现二手车价值的手段和途径。二手车价值评估方法主要有**重置成本法、收益现值法、现行市价法和清算价格法**。

① 重置成本法。重置成本法是二手车价值评估中的常用方法，适用于继续使用前提下的二手车价值评估。对在用车辆，可直接运用重置成本法进行评估，无须做较大的调整。目前我国二手车交易市场还需进一步规范和完善，运用现行市价法和收益现值法还受到一定的客观限制，而清算价格法仅在特定条件下才能使用。因此，重置成本法在二手车价值评估中得到了广泛应用。

② 收益现值法。多数情况下，二手车价值评估采用重置成本法，但在某些情况下，也可采用收益现值法。采用收益现值法进行二手车价值评估的前提是被评估车辆具有独立的、能连续用货币计量的可预期收益。由于在车辆交易过程中，人们购买车辆的目的往往不在于车辆本身，而是车辆的获利能力。因此，该方法较适用于从事营运的车辆。

③ 现行市价法。运用现行市价法必须以市场为前提，它是借助参照车辆的市场成交价或变现价运作的(该参照车辆与被评估车辆相同或相似)。因此，一个发达、活跃的二手车交易市场是现行市价法得以广泛运用的前提。

此外，运用现行市价法还必须以可比性为前提。运用现行市价法评估车辆市场价值的合理性与公允性，在很大程度上取决于所选取的参照车辆的可比性。可比性包括以下两方面内容。

a. 被评估车辆与参照车辆之间在规格、型号、用途、性能、新旧程度等方面具有可比性。

b. 参照车辆的交易情况(如交易目的、交易条件、交易数量、交易时间、交易结算方式等)与被评估车辆将要发生的情况具有可比性。

以上所述的市场前提和可比前提，既是运用现行市价法进行二手车价值评估的前提条件，又是对运用现行市价法进行二手车价值评估的范围界定。对于车辆的买卖，以车辆作为投资参股、合作经营，均适用现行市价法。

④ 清算价格法。清算价格法适用于企业破产、抵押、停业清理时要售出的车辆。这类车辆只有同时满足以下三个条件，才能运用清算价格法出售。

a. 以具有法律效力的破产处理文件、抵押合同及其他有效文件为依据。

b. 车辆在市场上可以快速出售变现。
　　c. 清算价格足以补偿因出售车辆而付出的附加支出总额。

10.2.2　二手车手续检查

　　二手车手续检查是指进行二手车价值评估前的一系列工作，主要包括**接受委托、核查证件、核查税费、车辆拍照**等。

　　1. 接受委托

　　（1）业务洽谈

　　业务洽谈是二手车鉴定评估的第一项工作，是一项重要的日常工作。与客户进行业务洽谈的主要内容有车主基本情况、车辆情况、委托评估的意向、时间要求等。通过业务洽谈，应该初步了解车主单位（或个人）的基本情况、评估目的、评估对象及其基本情况。清楚上述基本情况以后，应该决定是否接受委托。如果不能接受委托，应该说明原因，如客户在交易中有不清楚的地方，应给予耐心的解答和指导；如果接受委托，就要签订二手车鉴定评估委托书。

　　（2）签订二手车鉴定评估委托书

　　二手车鉴定评估委托书是指二手车鉴定评估机构与法人、其他组织或自然人之间为实现二手车鉴定评估的目的，明确相互权利义务关系而订立的协议。

　　二手车鉴定评估委托书是受托方与委托方对各自权利、责任和义务的协定，是一项经济合同性质的契约。二手车鉴定评估委托书应写明如下内容。

　　① 委托方和二手车鉴定评估机构的名称、地址、统一社会信用代码、上级单位、二手车鉴定评估人员资格类型及证件编号。

　　② 鉴定评估的目的、车辆类型和车辆数量。

　　③ 委托方须做好的基础工作和配合工作。

　　④ 鉴定评估工作的起止时间。

　　⑤ 鉴定评估的收费金额及付款方式。

　　⑥ 反映协议双方各自的责任、权利、义务及违约责任的其他内容。

　　二手车鉴定评估委托书必须符合国家法律、法规和资产评估业的管理规定。涉及国有资产占有单位要求申请立项的二手车鉴定评估业务，应由委托方提供国有资产管理部门关于评估立项申请的批复文件，经核实后，方能接受委托，签订二手车鉴定评估委托书。

　　2. 核查证件

　　《二手车流通管理办法》规定，二手车交易必须提供车辆的号牌，机动车登记证书，机动车行驶证，有效的机动车安全技术检验合格标志、车辆保险单、交纳税费凭证，因此，要核查这些证件的合法性。

　　3. 核查税费

　　机动车主要税费凭证包括车辆购置税完税证明、车船使用税缴付凭证、车辆保险单等，在进行二手车鉴定评估之前，必须核查这些税费的合法性。

　　4. 车辆拍照

　　（1）拍摄外观图片，分别从车辆左前部和右后部 **45°** 拍摄一张外观图片，拍摄一张外观破损部位带标尺的正面图片。

（2）拍摄驾驶舱图片，分别拍摄仪表台操纵杆、前排座椅、后排座椅左侧45°图片，拍摄一张破损部位带标尺的正面图片。

（3）拍摄一张发动机舱图片。

10.2.3 二手车技术状况鉴定

二手车技术状况鉴定是二手车鉴定评估的基础与关键，鉴定方法主要有静态检查、动态检查和仪器检查。静态检查和动态检查是依据评估人员的技能和经验对被评估车辆进行直观、定性判断，即初步判断评估车辆的运行情况是否基本正常、车辆各部分有无故障及故障的可能原因、车辆各总成及部件的新旧程度等，是评价过程不可缺少的。仪器检查是对评估车辆的各项技术性能及各总成部件技术状况进行定量、客观评价，是进行二手车技术等级划分的依据，在实际工作中往往视评估目的和实际情况而定。

1. 静态检查

静态检查是指在静态情况下，根据评估人员的经验和技能，辅以简单的量具，对二手车的技术状况进行静态、直观的检查。

静态检查的目的是快速、全面地了解二手车的大概技术状况。通过全面检查，发现一些较大的缺陷，如严重碰撞、车身或车架锈蚀或有结构性损坏、发动机或传动系统严重磨损、车厢内部设施不良、损坏维修费用较大等，为价值评估提供依据。

静态检查主要包括识伪检查和外观检查两大部分（图10.4）。识伪检查包括鉴别走私车辆、鉴别拼装车辆和鉴别盗抢车辆等。外观检查包括鉴别事故车辆、检查发动机舱、检查车舱、检查行李箱、检查车身底部和检查车身表面等。

```
                ┌ 识伪检查 ┬ 鉴别走私车辆
                │         ├ 鉴别拼装车辆
                │         └ 鉴别盗抢车辆
   静态检查 ────┤
                │         ┌ 鉴别事故车辆：包括碰撞、水淹、火灾等事故
                │         │ 检查发动机舱：包括机体外观、冷却系统、润滑系统、点火系统、供油系统、进气系统等
                └ 外观检查┤ 检查车舱：包括驾驶操纵机构、开关、仪表、报警灯、内饰件、座椅等
                          │ 检查行李箱：包括行李箱锁、气压减振器、防水密封条、备用轮胎、随车工具、门控开关等
                          │ 检查车身底部：包括冷却系统、排气系统、转向机构、悬架、传动轴等
                          └ 检查车身表面：包括车顶、发动机舱盖、行李箱盖、前后保险杠、车门、前后翼子板等
```

图10.4 二手车静态检查

2. 动态检查

二手车的动态检查

在对汽车进行静态检查之后进行动态检查，进一步检查发动机、底盘、电器电子设备的工作状况及汽车的使用性能。

在进行路试之前，应检查润滑油油位、冷却液液位、制动液液位、转向油油位、踏板自由行程、转向盘自由行程、轮胎胎压及各警示灯项目。各项目正常后方可起动发动机，进行路试。动态检查的主要内容如图10.5所示。

图 10.5　动态检查的主要内容

3. 仪器检查

静态检查和动态检查可以对车辆的技术状况进行定性判断，即初步判定车辆的运行情况是否基本正常、车辆各部分有无故障及故障的可能原因、车辆各总成及部件的新旧程度等。当对车辆各项技术性能及各总成、部件的技术状况进行定量、客观评价时，通常需借助一些专用仪器、设备。

对二手车进行综合检测，需要检测车辆的动力性、燃料经济性、转向操纵性、排放污染、噪声等整车性能指标，以及发动机、底盘、电气电子设备等的技术状况。

检测汽车性能指标需要很多设备，包括底盘测功机、制动检验台、油耗仪、侧滑试验台、前照灯检测仪、车速表试验台、发动机综合测试仪、示波器、四轮定位仪、轮胎平衡仪等，这些设备一般在汽车的综合性能检测中心（站）或汽车修理厂使用，操作难度较大。二手车鉴定评估人员不需要掌握这些设备的使用方法，但应会使用一些常规的小型检测设备，如气缸压力表、真空表、万用表、正时枪、燃油压力表、废气分析仪、烟度计、声级计、故障诊断仪等，以便迅速快捷地判断汽车的常见故障。

10.2.4　二手车的价值评估

1. 重置成本法评估二手车价值

（1）重置成本

重置成本是指购买一项全新的与被评估车辆相同的车辆所支付的最低金额。 按重新购置车辆所用的材料、技术的不同，重置成本分为复原重置成本（简称"复原成本"）和更新重置成本（简称"更新成本"）。复原重置成本是指用与被评估车辆相同的材料、制造标准、设计结构和技术条件等，以现时价格复原购置相同的全新车辆所需的全部成本。更新重置成本是指利用新型材料、新技术标准、新设计等，以现时价格购置相同或相似功能的全新车辆所支付的全部成本。一般情况下，在进行重置成本计算时，如果可以同时取得复原重置成本和更新重置成本，应选用更新重置成本；如果不存在更新重置成本，则考虑用复原重置成本。

国产旧机动车的重置成本由购置全新车辆的直接成本和间接成本组成。直接成本为现行市价的购买价格，间接成本是指在购车时所支付的车辆购置附加税、牌照费、注册登记手续费、车船税、保险费等费用。

二手车成新率的计算方法

在实际评估计算中，为了计算简便，间接成本通常只考虑车辆购置附加税（车价的10%），由于车价中含有13%的增值税，因此

$$车辆购置附加税 = \frac{车价}{1.13} \times 10\%$$

重置成本 B 的简易计算公式为

$$B = 车价 + 车辆购置附加税 = 车价 + \frac{车价}{1.13} \times 10\%$$

（2）成新率

成新率是反映机动车新旧程度的指标。旧机动车成新率是表示旧机动车的功能或使用价值占全新机动车的功能或使用价值的比率，也可以理解为旧机动车的现时状态与机动车全新状态的比率。

《机动车强制报废标准规定》

在旧机动车鉴定估价的实践中，重置成本法是旧机动车价值评估的常用方法，要想较准确地评估车辆的价值，成新率的确定是关键。作为重置成本的一项重要指标，科学、准确地确定成新率是旧机动车鉴定评估中的重点和难点，因为成新率的确定不仅需要根据一定的客观资料和检测手段，而且在很大程度上依靠评估人员的学识和评估经验。成新率估算方法主要有使用年限法、行驶里程法、整车观测法、部件鉴定法、综合分析法等，应根据旧机动车的新旧程度、技术状况、价值等选择。其中，使用年限法和行驶里程法应用较广。

一般利用使用年限法中的等速折旧法估算旧机动车成新率，其计算公式为

$$C_D = \left(1 - \frac{Y}{G}\right) \times 100\%$$

式中，C_D 为等速折旧法成新率；G 为规定使用年限，即机动车的使用寿命；Y 为已使用年限，是指机动车从登记日期开始到评估基准日所经历的时间。

等速折旧法方法简单，容易操作，一般用于价值不高的旧机动车价格的评估。

非营运乘用车无报废年限，可采用行驶里程法计算旧机动车成新率，其计算公式为

$$C_X = \left(1 - \frac{L_1}{L_2}\right) \times 100\%$$

式中，C_X 为行驶里程法成新率；L_1 为机动车累计行驶里程；L_2 为机动车规定的行驶里程。

此公式的使用前提是车辆使用强度大，累计行驶里程超过年平均行驶里程，且车辆的里程表记录是原始的，未被人为更改过。

我国颁布的《机动车强制报废标准规定》限定了机动车的使用年限和行驶里程，只要达到规定年限，机动车就要报废。

机动车规定使用年限是指机动车报废标准中的报废年限。机动车规定使用年限（报废年限）及行驶里程参考值见表10-1。

表10-1 机动车规定使用年限（报废年限）及行驶里程参考值

车辆类型与用途				规定使用年限/年	行驶里程参考值/万公里
汽车	载客	营运	出租客运		
			小、微型	8	60
			中型	10	50
			大型	12	60
			租赁	15	60
			教练		
			小型	10	50
			中型	12	50
			大型	15	60
			公交客运	13	40
			其他		
			小、微型	10	60
			中型	15	50
			大型	15	80
		非营运	专用校车	15	40
			小、微型客车，大型乘用车		60
			中型客车	20	50
			大型客车	20	60
	载货		微型	12	50
			中、轻型	15	60
			重型	15	70
			危险品运输	10	40
			三轮汽车、装用单缸发动机的低速货车	9	
			装用多缸发动机的低速货车	12	30
	专项作业		有载货功能	15	50
			无载货功能	30	50
挂车			半挂车		
			集装箱	20	
			危险品运输	10	
			其他	15	
			全挂车	10	

续表

车辆类型与用途		规定使用年限/年	行驶里程参考值/万公里
摩托车	正三轮	12	10
	其他	13	12
轮式专用机械车			50

(3) 重置成本法的定义

重置成本法是指在评估基准日的当前条件下重新购置一辆全新状态的被评估车辆所需的全部成本（完全重置成本，简称重置全价），减去该被评估车辆的各种陈旧性贬值后的差额作为被评估车辆评估价格的一种评估方法。也可以先将被评估二手车与其全新状态相比，测算出其成新率，再进行评估。

重置成本法评估二手车价值

(4) 重置成本法的计算公式

重置成本法的计算模型如下。

模型一： $P = B - (D_S + D_G + D_J)$

模型二： $P = BC$

模型三： $P = BCK$

模型四： $P = BCK\phi$

式中：P 为被评估车辆的评估值；B 为重置成本；D_S 为实体性贬值；D_G 为功能性贬值；D_J 为经济性贬值；C 为成新率；K 为综合调整系数；ϕ 为变现系数。

采用模型一，除了要准确了解二手车的重置成本和实体性贬值外，还必须计算其功能性贬值和经济性贬值，而这两个贬值因素要求评估人员对未来影响二手车的营运成本、收益乃至经济寿命有较为准确的把握，否则难以评估二手车的市场价值。

模型二适用于使用整车观测法和部件鉴定法估算成新率。

模型三适用于使用年限法中的加速折旧法估算成新率。

模型四适用于使用年限法中的等速折旧法和行驶里程法估算成新率。

模型二、模型三和模型四中成新率的确定是综合了二手车的各项贬值的结果，具有收集便捷、操作较简单易行、评估理论更贴近机动车的实际工作状况、容易被委托人接受等优点，应用广泛。

从理论上讲，模型一优于模型二和模型三，因为模型一中不仅扣除了车辆的有形损耗，而且扣除了车辆的功能性损耗和经济性损耗，但其实际的可操作性较差，使用困难。

通过对重置成本法计算公式的分析不难发现，要合理运用重置成本法评估二手车的交易价格，必须正确确定车辆的重置成本、实体性贬值、功能性贬值、经济性贬值和成新率。

(5) 综合调整系数

利用使用年限法和行驶里程法计算成新率时，还应考虑二手车的技术状况对成新率的影响。影响二手车成新率的主要因素有技术状况、使用和维修状态、原始制造质量、工作性质和工作条件。为此，综合调整系数由 5 个方面构成，其影响权重是不同的，根据经验

分别取 30%、25%、20%、15%和 10%，则综合调整系数 K 的计算公式为
$$K=K_1\times30\%+K_2\times25\%+K_3\times20\%+K_4\times15\%+K_5\times10\%$$
式中，K_1 为技术状况调整系数；K_2 为使用和维修状态调整系数；K_3 为原始制造质量调整系数；K_4 为工作性质调整系数；K_5 为工作条件调整系数。

二手车成新率调整系数的选取方法及权重参见表 10-2。

表 10-2 二手车成新率调整系数的选取方法及权重

影响因素	因素分级	调整系数	权重/(%)
技术状况	好	1.0	30
	较好	0.9	
	一般	0.8	
	较差	0.7	
	差	0.6	
使用和维修状态	好	1.0	25
	较好	0.9	
	一般	0.8	
	较差	0.7	
原始制造质量	进口车	1.0	20
	国产名牌车	0.9	
	进口非名牌车	0.8	
	走私罚没车、国产非名牌车	0.7	
工作性质	私用	1.0	15
	公务、商务	0.7	
	营运	0.5	
工作条件	较好	1.0	10
	一般	0.8	
	较差	0.6	

(6) 二手车变现系数

当对二手车进行价值评估时，还应充分考虑市场微观经济环境（品牌因素、市场热销程度、市场占有率、车龄差异、地区差异、车辆档次）和政府宏观政策对车辆变现能力的影响，即需考虑二手车变现系数。

由于影响二手车变现系数的因素很多，估计难度较大，因此一般在二手车价值评估中省略。

(7) 计算步骤

用重置成本法成新率模型评估二手车价值的步骤如下：

第一步：确定重置成本。

重置成本是被评估车辆在评估基准日的全新车辆价格（包括上牌的各种税费），一般通过市场询价得到。市场询价通过新车生产企业、经销商、各种媒体得到，是评估的第一步，价格资料、技术资料的准确性直接关系到评估结论的准确性。

第二步：确定成新率。

确定成新率是运用重置成本法的难点，评估人员在现场勘查的基础上，认真填好评估勘查作业表格，详细鉴定车况，可用前文所述5种方法确定成新率。在此基础上综合分析品牌因素、市场热销程度、市场占有率、车龄差异、地区差异、车辆档次和政府宏观政策对车辆变现能力的影响，计算二手车变现系数，以确定综合成新率。

第三步：确定综合调整系数。

根据二手车技术状况鉴定情况，确定各调整系数，并考虑对应的权重，确定综合调整系数。

第四步：计算评估值。

采用重置成本法的公式计算评估值。

【应用案例10-1】

王某于2010年3月花12万元购得2010款自动豪华型凯越乘用车一辆，用于租赁，并于当月登记注册。2019年3月该车在南京交易，未发现重大事故痕迹，但外表有多处轻微事故痕迹，需修理与做漆，约需0.2万元。该车维护保养一般，路试车况较好，行驶里程为35万公里。试用重置成本法、等速折旧法、综合调整系数法计算评估值。

根据题意：

（1）确定重置成本 B。根据市场询价，2019年3月南京二手车市场上，2019款自动豪华型凯越乘用车的纯车价是9万元。

$$B = 9\text{ 万元} + \frac{9\text{ 万元}}{1.13} \times 10\% \approx 9.80\text{ 万元}$$

（2）确定成新率 C。租赁车的规定使用年限 $G=15$ 年，已使用年限 $Y=9$ 年，根据等速折旧法，其成新率

$$C = \left(1 - \frac{Y}{G}\right) \times 100\% = \left(1 - \frac{9\text{ 年}}{15\text{ 年}}\right) \times 100\% = 40\%$$

（3）计算综合调整系数 K。

车况较好，所以取技术状况调整系数 $K_1=0.9$。

维护保养一般，取车辆使用和维护状态调整系数 $K_2=0.8$。

凯越乘用车为国产名牌车，考虑地域因素，原始制造质量调整系数 $K_3=0.9$。

工作性质为租赁，年平均行驶里程为5万公里，工作性质调整系数 $K_4=0.5$。

该车主要在市内使用，取工作条件调整系数 $K_5=1.0$。

因此，该车综合调整系数

$$\begin{aligned} K &= K_1 \times 30\% + K_2 \times 25\% + K_3 \times 20\% + K_4 \times 15\% + K_5 \times 10\% \\ &= 0.9 \times 30\% + 0.8 \times 25\% + 0.9 \times 20\% + 0.5 \times 15\% + 1.0 \times 10\% \\ &= 0.825 \end{aligned}$$

(4) 计算评估值 P。

$$P = B \times C \times K = 9.80 \text{ 万元} \times 40\% \times 0.825 = 3.234 \text{ 万元} \approx 3.23 \text{ 万元}$$

去掉修理与做漆费 0.2 万元,最终评估值为 3.03 万元。

2. 收益现值法评估二手车价值

(1) 收益现值法的定义

收益现值法是将被评估的车辆在剩余寿命期内预期收益用适当的折现率折现为评估基准日的现值,并以此确定评估价格的一种方法。二手车价格评估一般很少采用收益现值法,但对一些有特定目的或特许经营权的二手车,人们购买的目的往往不在于车辆本身,而在于车辆的获利能力。因此评估营运车辆适合采用收益现值法。

(2) 收益现值法的基本原理

收益现值法基于"人们之所以购买某车,主要考虑该车能为自己带来一定的收益"的假设。采用收益现值法进行二手车评估所确定的价值是指为获得该二手车以取得预期收益的权利所支付的货币总额,它以车辆投入使用后连续获利为基础。如果某车辆的预期收益小,车辆的价格就不可能高;反之,车辆的价格肯定高。

计算收益现值法评估值,实际上就是对被评估车辆未来预期收益折现的过程。

所谓折现,就是将未来的收益按照一定的折现率,折算到评估基准日的现值。此处引出收益现值法中的一个重要概念——资金的时间价值问题。资金的时间价值是指资金作为资本的形态,在扩大再生产及周转过程中,随着时间的增加而产生的增值,具体形态就是利息或利润。由于资金具有时间价值,一定数额的收益发生在不同的时间,具有不同的价值。因此,收益只有与时间结合起来才能真正反映出资产的价值。

使用收益现值法评估的二手车价值是指评估基准日的价值,但收益是在未来某个时间发生的,故需要对未来不同时间产生的收益或者支出的费用计算时间价值,即将未来的收益和支出的费用换算到评估基准日的价值,这就是所谓的等值计算。对未来收益计算时间价值,并换算成评估基准日的价值的过程称为折现,使用的换算比率称为折现率。

(3) 收益现值法的应用前提

① 被评估二手车必须是经营性车辆,且具有继续经营和获利的能力。
② 继续经营的预期收益可以预测且能够用货币金额表示。
③ 二手车购买者获得预期收益所承担的风险可以预测,并可以用货币衡量。
④ 被评估二手车预期获利年限可以预测。

由以上应用前提可见,运用收益现值法进行评估时,是以车辆投入使用后连续获利为基础的。

(4) 收益现值法的计算方法

计算收益现值法的评估值实际上就是对被评估车辆未来预期收益进行折现的过程。被评估车辆的评估值等于剩余寿命期内各收益期的收益现值之和,计算公式(模型一):

$$P = \sum_{t=1}^{n} \frac{A_t}{(1+i)^t}$$
$$= \frac{A_1}{(1+i)^1} + \frac{A_2}{(1+i)^2} + \cdots + \frac{A_n}{(1+i)^n}$$

式中，P 为评估值；A_t 为未来第 t 个收益期的预期收益额，二手车的收益期是有限的，A_t 还包括收益期末车辆的残值，估算时一般忽略不计；n 为收益年期，对二手车来说为剩余使用年限；i 为折现率；t 为收益期，一般以年计。

当 $A_1 = A_2 = \cdots = A_n = A$，即 t 从 $1 \sim n$ 未来收益分别相同且为 A 时，有（模型二）：

$$P = A \cdot \left[\frac{1}{1+i} + \frac{1}{(1+i)^2} + \cdots + \frac{1}{(1+i)^n}\right]$$

$$= A \cdot \frac{(1+i)^n - 1}{i \cdot (1+i)^n}$$

简记为

$$P = A \cdot (P/A, i, n)$$

（5）运用收益现值法评估的步骤

运用收益现值法评估的步骤如下。

第一步：搜集有关营运车辆的收入和费用的资料。

第二步：估算预期收入。

第三步：估算运营费用。

第四步：估算预期净收益。

第五步：选择适当的折现率。

第六步：选择适当的计算公式，求出收益现值。

评估中的预期收入、预期运营费用和预期净收益都采用客观数据。

利用被评估车辆本身的资料直接推算出的预期收入、预期运营费用或预期净收益，应与类似二手车的正常情况下的收入、运营费用和净收益进行比较。若与正常情况下的不符，则应进行适当的调整修正。

在求取净收益时，应根据净收益过去、现在、未来的变动情况及可获收益的年限，确定未来净收益流量。

应根据被评估车辆的使用情况、市场竞争趋势和机动车报废标准的规定确定一个合理的收益年限。

折现率由无风险报酬率、风险报酬率和通货膨胀率组成。

$$折现率 = 无风险报酬率 + 风险报酬率 + 通货膨胀率$$

式中，通货膨胀率由于涉及政治、经济、文化、金融等方面政策而很难确定，因此往往忽略不计。

某个体人员拟购买一辆轻型货车从事营运经营，该车的剩余使用年限为 4 年，适用的折现率为 8%，经预测，4 年内各车的预期收益分别为 1 万元、0.9 万元、0.8 万元、0.7 万元。试用收益现值法评估该车目前价格。

解：由于每年的预期收益额不相等，因此根据收益现值法的模型一得到该车的评估值

$$P = \frac{10000 \text{元}}{1+8\%} + \frac{9000 \text{元}}{(1+8\%)^2} + \frac{8000 \text{元}}{(1+8\%)^3} + \frac{7000 \text{元}}{(1+8\%)^4}$$

$$\approx 9259 \text{元} + 7716 \text{元} + 6351 \text{元} + 5145 \text{元}$$

$$= 28471 \text{元}$$

【应用案例 10-3】

李某拟购一辆帕萨特乘用车作为个体出租车经营使用,该车各项数据和情况如下。

1. 评估基准日	2019 年 2 月 15 日	7. 每天燃油及润滑油费	300 元
2. 初次登记年月	2013 年 2 月	8. 每年日常维修、保养费	6000 元
3. 技术状况	正常	9. 每年保险及各项规费	12000 元
4. 每年营运天数	350 天	10. 营运证使用费	23000 元
5. 每天毛收入	900 元	11. 两名驾驶人劳务费、保险费	100000 元
6. 日营业所得税	100 元		

试用收益现值法评估该车的价值。

解:首先求预计年收入

$$350 \times 900 \text{ 元} = 315000 \text{ 元}$$

预计年支出

税费　　　　　$350 \times 100 \text{ 元} = 35000 \text{ 元}$

油费　　　　　$350 \times 300 \text{ 元} = 105000 \text{ 元}$

维修、保养费　6000 元

保险及规费　　12000 元

营运证使用费　23000 元

驾驶人劳务、保险费　100000 元

年收入

315000 元－35000 元－105000 元－6000 元－12000 元－23000 元－100000 元＝34000 元

其次根据目前银行储蓄和贷款利率、债券、行业收益等情况,确定资金预期收益率为 10%,风险报酬率为 5%,则折现率为 10%＋5%＝15%。

该车剩余使用年限为 2 年,假定每年年收入相同,根据收益现值法公式的模型二得到该车的评估值

$$P = A \cdot \frac{(1+i)^n - 1}{i(1+i)^n}$$
$$= 34000 \text{ 元} \times \frac{(1+15\%)^2 - 1}{15\% \times (1+15\%)^2}$$
$$\approx 55274 \text{ 元}$$

3. 现行市价法评估二手车价值

(1) 现行市价法的定义

现行市价法又称市价法、市场价格比较法或销售对比法,是指通过比较被评估车辆与最近出售类似车辆的异同,并对类似车辆市场价格进行调查,从而确定被评估车辆价值的一种评估方法。

(2) 现行市价法的基本原理

现行市价法的基本原理如下:通过市场调查,选择一辆或多辆与评估车辆相同或相似的车辆作为参照车辆,分析参照车辆的结构、配置、功能、性能、新旧程度、地区差别、交易条件及成交价格等,并与待评估车辆对照比较,找出两者的差别及差别所反映的价格差,经过调整,计算出二手车的评估价格。

运用现行市价法要充分利用类似二手车成交价格信息,并以此为基础判断和估测被评估车辆的价值。运用已被市场检验的结论评估被评估车辆,显然容易被买卖双方当事人接受。因此,现行市价法是二手车鉴定评估中最直接、最具说服力的评估方法之一。

用现行市价法评估二手车包含被评估车辆的各种贬值因素,如有形损耗的贬值、功能性贬值和经济性贬值。市场价格是综合反映车辆的各种因素的体现,由车辆的有形损耗及功能陈旧造成的贬值,自然会在市场价格中有所体现。经济性贬值反映社会上各类产品综合的经济性贬值,突出表现为供求关系的变化对市场价格的影响,因而,用现行市价法评估时不再专门计算功能性贬值和经济性贬值。

现行市价法是最直接、最简单的一种评估方法,也是二手车价格评估最常用的方法之一。

(3) 现行市价法的应用前提

由于现行市价法是以同类二手车销售价格进行比较的方式确定被评估车辆价值的,因此运用该方法时一般应具备以下<u>两个基本条件</u>。

① <u>有一个发育成熟</u>、交易活跃的二手车交易市场。经常有相同或类似二手车的交易,有充分的参照车辆可取,市场成交的二手车价格反映市场行情是应用现行市价法评估二手车的关键。在二手车交易市场上,二手车交易越频繁,越容易获得被评估二手车的现行价格。

② <u>市场上参照的二手车与被评估二手车有可比较的指标,这些指标的技术参数等资料是可搜集到的,而且价值影响因素明确,可以量化</u>。

运用现行市价法,重要的是在交易市场上能够找到与被评估二手车相同或相似的已成交过的参照车辆,并且参照车辆是近期的、可比较的。所谓近期,是指参照车辆交易时间与被评估二手车鉴定评估基准日相近,一般在一个季度之内。所谓可比较,是指参照车辆的规格、型号、功能、性能、配置、内部结构、新旧程度及交易条件等与被评估二手车不相上下。

现行市价法要求二手车交易市场发育比较健全,并以能够相互比较的二手车交易在同一个市场或地区经常出现为前提。由于我国各地二手车交易市场完善程度、交易规模差异很大,有些地区汽车保有量小、车型少,二手车交易量小,寻找参照车辆较困难,因此现行市价法在我国二手车交易市场条件下的实际运用受到一定的限制。

现行市价法是从卖者的角度考虑被评估二手车的变现值的,二手车价值直接受市场制约,因此,它特别适用于产权转让的畅销车型的评估,如二手车收购(尤其是成批收购)和典当等业务。畅销车型的数据充分可靠,市场交易活跃,评估人员熟悉市场交易情况,采用现行市价法评估二手车时间较短。

(4) 现行市价法的评估方法

运用现行市价法确定单辆车辆的价值通常采用<u>直接比较法、类比调整法和成本比率估价法</u>。

① 直接比较法,又称直接市价法,是指在市场上能找到与被评估车辆完全相同的车辆的现行市价,并将其价格直接作为被评估车辆评估价格的一种方法。

② 类比调整法,又称类似比较法,是指评估车辆时,在公开市场上找不到与之完全相同,但能找到与之类似的车辆作为参照车辆,根据车辆技术状况和交易条件的差异对价格作出相应调整,进而确定被评估车辆价格的评估方法。

③ 成本比率估价法,用二手车的交易价格与重置成本之比反映二手车的保值程度。

这种方法是在评估实践中，通过分析大量二手车市场交易的统计数据，得到相同类型的车辆的保值率（相反为贬值率）与其使用年限之间存在基本相同的函数关系。也就是说，只要是同一类别的车辆，即使实体差异较大，但使用年限相同，它们的重置成本与二手车交易价格之比也是很接近的。根据这个规律，通过统计分析的方法，建立使用年限与二手车售价/重置成本之间的函数关系，以确定在二手车市场上无法找到基本相同或者相似参照物的被评估车辆的评估值。

（5）现行市价法的基本程序

采用现行市价法评估二手车价值时，一般可按如下程序进行。

① 搜集资料。搜集被评估对象的资料，包括车辆的类别、型号、性能、生产厂家，了解车辆的使用情况、已使用年限，鉴定车辆现时的技术状况等。

② 选定二手车市场上相同或相似的参照物。所选参照物必须具有可比性。很难找到与被评估对象完全相同的参照物，一般都存在一些差异，只要存在差异，就应进行调整。

③ 分析、比较。将参照物与被评估对象进行比较，分析它们之间存在的差异，确定差异程度，并进行调整。调整是针对参照物进行的，不能对被评估对象进行调整，因为参照物已有市场交易价格，主要针对其价格进行调整，确定需调整的比较因素及其调整系数。

④ 计算被评估对象的评估值。在分析比较的基础上确定比较因素，并在确定各因素的调整系数后，代入有关计算公式计算评估值，获得评估结论。

【应用案例10-4】

现在要评估一辆乘用车。二手车市场上已获得参照物的品牌型号，购置年、月，行驶里程，整车的技术状况基本相同。被评估车与参照物的区别如下：

（1）参照物的左后组合灯损坏，需更换，费用约为220元。

（2）被评估车辆改装了一套DVD导航仪，价值5000元。

参照物的市场交易价为225000元，试计算被评估的乘用车价值。

解：被评估乘用车的价值

$$P = P' = 225000 元 + 220 元 + 5000 元 = 230220 元$$

4．清算价格法评估二手车价值

（1）清算价格法的定义

清算价格法是以清算价格为标准对二手车进行价格评估的方法。

所谓清算价格，是指企业由于破产或其他原因，要在一定期限内将车辆变现，在企业清算之日预期卖出车辆可收回的快速变现价格。

（2）清算价格法的原理

清算价格法主要根据二手车的技术状况，运用现行市价法估算其正常价值，再根据处置情况和变现要求，乘以折扣率，确定评估价格。

清算价格法在原理上基本与现行市价法相同，所不同的是迫于停业或破产，清算价格往往大大低于现行市场价格。

（3）清算价格法的适用范围

清算价格法适用于企业破产、抵押、停业清理时要出售的车辆。

（4）决定清算价格的主要因素

由于采用清算价格法评估的车辆通常要在较短期限内变现,因此其价格往往低于现行市价,这是快速变现原则决定的。清算价格一般与企业破产形式、车辆拍卖时限、车辆现行市价、车辆拍卖方式等因素有关。

(5) 清算价格法的评估方法

清算价格的评估方法主要有**现行市价折扣法、意向询价法、拍卖法**。

① 现行市价折扣法,是指对清理车辆,首先在二手车市场上寻找一个相适应的参照物,然后根据快速变现原则确定一个折扣率以确定清算价格。

例如,经调查,一辆桑塔纳乘用车在二手车市场上的成交价为4万元,根据销售情况调查,折价20%可以当即出售,则该车辆清算价格为4万元×(1−20%)=3.2万元。

② 意向询价法,是根据向被评估车辆的潜在购买者询价的方法取得市场信息,然后经评估人员分析确定清算价格的方法。用这种方法确定的清算价格受供需关系影响很大,要充分考虑其影响程度。

例如,拟评估一辆桑塔纳普通型乘用车的清算价格。评估人员对5个有购买意向的经纪人询价,价格分别为4.5万元、4.6万元、4.7万元、4.8万元、4.6万元,价格差异不大,评估人员确定清算价格为4.6万元。

又如,拟评估一辆2009款福特林肯乘用车的清算价格。评估人员对3个有购买意向的经纪人询价,价格分别为15万元、11万元、17万元,价格差异较大,评估人员不能以此来确定清算价格。

③ 拍卖法,是指由法院按照法定程序(破产清算)或由卖方根据评估结果提出拍卖的低价,在公开市场上由买方竞争出价,谁出的价格高就卖给谁。二手车拍卖有两种拍卖方式,即现场拍卖和网上拍卖。

某法院欲拍卖其扣押的一辆轻型载货汽车。截至评估基准日,该车已使用1年6个月,车况与新旧程度相符。试评估该车的清算价格。

解:

第一步:确定车辆的重置成本全价。

据市场调查,全新的此型车目前售价为5.5万元。根据相关规定,购置此型车时,要缴纳10%的车辆购置税、3%的货运附加费,故被评估车辆的重置成本全价

$$重置成本全价 = 55000元 + \frac{55000元}{1.13} \times 10\% + 55000元 \times 3\% \approx 61517元$$

第二步:确定车辆的成新率。

被评估车辆价值不高,且车辆的技术状况与新旧程度相符,故决定采用使用年限法中的等速折旧法来确定其成新率。

根据国家规定,被评估车辆的使用年限为15年,折合为180个月。该车已使用年限为1年6个月,折合为18个月。故被评估车辆的成新率

$$成新率 = \left(1 - \frac{18}{180}\right) \times 100\% = 90\%$$

第三步:确定被评估车辆在公平市场条件下的评估值。

根据调查了解,被评估车辆的功能损耗及经济性损耗均很少,可忽略不计。故在公平

市场条件下，该车的评估值为

$$61517 元 \times 90\% \approx 55365 元$$

第四步：确定折扣率。

根据市场调查，折扣率取 75% 时，可在清算日内出售车辆，故确定折扣率为 75%。

第五步：确定被评估车辆的清算价格。

车辆的清算价格 = 55365 元 × 75% ≈ 41524 元。

5. 二手车鉴定评估报告

二手车鉴定评估报告是记述鉴定评估二手车的文件，根据《二手车流通管理办法》中的第二十五条规定"二手车鉴定评估机构应当遵循客观、真实、公正和公开原则，依据国家法律法规开展二手车鉴定评估业务，出具车辆鉴定评估报告；并对鉴定评估报告中车辆技术状况，包括是否属事故车辆等评估内容负法律责任"。可以看出，二手车鉴定评估报告具有极其重要的作用。

10.3 二手车置换

10.3.1 二手车置换的目的与方式

1. 二手车置换的目的

二手车置换有狭义和广义之分。狭义的二手车置换就是以旧换新业务，经销商通过二手车的收购与新商品的对等销售获取利益。狭义的二手车置换业务在世界各国广为流行。广义的二手车置换是指在以旧换新业务的基础上，兼容二手商品整新、跟踪服务、二手车再销售，乃至折抵分期付款等项目的一系列业务组合，使之成为一种有机而独立的营销方式。

我国二手车置换业务产生的背景：从 1995 年开始，我国汽车市场基本完成了从卖方市场到买方市场的根本性转变，出现汽车的生产能力强于销售能力，而销售能力又强于现实市场需求的情况。与此相应的是，各大汽车制造企业之间的竞争日趋白热化。汽车生产企业普遍认为，当前汽车进入家庭的关键问题是较高的新车价格与较低的消费能力之间的矛盾，于是二手车置换业务应运而生。1999 年下半年，国内第一家专业二手车置换公司在上海成立，标志着我国二手车置换业务正式开始。

各大汽车品牌均开展了二手车置换业务，如上汽通用"诚新二手车"、一汽大众"认证二手车"、东风雪铁龙"龙信二手车"、宝马"尊选二手车"、奔驰"星睿二手车"、奥迪"品荐二手车"等。

二手车置换的目的是通过"以旧换新"来开展二手车贸易，简化更新程序，并使二手车市场和新车市场互相带动，共同发展。客户既可通过支付新车与二手车之间的差价来一次性完成汽车的更新，也可选择通过原有二手车的再销售来抵扣购买新车的分期付款。

发挥二手车贸易的置换功能的关键在于控制物流、资金流，以及协调汽车维修、汽车流通、车辆管理所、客管处、工商、税务等政府机关进行横向沟通和纵向疏导工作。

2. 二手车置换的方式

二手车置换主要有以下 3 种方式。

(1) **同一生产企业置换**。即用品牌二手车置换同一品牌新车（以旧换新）。例如品牌为"一汽大众"，车主可将旧捷达车折价卖给一汽大众的零售店，再买一辆新宝来。

(2) **同一品牌置换**。即用本品牌二手车置换同一品牌任一款新车。例如品牌为"大众"（大众在我国有两家合资生产厂，分别为一汽大众和上汽大众），假设有一辆旧捷达的车主看上了帕萨特，那么他可以在任一家"大众"零售店换到他喜欢的帕萨特。

(3) **不同品牌置换**。即只要购买本厂的新车，置换的二手车不限品牌。目前国内大多数品牌均已开展此类置换业务。

第一种和第二种方式的优点在于降低老客户换车的门槛，吸引老客户关注品牌新车型信息，容易培养客户的品牌忠诚度；缺点是适用范围有限，只限于同一品牌不同档次产品的更新换代，适合产品线长、品种丰富的生产企业。

如果考虑买车人的选择余地和便利程度，当然是第三种方式最佳。但这种方式对生产企业和经销商而言非常具有挑战性。首先我国车主一般不是自始至终地在指定维修点保养维修，也不保留车辆的维修档案，所以车况极不透明；其次，不同品牌、不同型号的车载技术和零部件千差万别；最后，个别已经停产车型更换零部件越来越麻烦。所以，一家生产企业很难为所有品牌的二手车做评估和认证，做售后服务更难。

10.3.2　二手车置换流程

二手车置换的主要流程如图10.6所示。

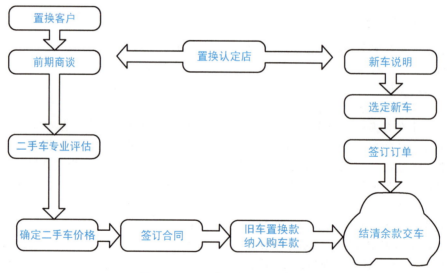

图10.6　二手车置换的主要流程

如何使二手车鉴定评估工作客观而公正，评估公式合适与否，要因时、因地、因车具体分析，不能一概而论。而市场似乎不在乎什么公式，只根据自己的运行惯性和供求关系运行。是否存在一个符合客观实际通用的估价公式呢？与其说是公式，不如说是一种客观、实际、通用的方法。美国二手车价格指南在大量交易数据的基础上，运用最简便的方法快速、便捷地评价汽车，这将是我国评价汽车的发展方向。

二手车置换的注意事项如下。

(1) 所置换车辆的手续及相关文件必须齐全。外地转籍车辆，必须先咨询相关部门，经同意后方可收购置换。

（2）要对所置换的车辆进行仔细的技术状况鉴定，并进行路试，以确定车辆的初步评估价格。

（3）对所置换的车辆应上网查询是否有交通违章记录，且是否已处置完毕。

（4）认真填写置换信息表或置换合同（包括经办人签字及日期、违约金数额、车主联系电话及地址等）。

10.4　二手车拍卖

10.4.1　二手车拍卖的目的和方式

2005年3月21日，由中招国际拍卖公司主持的上汽大众、上汽通用、一汽奥迪3家汽车品牌的50辆二手车进行了"京城第一拍"，这是国内首次将拍卖机制引入二手车销售中。

拍卖本着公开、公正、公平、诚信的原则，提高被拍卖车辆的信息透明度，以方便买者作出判断。二手车拍卖是二手车销售的一种有益补充，也是二手车交易体系中一个不可或缺的环节。

二手车拍卖有两种方式，即现场拍卖和网上拍卖。

二手车拍卖

10.4.2　二手车现场拍卖

1. 二手车委托拍卖流程

二手车委托拍卖需要提供车辆行驶证，购置凭证，车船税证明，保险凭证，车辆所有人证件（身份证、户口本或企事业单位代码证）等有效证件，其流程如图10.5所示。

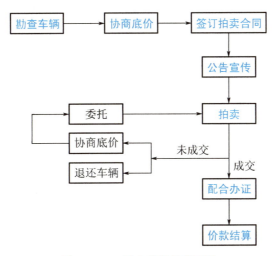

图10.7　二手车委托拍卖流程

2. 二手车竞买流程

竞买人参加二手车竞买时,应提供竞买人身份证或企事业单位代码证和保证金,之后可领取竞买号牌参加竞买。二手车竞买流程如图10.6所示。

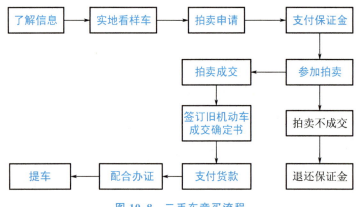

图 10.8　二手车竞买流程

3. 注意事项

(1) 拍卖活动是在公开、公平、公正、诚实守信的基础上进行的,一切活动都具有法律效力。

(2) 竞买人必须具备相关竞买条件,否则不得参与竞买。

(3) 竞买人必须事先按规定办理登记手续,提交有关合法文件;进入拍卖现场前,必须办理入场手续,方能参与竞买。

(4) 竞买人若委托代理人竞买,代理人必须出示有效委托文件及本人身份证件,否则即作为代理人以自己的身份竞买。

(5) 竞买人在公告规定的咨询期限内有权了解拍卖标的物的情况,实地察看,有偿获得文件资料。一旦进入拍卖会现场,即表明已完全了解情况,并愿意承担一切责任。

(6) 竞买过程中,竞买人一定要认真严肃地进行竞买,一经应价,不得反悔,否则应赔偿由此造成的经济损失。

(7) 竞买人的最高应价以竞拍师落槌的方式确认后,拍卖成交。

(8) 竞买成交后,买受人必须当场签署"拍卖成交确认书"和有关文件、合同等。

(9) 买受人付清全部价款后,方能办理拍卖标的物的交付手续。

(10) 竞买人必须遵守场内公共秩序,不得阻挠其他竞买人叫价竞投,不得阻碍拍卖师进行正常的拍卖工作,更不能有操纵、垄断等违法行为,一经发现,应取消其竞买资格,并追究法律责任。

(11) 竞买人应先现场察看所拍卖的二手车,了解其技术状况,并具备一定的法律和经济知识,以免遭受不必要的损失。

10.4.3　二手车网上拍卖

二手车网上拍卖是指二手车拍卖公司利用互联网发布拍卖信息,公布拍卖车辆的技术参数和直观图片,通过网上竞价,线下交接,将二手车转让给超过保留价的最高应价者的经营活动。

目前除了二手车拍卖公司,许多互联网企业也已开展相关专业的二手车拍卖,通过互联网平台及技术优势,促进二手车交易。二手车网络拍卖因价格透明、交易范围广、买卖双方的成交过程简便等而蓬勃发展。

10.5 二手车交易

二手车交易是一种产权交易,实现二手车所有权从卖方到买方的转移过程。二手车必须完成所有权转移登记(过户)才算是合法、完整的交易。

10.5.1 二手车交易的流程与工作程序

1. 二手车交易的流程

根据二手车交易的特性,且为了杜绝盗抢车、走私车、拼装车和报废车的非法交易,切实维护消费者的合法权益,科学合理地设计"一条龙"的作业方式,可以使二手车交易在规范有序的流程内进行,减少购销双方的来回奔波。二手车交易的流程如图10.9所示。

2. 二手车交易的工作程序

(1) 直接交易、中介交易类的工作程序

直接交易、中介交易类的工作程序如图10.10所示。

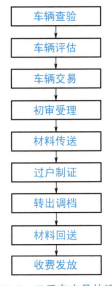

图10.9 二手车交易的流程

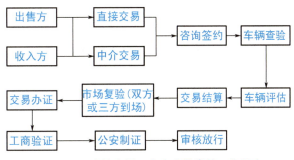

图10.10 直接交易、中介交易类的工作程序

(2) 经销类交易的工作程序

经销类交易的工作程序如图10.11所示。

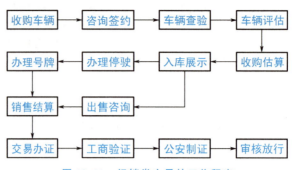

图 10.11　经销类交易的工作程序

(3) 退牌、上牌类交易的工作程序

退牌、上牌类交易的工作程序如图 10.12 所示。

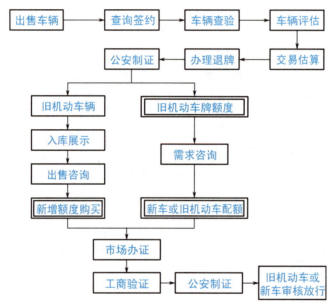

图 10.12　退牌、上牌类交易的工作程序

(4) 寄卖或拍卖类交易的工作程序

寄卖或拍卖类交易的工作程序如图 10.13 所示。

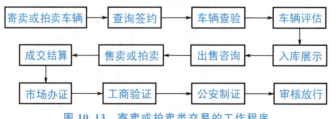

图 10.13　寄卖或拍卖类交易的工作程序

10.5.2　二手车交易所需提供的材料

《机动车登记规定》规范了二手车交易过户、转籍登记行为，全国车辆管理机关在执

行该法定程序时，由于各地区情况不一，因此在执行时根据实际情况略有变化。对二手车鉴定评估人员来说，除了掌握二手车交易过户、转籍的办理程序以外，还有必要熟悉新机动车牌号、行驶证的核发程序。

1. 二手车转移登记提供的材料

二手车交易后需进行转移登记，应递交下列材料。

（1）现机动车所有人的身份证明。
（2）机动车所有权转移的证明、凭证。
（3）机动车登记证书。
（4）机动车行驶证。
（5）属于海关监管的机动车，还应当提交《中华人民共和国海关监管车辆解除监管证明书》或者海关批准的转让证明。
（6）属于超过检验有效期的机动车，还应当提交机动车安全技术检验合格证明和机动车交通事故责任强制保险凭证。

2. 转出（转籍）类交易需提供的材料

因为全国有统一的车辆和车辆档案的接收标准，所以所递交的证件、牌证和材料，应严格按照《机动车登记规定》办理，否则有可能退档。该规定要求机动车所有人或委托代理人递交下列材料。

（1）机动车行驶证。
（2）机动车登记证书。
（3）身份证明。
（4）机动车过户、转入、转出登记申请表。
（5）属于超过检验有效期的机动车，还应当提交机动车安全技术检验合格证明和机动车交通事故责任强制保险凭证。

3. 机动车（新车）上牌需提供的材料

机动车（新车）上牌是指在二手车交易市场内通过收旧供新的车辆，或经车辆管理所授权的汽车销售公司出售的新车。范围是厂牌型号经认定获免检资质的新车，递交材料如下。

（1）购车发票等机动车来历凭证。
（2）整车出厂合格证明或进口机动车进口凭证。
（3）机动车注册/登记申请表。
（4）机动车所有人的身份证明。
（5）车辆购置税完税证明或免税凭证。
（6）由代理申请注册登记的，须提供代理人的身份证明原件和复印件。
（7）机动车交通事故责任强制保险凭证。

10.5.3 出售二手车的标示

1. 二手车标示的目的

二手车标示的目的是为客户提供待出售二手车的基本信息，供客户了解二手车的来源及技术状况等内容。二手车标示应规范、正确，内容应真实，不得弄虚作假，否则会引起交易双方之间的矛盾。二手车标示信息粘贴在车辆前挡风玻璃左上方，并填写完整、正确。

2. 二手车标示的主要内容

(1) 出售车辆展示单位及联系方式

① 收购后出售的车辆标示该经营单位名称、委托寄售的车辆标示接受代理单位名称。

② 联系方式：该单位的固定电话、手机。

(2) 车辆型号、牌号及装备

① 车辆型号按车辆管理部门核发车辆行驶证上的标准标示。

② 车辆的牌号按车辆管理部门核发车辆行驶证上的号码标示（退牌车辆按原号码标示）。

③ 车辆装备。

(3) 车辆的初次注册登记日期及使用年限

① 车辆初次注册登记日期按车辆行驶证上的登记日期标示。

② 车辆使用年限按公安部规定的该车型使用年限标示。

(4) 车辆的使用性质及检验有效日期

① 车辆的使用性质按营运或非营运标示。

② 车辆的检验有效日期按车辆行驶证上的有效日期标示。

(5) 车辆出售总价及包含费用项目

① 车辆出售总价应标示其交付客户使用时的现金价格（人民币）。

② 应标明出售总价中是否包含牌照价格、交易手续费、购置附加费、保险金等项目。

(6) 车辆行驶里程

① 里程标示精确到千公里，不满一千公里时应四舍五入。

② 如对行驶里程数有疑问，当有根据能进行推定时，应标示"?"及"推测公里数"；当无根据不能推定时，应标示"?"及"不明"。

③ 如有明显更改里程表的情况，则应标示"已更改"或标示"已更换"里程表。

④ 如果里程表不能正常工作，则应标示"里程表已损坏"。

(7) 车辆质量保用条件

① 如该车符合保用条件，则标示保用行驶里程数或保用时间月数。

② 如该车符合回收条件，则标示"承诺回购"；如不符合回购条件，则标示"不回购"。

(8) 车辆事故、瑕疵

① 如该车曾发生事故并有维修履历的情况，应将维修过的部位，如车架（车架纵梁、车架横梁）、（车身）前内外板、车身支柱内板（前上、中部、后下）、发动机挡板、顶板、底板、行李箱底、散热器芯固定等处标示清楚，并标示"已修复"或"已更换"。

② 如该车存在尚未修复的瑕疵，则应将瑕疵标示清楚。

③ 对该车是否发生过事故或是否存在瑕疵不了解时，应标示"?"及"不明"。

④ 如果里程表不能正常工作，则应标示"里程表已损坏"。

(9) 随车配件

① 千斤顶标示为"有"或"无"。

② 备用轮胎标示为"有"或"无"。

③ 轮胎扳手标示为"有"或"无"。
④ 车辆使用说明书标示为"有"或"无"。

10.5.4　签订二手车交易合同

二手车交易合同是指二手车经营公司、经纪公司与法人、其他组织和自然人相互之间为实现二手车交易的目的，明确相互的权利义务关系所订立的协议。

二手车交易合同主体是指为了实现二手车交易目的，以自己名义签订交易合同，享有合同权利、承担合同义务的组织和个人。

1. 交易合同的内容

（1）主要条款

① 标的。标的是指合同当事人双方权利义务共同指向的对象。标的可以是物，也可以是行为。
② 数量。
③ 质量。质量是标的内在因素和外观形态优劣的标志，是标的满足人们一定需要的具体特征。
④ 履行期限的地点方式。
⑤ 违约责任。
⑥ 根据法律规定的或按合同性质必须具备的条款及当事人一方要求必须规定的条款。

（2）其他条款

其他条款包括合同的包装要求某种特定的行业规则、当事人之间交易的惯有规则。

2. 二手车交易合同的种类

二手车交易合同按当事人在合同中处于出让、受让或居间中介的情况，可分为二手车买卖合同和二手车居间合同（一般有三方当事人）两种。

（1）二手车买卖合同
① 出让人（出售方）：有意向出让二手车合法产权的法人或其他组织、自然人。
② 受让人（收购方）：有意向受让二手车合法产权的法人或其他组织、自然人。

（2）二手车居间合同
① 出让人（出售方）：有意向出让二手车合法产权的法人或其他组织、自然人。
② 受让人（购车方）：有意向受让二手车合法产权的法人或其他组织、自然人。
③ 中介人（居间方）：合法拥有二手车中介交易资质的二手车经纪公司。

10.5.5　二手车的质量担保

二手车的质量担保是指在二手车销售的同时，销售商承诺对车辆进行有条件、有范围、有限期的质量担保，并切实履行承诺的责任和义务。

二手车的质量担保是二手车销售环节中不可或缺的一环，没有质量担保的二手车销售是不完整的销售。

经过质量认证的二手车应有质量认证书，各二手车公司的质量认证书的形式可能不一致，但基本内容相同，如别克诚新二手车质量认证书如图10.14所示。

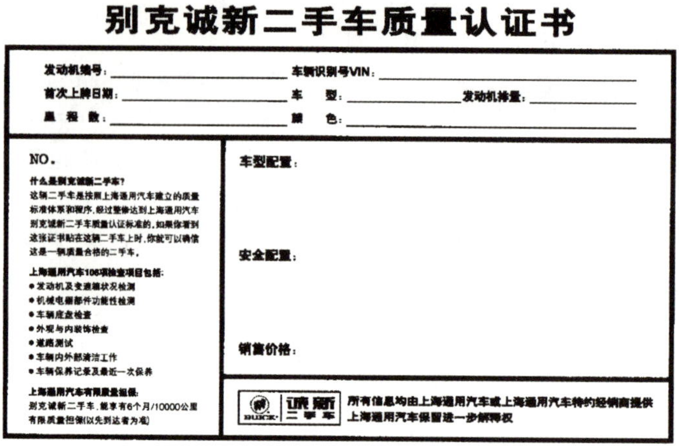
别克诚新二手车质量认证书

发动机编号：＿＿＿＿ 车辆识别号VIN：＿＿＿＿
首次上牌日期：＿＿＿＿ 车 型：＿＿＿＿ 发动机排量：＿＿＿＿
里 程 数：＿＿＿＿ 颜 色：＿＿＿＿

NO.

什么是别克诚新二手车？
这辆二手车是按照上海通用汽车建立的质量标准体系和程序，经过整修达到上海通用汽车别克诚新二手车质量认证标准的，如果你看到这张证书贴在这辆二手车上时，你就可以确信这是一辆质量合格的二手车。

上海通用汽车106项检查项目包括：
- 发动机及变速箱状况检测
- 机械电器部件功能性检测
- 车辆底盘检查
- 外观与内装饰检查
- 道路测试
- 车辆内外部清洁工作
- 车辆保养记录及最近一次保养

上海通用汽车有限质量担保：
别克诚新二手车，能享有6个月/10000公里有限质量担保(以先到达者为准)

车型配置：

安全配置：

销售价格：

BUICK 诚新二手车
所有信息均由上海通用汽车或上海通用汽车特约经销商提供
上海通用汽车保留进一步解释权

图 10.14　别克诚新二手车质量认证书

本章小结

随着汽车保有量的迅速上升，二手车交易也快速增长。二手车服务包括二手车鉴定评估、二手车经销、二手车经纪、二手车拍卖、二手车置换等服务，涉及的服务面广、就业人数多，需要从业人员掌握汽车构造原理、汽车故障诊断、营销、评估等方面的技能。学校应组织学生参观二手车交易市场、二手车鉴定评估机构和二手车置换机构，了解二手车服务的具体工作流程。

二手车鉴定评估是指二手车鉴定评估机构对二手车技术状况及其价值进行鉴定评估的经营活动。

二手车拍卖是指二手车拍卖企业以公开竞价的形式将二手车转让给最高应价者的经营活动。

二手车经销是指二手车经销企业收购、销售二手车的经营活动。

二手车经纪是指二手车经纪机构以收取佣金为目的，为促成他人交易二手车而从事居间、行纪或者代理等经营活动。

二手车鉴定评估的方法主要有现行市价法、重置成本法、收益现值法和清算价格法等四种方法。

二手车手续检查是指进行二手车价值评估前的一系列工作，主要包括接受委托、核查证件、核查税费、车辆拍照等工作。

二手车技术状况的鉴定是二手车鉴定评估的基础与关键。鉴定方法主要有静态检查、动态检查和仪器检查3种。静态检查和动态检查是根据评估人员的技能和经验对被评估车辆进行直观、定性的判断。仪器检查是对评估车辆的各项技术性能及各总成部件技术状况进行定量、客观的评价，是进行二手车技术等级划分的依据，在实际工作中往往视评估目的和实际情况而定。

重置成本法是指以评估基准日的当前条件下重新购置一辆全新状态的被评估车辆所

需的全部成本(完全重置成本,简称重置全价),减去该被评估车辆的各种陈旧性贬值后的差额作为被评估车辆评估价格的一种评估方法。其主要计算模型是 $P=B\times C\times K$。

收益现值法是将被评估的车辆在剩余寿命期内预期收益用适当的折现率折现为评估基准日的现值,并以此确定评估价格的一种方法。其基本计算公式为

$$P = \sum_{t=1}^{n} \frac{A_t}{(1+i)^t}$$
$$= \frac{A_1}{(1+i)^1} + \frac{A_2}{(1+i)^2} + \cdots + \frac{A_n}{(1+i)^n}$$

现行市价法又称市价法、市场价格比较法或销售对比法,是指通过比较被评估车辆与最近出售类似车辆的异同,并将类似车辆市场价格进行调整,从而确定被车辆价值一种评估方法。

清算价格法是以清算价格为标准,对二手车进行的价格评估。

二手车置换主要有3种方式:同一生产企业置换、同一品牌置换、不同品牌置换。

二手车拍卖有两种拍卖方式,即现场拍卖和网上拍卖。

二手车交易是一种产权交易,实现二手车所有权从卖方到买方的转移过程。二手车必须完成所有权转移登记(过户)才算是合法、完整的交易。

【关键术语】

二手车、二手车鉴定评估、二手车置换、二手车拍卖、二手车经销、二手车经纪

一、名词解释

1. 二手车
2. 二手车市场
3. 二手车鉴定评估
4. 现行市价法
5. 二手车置换

二、填空题

1. 二手车服务主要包括_____、_____、经销、经纪4项服务。
2. 二手车评估是由_____评估机构和评估公司来实现的。
3. 机动车主要税费凭证包括_____、车船税缴付凭证、_____等。

三、简答题

1. 二手车服务包括哪些?
2. 简述我国二手车交易市场的发展现状与存在的问题。
3. 二手车鉴定评估的目的是什么?
4. 二手车价值评估采用哪些方法?各有何特点?
5. 对二手车进行静态检查,需检查哪些项目?
6. 对二手车进行动态检查,需检查哪些项目?

7. 如何采用重置成本法进行二手车价值评估？

8. 如何采用收益现值法进行二手车价值评估？

9. 如何采用现行市价法进行二手车价值评估？

10. 如何采用清算价格法进行二手车价值评估？

11. 以某二手车为例，采用重置成本法对该车进行技术鉴定和价值评估，并撰写该车的鉴定评估报告。

12. 简述二手车置换的工作流程。

13. 简述我国二手车拍卖的现状与发展趋势。

14. 二手车交易过户需要办理哪些材料？

15. 二手车标示有何作用？

16. 为何要实行二手车质量担保制度？对我国二手车市场发展有何影响？

17. 某市汽车租赁公司的一辆帕萨特出租车，初次登记日为2014年4月，2019年4月欲将此出租车对外转让。现已知该款帕萨特汽车的市场销售价为18万元，该车常年工作在市区或市郊，工作忙，工作条件较好；经外观检查日常维护、保修状况较好；技术状况一般。评估时点车辆购置税为新车价格的10%，其他税费不计。试用综合分析法评估该车辆的价值。

18. 某企业欲购一辆载货车(不带拖挂)，该车辆评估时已用了6年。经市场调查和预测，车辆未来每年可给企业带来预期收入6万元，车辆年投入运营成本为3万元，企业所得税为33%，同行业平均投资回报率为10%，请评估该车价值。

19. 鉴定估价对象是某机关2012年4月上牌的依维柯客车，该车为17座，根据网络查询全新依维柯17座客车市场销售价格为249600元，假定不考虑税费因素，该车的综合调整系数取0.6，试评估该车辆在2019年4月的市场价值。

20. 李先生拟购买一辆轻型货车从事营运经营，该车的剩余使用年限为5年，资金预期收益率为6%，经预测5年内该车的预期收益分别为1.5万元、1.2万元、1.0万元、0.8万元、0.6万元。试用收益现值法评估该车辆目前的价值。

第 11 章 汽车回收再生服务

通过本章的学习,了解国内外报废汽车回收再生的现状及发展趋势;理解我国汽车报废制度;掌握汽车回收的处理流程及要求;掌握汽车拆解的方式和工艺流程;掌握报废汽车不同部件资源化的处置方式与形式。

知识要点	能力要求	相关知识
汽车回收再生服务的现状与发展趋势	了解汽车回收再生的现状;了解汽车回收再生的发展趋势	国外汽车回收再生的现状;国内汽车回收再生的现状;国外汽车回收再生的发展趋势;国内汽车回收再生的发展趋势
汽车报废	熟悉汽车报废标准	汽车报废标准
汽车回收	理解汽车回收模式;能进行汽车回收实务操作	汽车回收特点、汽车回收模式、汽车回收实务
汽车拆解	熟悉汽车拆解方式;掌握汽车拆解的工艺流程	汽车拆解的业务内容、汽车拆解方式、汽车拆解的作业方式、汽车拆解的工艺流程
报废汽车资源化	掌握报废汽车资源化的方式	报废汽车资源化的内涵、报废汽车资源化的方式

导入案例

汽车产业是我国现阶段国民经济的重要支柱产业。据统计，2020年我国生产并销售超过2531.1万辆汽车，已连续12年蝉联全球第一。截至2020年年底，全国汽车总保有量已达2.81亿辆，与美国基本持平。

随着我国正式迈入汽车大国的行列，汽车报废市场的容量和空间也随之迅速扩大。早在1980年，中华人民共和国国家计划委员会、国家经济贸易委员会、中华人民共和国交通运输部和国家物资总局等部门就联合发文（计综〔1980〕666号），要求车辆更新单位必须将报废汽车交给物资金属回收部门回收。回收部门接收报废汽车后，应及时将报废汽车拆解做废钢铁处理，不得用旧零部件拼装汽车变卖。经过40多年的发展，报废汽车拆解基地不断增加，县级区域都设置有报废汽车回收网点。

根据现阶段的汽车产销量和保有量数据，我国汽车报废已进入第一个高峰期。2020年年底，全国废旧汽车回收量达到206.6万辆，同比增长5.9%，并保持高速增长。

然而，与汽车产业发达国家和地区相比，我国在汽车回收利用方面还有着明显的差距。积极参与国际资源再生市场活动，消化吸收国际先进的资源再生技术，加强国际交流合作、提高汽车回收利用水平，促进报废汽车合理处置、避免环境污染、实现资源再利用，达到经济效益、环境效益、社会效益和生态效益的协调发展已成为我国汽车产业健康发展亟待解决的问题。

11.1 汽车回收再生服务的现状与发展趋势

11.1.1 主要概念

1. 报废汽车

报废汽车是指达到国家机动车强制报废标准规定的汽车，以及机动车所有人自愿做报废处理的汽车。

2. 汽车回收

汽车回收是指依据国家相关法律法规及有关规定对报废汽车进行接收或收购、登记、储存并发放回收证明的过程。具体是指在汽车全生命周期内，对各阶段产生的废弃物及完成寿命周期的报废产品，通过有效、快捷的回收网络，对回收物品进行科学拆解、合理修复，利用再制造、表面处理等先进技术，使其重新获得使用价值的物流活动，旨在最大限度地提高资源再利用率，减少报废产品对生态环境的破坏。

3. 汽车拆解

汽车拆解是指对报废汽车进行无害化处理、拆除主要总成和可再利用的零部件，对车体和结构件等进行拆分或压扁的过程。

4. 汽车再生资源

汽车再生资源是指对报废汽车进行资源化处理后获得的可以回收利用的物资。所谓废旧汽车资源化是指从报废汽车中获得用于汽车产品制造、维修的零部件及各种原材料所进行的回收、拆解及再利用等活动。

5. 汽车再生工程

汽车再生工程是汽车再生资源利用工程的简称,是对报废汽车进行资源化处理的活动,主要包括对报废汽车进行的回收、拆解及再利用等。

11.1.2 国外汽车回收再生的现状与发展趋势

国外汽车回收再生的主要特点是技术成熟、回收网络全国化、管理信息化及零部件利用率高。

1. 美国

美国乘用车平均报废年限为 13 年。美国没有国家级的报废汽车回收利用法规。在美国,汽车企业与车主必须遵守并执行严格的产品连带责任法规和环境保护法规体系。产品连带责任是指产品制造链中的部分或全部制造商和销售商要对生产销售危险产品或缺陷产品所造成损失负有连带法律责任,包括设计缺陷、制造缺陷和无提醒过失。而在严格的环境保护法规体系下,报废汽车不能被随便遗弃,车主必须送到专门的报废汽车回收利用企业进行处理。每报废一辆汽车,车主可以获得约 4000 美元的补贴。

变速器、差速器、门窗等总成经检验合格,拆解翻新后重新出售;金属车体经切割后按材料分类后重新回炉;汽车废液交由专业回收企业处理;报废汽车残余物进行填埋处理。由于报废汽车回收企业采用机械化操作,能够完全按照市场化运作方式进行回收利用,可回收并重新利用占每辆汽车质量 80% 的零部件,因此每年可获利数十亿美元。美国凭借着完善的报废汽车回收利用体系和成熟的报废汽车回收利用技术一直走在世界前列。

2. 日本

日本乘用车平均报废年限为 10 年。日本自 2005 年开始实施《汽车循环法案》,该法案将政府机构和非政府机构同时纳入管理机制,实现了汽车回收再利用促进中心和再资源化协力机构两个机构的互补式联合管理,明确了报废汽车处理流程,即车主—收购公司—拆解公司—破碎公司—最终处理公司,以及各环节负责机构的责任和应承担的费用。例如规定消费者在购买新车时需缴纳回收再利用费,在用车辆必须在法律实施后 3 年内缴纳回收再利用费。缴费后车主会获得一份盖章的证明,否则该车辆将不能通过年检。此外,在实际回收过程中,日本还引进了先进的电子目录系统,通过对每辆汽车进行标号,确保汽车回收处理的整个流程万无一失。

3. 德国

德国乘用车平均报废年限为 7~8 年。按照德国的规定,新车在前 3 年免检,以后每年都要年检。一般说来,汽车使用年限越长,通过年检需要的修理或维护成本就越高。虽然德国法律并没有规定汽车使用多少年后必须报废,但车主一般根据自己的经济实力,使用几年后就更换新车。

德国有关报废汽车回收利用的法律有1992年通过的《旧车限制条例》、1996年生效的《循环经济和废弃物法》和现行的《废旧车辆处理法规》等。这些法规明确规定汽车制造商和进口商有义务回收报废汽车，车主有义务委托正规报废车处理点对车辆进行报废处理，旧车拆解后利用率可达到85%。在管理体制上，实行联邦、州和地方（乡镇）三级联邦制管理，并明确各部门的主要任务。

德国的报废汽车要交由经专业机构认证的汽车拆解企业进行处理，为确保企业资质，拆解企业每18个月要接受一次由产业界专家进行的资质核查。报废汽车处理主要是拆解，拆出的可以使用的零部件可以出售或用于修车，不能再用的零部件交由废物处理厂或破损厂处理。为提高回收利用率，德国的汽车生产企业与废弃物处理企业积极合作，致力于研究粉碎残余物的分离技术，提高粉碎残余物的再生利用率，并已经取得良好的成效。同时，对零部件实行再制造技术，通过对旧件表面的修复和再加工，实现零件的重复利用。

国外汽车回收再生的发展趋势如下：尽可能提高回收利用率；开发利用快速装配系统和重复使用的紧固系统及其他能使拆卸更便利的技术及装置；开展可拆解、可回收性设计；开发由可循环使用的材料制作的零部件及工艺；开发易于循环利用的材料；减少车辆使用中所用材料的种类；开发有效的清洁能源回收技术。

图11.1所示是2020年美国实现汽车回收利用率95%的框图。

11.1.3　我国汽车回收再生的现状与发展趋势

我国汽车回收再生行业起步于20世纪80年代，发展于20世纪90年代，迄今已有40多年的历史。

《报废机动车回收管理办法》

我国虽然从20世纪80年代就出台了一系列管理政策及法规标准，但这些政策法规在制定过程中，往往只侧重报废汽车回收利用环节中的某个点或者某几个点，没有像德国、日本等发达国家一样有一部完整的法律来管理约束整个汽车回收再生产业，导致目前我国汽车回收再生行业"散、乱、差"的现象非常突出。

截至2021年年底，我国汽车保有量达3.02亿辆，达到报废的数量超过600万辆，而回收的数量只有290万辆。据中国物资再生协会的统计数据，目前我国大部分报废汽车流入黑市，分拆出的零部件直接回流到"地下市场"，或转卖到三、四线城市及农村市场，经过简单的非法拼装后上路，严重危害道路安全，造成环境污染、大量资源浪费。因此需要相关部门加强监管，也需要社会公众提高环保意识。

《报废机动车回收管理办法》出台过程与内容解读

为了加强汽车回收利用，国家有关部门采取以下主要措施。

（1）完善相关政策和标准的制定，明确规定汽车产品所含有毒有害物质标准，力争做到无毒无害。

（2）制定强制性的汽车回收再生法规。

（3）推动汽车零部件再制造。

（4）推动报废汽车回收后分类高效利用。

（5）支持报废汽车回收再生相关技术和装备的开发。

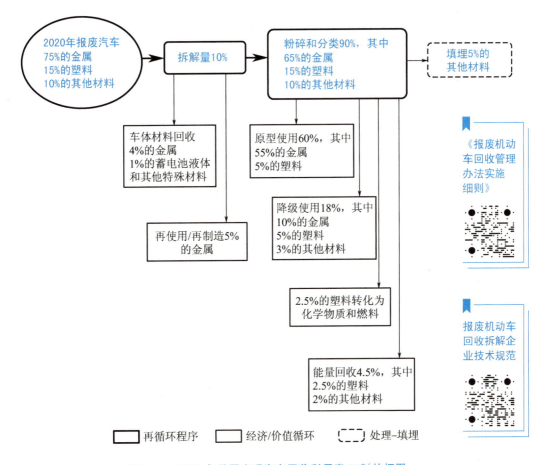

图 11.1　2020 年美国实现汽车回收利用率 95% 的框图

我国制定的《报废机动车回收管理办法》可有效加强对交通运营和拆解场地的联合执法，对黑车、拼装车、超标车和非法拆解行为坚决依法处理，严格规范回收网点经营行为。

鼓励汽车生产企业加强与回收拆解企业的合作和交流，要求汽车生产企业为回收拆解企业提供必要的技术支持。同时在报废汽车回收企业总量宏观调控的基础上，扶持打造一批具有高技术含量的报废汽车定点回收企业，并进一步明确报废条件，加强车辆年检和转移登记制度，从源头防止报废汽车流向社会。为此，国家制定了《报废机动车回收拆解企业技术规范》（GB 22128—2019），该强制性国家标准的发布实施不仅有利于促进行业拆解技术和安全环保水平提升，而且有利于规范企业回收拆解经营行为，促进行业健康发展。

积极参与国际资源再生市场活动，消化吸收国际先进的资源再生技术，加强国际交流合作，提高汽车回收利用水平，促进报废汽车合理处置，避免环境污染，实现资源再利用，达到经济效益、环境效益、社会效益和生态效益的协调发展已成为我国汽车回收再生产业的发展趋势。

11.2 汽车报废

汽车经过长期使用，车型老旧，性能低劣，物料消耗严重，维修费用过高，继续使用不经济、不安全的应予以报废。车辆报废应根据车辆报废的技术条件，提前报废会造成运力浪费，过迟报废则提高运输成本，影响运力更新。

11.2.1 汽车报废标准规定

已注册汽车有下列情形之一的应当强制报废。
（1）达到规定使用年限的。
（2）经修理和调整仍不符合机动车安全技术国家标准对在用车有关要求的。
（3）经修理和调整或者采用控制技术后，向大气排放污染物或者噪声仍不符合国家标准对在用车有关要求的。
（4）在检验有效期届满后连续3个机动车检验周期内未取得机动车检验合格标志的。
（5）对达到一定行驶里程的汽车引导报废。

11.2.2 各类汽车的规定使用年限

根据《机动车强制报废标准规定》，各类机动车使用年限如下。
（1）小、微型出租客运汽车使用8年，中型出租客运汽车使用10年，大型出租客运汽车使用12年。
（2）租赁载客汽车使用15年。
（3）小型教练载客汽车使用10年，中型教练载客汽车使用12年，大型教练载客汽车使用15年。
（4）公交客运汽车使用13年。
（5）其他小、微型营运载客汽车使用10年，大、中型营运载客汽车使用15年。
（6）专用校车使用15年。
（7）大、中型非营运载客汽车（大型轿车除外）使用20年。
（8）三轮汽车、装用单缸发动机的低速货车使用9年，装用多缸发动机的低速货车以及微型载货汽车使用12年，危险品运输载货汽车使用10年，其他载货汽车（包括半挂牵引车和全挂牵引车）使用15年。
（9）有载货功能的专项作业车使用15年，无载货功能的专项作业车使用30年。
（10）全挂车、危险品运输半挂车使用10年，集装箱半挂车20年，其他半挂车使用15年。

对小、微型出租客运汽车（纯电动汽车除外）和摩托车，省、自治区、直辖市人民政府有关部门可结合本地实际情况，制定严于上述使用年限的规定，但小、微型出租客运汽车不得低于6年，正三轮摩托车不得低于10年，其他摩托车不得低于11年。

小、微型非营运载客汽车，大型非营运轿车，轮式专用机械车无使用年限限制。
机动车使用年限起始日期按照注册登记日期计算，但自出厂之日起超过2年未办理注册登记手续的，按照出厂日期计算。

变更使用性质或者转移登记的机动车应当按照下列有关要求确定使用年限和报废。

（1）营运载客汽车与非营运载客汽车相互转换的，按照营运载客汽车的规定报废，但小、微型非营运载客汽车和大型非营运轿车转为营运载客汽车的，应按照规定附件1所列公式核算累计使用年限，且不得超过 15 年。

（2）不同类型的营运载客汽车相互转换，按照使用年限较严的规定报废。

（3）小、微型出租客运汽车和摩托车需要转出登记所属地省、自治区、直辖市范围的，按照使用年限较严的规定报废。

（4）危险品运输载货汽车、半挂车与其他载货汽车、半挂车相互转换的，按照危险品运输载货车、半挂车的规定报废。

距本规定要求使用年限 1 年以内（含 1 年）的机动车，不得变更使用性质、转移所有权或者转出登记地所属地市级行政区域。

11.2.3 各类汽车的规定行驶里程

根据《机动车强制报废标准规定》，对达到一定行驶里程的机动车引导报废，各类汽车的规定行驶里程如下。

（1）小、微型出租客运汽车行驶 60 万千米，中型出租客运汽车行驶 50 万千米，大型出租客运汽车行驶 60 万千米。

（2）租赁载客汽车行驶 60 万千米。

（3）小型和中型教练载客汽车行驶 50 万千米，大型教练载客汽车行驶 60 万千米。

（4）公交客运汽车行驶 40 万千米。

（5）其他小、微型营运载客汽车行驶 60 万千米，中型营运载客汽车行驶 50 万千米，大型营运载客汽车行驶 80 万千米。

（6）专用校车行驶 40 万千米。

（7）**小、微型非营运载客汽车和大型非营运轿车行驶 60 万千米**，中型非营运载客汽车行驶 50 万千米，大型非营运载客汽车行驶 60 万千米。

（8）微型载货汽车行驶 50 万千米，中、轻型载货汽车行驶 60 万千米，重型载货汽车（包括半挂牵引车和全挂牵引车）行驶 70 万千米，危险品运输载货汽车行驶 40 万千米，装用多缸发动机的低速货车行驶 30 万千米。

（9）专项作业车、轮式专用机械车行驶 50 万千米。

（10）正三轮摩托车行驶 10 万千米，其他摩托车行驶 12 万千米。

11.3 汽车回收

11.3.1 汽车回收的特点

汽车回收作为汽车寿命周期的一个阶段，对整个汽车寿命周期过程有重要影响。汽报废制度的完善、回收管理的强化和网点布局的优化,既有利于汽车工业和消费市场的健康发展,又有利于环境保护和交通安全。

(1) 回收利用的初始性。产品回收是指废旧产品的收集过程,称为废旧产品收购或废旧产品收集。收集或收购报废汽车的活动是汽车再生资源利用物流过程的开始,决定着可进行资源化的报废汽车数量。

(2) 回收物流的逆向性。产品回收业称为"静脉产业",形象地反映出废旧产品回收是"多对一"和"分散到集中"的物流过程。它与产品销售的物流过程相反,是逆向物流过程。

(3) 回收活动的制约性。报废汽车的回收活动受法律法规的制约。国务院于2019年颁布了《报废机动车回收管理办法》,规定对报废汽车的回收行业实行特种行业管理,并规定报废车只能由指定的回收企业收集和拆解。

(4) 回收效益的市场性。尽管报废汽车回收活动具有直接的社会效益,但是其回收经济效益又取决于市场规律。

11.3.2　汽车回收模式

根据参与汽车回收的主体不同,**汽车回收模式有3种:生产企业负责回收、生产企业联合体负责回收和第三方负责回收。**

1. 生产企业负责回收

生产企业负责回收是指以汽车生产企业为废旧汽车回收工作的主体,通过一定的回收渠道回收废旧汽车,在此基础上依靠自身的能力推动汽车再利用的后续环节,最大限度完成废旧汽车全部使用价值并获取一定经济效益和社会效益的过程。该模式包括生产企业直接回收和经销商回收-生产企业处理两种形式。发达国家回收报废汽车主要采取此种模式,汽车的回收利用率已达到75%以上。

此模式的优点:①汽车生产企业自己回收再利用,可以更好地掌控资源,大幅降低原材料成本,获取较高利润;②报废汽车及其零部件在回收、拆卸、粉碎、再利用等环节存在环境污染问题,如果处理不当,会对环境造成不可逆转的影响,汽车生产企业主动承担了报废汽车的回收利用工作,有利于节约资源、保护环境,可以塑造良好的企业形象;③有利于汽车生产企业基于汽车的生命周期考虑提高回收再利用的技术水平问题。从原材料选用、资源利用、设计、制造等方面考虑提高回收利用率的问题,发挥汽车全生命周期各环节的协调配合优势,使各环节之间的物质、知识和信息由市场不稳定交易变成完全内部化或半内部化的交流,降低了各环节的交易成本。

此模式的缺点:①对于一个包含产品回收处理的制造系统而言,生产制造系统的规划控制变得非常复杂;②汽车生产企业选择独自运作回收再利用业务,对企业的生产能力、物流技术、信息技术、人员素质、组织结构等方面提出了更高的要求,且需要汽车生产企业投入大量的人力、物力、财力,回收成本高;③孤立产品无法解决;④采用自营方式容易使汽车生产企业不能专注于自身核心业务,并且不能有效发挥专业化的优势。

2. 生产企业联合体负责回收

生产企业联合体负责回收是指生产同类汽车产品的企业,成立联合责任组织,负责这些企业生产的同类产品的回收处置工作。

此模式的优点：①在政府管制的条件下，生产企业联合回收，不仅可以减小单个汽车生产企业在建立回收系统上的投资压力，而且具有专业技术优势，容易实现规模经营；②可以为各合作企业提供廉价的原材料，保证其运作过程中的原材料来源，实现企业间合作共赢；③市场风险、财务风险及技术风险由合作企业共担，可以分散和降低企业风险。

此模式的缺点：①合作单位的选择、合作体的管理和成果的分享中可能存在许多矛盾和困难；②汽车循环经济链条上各环节的协调配合优势没有生产企业负责回收模式发挥得好，各环节的交易成本较高。

3. 第三方负责回收

第三方负责回收是指生产企业在销售产品后，自己并不直接参与对产品的回收工作，而是选择一家专门的回收企业负责回收工作。 在该模式中，产品由第三方回收企业负责回收并将其转交给生产企业处理。

此模式的优点：①企业运营风险小，通过资源外向配置，与合作企业共担风险，降低了企业运营风险，使企业更能适应外部环境的变化；②管理成本较低，第三方回收企业服务于多家汽车生产企业，客户之间的物流业务在淡旺季相互补偿，可以大大提高社会资源利用率，降低管理成本；③可以减少汽车生产企业在回收再利用设施和人力资源方面的投资，将巨大的固定成本转变为可变成本，降低回收管理的成本；④外包服务运作专业，可以提供更高的服务质量。此外，汽车生产企业可以将精力集中在自己的核心业务上，更有利于提高企业的竞争实力。

此模式的缺点：①汽车生产企业与第三方回收企业在利益驱动下寻求成本最小、利润最大的途径，不利于汽车全生命周期内各环节的协调配合优势的发挥，容易忽视汽车回收企业追求社会效益和环境效益目标的达成；②交易费用过高，与生产企业负责回收模式相比，与第三方回收企业进行合作必然增加了发布信息、谈判、组织协调、监督和评价对方劳动等费用，按照总成本最小化原则的要求，在总收益不变的情况下，与多家企业合作会增加企业使用第三方物流的成本，不利于汽车生产企业利润最大化目标的实现；③不利于汽车生产企业对终端信息的把握。

11.3.3 汽车回收实务

1. 汽车回收企业资质

根据 GB 22128—2019《**报废机动车回收拆解企业技术规范**》的规定，报废机动车回收企业从事报废机动车回收活动，应当具备下列条件。

（1）场地要求

① 经营面积不低于 10000m^2，其中作业场地（包括存储和拆解场地）面积不低于 6000m^2。

② 报废汽车存储场地（包括临时存储）的地面要硬化并防渗漏。

③ 拆解场地应为封闭或半封闭车间，地面应防止渗漏。拆解车间应通风、光线良好，安全防范设施齐全，并远离居民区。

④ 应设置旧零件仓库。

⑤ 存储场地和拆解车间的总排水口应设置油水分离装置和与其相接的排水沟。

(2) 设施设备要求
① 具备车辆称重设备。
② 备室内拆解预处理平台,并配有专用废液收集装置和分类存放各种废液的专用密闭容器。
③ 具备安全气囊直接引爆装置或者拆除、存储、引爆装置。
④ 具备汽车空调制冷剂的收集装置。
⑤ 具备分类存放含聚氯联苯或聚氯三联苯的电容器、机油滤清器和蓄电池容器。
⑥ 具备车架剪断设备、车身剪断或压扁设备。
⑦ 具备起重运输设备。
⑧ 具备总成拆解平台或精细拆解平台。

(3) 人员要求

专业技术人员不少于5人,其专业技能应能满足规范拆解,环保作业,安全操作(含危险物质收集、存储、运输)等相应要求。国家相关法规有持证上岗规定的,相关岗位的操作人员应遵守规定持证上岗。

(4) 其他要求
① 具备计算机等办公设施。
② 具备符合国家有关规定的消防设施。
③ 各类废弃物的存储设施应符合国家环境保护相关标准。

2. 汽车回收处理程序

报废机动车回收处理流程

报废汽车回收企业对收购的报废汽车,应当向报废汽车拥有单位或者个人出具《报废机动车回收证明》,并按照国家有关规定及时向公安机关交通管理部门办理注销登记,将注销证明转交报废汽车拥有单位或者个人。

《报废机动车回收拆解资格证书》和《报废机动车回收证明》的式样由国务院商务主管部门统一规定。

我国报废汽车回收处理程序如图11.2所示。

图11.2 我国报废汽车回收处理程序

3. 汽车回收处理要求

报废汽车拥有单位或者个人应当及时将报废汽车交售给报废汽车回收企业。任何单位或者个人不得将报废汽车出售、赠予或者以其他方式转让给非报废汽车回收企业的单位或者个人，不得自行拆解报废汽车。

报废汽车回收企业对回收的报废汽车应当逐车登记；发现回收的报废汽车有盗窃、抢劫或者其他犯罪嫌疑的，应当及时向公安机关报告。报废汽车回收企业不得拆解、改装、拼装、倒卖有犯罪嫌疑的汽车及其"五大总成"和其他零配件。

报废汽车回收企业必须拆解回收的报废汽车；其中，回收的报废营运客车，应当在公安机关的监督下拆解。拆解的"五大总成"应当作为废金属，交售给钢铁企业作为冶炼原料；拆解的其他零配件能够继续使用的，可以出售，但必须标明"报废汽车回用件"。

禁止任何单位或者个人利用报废汽车"五大总成"及其他零配件拼装汽车。禁止报废汽车整车和拼装车进入市场交易或者以其他任何方式交易。

报废汽车回收企业拆解报废汽车应当遵守国家环境保护法律法规，采取有效措施，防止污染。

各省市根据本地的实际情况又颁布了具体的《报废机动车回收管理办法实施细则》实施细则。例如，回收企业回收报废汽车时，首先核对发动机号、车架号，对整车附号牌以回收企业为背景进行拍照存档，然后到公安机关车辆管理部门核对档案资料，核对无误后立即进行拆解（大型客车、大型货车及其他营运车辆应当在公安机关车管部门的监督下拆解）。拆解后，还需拍照、刻录光盘存档。

11.4 汽车拆解

11.4.1 汽车拆解的业务内容

汽车拆解的业务内容主要如下。

1. 报废汽车的接收

报废汽车拆解企业应在对报废汽车检查确认后接收，并开具《机动车报废证明》。

从接收报废汽车时起，就必须建立报废汽车拆解文档。拆解文档的内容应包括车辆识别信息、车辆状态信息、报废证明、拆解日志及报废汽车再利用情况等。

2. 报废汽车的存放

报废汽车拆解企业必须有足够的区域存放报废汽车。企业整个区域的面积及其划分应与拆解报废汽车的数量和拆解车型协调，一般分成运输区、待拆解区、预处理区、拆解区、零部件储存区、压实区及辅助区。

报废汽车拆解1

3. 报废汽车的拆解

报废汽车的拆解是拆解企业的主要业务内容，包括预处理、拆解、分类。

拆解人员必须经过拆解技术培训，获得相应的职业资格；遵守相关的法律法规，掌握拆解作业安全知识，了解环保要求；拆解设备的操作者必须具有劳动部门颁发的操作许可。

4. 拆解物品的存储

拆解物品储存区一般分为可再用件存储区、循环材料存储区、液体存储区、含液体部件存储区、固体废弃物存储区及液体废弃物存储区等。应该有具体的措施保证可回收的部件处于自然状态，并对环境没有任何损坏。这种状态可通过封闭、覆盖、压实等方法进行处理，以保证对土壤和水没有污染。电池应存放在耐酸的容器中，或没有泄漏及排放的耐酸地面上。

5. 拆解车体的压实

将汽车拆解下来的零部件和材料分类存储后，压实剩余的车体，以便运输至破碎处理厂或剩余物处理场。

11.4.2 汽车拆解方式

根据对报废汽车回收利用的目标不同，即零件再使用还是材料再利用，拆解方式分为**非破坏性拆解、准破坏性拆解和破坏性拆解**。准破坏性拆解主要是对连接件进行破坏拆解，是对被拆解零部件进行没有限制条件的任意分解。

对报废汽车零部件的拆解可分成两个层次，**第一层次拆解是指从车上直接拆卸部件，第二层次拆解是指对拆卸下来的部件进行更细的拆解**。

根据欧洲联盟（欧盟）的要求，第一层次拆解的部件应包括催化转化器，轮胎，较大的塑料件，玻璃，含有铜、铝和镁等材料的零件。此外，对含有汞的部件应尽可能地进行无害化处理。拆卸下来的部件是否可以再使用或再利用，取决于元器件的市场价格、拆解时间和拆解成本等因素。第一层次拆解的次序是从外到内，要求具有较好的可达性和可操作性。第二层次拆解增大了拆解深度，例如将接线盒的盒盖和印制电路板拆下来，分别回收处理。

报废汽车
拆解2

第二层次拆解的目的如下。

（1）减少零部件及其材料再利用过程中危险物质对环境的污染。

（2）分离有价值的零部件和材料。

（3）提高回收利用的经济效益及再利用材料的纯度。

为了提高报废汽车的拆解效率，许多汽车生产企业对汽车进行优化设计，提高了汽车的拆解性。例如丰田公司对 Raum 微型多功能休闲车的结构进行改进，提高了拆解效率，主要采取的措施如图 11.3 所示。

（1）固定部件粘接区域可以在较大的拉力下分离。

（2）尽可能使用弹性卡夹固定方式替代螺栓固定方式。

（3）部件模块化。

（4）避免零部件采用材料组合型结构，即避免所用零部件的材料成分不同。

（5）设计和采用易拆解标志。

为简化拆解工艺，在车辆部件上标注拆解标识，使得在第一层次拆解时可以清楚地确定拆点，如大尺寸树脂部件的固定部位、液体排放孔的位置等。

图 11.3　丰田公司在 Raum 微型多功能休闲车上采取的主要措施

11.4.3　汽车拆解的作业方式

汽车拆解的作业方式分为定位作业和流水作业。

1. 定位作业

定位作业是指报废汽车被放置在一个工段上进行全部拆解作业的方式。在工段上，进行拆解作业的工人按不同的劳动组织形式，在规定的时间内分部位和按顺序地完成作业任务。这种方式便于组织生产，适合车型复杂的拆解企业。

2. 流水作业

流水作业是指报废汽车被放置在拆解生产线上，按照拆解工艺顺序和节拍依次经过各工位进行拆解作业的方式。流水作业的拆解工作效率高，拆解车辆的再生利用率高，平均每辆车的面积利用率高；但拆解的车型较单一，设备较多。

全国各地相继建成了多条汽车拆解生产线。

11.4.4　汽车拆解的工艺流程

回收部门收集报废汽车，送入拆解企业，经清洁、回收燃油、润滑油、齿轮油及制动油等类油料后，经质检，拆解发动机、轮胎、变速器、前后桥、蓄电池、仪表板、催化剂装置等，可利用的半新部件经再制造作为旧零件进入配件市场，剩下的零部件按材料分类处理，还原成原材料再利用。

报废汽车拆解的工艺流程如图 11.4 所示。

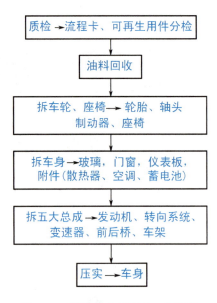

图 11.4 报废汽车拆解的工艺流程

11.5 报废汽车资源化

11.5.1 报废汽车资源化的内涵

报废汽车资源化是指以报废汽车作为再生资源开发对象，在符合法律规章要求及获得合适经济效益的前提下，采用新技术与新工艺，最大限度地回收利用可使用零部件、可利用材料及能源物质等具有使用价值的工程活动。其目的是节约资源、减少能耗并保护环境，从而支持社会的可持续发展。

不仅汽车制造消耗大量资源，而且汽车报废会造成环境污染和资源浪费。当资源枯竭和环境污染成为制约社会发展的主要问题时，必然影响国民经济的增长和人类生活质量的提高。当以科学发展观重新思考资源有效利用问题时，报废汽车资源化就成为必然的选择。

11.5.2 报废汽车资源化的方式

根据回收处理方式的不同，报废汽车零部件可分为以下类型。

(1) **再使用件**。再使用件是指经过检测确认合格后可直接使用的零部件。由于同一辆汽车的所有零部件不可能达到等寿命设计，当汽车报废时总有一部分零部件性能完好，因此这些零部件既可以作为维修配件，又可以作为再生产品制造时的零部件。

(2) **再制造件**。再制造件是指通过采用包括表面工程技术在内的各种新技术、新工艺，实施再制造加工或升级改造，制成性能等同或者高于原产品的零部件。

(3) **再利用件**。再利用件是指无法修复或再制造不经济时，通过循环再生加工成为原材料的零部件。

（4）**能量回收件**。能量回收件是指以能量回收方式回收利用的零部件。

（5）**废弃处置件**。废弃处置件是指无法再使用、再制造和再循环利用时，通过填埋等措施进行处理的零部件。

因此，报废汽车资源化的基本方式可分为再使用、再制造、再利用及能量回收4种。常见汽车零部件资源化方式见表11-1。

表11-1 常见汽车零部件资源化方式

序号	部件名称	可选资源化方式	典型资源化形式
1	前保险杠	再使用、再利用及能量回收	前保险杠、内饰件或工具盒等
2	冷却液	再利用、能量回收	作为锅炉或焚化炉燃料
3	散热器	再利用	铜、铝材料
4	发动机润滑油	再利用、能量回收	作为锅炉或焚化炉燃料
5	发动机	再制造、再利用	再制造发动机或铝制品
6	线束	再利用	铜制品
7	发动机舱盖	再利用	钢材用于汽车部件和其他产品
8	风窗玻璃	再利用	再生玻璃
9	座椅	再利用、能量回收	用于车辆的隔音材料
10	车身	再利用	车身部件或钢材用于汽车部件和其他产品
11	行李舱盖	再利用	行李箱盖或钢材用于汽车部件和其他产品
12	后保险杠	再使用、再利用及能量回收	后保险杠、内饰件
13	轮胎（内胎）	再利用、能量回收	橡胶原料或水泥窑燃料
14	车门	再使用、再利用	车门、钢制品
15	催化器	再利用	稀有贵金属
16	齿轮油	再利用、能量回收	作为锅炉或焚化炉燃料
17	变速器	再制造、再利用	钢或铝制品
18	悬架	再利用	钢制品
19	车轮	再使用、再利用	车轮、通用钢、铝制品
20	轮胎（外胎）	再使用、再利用及能量回收	橡胶原料或水泥窑燃料
21	蓄电池	再制造、再利用及能量回收	蓄电池、再生铅材料

再使用和再制造是报废汽车产品资源化的最佳形式。虽然受汽车产品设计、制造等多种因素的影响，整车的再使用和再制造的比例还较低，但是某些总成的可再使用和再制造零部件比例还是较高的。再利用及零部件材料的回收是目前整车回收利用的

主要方式，是获得资源效益的首选途径。而能量回收是在当前循环利用技术水平低或回收利用经济效益差的条件下，不得已采取的回收利用方式，应尽量限制。相关资料统计，3000台斯太尔WD 615型报废发动机可采用的资源化方式的统计结果见表11-2。

表11-2 3000台斯太尔WD 615型报废发动机可采用的资源化方式的统计结果

统计标准	再使用率/(%)	再制造率/(%)	再利用率/(%)
零件价值	12.3	77.8	9.9
零件质量	14.4	80.1	5.5
零件数量	23.7	62.0	14.3

本 章 小 结

本章教学重点是报废汽车回收再生的现状、发展趋势、方法和流程，以及汽车拆解人员应具有的专业技能与素质。

报废汽车回收再生在我国是一个新兴产业，也是一个具有前景的行业。

报废汽车是指达到国家报废标准，或者虽未达到国家报废标准，但发动机或者底盘严重损坏，经检验不符合国家机动车运行安全技术条件或者国家机动车污染物排放标准的汽车。

汽车回收是以生态学、经济学规律为理论基础，运用系统工程研究方法把汽车全生命周期作为研究对象，以资源高效利用和环境友好为特征的经济形态下的回收形式。

汽车再生资源是指对报废汽车进行资源化处理后获得的可以回收利用的物资。

我国目前应用的汽车报废标准是2012年公布的《机动车强制报废标准规定》。

汽车回收模式有3种，即生产企业负责回收、生产企业联合体负责回收和第三方负责回收。

汽车拆解的业务内容主要有报废汽车接收、报废汽车存放、报废汽车拆解、拆解物品储存和拆解车体压实。

根据回收处理方式，报废汽车零部件可分为再使用件、再制造件、再利用件、能量回收件、废弃处置件等类型。

报废汽车资源化的基本方式可分为再使用、再制造、再利用及能量回收4种。

【关键术语】

报废汽车、汽车报废标准、汽车回收、汽车拆解、汽车再生

一、名词解释

1. 报废汽车
2. 汽车回收
3. 汽车再生资源
4. 汽车再生工程

二、填空题

1. 根据参与汽车回收的主体不同，汽车回收模式有3种：_____负责回收、生产企业联合体负责回收和_____负责回收。
2. 汽车拆解作业方式有两种，即_____作业和_____作业。
3. 报废汽车资源化的基本方式可分为_____、_____、再利用和能量回收4种。
4. 根据对报废汽车回收利用的目标不同，即零件再使用还是材料再利用，拆解方式分为_____性拆解、_____性拆解和_____性拆解。

三、简答题

1. 简述发达国家汽车回收再生的现状。
2. 简述我国汽车回收再生的发展趋势。
3. 汽车回收通常采用哪些模式？各有何特点？
4. 我国对汽车回收企业资质有何要求？
5. 汽车拆解的主要内容有哪些？
6. 什么是报废汽车资源化？有哪些方式？
7. 简述再使用、再制造、再利用之间的差别。

第12章 其他汽车服务

教学目标

通过本章的学习，掌握汽车法律服务、汽车驾驶培训服务、汽车停车服务、汽车运动、汽车展览服务、网约车服务的基本内容和技能。

教学要求

知识要点	能力要求	相关知识
汽车法律服务	理解汽车法律服务的特征与表现形式	汽车法律服务的内涵、汽车法律服务的特征、汽车法律服务的表现形式、汽车技术服务管理方面的法律规定、汽车金融管理方面的法律法规、汽车流通方面的法律法规
汽车驾驶培训服务	理解汽车驾驶培训服务的工作内容和技能	机动车驾驶证的种类、准驾车型、申请机动车驾驶证的条件、申请机动车驾驶证的流程、申请机动车驾驶证的标准
汽车停车服务	理解停车场的分类、建设与管理	停车场的分类、经营性停车场的建设与管理
汽车运动	理解汽车运动的起源、种类、作用和管理	汽车运动的起源、汽车运动的作用、汽车运动的管理机构、国际汽车的重要赛事、主要汽车运动、国内大学生参加的汽车相关比赛
汽车展览服务	理解汽车展览的策划方法	汽车展览的策划、国际五大车展、国内车展
网约车服务	网约车的定义、种类和运营模式	网约车服务的内容及运营趋势

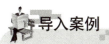

导入案例

EVCARD 共享汽车

EVCARD 品牌是上海国际汽车城新能源汽车运营服务有限公司开展的电动汽车分时租赁项目。EVCARD 电动汽车分时租赁是借助物联网技术实现的一种新型汽车分时租赁服务模式,实现了用户任意时间自行预订,任意网点自助取还的用车需求。上海国际汽车城新能源汽车运营服务有限公司是上海市第一家面向新能源汽车开展租赁和共享的专业公司,主要开展面向集团用户(B2B 模式、B2B2C 模式)及私人用户(B2C 模式)的新能源汽车长短租服务。

EVCARD 在 2013 年成立伊始,并没有立即挺进市场,而是调研、创新、规划,首创了 A-X 异点租还模式。至 2015 年 1 月首批投入上海嘉定区 50 个网点建立完成,EVCARD 正式启动运营。2015 年 9 月,EVCARD 会员数破万。2017 年 1 月,EVCARD 成功升级为"全球最大电动汽车分时共享品牌"。截至 2019 年 12 月底,EVCARD 共享汽车已进驻 39 个城市,在全国设立 11509 个网点,匹配 57000 个车位,单月实现 60 万笔订单。

EVCARD 共享汽车的主要应用场景为郊区出行及短途摆渡。公共交通网在郊区并不像在中心城区一样密集,郊区之间跨区域出行并不方便,不少住宅区距离地铁站也并不近。因此较长距离的通勤或是去地铁站的出行需要显得尤为突出。EVCARD 共享汽车的主要优点如下。

(1)满足无车族的出行需求。随着各城市限购令的出台,很多人购车的念头被打消,出行方式依然只能是地铁、公交、出租车,或者是共享单车。EVCARD 共享汽车的出现,给人们提供了更好的出行方案,满足了他们的出行需求。

(2)收费价格低廉。EVCARD 共享汽车目前主推的普通新能源车型,每分钟租赁价格 0.5 元,整体核算下来相当于出租车价格的四分之一到三分之一。加之 EVCARD 团队经常会发放一些优惠券当作给消费者的福利,基本上逢节必有,这对消费者来说具有很大吸引力。

(3)随时取车,无需等待。EVCARD 共享汽车的使用非常简单,手机上下载一个 App,预约、取车、还车、结算,就完成了整个使用过程。预约成功后即可开门用车,不需拍照,流程简洁;网点提示明显,如区分内部网点、红包网点、营业时间、是否需要收取取车费与还车费等信息;车辆提示信息齐全,如充电状态、清洁状态、车龄等信息。

(4)改善城市拥堵现象。EVCARD 共享汽车的推出,减少了对私家车的需求,私家车上路数量减少,从而改善了城市的拥堵现象。

(5)低碳绿色环保。EVCARD 共享汽车属于电动型汽车,也一直秉承低碳出行的理念,减少了汽车尾气的排放,对环境污染起到了缓解作用。

随着共享汽车概念的普及,使用该种方式出行的人逐渐增加。EVCARD 共享汽车逐渐暴露出如下问题。

(1)车少、网点难找、事故责任划分困难,预约流程操作不够简洁等问题。

(2)共享汽车车内卫生状况差,清洁维护不及时;车况差,刹车失灵、转向灯不亮等小问题十分常见。

(3) 还车充电问题，系统对还车充电状态判断不准，经常有还车提示充电失败的问题。加上用车高峰联系客服等待时间长，对用户的整体体验影响较大。

(4) 客服处理问题力度不足，客服人员目前没有有效满足用户的需求，用户普遍等待时间较长，且客服人员不能有效处理问题，处理结果用户不满意。

(5) 共享汽车发生交通事故，责任划分、车辆维修、损失赔偿等一系列问题处理容易出现纠纷。

总而言之，未来的共享汽车营运模式的发展趋势主要有：汽车生产企业参与平台搭建，提高质量和资金保障；进一步减少基站式，增加自由流动式，让消费者获得更好的出行体验；政府出台相应政策扶持，缓解车辆投放、充电基础设施建设、停车位等问题，协助企业做好管理，完善相应保险制度。

12.1 汽车法律服务

汽车法律服务作为汽车服务的一种表现形式，随着我国汽车工业的发展和汽车保有量的不断增大，其贸易额也在逐年攀升。一方面，我国作为世界第二大引进外资国，巨大的市场和商机吸引国际汽车集团纷纷加大对我国的投资；另一方面，加入WTO后面临的经济全球化和游戏规则化，以及我国对汽车工业实施保护的需要，这些都需要提供复杂交易和高科技含量的专业化法律服务。另外，日益庞大的私人用车市场也对汽车法律服务提出了个性化和差异化服务的要求，同时汽车法律服务本身面临全球化竞争。因此，研究我国汽车法律服务的内涵和市场需求，对壮大和完善我国汽车法律服务、促进汽车法律服务全球化十分必要。

12.1.1 汽车法律服务的内涵、特征与表现形式

1. 汽车法律服务的内涵

汽车法律服务是法律服务的从业人员（一般指律师）根据委托人的要求进行的与汽车生产、投资、贸易、消费等相关的各种法律服务活动，目的是解决汽车产品责任纠纷、交通事故纠纷、汽车信贷保险纠纷等问题。

2. 汽车法律服务的特征

(1) 专业性

汽车作为一种技术密集型产品，具有高度专业性，并已发展成为一门学科。因此汽车法律服务提供者必须具备一定的汽车专业知识，且必须熟悉汽车相关法律法规。

(2) 地域性

所提供的法律服务往往与服务提供者或接受者所在地的政治、经济、文化、法律制度及语言习惯密切相关。

(3) 信任性

汽车法律服务的对象既有汽车生产企业，也有汽车维修企业和贸易企业，还有汽车消费者，涉及社会的各个领域，汽车法律服务提供者需与委托人之间建立高度的信任关系。

(4) 差异性

汽车法律服务内涵的多样性决定了汽车法律服务的差异性。另外，国际汽车法律服务增加，各国之间的汽车法律服务市场的需求差异也很大。

3. 汽车法律服务的表现形式

(1) 反倾销领域

由于我国劳动力成本具有优势，因此我国许多行业曾经遭受过国外的倾销指控，虽然我国的汽车竞争力量还不强，但个别领域也曾被提出倾销指控。加入WTO以后，面临国外汽车的低价竞争，我国可以利用反倾销手段进行限制，保护我国汽车工业。

(2) 解决贸易争端领域

我国的许多政策、法律法规都与WTO的要求还有一定差距。尤其在汽车工业，我国与其他国家发生贸易争端的可能性较大，一旦发生，可以利用WTO贸易争端解决机制解决，以保护我国的利益。

(3) 汽车消费领域

我国汽车消费领域普遍存在"维权难"的说法，我国以前没有专门针对汽车这一特殊消费品的消费法律，消费者只能根据《中华人民共和国消费者权益保护法》等维护自己的权益，往往针对性不强，合法权益难以得到保护，但《缺陷汽车产品召回管理条例》的出台可以大大缓解该问题。

另外，由于汽车消费者有差异性，因此汽车法律服务者有时会发现没有相应的国家法律作为支撑。汽车法律服务还在汽车金融保险领域、国内贸易争端、汽车人力资源的争夺等领域开展了大量业务活动。随着汽车服务贸易的发展，汽车法律服务将进一步发挥作用。

12.1.2 汽车服务相关的法律法规

1. 汽车技术服务管理方面的法律规定

汽车技术服务管理是指交通运输部、国家市场监督管理总局等主管部门根据国家有关法律法规对汽车技术服务行业进行行业准入、质量控制、市场监督的外部行为。汽车技术服务是汽车处于完好技术状况和工作能力的保障，具有技术性强、工艺复杂与安全密切相关等特点。目前我国已经制定《道路运输车辆技术管理规定》《缺陷汽车产品召回管理条例》《家用汽车产品修理、更换、退货责任规定》《机动车维修管理规定》等政策法规（表12-1）。

表 12-1　汽车技术服务管理政策法规

法律法规名称	发布部门	施行时间	适用场合	主要目的
道路运输车辆技术管理规定	交通运输部	2016年3月1日	道路运输车辆	加强道路运输车辆技术管理，保持车辆技术状况良好，保障运输安全，发挥车辆效能，促进节能减排
缺陷汽车产品召回管理条例	国务院	2013年1月1日	汽车生产企业、销售商、租赁商、修理商	加强对缺陷汽车产品召回事项的管理，消除缺陷汽车产品对使用者及公众人身、财产安全造成的危险
家用汽车产品修理、更换、退货责任规定	国家质量监督检验检疫总局	2013年10月1日	生产、销售的家用汽车产品	明确家用汽车产品的"保修期"和"三包有效期"。保修期内出现产品质量问题，可以免费修理；在三包有效期内，如果符合规定的退货条件、换货条件，消费者可以凭三包凭证、购车发票等办理退货或换货手续
机动车维修管理规定	交通运输部	2019年7月8日	机动车维护、修理及维修救援等相关经营活动	规范机动车维修经营活动，维护机动车维修市场秩序，保护机动车维修各方当事人的合法权益，保障机动车运行安全，保护环境，节约能源，促进机动车维修业的健康发展

2. 汽车金融管理方面的法律法规

加入 WTO 后，我国已陆续出台有关汽车金融信贷领域的相关政策法规，极大地促进了汽车消费信贷和汽车保险业的发展，具体如下。

(1)《汽车金融公司管理办法》

《汽车金融公司管理办法》是经国务院批准，由中国银行业监督管理委员会发布，于 2008 年 1 月 24 日起正式施行的。

《汽车金融公司管理办法》对汽车金融公司的功能定位、出资人资格要求、机构的设立、变更与终止及业务规范等方面提出了监督管理要求，并对违规经营的行为做出了具体处罚规定。其主要内容包括：①汽车金融公司的设立、变更与终止；②汽车金融公司的业务范围和监督管理。

(2)《汽车贷款管理办法》

《汽车贷款管理办法》于 2018 年 1 月 1 日起施行。其目的是促进汽车贷款业务健康发展，规范汽车贷款业务管理，防范汽车贷款风险，维护借贷双方的合法权益。

《汽车贷款管理办法》主要包括 3 个方面的内容：①个人汽车贷款；②经销商汽车贷款；③机构汽车贷款。

(3)《中华人民共和国保险法》

《中华人民共和国保险法》于 2014 年修订，2014 年 8 月 31 日起施行。其中与汽车相关的内容如下。

① 保险责任开始前，投保人要求解除合同的，应当向保险公司支付手续费，保险人应当退还保险费。保险责任开始后，投保人要求解除合同的，保险人可以收取自保险责任

开始之日起至合同解除期间的保险费，剩余部分退还投保人。

② 保险标的的保险价值，可以由投保人和保险人约定并在合同中说明，也可以由发生事故时保险标的的实际价值确定。

③ 重复保险的投保人应当将相关情况通知各保险人。

④ 保险事故发生时，被保险人有责任尽力采取必要的措施，减少损失。

⑤ 因第三者对保险标的的损害而造成保险事故的，保险人自向被保险人赔偿保险金之日起，在赔偿金额范围内代位行使被保险人对第三者请求赔偿的权利。

(4)《机动车辆保险条款》(2019年版)

《机动车辆保险条款》(2019年版)中对由什么原因造成的保险车辆损失，保险人负责赔偿或不负责赔偿都有严格的界定。附加险是两种主险的附加险，车辆投保了主险方可投保相应的附加险。由中国保险行业协会制定的《机动车交通事故责任强制保险条款》已经施行，并于2019年修改，2019年3月2日起施行。

《机动车交通事故责任强制保险条款》包括总则、定义、保险责任、垫付与追偿、责任免除、保险期间、投保人与被保险人义务、赔偿处理、合同变更与终止、附则10项内容共47条。交强险按机动车种类、使用性质分为家庭自用汽车、非营业客车、营业客车、非营业货车、营业货车、特种车、摩托车和拖拉机8种类型，不同的类型采用不同的费率。对于被保险机动车被依法注销登记、被保险机动车办理停驶和被保险机动车经公安机关证实丢失3种情况，投保人可以要求解除交强险合同。

除上述政策外，各大保险公司的《机动车辆第三者责任保险条款》《家庭自用汽车损失保险条款》《分期付款购车合同履约保险条款》及《机动车辆保险(修订版)费率规章》都为保障汽车保险行业规范、稳健地发展奠定了基础。

3. 汽车消费法律法规

《汽车销售管理办法》是商务部、国家发展和改革委员会、国家工商管理总局发布的、2017年7月1日起施行的汽车法规。对汽车品牌经销商的设立、汽车供应商的行为规范，汽车品牌经销商的行为规范进行监督与管理。

《中华人民共和国反不正当竞争法》在1993年9月2日第八届全国人大常委会第三次会议上通过，于2017年修正。该法的调查对象是在市场经济活动中违反竞争原则，进行不正当竞争活动的经营者。我国境内的汽车企业均应当依法遵守自愿、平等、公平的原则进行经营活动。

《新能源汽车生产企业及产品准入管理规定》是中华人民共和国工业和信息化部于2017年1月6日发布，自2017年7月1日起施行的，目的是促进汽车产品技术进步，保护环境、节约能源，实现可持续发展，鼓励企业研究开发和生产新能源汽车。

4. 汽车流通方面的法律法规

(1)《汽车产业发展政策》

我国先后实施了两部汽车产业政策，即《汽车工业产业政策》(2004年版)和《汽车产业发展政策》(2009年版)。国务院2004年发布的《汽车工业产业政策》具有7个方面的特点：①取消了与世贸组织规则和我国加入世贸组织所做承诺不一致的内容，如取消了外汇平衡、国产化比例和出口实绩等要求；②大幅度减少行政审批，依靠法规和技术标准，引导产业健康发展；③提出了品牌战略，鼓励开发具有自主知识产权的产品，为汽车工业自主发展明确政策导向；④引导现有汽车生产企业兼并、重组，促进国内汽车企业集团做大做强；⑤要求汽车生产企业重视建立品牌销售和服务体系，消除消费者的后顾之忧；⑥引导和鼓励发展节能环保型汽车和新型燃料汽车；⑦对创造更好的消费环境提出了指导性意见。

(2)《缺陷汽车产品召回管理条例》

《缺陷汽车产品召回管理条例》于2012年10月30日发布，自2013年1月1日起施行，2020年修订。《缺陷汽车产品召回管理条例》规定，对拒不改正的生产者、经营者，处50万元以上100万元以下的罚款。

相关规定对保护消费者利益、促进相关车企履行社会责任发挥了积极作用，也有助于规范汽车产业发展，提高汽车产品质量安全。

为了加强对缺陷汽车产品召回事项的管理，消除汽车产品对使用者及公共人身、财产安全造成的危险，维护公共安全、公共利益和社会经济秩序，2004年3月15日，由国家质量监督检验检疫总局、国家发展和改革委员会、商务部和海关总署共同制定的《缺陷汽车产品召回管理规定》正式发布，并于2004年10月1日起正式实施，从而拉开了中国汽车召回制度的帷幕。我国以缺陷汽车产品为试点首次实施召回制度，有利于维护公共安全、公共利益和社会经济秩序。

12.2　汽车驾驶培训服务

12.2.1　机动车驾驶证的种类

机动车驾驶证分为3种，即中华人民共和国**机动车驾驶证**、中华人民共和国**机动车学习驾驶证**、中华人民共和国**机动车临时驾驶证**。

《机动车驾驶员培训管理规定》

(1) 中华人民共和国机动车驾驶证，简称正式驾驶证。正式驾驶证由证夹、正证、副证3部分组成。它是取得驾驶人资格的技术证明，凭此证可在全国范围内驾驶准驾车型的民用机动车。

(2) 中华人民共和国机动车学习驾驶证，简称学习驾驶证。学习驾驶证是学习驾驶机动车的证明，凭此证在教练员的随车指导下，可按规定学习驾驶机动车(不准单独驾驶车辆)，有效期为2年。

(3) 中华人民共和国机动车临时驾驶证，简称临时驾驶证。临时驾驶证有效期不超过1年。

12.2.2　准驾车型

各类机动车辆的性能、结构不同，考试科目和要求不同，不同车型对驾驶人的驾驶技术、经验及应变能力等方面的要求也不同。为了保证交通安全，根据各种机动车辆的驾驶特点，车辆管理机关依据驾驶人考试的车型，经审查及考试合格后，在其持有的驾驶证中相应准驾车型记录栏内予以签章，即表示该驾驶人准许驾驶此类机动车辆，称为准驾，且用大写英文字母表示。准驾车型的代号及代表的车型见表12-2。

表 12-2　准驾车型的代号及代表的车型

准驾车型	代号	准驾的车辆	准予驾驶的其他准驾车型
大型客车	A1	大型载客汽车	A3、B1、B2、C1、C2、C3、C4、M
牵引车	A2	重型、中型全挂、半挂汽车列车	B1、B2、C1、C2、C3、C4、M
城市公交车	A3	核载10人以上的城市公共汽车	C1、C2、C3、C4
中型客车	B1	中型载客汽车（含核载10人以上19人以下的城市公共汽车）	C1、C2、C3、C4、M
大型货车	B2	重型、中型载货汽车；大型、重型、中型专项作业车	C1、C2、C3、C4、M
小型汽车	C1	小型、微型载客汽车及轻型、微型载货汽车；轻型、小型、微型专项作业车	C2、C3、C4
小型自动挡汽车	C2	小型、微型自动挡载客汽车及轻型、微型自动挡载货汽车	
低速载货汽车	C3	低速载货汽车（原四轮农用运输车）	C4
三轮汽车	C4	三轮汽车（原三轮农用运输车）	
残疾人专用小型自动挡载客汽车	C5	残疾人专用小型、微型自动挡载客汽车（只允许右下肢或者双下肢残疾人驾驶）	
普通三轮摩托车	D	发动机排量大于50mL或者最大设计车速大于50km/h的三轮摩托车	E、F
普通二轮摩托车	E	发动机排量大于50mL或者最大设计车速大于50km/h的二轮摩托车	F
轻便摩托车	F	发动机排量小于或等于50mL，最大设计车速小于或等于50km/h的摩托车	
轮式自行机械车	M	轮式自行机械车	
无轨电车	N	无轨电车	
有轨电车	P	有轨电车	

12.2.3　申请机动车驾驶证的条件

1. 年龄条件

（1）申请小型汽车、小型自动挡汽车、残疾人专用小型自动挡载客汽车、轻便摩托车准驾车型的，年龄要求在18周岁以上、70周岁以下。

（2）申请低速载货汽车、三轮汽车、普通三轮摩托车、普通二轮摩托车或轮式自行机械车准驾车型的，年龄要求在18周岁以上、60周岁以下。

（3）申请城市公交车、大型货车、无轨电车或有轨电车准驾车型的，年龄要求在 20 周岁以上、50 周岁以下。

（4）申请牵引车准驾车型的，年龄要求在 24 周岁以上、50 周岁以下。

（5）申请大型客车准驾车型的，年龄要求在 26 周岁以上、50 周岁以下。

（6）申请中型客车准驾车型的，年龄要求在 21 周岁以上、50 周岁以下。

2．身体条件

（1）身高要求。申请大型客车、牵引车、城市公交车、大型货车、无轨电车准驾车型的，身高为 155cm 以上。申请中型客车准驾车型的，身高为 150cm 以上。

（2）视力要求。申请大型客车、牵引车、城市公交车、中型客车、大型货车、无轨电车或者有轨电车准驾车型的，两眼裸视力或者矫正视力达到对数视力表 5.0 以上。申请其他准驾车型的，两眼裸视力或者矫正视力达到对数视力表 4.9 以上。

（3）辨色力要求。无红绿色盲。

（4）听力要求。两耳分别距音叉 50cm 能辨别声源方向。有听力障碍但佩戴助听设备能够达到以上条件的，可以申请小型汽车、小型自动挡汽车准驾车型的机动车驾驶证。

（5）上肢要求。双手拇指健全，每只手其他手指必须有三指健全，肢体和手指运动功能正常。但手指末节残缺或者右手拇指缺失的，可以申请小型汽车、小型自动挡汽车、低速载货汽车、三轮汽车准驾车型的机动车驾驶证。

（6）下肢要求。双下肢健全且运动功能正常，不等长度不得大于 5cm。但左下肢缺失或者丧失运动功能的，可以申请小型自动挡汽车准驾车型的机动车驾驶证。右下肢、双下肢缺失或者丧失运动功能但能够自主坐立的，可以申请残疾人专用小型自动挡载客汽车准驾车型的机动车驾驶证。

（7）躯干、颈部要求。无运动功能障碍。

12.2.4　申请机动车驾驶证的流程及注意事项

1．申请机动车驾驶证的流程

申请机动车驾驶证的基本流程如图 12.1 所示。

2．申请机动车驾驶证的注意事项

（1）报考人员应交验身份证件（居民身份证或护照等），暂住人员还应交验暂住证，境外人员还应交验居留证。

（2）进行身体条件检查时，应交 2 寸正面免冠彩照两张。

（3）填写机动车驾驶证申请表时，应交 1 寸近期彩照 6 张及身份证复印件 1 份。

（4）若报考人员原先已持有驾驶其他类别机动车辆的驾驶证，应将所持有的驾驶证复印 1 份一同上报。

（5）申请增加准驾车型的，应当在所持机动车驾驶证核发地提出申请。

3．申请机动车驾驶证的标准

（1）考试科目的划分

机动车驾驶人考试包括以下 4 个科目。

① 道路交通安全法律、法规和相关知识考试科目，简称科目一。

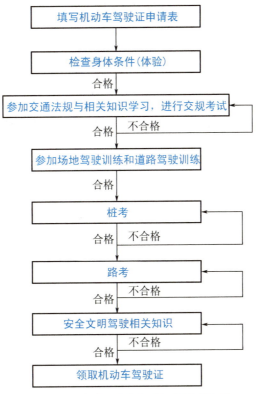

图 12.1　申请机动车驾驶证的基本流程

② 场地驾驶技能考试科目，简称科目二。
③ 道路驾驶技能和安全文明驾驶常识考试科目，简称科目三。
④ 安全文明驾驶相关知识考试科目。
（2）科目一的考试内容与合格标准
① 考试内容：科目一考试内容包括道路通行、交通信号、交通安全违法行为和交通事故处理、机动车驾驶证申领和使用、机动车登记等规定及其他道路交通安全法律、法规和规章。
② 合格标准：满分为 100 分，成绩达到 90 分的为合格。
（3）科目二考试内容及合格标准
① 考试内容。科目二考试内容规定如下。
a. 小型汽车、小型自动挡汽车、残疾人专用小型自动挡载客汽车和低速载货汽车：考试倒车入库、坡道定点停车和起步（小型自动挡汽车不考）、侧方停车、曲线行驶、直角转弯。
b. 大型客车、牵引车、城市公交车、中型客车、大型货车：考试桩考、坡道定点停车和起步、侧方停车、通过单边桥、曲线行驶、直角转弯、通过限宽门、通过连续障碍、起伏路行驶、窄路掉头，以及模拟高速公路、连续急弯山区路、隧道、雨（雾）天、湿滑路、紧急情况处置。
c. 三轮汽车、普通三轮摩托车、普通二轮摩托车和轻便摩托车：考试桩考、坡道定点停车和起步、通过单边桥。

d. 轮式自行机械车、无轨电车、有轨电车的考试内容：由省级公安机关交通管理部门确定。

② 合格标准。科目二考试满分为100分，考试大型客车、牵引车、城市公交车、中型客车、大型货车准驾车型的，成绩达到90分的为合格，其他准驾车型的成绩达到80分的为合格。

(4) 科目三的考试内容及合格标准

① 考试内容。科目三的考试内容包括道路驾驶技能考试和安全文明驾驶常识考试两部分。

a. 道路驾驶技能考试内容：上车准备、起步、直线行驶、加减挡位操作、变更车道、靠边停车、直行通过路口、路口左转弯、路口右转弯、通过人行横道线、通过学校区域、通过公共汽车站、会车、超车、掉头、夜间行驶。

大型客车、中型客车考试里程不少于20km，其中白天考试里程不少于10km，夜间考试里程不少于5km。牵引车、城市公交车、大型货车考试里程不少于10km，其中白天考试里程不少于5km，夜间考试里程不少于3km。小型汽车、小型自动挡汽车、低速载货汽车、残疾人专用小型自动挡载客汽车考试里程不少于3km，并抽取不少于20%进行夜间考试；不进行夜间考试的，应当进行模拟夜间灯光使用考试。

对大型客车、牵引车、城市公交车、中型客车、大型货车，省级公安机关交通管理部门应当根据实际情况增加山区、隧道、陡坡等复杂道路驾驶考试内容。对其他汽车准驾车型，省级公安机关交通管理部门可以根据实际情况增加考试内容。

b. 安全文明驾驶常识考试内容：安全文明驾驶操作要求、恶劣气象和复杂道路条件下的安全驾驶知识、爆胎等紧急情况下的临危处置方法，以及发生交通事故后的处置知识等。

② 合格标准。科目三道路驾驶技能和安全文明驾驶常识考试满分为100分，成绩达到90分的为合格。

(5) 科目四的考试内容与合格标准

① 考试内容。安全文明驾驶、操作要求、恶劣气象和复杂道路条件下的安全驾驶知识、爆胎等紧急情况下临危处置方法，以及发生交通事故后的处置知识等内容。

② 合格标准。笔试，满分100分，90分以上的为合格。

12.3　汽车停车服务

解决停车问题是提高城市交通效率、推动汽车市场发展的重要环节。近20年来，随着我国汽车保有量的剧增，停车泊位与汽车保有量之比不增反降。截至2021年年底，我国停车泊位需求量为4.07亿个，大城市停车泊位与汽车保有量之比为0.8∶1，中小城市约为0.5∶1，远低于国际公认的1.3∶1的合理比例。近几年，我国汽车市场高速成长，汽车保有量急剧增大，更加剧了停车位严重不足的情况，反映出我国停车设施落后于汽车市场的发展，同时反映出经营性停车场具有广阔的市场前景。

12.3.1　停车场的分类

停车场是指从事汽车保管、存放，并可进行加注、充气和清洁的作业场所。按照不同的分类标准，汽车停车场有不同的分类方法：按停车场所处的位置分为路侧停车场和路外停车场；按停车场的服务对象分为社会公共停车场、配建停车场和专用停车场；按停车场的建筑类型与位置分为地面停车场和地下停车场；按管理方式分为免费停车场、限时停车场、限时免费停车场和收费停车场；按管理系统智能程度分为人工管理停车场、半自动智能管理停车场和全自动智能管理停车场。

12.3.2 经营性停车场的建设与管理

1. 选址

选址是经营性停车场投资决策成功的最重要因素，它与城市规划中的停车场选址有一定的相似之处。但是，由于经营性停车场除了要配合城市交通疏导之外，还要求投资收益的最大化，因此在选址时应遵循以下原则。

（1）停车需求

停车需求主要是指备选地周边的交通流和相关机构可能为停车场带来的停车客户，以及周边其他停车设施的形式、数量可能会对投资造成的影响。一般而言，在人口密集的生活小区或商业区的繁华路段修建经营性停车场是比较可行的。

（2）步行距离

各国都曾对停车设施规划中的停车后步行时间做过研究，人们一般倾向于停车后有短距离的步行即可到达出行的目的地。人们对停车后的步行距离有一定的可容忍范围，一个停车点要保证85%～95%的使用者在其可容忍的服务半径以内。在日本，停车后步行距离一般为200～300m，极限值为400m左右。我国规定，市中心区的停车场服务半径不应大于500m。

（3）交通方便性

停车场所处的交通环境造成的汽车到达停车场的难易程度，主要与停车场周围的路网结构和交通疏导方案有关。交通越方便，停车场的吸引力就越大。

（4）连通街道的通行能力

连接停车场与城市主干道的街道，其通行能力必须适应停车场建成后吸引的附加交通量，并能提供车辆一定的等候排队所需的空间。

（5）征地拆迁的难易及费用

征地拆迁的难易及费用是指拟建设停车场的土地上是否存在建筑物需要拆迁，以及拆迁所需的成本和时间，是否有难度较大的地上管线及地下管线的改造，是否存在地质处理等。

（6）建设方案与城市总体规划的协调

建设方案与城市总体规划的协调是指在停车场的使用寿命及服务范围内将来可能发生的停车源的变化，主要考虑新建街道或交通干道出入口布局和现有街道的改造。

2. 审批

在我国停车场建设的审批一般由公安交通管理部门牵头，与规划部门、土地管理部门和消防部门共同负责。公安交通管理部门负责根据城市总体规划的要求协助规划局制定有关城市停车场建设的专业规划，对专业性停车场（库）、公共建筑配建的停车场（库）的建筑施工过程进行技术监督、检查。城市规划部门主要负责审批要求，对停车场建设和管理实行监督。城市土地管理部门负责审批单位或个人专项建设停车场（库），申请以划拨或出让方式用地的审批手续。消防部门负责对停车场的消防情况进行审核。

申请开办经营性停车场,应向地方公安交通管理部门申请办理经营性停车场许可证。在申请时,一般要提供以下文件:申请报告、工商行政管理部门核发的营业执照、规划局的图文批件、消防合格证明、市政占道批文、法人代表委托停车场负责人证书、有效的土地使用权证明、停车场建设工程竣工验收合格证明、相应的停车场管理制度和专业巡查人员名单及资格证书、停车场设置车位与进出口标志牌的施工设计图及停车场设施图、主办单位营业执照复印件和法人任命书复印件等。

3. 停车管理系统

经营性停车场均安装**智能停车管理系统**。智能停车管理系统一般包括出入控制的**挡车系统**、**车辆识别系统**、**车位显示系统**、**收费系统**等子系统,并在相应的计算机管理系统的协调下工作。智能停车管理系统分布和组成分别如图 12.2 和图 12.3 所示。

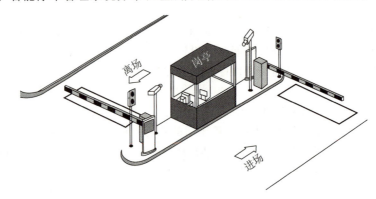

图 12.2　智能停车管理系统分布

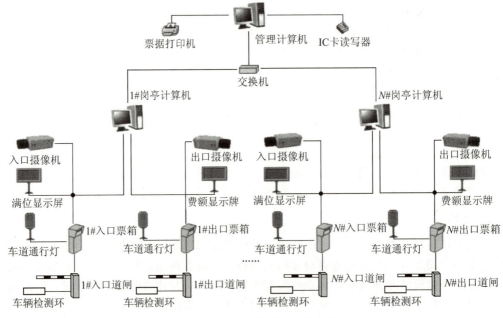

图 12.3　智能停车管理系统组成

4. 管理

管理经营性停车场要符合以下规定。

（1）停车场必须有专门管理人员负责停车场秩序和收费管理工作，要有具体的规章制度和管理措施。

（2）停车场出口、入口及场地内要设置明显的引导标志、标线，室内停车场的出品、入口要设置限高标志。在社会道路的路口及道路主路、辅路出入口的范围内，不得设置停车场出口及入口。

（3）停车场地面必须是硬质铺装（含草地水泥砖）。场地内的停车泊位要以白线标画清晰，每个停车泊位的长度不小于 5m，宽度不小于 2.5m，场地内的通道宽度在 6m 以上。泊位斜排时，通道宽度应在 4.5m 以上。与通道平行设置的泊位规格为长 6m、宽 2.5m。

（4）停车场须配制必要的消防、排水、通风、防盗及照明设备，并保持正常运转，消防通道不得设置停车泊位。

（5）室内停车场出口及入口的数量、坡道的坡度及转弯半径，必须与规划设计方案相等。

（6）停车场的收费标准应遵循地方政府价格主管部门根据国家有关规定核定的标准执行。国家有关部门根据《中华人民共和国价格法》等有关法律、法规规定，颁布了《机动车停放服务收费管理办法》，规定县级以上地方人民政府价格主管部门负责机动车停放服务收费方面的管理工作。机动车停放服务收费实行"统一政策、分级管理"的原则。国务院价格主管部门统一负责全国机动车停放服务收费管理政策的制定；各省、自治区、直辖市人民政府价格主管部门负责制定本行政区域内机动车停放服务收费实施细则；机动车停车场所在城市人民政府价格主管部门负责制定机动车停放服务收费的具体标准。机动车停放服务收费实行市场调节价、政府指导价、政府定价 3 种定价形式。

（7）经营性停车场的管理单位提供机动车停放服务时，应履行以下职责：在停车场出口及入口的显著位置明示停车场标志、服务项目、收费标准、停车场管理责任和管理制度；执行公安交通管理部门制定的停车场管理规定；负责进出车辆的检查、登记；维护停车场车辆停放秩序和行驶秩序；按照核定或约定的收费标准收费，采用税务统一发票；做好停车场防火、防盗等安全防范工作；协作疏导停车场出口及入口的交通。

12.4 汽车运动

"赛车"一词来自法文 Grand Prix，即大奖赛。在国外，汽车比赛几乎与汽车有同样长的历史。如今各式各样的汽车比赛统称现代汽车运动，它是世界范围内一项影响较大的体育运动。多姿多彩的汽车运动使汽车充满了柔情蜜意，同时汽车运动的激烈、惊险、浪漫、刺激不仅让成千上万的观众为之痴迷，还使世界汽车技术的发展日新月异。

12.4.1 汽车运动的起源

使用汽车在封闭场地内、道路上或野外比赛速度、驾驶技术和性能的运动项目称为汽车运动。19 世纪 80 年代，欧洲大陆出现了最早的汽车，汽车运动也随着汽车工业的发展而兴起。起初，汽车比赛的目的是方便汽车企业检查车辆的性能，宣传使用汽车的安全性和可靠性，因此汽车企业积极资助，以推销其产品。

世界上最早的车赛是1887年4月20日由法国《汽车》杂志社主办的，但参赛的只有1人，名叫乔尔基·布顿，他驾驶4人座的蒸汽汽车从巴黎沿塞纳河畔跑到了努伊克。1888年法国《汽车》杂志社再次举办了车赛，路程为从努伊伊到贝尔塞，全长20km，结果驾驶迪温牌三轮汽车的乔尔基·布顿获得冠军，第二名也是最后一名为驾驶塞尔波罗蒸汽汽车的车手。

世界上最早使用汽油汽车进行的长距离汽车公路赛是1895年6月11日由法国汽车俱乐部和《杰鲁纳尔》报联合举办的，路程为从巴黎往返波尔多，全程1178km。获得此次车赛第一名的埃未尔·鲁瓦索尔共用48小时45分钟，平均车速为24.55km/h。但由于比赛规定车上只许乘坐1人，而他的车上乘坐2人，因此被取消了冠军的头衔，结果落后很多的凯弗林获得了冠军。此次比赛共有23辆车参赛，跑完全程的有8辆汽油汽车和1辆蒸汽汽车。

在以后的车赛中，为避免汽车在野外比赛时扬起漫天尘土而影响后面车手的视线，造成伤亡事故，车赛逐渐改为在封闭的赛场和跑道上进行，这就是汽车场地赛的雏形。

最早的汽车跑道赛于1896年在美国的普罗维登斯举行。为了吸引更多的人参加汽车比赛，使比赛更富有刺激性和挑战性，法国的勒芒市在1905年举办了第一次真正意义上的场地汽车大奖赛。从此汽车大奖赛成为世界体育舞台上的一项非常重要的赛事，小城勒芒也因此闻名于世。

12.4.2　汽车运动的作用

汽车运动的作用可以表现为以下几个方面。

1. 有助于改善汽车的性能

汽车赛有助于改善汽车的性能，尤其是动力性。汽车诞生百年来，汽车技术得以不断发展，在很大程度上是根据各式各样车赛所做的大量实验。赛车场是汽车技术的试验场。汽车赛可以作为对汽车新构造及新材料等进行实验的最重要手段。在比赛中获胜的赛车往往就是汽车生产企业日后生产新车型的参考样本。20世纪50年代，当日本汽车生产企业决定加快汽车生产步伐时，首先选中的"基地"就是赛车场。20世纪60年代，他们又将自己的赛车驶向国际赛场，向车坛霸主（欧、美赛车）宣战，在屡败屡战中吸取了对手的优点，找到了自己的不足。通过改进，他们不仅在赛车场获得了一席之地，而且为日本汽车工业的全面崛起奠定了坚实的基础。

如今，几乎所有赛车都采用涡轮增压发动机，只有这种发动机才能达到700～800马力（1马力＝735W）的输出功率。轮胎不断加宽、制动系统、散热装置等日臻完善，使赛车的速度日新月异。在高级赛车运动中，稳操胜券不仅靠驾驶人的天赋和能力，还取决于发动机、底盘和轮胎三位一体的综合技术水准。从这个意义上讲，赛车活动是一场技术水准的较量。

2. 强化的道路实验

汽车赛实际上是一种强化的道路实验。它能使汽车所有零部件都在最大应力状态下工作，将正常使用条件下几年之后才会出现的问题在短短的几个小时之内就暴露出来，节省了大量的时间。

3. 动态车展

汽车赛可喻为动态车展。世界一级方程式锦标赛（简称 F1）是由国际汽车运动联合会（FISA）举办的最高等级的年度系列场地赛车比赛，是当今世界最高水平的赛车比赛，与奥林匹克运动会、世界杯足球赛并称"世界三大体育盛事"。赛车是先进技术的结晶，汽车大赛中推出的每辆新赛车，均代表着一家汽车生产企业甚至一个国家在汽车方面的最新技术水平。不仅如此，赛车还体现了汽车发展的动向。比较当代新型轿车与 20 世纪 30 年代的赛车设计，不难发现它们之间有一些共同点，如较高的发动机转速、较大的压缩比、较小的汽车质量和流线型的车身等。从某种意义来说，赛车是汽车发展的先驱。在汽车大赛中推出的新型赛车，从设计到制造都凝聚着众多研制者的心血。

4. 广告宣传载体

汽车赛是生动的广告。组织得好的汽车赛，尤其是国际性高水平大赛能够吸引成千上万的观众。比赛中赛车和车队是汽车生产企业和赞助商的广告宣传载体，可以促进产品销售，为企业带来巨大的经济利益。正因如此，许多车队高薪争聘优秀的车手，大公司才慷慨解囊赞助大型车赛。

5. 促进汽车大众化

汽车赛促进了汽车大众化。除职业性比赛外，世界各地的汽车爱好者还自行组织一些小型的汽车比赛，对汽车工业的发展有着另外一层意义。许多地方性的汽车俱乐部联系着千千万万的汽车运动爱好者，其广泛性和群众性是汽车大赛无法比拟的。地方汽车俱乐部组织的汽车赛吸引大量参赛者和现场观众，通过比赛掀起的汽车热，把人们吸引到汽车上，传播汽车技术，扩大了汽车爱好者队伍，培育了潜在的汽车制造、使用、维修方面的人才和汽车市场。

6. 集人与车为一体的综合较量

汽车赛是集人与车为一体的综合较量。与通常的体育运动相比，汽车运动不仅是车手个人技艺、意志和胆量的竞争，而且是汽车设计、产品质量的角逐。这种独具特色的双重性运动更能体现人类精英与高新科技最完美的结合，体现人类对自然的征服能力。

作为一项群众性体育活动，赛车不仅体现出技术革新的步伐，而且体现出人类驾驭自然的能力。它壮观而激烈，充满着冒险的乐趣，因而激起越来越多人的兴趣。每次大奖赛到来，总有成千上万的爱好者趋之若鹜。

汽车赛是车战、商战、金融战还是科技战？谁也无法说清。总之，有了具有高科技产品的汽车公司做后盾，有了拥有雄厚经济实力的企业集团的资助，再加上热爱汽车运动的人的积极参与，使得汽车运动经久不衰。

12.4.3 汽车运动的管理机构

赛车运动的蓬勃发展促使法国、英国、德国、比利时等欧洲国家于 1904 年 6 月 20 日在法国巴黎成立了国际汽车联合会（法文缩写为 FIA，当时不用此名，1946 年改为现名），负责管理全世界汽车俱乐部和各种汽车协会的活动。国际汽车联合会有一个下层机构——国际汽车运动联合会，成立于 1922 年，其主要任务是制定有关参赛的车辆、车手、路线和比赛方法等相应规则，认可比赛记录，并在各地举行汽车比赛时做必要的调整和协调。

国际汽车运动联合会由世界汽车运动理事会的 22 个小组掌管,此理事会负责制定、监督和管理全球一切有关赛车事宜。在国际汽车联合会下还设有若干具体赛事委员会,协助世界汽车运动委员会处理事宜:①赛车委员会;②国际小型赛车委员会;③越野赛车委员会;④越野吉普车委员会;⑤登山越野车委员会;⑥一级方程式赛车委员会;⑦轿车锦标赛委员会;⑧老式汽车委员会;⑨太阳能车及电动车委员会;⑩技术委员会;⑪赛车日程委员会;⑫安全及赛场委员会;⑬制造厂委员会;⑭记录委员会;⑮医药委员会。其中,⑩~⑮为服务机构。此外,各国体育运动委员会也是国际汽车联合会的下设机构,它们就汽车赛有关事宜与 FIA 进行接触。

中国汽车运动联合会于 1975 年在北京成立,于 1983 年加入国际汽车联合会。

12.4.4　汽车运动的种类

划分汽车比赛取决于诸多因素:按车型可分为乘用车、越野车、皮卡、卡车及特制车辆比赛;按比赛场地和路面可分为场地赛、街道赛、拉力赛、越野赛;按比赛方式可分为比最短时间、比最长行驶距离等比赛(例如拉力赛是指穿越多个国家和地区的耐力赛),以及其他类型的比赛(如直线加速赛、漂移赛)等。

国际汽车联合会主办的三大顶级国际赛事为方程式比赛、世界拉力锦标赛(WRC)和世界房车锦标赛(WTCC)。

1. 方程式比赛

1950 年,国际汽车联合会出于安全和汽车技术发展的需要,发布了赛车规则。赛车必须依照国际汽车联合会制定的车辆技术规定方程式(Formula)制造,这便是方程式比赛的由来。该赛事属于汽车场地赛的一种。国际汽车联合会规定的技术参数包括车体结构、长宽高、最小质量、发动机工作容积、气缸数量、油箱容积、轮胎尺寸等。

方程式比赛主要有以下三个级别。

(1) 三级方程式(F3)。外形与 F1 相似,采用 4 缸自然吸气发动机 2.0L 排量,功率为 147kW。三级方程式比赛孕育了几乎全部的 F1 赛车手。在各国参加比赛后,年轻赛车手聚在一起参加 3 站公开赛,其中澳门站比赛最受关注,在该站表现出众的赛车手几乎都有机会进入 F1。

(2) 二级方程式(F2)。F2 早年间称为 F3000,采用 V8 发动机(限速 9000 r/min),量为 3.0L,功率为 346kW,从 2005 年起改名为 GP2 赛事,采用统一规格的雷诺 V8 发动机,排量为 4.0L,功率为 441kW。F2 被看作 F1 的前哨战,是年轻赛车手晋升 F1 前的赛场。

(3) 一级方程式锦标赛(F1)。20 世纪 80 年代,参 F1 的赛车最大输出功率曾达到 956kW(涡轮增压);20 世纪 90 年代采用 V10 发动机,排量为 3.0L,功率为 588~691kW;出于安全因素的考虑,现在 F1 采用 2.4L V8 自然吸气发动机,限速 19000r/min,功率为 544kW。F1 是赛车场地赛级别最高的赛事,每年在全球进行 16~19 站比赛,每站现场观众超过 200 万人,200 多个国家媒体同步做电视直播。

2. 世界拉力锦标赛

世界拉力锦标赛始于 1973 年,是国际汽车联合会三大赛事之一,与 F1 齐名。与 F1 不同的是,所有参赛车辆必须以量产车研发制造而成,并在世界各地的雨林、泥泞、雪地、沙漠及蜿蜒山路等路况进行比赛。世界拉力锦标赛是最严酷的赛事之一,但也是最有魅力的比赛之一，全球每年有近 10 亿人次通过各种方式观看世界拉力锦标赛。参赛车辆必须严格按照比赛规定的行驶路线，在规定的时间内，到达分站点目标并在规定时间内完成车辆维修检测。

世界拉力锦标赛的比赛规则十分详细，比如参赛车辆必须为各大汽车生产企业年产量超过 2500 辆的原型乘用车，同时对赛车改装后的尺度、质量、排量、功率等都有严格的限制。世界拉力锦标赛是每辆赛车必须同时搭乘一名车手和一名领航员。车手只负责开车，充分发挥自己高超的驾车水平，而领航员既要在比赛期间安排好一些生活琐事，又要在比赛时为车手指明每天比赛的正确方位和路线，并在赛段里及时准确地提供前方的路况。

世界拉力锦标赛的赛站分布于全球。路面包括沥青、砂石和冰雪三种。每个赛站分为若干普通赛段和特殊赛段，规则与一般拉力赛事的相同。

3. 世界房车锦标赛

长久以来，国际汽车联合会旗下的 F1 和世界拉力锦标赛一直是全球车迷瞩目的两大世界级别的汽车赛事，范围涵盖了方程式和拉力赛。无论是赛事组织、车迷人气还是商业运作，都堪称赛车运动的巅峰之作。2005 年，国际汽车联合会推出了世界房车锦标赛，意在将场地赛提升到一个新的高度，在全世界范围内掀起新的关注热点。

房车赛起源于德国 DTM，是汽车实用技术的较量，被誉为最接地气的赛车比赛。参赛车辆均为市面上销售的量产车型，极易在观众和车迷中产生共鸣。世界房车锦标赛竞争激烈，在狭窄的赛道上挤压碰撞的刺激感也吸引了多国汽车厂商参赛。

4. 国内大学生参加的汽车相关比赛

（1）中国大学生方程式汽车大赛

中国大学生方程式汽车大赛（中国 FSC）由中国汽车工程学会主办，是一项由高等院校汽车工程或汽车相关专业在校学生组队参加的汽车设计与制造比赛。各参赛车队按照赛事规则和赛车制造标准，在一年的时间内自行设计和制造出一辆在加速、制动、操控性等方面有优异表现的小型单人座休闲赛车，能够成功完成全部或部分赛事环节的比赛。

中国大学生方程式汽车大赛

为了给予参赛车队最大的设计灵活性和自由度来表达他们的创造力和想象力，中国大学生方程式汽车大赛对赛车的整体设计只有很少的限制。参赛队面临的挑战在于要制造出一辆能够顺利完成规则中所提及的所有项目的赛车。比赛本身给了参赛车队一个同来自各地大学的车队同场竞技的机会，以展示和证明他们的创造力和工程技术水平。

首届中国 FSC 比赛于 2010 年 11 月 16—19 日，在上海国际赛车场举行。有来自全国 16 个省市地区的 20 支高校车队参赛，最终北京理工大学以 848.33 的高分赢得综合大奖，华南理工大学和西华大学分别获得亚军和季军。

2010—2020 年，中国大学生方程式汽车大赛每年举办 1 届，共举办了 11 届。

中国大学生方程式汽车大赛参赛车辆需在 3 个静态项目和 5 个动态项目中进行测评，总分为 1000 分。静态项目包括营销报告、赛车设计和制造成本分析，共 325 分；动态项目包括直线加速测试、8 字绕环测试、高速避障测试、耐久测试和燃油经济性测试，共 675 分。

（2）Honda（中国）节能竞技大赛

Honda（中国）节能竞技大赛是由本田技研工业（中国）投资有限公司举办的一项全国性大学生节能汽车竞技比赛活动。

Honda（中国）节能竞技大赛是搭载 Honda 低油耗摩托车的四冲程发动机，通过动手制作挑战节能极限的竞技赛事。通过创意，设计出世界上独一无二的赛车参与角逐，不仅可以感受到"创造"与"交流"的乐趣，还可以体会到"低油耗就是环保"。

Honda（中国）节能竞技大赛每年举办一届，2007—2019年已举办13届。

Honda（中国）节能竞技大赛设置了3个级别，即市售车级别、燃油节能车级别和EV车级别，其中在校大学生一般参加燃油节能车级别的比赛。

(3) 全国大学生"飞思卡尔"杯智能汽车竞赛

全国大学生"飞思卡尔"杯智能汽车竞赛是由教育部高等学校自动化专业教学指导分委员会（以下简称自动化分教指委）主办、飞思卡尔半导体公司协办的全国大学生智能汽车竞赛，采用邀请赛方式。

竞赛采用统一指定的车模套件，车模控制电路须采用飞思卡尔半导体公司的8位、16位、32位MCU作为唯一微控制器。参赛队伍在车模平台基础上，制造一辆能够自主识别路线的智能车，在专门设计的跑道上自动识别道路行驶。

比赛按照车模识别路线方案，分成电磁组、摄像头组和光电组。通过感应由道路中心电线产生的交变磁场进行路径检测的车模属于电磁组；通过采集道路图像（一维、二维）或者连续扫描赛道反射点的方式进行路径检测的车模属于摄像头组；通过采集道路少数离散点反射亮度进行路径检测的车模属于光电组。每个参赛队只能参加一个组别比赛。

第一届全国大学生"飞思卡尔"杯智能汽车竞赛于2006年8月19—20日在清华大学举办，至2019年已举行14届比赛。

全国大学生"飞思卡尔"杯智能汽车竞赛一般在每年的10月公布次年竞赛的题目和组织方式，并开始接受报名，次年的3月进行相关技术培训，7月进行分赛区竞赛，8月进行全国总决赛。

(4) 中国汽车工程学会巴哈大赛

中国汽车工程学会巴哈大赛是由中国汽车工程学会主办，在各院校间开展的汽车设计和制作竞赛。各参赛车队按照赛事规则和赛车制造标准，在规定时间内，使用同一型号发动机，设计制造一辆单座、发动机中置、后驱的小型越野车。此项赛事起源于美国，是中国大学生方程式汽车大赛的前身。

① 赛事目标。激发参赛学生的学习兴趣，促进其主动学习并深入掌握汽车结构设计、制造、装配、调校维修、市场营销等多方面的专业知识和技能，并提高团队合作能力。通过同场竞技，促进院校汽车专业改革发展，为汽车产业输送更多复合型人才。

② 赛车设计主旨。为了达到赛事目标，假定参赛车队是一家设计公司，设计、制造、测试并展示一辆目标市场为业余休闲赛车的原型车。

每个参赛车队均要设计并制造一辆单座、全地形、运动汽车。该车需可靠、可维修、符合人机工程学要求，主要面向娱乐用户市场，生产规模约为每年4000辆。该车应当在速度、操控、驾驶体验及在崎岖地形和越野条件下的耐用性方面追求市场领先地位，并且能够经受住天气考验。参赛车辆的设计和制造应符合汽车工程实践要求。

③ 竞赛内容。中国汽车工程学会巴哈大赛的竞赛内容包括静态项目测试和动态项目测试。静态项目包括技术检查、赛车设计、成本与制造、商业营销等；动态项目包括直线加速测试、爬坡测试、牵引力测试、操控测试、耐力测试等。

首届中国汽车工程学会巴哈大赛于2015年8月29日在山东省潍坊市成功举办，中国成为世界上第六个举办巴哈大赛的国家。截至2019年，巴哈大赛已举办5届。

12.5 汽车展览服务

汽车展览不仅是汽车企业家、汽车专家及有关人士的表演舞台，而且散发出浓浓的汽车文化气息。

汽车展览还经常召开多种形式的研讨会，研讨汽车技术、汽车创新、汽车安全、汽车与环境保护等问题，为汽车行业的发展、大众的汽车消费开拓着美好的未来。

12.5.1 汽车展览的策划

汽车展览的策划过程如图 12.4 所示。

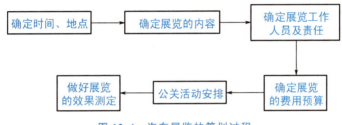

图 12.4 汽车展览的策划过程

1. 确定时间、地点

展览时间依据内容和规模而定。展览地点可以在室内或露天。室内展览显得较隆重，且不受天气影响，时间相对不受限制；但布局较复杂、费用较高。

2. 确定展览的内容

展览可分为综合性展览和专项展览。综合性展览可容纳多家品牌、车型同时展销，专项展览围绕单一品牌、车型。

3. 确定展览工作人员及责任

（1）安排好车辆介绍人员。车辆介绍人员应对展览车辆有较全面的了解，还要有一定的语言表达能力，在服务中应着装整齐、仪容端庄、面带微笑、尊重每位客户，可以戴着绶带，绶带上印有厂家名称，也可佩戴标签。

（2）安排接待预订客户的业务人员。接待预订客户的业务人员应热情接待客户，主动介绍预订规定及优惠政策。

（3）安排迎宾礼仪小姐。迎宾礼仪小姐要热情迎客，并做好引导工作。

（4）广告及新闻报道。新闻报道工作人员安排展览的广告制作，要策划各种车辆及展览的广告内容形式，确定新闻发布的内容、时机、范围和形式。

（5）领导机构。展览领导机构应分工明确、责任到位。

4. 确定展览的费用预算

具体列出展览的各项费用并进行核算，有计划地分配资金。

5. 公关活动安排

采用一些公关技巧，使展览办得生动活泼、别具一格。举行展览开幕式，应邀请有关知名人士出席，并请知名人士为消费者签名；应设法以一些新奇事物来吸引客户。

6. 做好展览的效果测定

每举办一次活动都应做事后效果测定工作，可采取问卷调查、统计参观人数和销售利润、有奖回答等方式进行该项工作。

12.5.2 汽车展览会

1. 国际五大车展

（1）日内瓦车展

作为世界五大车展之一的日内瓦车展起源于1905年，正式创办于1924年，1926年起由非正式的协会主办，1947年协会改组为国际车展基金会，1982年起由政府出面创立的Orgexpo基金会主办。从1931年起，在瑞士日内瓦举办，一年一度，多在每年3月举办，以展示豪华车及高性能改装车为主，展品比较个性化。与世界其他车展相比，日内瓦车展是最受传媒关注的，并且被业内人士看作最佳行业聚会场所。

（2）巴黎车展

法国是汽车发源地之一，第一次车展也是在法国举行的。1898年，一个国际性的展览在杜乐丽花园举办，那是当年巴黎最大的一件盛事，有超过14万人参观了这次车展。自1923年开始，车展改在10月的第一个星期三举办，这一惯例一直延续至今。1976年，车展定为每两年举办一次，以适应大部分汽车生产企业的要求。与法兰克福车展相对应，巴黎车展在偶数年举办，并且有私人用车和工程车辆参展，而自行车和摩托车展改在奇数年举办。

（3）北美车展

北美车展创办于1907年，是世界上历史最长、规模最大的车展之一，由底特律汽车经销商协会主办，所以最初称为"底特律车展"，1989年更名为"北美车展"，每年1月份举办。近年来，概念车在北美车展上所占的比重越来越高。每年都有40多家汽车生产企业、700多辆新款概念车和生产车参加展览，是全球汽车工业的一个重要展示窗口。

（4）法兰克福车展

世界五大车展之一、欧洲规模最大的双年车展便是有100多年历史的法兰克福车展（IAA）。法兰克福车展创办于1897年，在第35届之前，举办地为柏林，此后移师法兰克福，并确定一年为乘用车展，一年为商用车展。来自世界各地，特别是德国和欧洲其他国家的汽车生产企业在车展上向公众推出最新车型和概念车。

（5）东京车展

东京车展创办于1966年，每年10月底举办，奇数年为乘用车展，偶数年为商用车展。东京车展历来是以日本本土生产的各种小型汽车为主角，这也是与其他国际著名车展相比最鲜明的特征。同时，各种汽车电子设备和技术也是展会的亮点。

2. 国内车展

中国已成为汽车生产和消费大国，车展随之兴旺。据不完全统计，全国各地大约有50多个以各种名目举办的车展。在这些车展中，尤以北京、上海、广州、长春、成都、南京的车展引人注目。其中，中外汽车生产企业最愿意参加的车展，也是被国际汽车界认可的车展只有两个，即奇数年在上海举办的上海国际汽车工业博览会和偶数年在北京举办的北京国际车展。

3. 国内汽车配件展

各类汽车配件展层出不穷，其中全国汽车配件交易会是中国汽配行业的传统盛会，也是中国汽车配件行业的首选展会，1965—2019年成功举办了80届。全国汽车配件交易会主要展览汽车零部件、汽车美容护理用品、汽车装饰用品、汽车电子电器、汽车影音设备、汽车安全、汽车通信、汽车节能用品、汽车环保健康用品、汽车连锁加盟、汽车灯具、汽车轮胎、润滑油、润滑脂及调和技术设备、车用空调及冷藏技术、机动车污染控制技术产品、发动机（电喷发动机、氢燃料发动机、单燃料发动机、混合动力发动机、柴油发动机、电动发动机等）等。

4. 其他汽车相关展会

与汽车相关的展会还有很多，如汽车改装展览会、汽车用品展览会、客车展览会、汽车工业展览会、天然气汽车展览会等。

12.6 网约车服务

网约车服务是网络预约出租车经营服务的简称，是指以互联网技术为依托构建服务平台，接入符合条件的车辆和驾驶人，通过整合供需信息，提供非巡游的预约出租汽车服务的经营活动。

汽车共享服务的发展态势与人才需求

2016年交通运输部联合公安部等7部门发布《国务院办公厅关于深化改革推进出租汽车行业健康发展的指导意见》（国办发〔2016〕58号）和《网络预约出租汽车经营服务管理暂行办法》（国家网信办令2016年第60号）。网约车新政出台，首次提出将互联网专车纳入预约出租汽车管理，明确了出租汽车行业定位；同时明确了网约车的合法地位，支持网约车平台公司不断创新规范发展；鼓励传统出租汽车企业转型提供网约车服务。

网约车运营模式由车辆来源、驾驶人来源、生产要素组合方式及接单机制4个方面组成。由于车辆是出行供需的结合点，因此网约车运营模式中的车辆来源是驾驶人来源、生产要素组合方式及接单机制的先决条件，组合构成了不同运营模式。

（1）车辆来源。国内网约车平台使用车辆主要有3种来源：平台自有车辆、租赁公司车辆及私家车（包括挂靠在租赁公司的私家车）。

（2）驾驶人来源。国内网约车平台驾驶人有3种来源：平台驾驶人、劳务公司驾驶人（包括挂靠在劳务公司的私家车主）、私家车主。

(3)生产要素组合方式。根据不同网约车平台,将车辆和驾驶人两种生产要素的组合分为 3 种:私家车搭配私家车主、租赁公司车辆搭配劳务公司驾驶人及平台自有车辆搭配平台驾驶人。国内走在发展前列的专车平台采用的组合有私家车搭配私家车主、租赁公司车辆搭配劳务公司驾驶人、平台自有车辆搭配平台驾驶人。

2018 年 5 月 24 日,交通运输部发布《交通运输部关于印发〈出租车服务质量信誉考核办法〉的通知》(交运发〔2018〕58 号),将网约车新业态纳入考核,于 2018 年 6 月 1 日起施行,有效期 3 年。

2019 年 11 月 11 日,从交通运输部获悉,交通运输部、中央网信办等 6 部门当日联合约谈滴滴出行、首汽约车、神州优车、曹操出行、美团出行、高德、嘀嗒出行、哈啰出行等 8 家网约车、顺风车平台公司。

约谈指出,各主要网约车、顺风车平台公司对照 2018 年联合安全检查反馈的问题清单和整改清单,细化整改措施,落实整改举措,已取得阶段性成效,但仍需持续推进。各平台公司应继续强化企业安全生产主体责任落实,结合发展新形势,把安全整改的成效制度化、标准化,进一步完善企业制度和安全生产的长效机制。约谈提出,要为交通运输新业态发展共同营造良好的政策环境;要进一步加快网约车合规化步伐;各网约车平台公司要主动配合地方管理部门,依法依规开展经营,确保乘客安全和合法权益。

约谈指出,要科学界定聚合平台各方责任。一些聚合平台近期出现接入不合规的网约车平台公司、车辆和司机,以"聚合"的名义从事非法网约车经营等新问题。聚合平台要加强对接入的网约车平台公司经营资质的审核把关工作,并督促网约车平台对车辆和司机从业资质严格把关,共同承担起安全保障责任和解决乘客投诉的兜底责任。

2021 年 3 月,网约车合规信息查询服务正式开通。乘客可在交通运输部微信公众号的服务栏目单击"网约车合规查询"功能,输入车牌信息,即可查询网约车车辆和相应驾驶人的合规情况。

此外,要坚决落实企业维稳主体责任,切实维护行业稳定。各平台公司要立即排查自身存在的"以租代购"、侵害驾驶员权益等问题隐患,严格整改,落实企业维护稳定主体责任,做好线下车辆和人员的管理工作,并保障驾驶员的合法权益。

本 章 小 结

汽车服务项目随着社会的发展不断增加,本章除了重点介绍汽车法律、驾驶培训、停车、运动、展览等影响面较广的汽车服务项目外,还介绍了一些其他兴起的汽车服务项目,如汽车救援、网约车。

汽车法律服务是法律服务的从业人员(一般指律师)根据委托人的要求所进行的与汽车生产、投资、贸易、消费等相关的各种法律服务活动,目的是解决汽车产品责任纠纷、交通事故纠纷、汽车信贷保险纠纷等。

汽车服务相关的法律法规主要有《机动车维修管理规定》《道路运输车辆技术管理规定》《汽车金融公司管理办法》《汽车贷款管理办法》《中华人民共和国保险法》《机

动车交通事故责任强制保险条款》《汽车产业发展政策》《缺陷汽车产品召回管理规定》等。

汽车驾驶培训服务是一种面广量大的服务,主要对汽车驾驶技能进行培训。

汽车驾驶证分为3种,即驾驶证、学习驾驶证、临时驾驶证。

汽车停车场是指从事汽车保管、存放,并可进行加注、充气和清洁的作业场所。按照不同的分类标准,汽车停车场有不同的分类方法。

汽车运动的种类繁多,有国际汽车比赛,也有国内汽车比赛,其中适合大学生参加的汽车比赛主要有大学生方程式汽车大赛、Honda(中国)节能竞技大赛、全国大学生"飞思卡尔"杯智能汽车竞赛等。

汽车展览会有很多,其中国际五大车展是日内瓦车展、巴黎车展、北美车展、法兰克福车展和东京车展;国内两大车展是奇数年在上海举办的上海国际汽车工业博览会和偶数年在北京举办的北京国际车展。

网约车运营模式由车辆来源、驾驶人来源、生产要素组成方式和接单机制4个方面组成。

【关键术语】
汽车法律、汽车驾驶培训、汽车停车场、汽车运动、汽车展览会、网约车

一、名词解释
1. 汽车法律服务
2. 中国大学生方程式汽车大赛
3. 汽车运动

二、填空题
1. 汽车法律服务的特征有_____、_____、信任性、差异性等。
2. 机动车驾驶证分为3种,即中华人民共和国_____驾驶证、_____驾驶证、_____驾驶证。
3. 国际五大车展是_____车展、_____车展、_____车展、法兰克福车展、东京车展。
4. 世界上最早的车赛是在_____年4月20日由法国《汽车》杂志社主办的,但参赛的只有1人,名叫乔尔基·布顿。
5. 国际汽车联合会主办的三大顶级国际赛事为_____、_____和_____。

三、简答题
1. 什么是汽车法律服务?列举与汽车相关的主要法律法规。
2. 机动车驾驶证分哪几种类型?如何兼容?

3. 机动车驾驶人考试需要考哪些科目？每个科目有何要求？
4. 停车场有哪些类型？各有何特点？
5. 智能停车管理系统有何功能？说明其工作原理与组成。
6. 汽车运动有何魅力？
7. 列举由在校大学生参加的汽车运动项目，并说明各自特色。
8. 如何策划一场汽车展览？
9. 列举国内车展，并分析各自特色。

参 考 文 献

白建伟，吴友生，2016. 汽车碰撞分析与估损［M］. 2版. 北京：机械工业出版社.
卞荣花，周洪如，2019. 汽车服务企业管理［M］. 北京：北京理工大学出版社.
储江伟，2013. 汽车再生工程［M］. 2版. 北京：人民交通出版社.
段维峰，黄修鲁，2019. 汽车电子商务与金融［M］. 北京：机械工业出版社.
冯培林，张启森，2016. 汽车改装技术［M］. 北京：化学工业出版社.
高俊杰，姚宝珍，2018. 汽车服务工程［M］. 北京：机械工业出版社.
康桂英，2017. 汽车金融与服务［M］. 北京：人民交通出版社.
李江天，严岿，2019. 汽车销售实务［M］. 2版. 北京：人民交通出版社.
刘远华，2017. 汽车服务工程导论［M］. 重庆：重庆大学出版社.
刘祯，王敏旺，吴华伟，2019. 汽车服务工程基础［M］. 南京：南京大学出版社.
刘仲国，何效平，2016. 汽车服务工程［M］. 2版. 北京：人民交通出版社.
鲁植雄，2015. 汽车运用工程［M］. 北京：机械工业出版社.
鲁植雄，2016. 汽车评估［M］. 2版. 北京：北京大学出版社.
鲁植雄，2017. 汽车美容［M］. 3版. 北京：人民交通出版社.
鲁植雄，2019. 汽车事故鉴定学［M］. 2版. 北京：机械工业出版社.
牛学军，2007. 道路交通事故现场勘查［M］. 北京：中国人民公安大学出版社.
宋丹妮，2016. 汽车服务企业管理［M］. 长沙：中南大学出版社.
赵俊山，路永壮，2019. 汽车美容与装饰［M］. 北京：机械工业出版社.
朱刚，王海林，2013. 汽车服务企业管理［M］. 2版. 北京：北京理工大学出版社.